中华护理学会专科护士培训教材

U0726059

手术室专科护理

总 主 编　李秀华

主　　编　郭　莉　徐　梅

副 主 编　何　丽　常后婵　陈肖敏　宋　玲

人民卫生出版社

图书在版编目（CIP）数据

手术室专科护理 / 郭莉，徐梅主编 . —北京：人民卫生出版社，2018

中华护理学会专科护士培训教材 / 李秀华总主编

ISBN 978-7-117-27888-1

Ⅰ. ①手… Ⅱ. ①郭… ②徐… Ⅲ. ①手术室 - 护理 - 技术培训 - 教材 Ⅳ. ①R472.3

中国版本图书馆 CIP 数据核字（2018）第 295918 号

人卫智网	www.ipmph.com	医学教育、学术、考试、健康，购书智慧智能综合服务平台
人卫官网	www.pmph.com	人卫官方资讯发布平台

中华护理学会专科护士培训教材
——手术室专科护理

主　　编：郭　莉　徐　梅

出版发行：人民卫生出版社（中继线 010-59780011）

地　　址：北京市朝阳区潘家园南里 19 号

邮　　编：100021

E - mail：pmph @ pmph.com

购书热线：010-59787592　010-59787584　010-65264830

印　　刷：三河市潮河印业有限公司

经　　销：新华书店

开　　本：787×1092　1/16　印张：25

字　　数：608 千字

版　　次：2019 年 1 月第 1 版　2024 年 9 月第 1 版第 9 次印刷

标准书号：ISBN 978-7-117-27888-1

定　　价：79.00 元

打击盗版举报电话：010-59787491　E-mail：WQ @ pmph.com

（凡属印装质量问题请与本社市场营销中心联系退换）

编 者

马　艳（中国医学科学院阜外心血管病医院）

王　伟（首都医科大学附属北京天坛医院）

王　宇（空军军医大学第一附属医院）

王　菲（首都医科大学附属北京友谊医院）

王　薇（首都医科大学附属北京同仁医院）

王玉玲（天津市南开医院）

王丽波（哈尔滨医科大学附属第二医院）

车美华（云南省第二人民医院）

文红玲（青海省人民医院）

方　茜（贵州省人民医院）

白晓霞（四川省医学科学院四川省人民医院）

刘　婷（首都医科大学宣武医院）

刘秋秋（中南大学湘雅医院）

刘淑玲（河北医科大学第二医院）

米湘琦（北京大学第三医院）

孙育红（中日友好医院）

李　莉（中国医科大学附属第一医院）

李　萍（中日友好医院）

李水云（内蒙古医科大学附属第一医院）

李国宏（东南大学附属中大医院）

李胜云（郑州大学第一附属医院）

何　丽（中国人民解放军总医院）

宋　玲（首都医科大学附属北京安贞医院）

张宁虹（宁夏医科大学总医院）

陈云超（广西医科大学第一附属医院）

陈肖敏（浙江省人民医院）

陈青钦（福建医科大学附属第一医院）

邵　丽（新疆医科大学第一附属医院）

易凤琼（重庆医科大学附属第一医院）

孟红梅（吉林省人民医院）

胡小灵（中国人民解放军陆军总医院）

柯雅娟（海南省人民医院）

钱蒨健（上海瑞金医院）

徐　梅（北京协和医院）

高兴莲（华中科技大学同济医学院附属协和医院）

郭　莉（北京大学第三医院）

曹建萍（南昌大学第一附属医院）

常后婵（广东省人民医院）

阎效红（山西医科大学第二医院）

梁小玲（兰州大学第一医院）

程宗仪（西藏自治区第二医院）

曾　玉（南昌大学第一附属医院）

穆　燕（安徽省立医院）

魏　民（山东省立医院）

序 言

　　护理工作是卫生与健康事业的重要组成部分,广大护理人员在呵护生命、治疗疾病、维护人民群众健康等方面发挥着不可替代的作用。在持续深化医药卫生体制改革进程中,护理人员在改善护理服务、增强群众获得感等方面做出了突出的贡献,护理队伍建设和护理事业发展也取得了显著成效。护理队伍不断壮大,截至 2016 年底,我国注册护士总数达到 350.7 万,与 2010 年相比,每千人口护士数从 1.52 人提高到 2.54 人,全国医院医护比从 1∶1.16 提高到 1∶1.45,长期以来医护比例倒置问题得到根本性扭转。护理人员专业素质和服务能力逐步提高,经过十几年的探索,各级机构在几十个专科领域开展了不同规模的专科护士培养工作,专科护士已经在临床专科护理工作中发挥了重要作用。

　　"十三五"时期,全面建成小康社会的新任务对护理事业提出了新的要求,为满足人民群众日益多样化、多层次的健康需求,要不断拓展护理服务的领域,丰富护理服务的内涵,提升护理的专业化水平。专科人才培养是护理专业化发展的基础,教材体系建设则是专科人才培养的关键,为此,中华护理学会根据《"健康中国 2030"规划纲要》《全国医疗卫生服务体系规划纲要(2015—2020 年)》和《全国护理事业发展规划(2016—2020 年)》,组织有关专家编写了中华护理学会专科护士培训系列教材。这套教材结合我国国情,根据医疗卫生和护理专业发展的实际需要,内容不仅涵盖了专科知识与技能,还融合了学科最新的研究热点与前沿信息,相信这套教材一定会在专科护士培养工作中发挥积极的作用。

　　希望广大护理人员,要树立大卫生、大健康的观念,以"人民健康为中心",关注生命全周期、健康全过程,在深化医药卫生体制改革、改善人民群众就医体验及促进社会和谐方面发挥更大作用,为推进健康中国的建设做出更大贡献!

中华护理学会第 26 届理事长

2017 年 10 月

前　言

　　护理工作是卫生健康工作的重要组成部分,在推进健康中国建设、深化医药卫生体制改革、改善人民群众就医体验及促进社会和谐方面发挥着重要作用。目前,我国专科护士队伍数量尚不能满足人民的健康需求,发展专科护士队伍,提高专科护理水平依然是"十三五"期间的一项重要工作。《全国护理事业发展规划(2016—2020年)》(以下简称《规划》)指出,优先选择一批临床急需、相对成熟的专科护理领域,发展专科护士,加大培训力度,提高专科护理服务水平。

　　护理教育是培养护理人才的专业领域,担负着为社会培养合格护理人才的重要使命,对护理事业的发展起着举足轻重的作用。随着医学模式的转变、医学科学的发展和医疗水平的不断提高,护理人员在预防、临床、康复等医学领域中扮演着越来越重要的角色。因此,护理教育必须尽快培养出多层次、多规格的高素质护理人才,以满足人们对卫生保健服务的需求。但我国护理教育仍存在一些问题:如护理理念不足;人文素质欠缺;专业特色缺乏;教学方法和教学手段单一;师资队伍短缺和学历层次偏低;教学评价方法不完善等。《规划》提出七项主要任务和两项重大工程,其中,护士服务能力提升工程提出"十三五"期间,重点开展新入职护士、专科护士、护理管理人员、社区护士、助产士等人员培训,切实提高护理服务能力和管理水平。同时,加强护士队伍建设,建立护士培训机制,提升专业素质能力。建立"以需求为导向,以岗位胜任力为核心"的护士培训制度。国家卫生健康委员会制订培训大纲和培训要求,并指导各地开展培训工作。省级卫生健康行政部门负责本辖区内护士培训工作。《手术室专科护理》是按照《专科护士培训大纲(2014版)》的要求,全面介绍了手术室护理概论、围术期护理概论、手术室环境布局和常用物品管理、手术室人力资源、手术室常见医疗器械、专科手术护理、麻醉病人的护理、灾害护理、无菌技术、手术体位护理、围术期安全护理、手术室护理质量管理、手术室规章制度、手术室应急管理、手术室职业暴露及防护、手术室信息化管理、手术室专科护士培训、手术室管理新进展等内容。本书文字简洁、精炼,图文并茂,内容在实用的基础上力求新颖,是一本全面、系统的手术室专科护士培训教材,特别适合作为手术室专科护士的培训、继续教育等专科培训使用的教材,也是临床手术室护士必备的读物。

　　随着医学科学的逐步发展,医学技术与手术室技术的日益更新和完善,外科手术也逐渐扩大了其范围和领域,不断涌现的新技术促进了手术室专业护理技术和专业素质的不断提高,加之由于本书编写时间仓促及编写人员的水平有限,本书会有许多不完善的地方,缺点和错误难免,恳请使用和阅读本书的同仁批评指正,我们将不胜感激!

郭　莉　徐　梅

2017 年 10 月

目 录

第一篇 总 论

第四章｜手术室人力资源 ···········25

第二篇　临床专科与实践

第五章｜手术室常见医疗器械 ···········38

第三篇　专科技能与操作

第二十三章 ｜ 无菌技术 ・・・ 210

第四篇　护理管理与培训

目　录

第一篇

总　论

第一章 手术室护理概论

手术室是医院为患者进行手术诊断、治疗及紧急抢救的重要场所,是现代医学技术与工程技术结合的产物,是医院的重要技术部门。随着外科手术不断向高度专科化方向发展,手术种类越来越多,专科与亚专科手术分化越来越细,高新技术和高精尖仪器设备也逐年增加,对手术室护士的专业知识、专科操作能力、手术配合协调能力、患者服务能力以及仪器设备使用和维护能力等方面,也提出了更高的要求。手术室护士工作范畴已从过去的全科参与型向专科化配合型转变。实施手术专科化是手术室护理发展的必然趋势。当前手术室专科护士培训模式、培训内容、培训方法、认证方法、评聘条件等方面也在不断改进和创新,只有结合我国手术室专科护士发展历程和现状,根据专科护士临床发展的需求,撰写统一培训教材,规范专科护士培训模式,才能构建我国手术室护士专科培训模式的规范化和标准化,促进手术室护理专业的长足发展。

第一节 手术室护理发展

随着科学技术的不断发展以及人类对消毒灭菌技术和无菌术的不断完善与提高,外科学得到飞速发展。现代的手术室源于16世纪的意大利和法国,当时只是一个圆形的剧场,它的作用不是为活着的人做手术,而是了解剖尸体。19世纪,随着麻醉学的诞生,美国牙科医生 Willam T.G.Morton 应用乙醚麻醉成功地进行了拔牙手术,拉开了手术室发展的序幕。

一、手术室的发展

随着外科学的不断发展,手术室发展也经历了一个从无到有、从小到大、从简单到高端的过程,经历了几次变革,迄今为止,手术室大致可以归纳为以下四代:

(一)第一代手术室

又称为创世纪简易型手术室。19世纪的手术并非在固定的地方施行,而是在病房或患者家中,也可以在医生的诊所进行。手术多在自然环境下进行,没有采取预防空气污染和接触污染的措施,手术感染率较高。

(二)第二代手术室

又称为分散型手术室,是专门建造、非封闭建筑的手术室,有暖气和通风设施,使用消毒灭菌技术,手术的感染率明显下降。20世纪,在欧洲医院的各个病房内,开始配置相应的手术室。1937年召开的法国巴黎万国博览会上,现代模式的手术室正式创立。

(三)第三代手术室

又称为集中型手术室。具有建筑分区保护、密闭的空调手术室。手术环境改善,术后感染率在药物控制下稳定降低。20世纪中期,中央供应型手术室在美国诞生;1966年,美国巴顿纪念医院第一个层流净化手术室;1969年,英国卫生部推荐污物回收型手术室,是现代手术室的雏形。1992年在美国出现了世界上第一间一体化手术室的建设。

(四)第四代手术室

又称为洁净手术室。随着外科学和科学技术的飞速发展,医院手术室信息技术不断提高,高精尖仪器在手术诊疗中应用,如机器人手术间、数字一体化手术间、CT手术间、MRI手术间和DSA手术间等,为患者提供了更加安全、更加精准的手术治疗环境,同时,手术室无论从建筑设计,用物和仪器设备的配备以及人员的组织结构和职能都进入一个新的发展阶段。

二、手术室护理的发展

1. 手术室护士最早的雏形是在古希腊,这有最早有关手术助手的记录。1875年巴尔的摩的约翰普金斯大学开始向护士讲授"手术中外科器械的准备";让护生参观手术室,了解手术中护士的职责。19世纪后期出现了对手术室护士特征的描述:具备灵活的头脑和锐利的眼睛;有一种不容易激动或混乱的心境;具备判断不寻常情况的能力;能够提供最大程度的帮助。

2. 1894年Hunter Robb外科医师首次提出"手术团队"理念,并提出年轻护士和学生担任巡回护士,资深护士担任器械护士。

3. 1910年美国护士协会(ANA)提出巡回护士需由有经验的护理人员来担任,器械护士主要以技术为导向。为了提高临床专科护理质量,适应专科护理学的发展,临床护理专家(clinical nurse specialist, CNS)由此产生。

4. 1949年,第一个专业的手术室护士组织在美国成立－美国围术期注册护士协会(Association of Perioperative Registered Nurses, AORN),并于1969年对手术室护理进行了专业定义。1964年在英国成立了全国手术室护理学会(Nation Association of Theatre Nurse, NATN)。这两个手术室护士学会的成立是手术室护理发展史上的重要标志,确定了手术室的护理标准和要求。

5. 1965年,AORN出版了一本《手术室临床操作指南》,使手术室护理工作趋向系统化、理论化、科学化和规范化。

6. 1984年至1985年美国手术室护理学会的护理技术委员会重新定义围术期护理。现今美国的巡回护士是由注册护士担任,而洗手护士则由注册护士或者外科技师担任。

7. 我国于1997年成立手术室护士的专业组织——中华护理学会手术室专业委员会。2005年中华护理学会组织手术室专科护士师资培训。2008年开展中华护理学会手术室专科护士培训。2014年5月正式颁布《手术室护理实践指南》。2014年10月正式加入亚洲围术期护理学会(Asian Perimoperative Nurses Association, ASIORNA)。

三、手术室护理模式的发展

手术室护理发展与外科学发展紧密联系在一起,其发展模式主要经历以下三个阶段:

（一）以疾病为中心的手术室护理模式

主要以完成手术任务为中心,主要任务就是熟练手术医师的手术方式和手术步骤,积极配合手术。

（二）以患者为中心的手术室护理模式

根据患者的需要,提供最佳的手术期护理,确保患者在手术期间以最好的状态接受手术治疗。

（三）以健康为中心的手术室护理模式

围术期全程护理,包括术前访视评估与健康宣教、手术中护理与配合、手术后期随访与效果反馈等。

四、手术室护理职能的转变

传统手术室护士,扮演着全科护士的职责,以完成手术任务为核心,实施功能制护理。巡回护士负责手术患者病情观察以及手术中物品供应等工作,而器械护士则负责手术中外科医师的器械传递等配合工作。不分专科,通科配合,每天根据手术的需要安排手术室护士工作。现代手术室护士,以全科护士培养为专业基础,以专科护士培养为职业发展目标,作为手术室专科护士,其工作职能包括以下几个方面:

1. 掌握手术专科领域的知识、特长和技能,精通从事手术专科护理的基本理论、专科理论和专业技能,掌握专科危重病人的救治原则与抢救技能,在突发事件及急危重症病人救治中发挥重要作用。

2. 参与制定专科护理质量标准,对专科护理质量进行临床效果评价,并在实施中不断改进。

3. 能解决本专科复杂疑难护理问题,有指导专业护士有效开展基础护理、专科护理的能力,能在全科范围内解决相关专科问题的护理会诊与指导,是本专科护理学术带头人。

4. 具有教育教学的理论知识和熟练的教学技能,能有效开展专科护理人员的临床培训,对临床护理人员提供专科领域的知识和技能指导,帮助其他护理人员提高对患者围术期的护理质量。

5. 具有较强的组织管理能力,能很好地运用沟通技巧,与服务对象和其他工作人员进行良好的沟通和协作。

6. 能够开展手术室专科领域的护理研究,并将研究成果转化到本专业领域,推动手术室护理专业的发展。

五、手术室护理展望

（一）明确护理学科定位

2011 年 3 月,国务院学位委员会第 26 次会议修订学科目录,新增护理学为一级学科,手术室护理专业作为护理学科的一个重要分支,也需明确定位,以利于专科发展。

（二）强化手术室护士在职培训

在职培训是手术室护士的主要培训形式。各级医院应针对不同年资的手术室护士,制订相应的培训大纲、培训形式与内容,并强化实施效果,合理安排理论与实践所占比例,保证培训效果,以提高手术室护士整体素质,促进手术室护士职业生涯的发展。

（三）加快手术室护理专科化发展和人才培养

《中国护理事业发展规划纲要（2011—2015 年）》中指出,到 2015 年,建设一支数量规模适宜、素质能力优良、结构分布合理的护士队伍。应加快手术室专科化发展及专科细化,尝试建立亚专科,拓展护理服务领域,赋予手术室护士更多角色功能,以全面提高手术室护理服务能力和专业水平,更好地为患者服务,推动手术室护理乃至整个护理事业全面、协调、可持续发展。

（四）加强手术室护理教学及科研

依托护理院校和国家级手术室护理培训基地,推动手术室护理专业建设,加强手术室护理教学和研究,提高手术护理实践的科学性、有效性。

（五）以实施岗位管理为切入点,提高手术室科学管理水平

手术室管理的最终目的是保障手术患者安全。通过实施手术室岗位管理,完成手术室护理岗位设置。明确手术室护士岗位职责及任职条件,完善绩效考核制度,共同做好手术室环境、人员、流程和安全管理以及感染控制等工作,共同应对突发事件。充分运用现代管理理论、信息技术,优化工作流程,提高手术室资源的利用率,在保证安全、规范管理的同时,提倡高效率和创新。

第二节　手术室护理工作范围与特点

随着外科技术不断向高度专科化,精准化方向发展,对手术室护理也提出了更高的要求。围术期护理概念的提出使手术室护理工作更加全面与完善。

手术室围术期护理（perioperative nursing）:是用来描述手术室围术期中护理的工作和目的,护理人员通过所学的专业知识和技能,针对患者存在的健康问题和需要,为患者提供在手术前期、手术中期、手术后期的各项专业及持续性的护理活动。

一、手术室工作的范围

（一）手术前期护理

手术前期护理指从患者决定手术治疗到患者安置在手术台上,主要工作内容是术前评估和健康宣教,巡回护士根据手术室术前访视制度中的访视范围于手术前一天访视患者,评估患者生理、心理、社会适应能力,使用通俗易懂的语言与患者进行充分沟通,了解患者的需求,减轻患者的焦虑与紧张心理,危重症手术患者或涉及多科联合手术患者参加专科手术术前讨论,与手术医生、责任护士进行有效沟通,制订全面手术治疗与护理方案,使患者在最佳状态下接受手术治疗。

（二）手术中期护理

手术中期护理阶段始于患者安置在手术台上到手术结束转至复苏室。本阶段护理的主要内容包括术前患者身份核查、手术体位安置、仪器设备准备、手术配合等。具体实施措施:术前仔细查阅患者病例,核对患者的姓名、床号、住院号、手术名称、部位和麻醉方式等;了解病情及生化检查、皮试结果、术前用药及禁食禁饮等;遵循体位摆放原则妥善安置患者麻醉

及手术体位,确保手术区的暴露及无菌状态,调整好光源;采取有效的保暖措施,预防术中低体温的发生;输血输液的观察;确保手术中各类器械的安全和正常使用,物品的清点以及手术护理记录单的规范填写等。

局部麻醉手术时,患者处于意识清醒状态或处于镇静状态下,护士向患者提供手术的相关信息,合理沟通,取得患者的配合,减轻患者的焦虑与紧张。同时密切观察患者整体状况,确保手术的顺利进行。另外,手术室护士需熟练掌握各种抢救技术,应对各种突发状况与意外。

（三）手术后期护理

手术后期护理阶段是指患者从麻醉复苏室转入病房或者其他单位。本阶段主要工作内容包括患者病情交接、术后回访和护理质量改进。具体实施措施:巡回护士与PACU护士交接患者术中情况,对已术前访视的患者于术后1~2日进行回访,了解患者术后康复情况及进行康复指导,收集患者及家属对手术室护理质量的评价、建议和意见,认真分析、总结,并进行持续质量改进。

二、手术室护理的特点

（一）专科性

手术室护理专科性体现在手术专业高度专科化程度上,随着手术器械的不断精细化,高新技术应用临床以及现代化仪器设备的产生,使手术不断向专科化、亚专科化、精细化方向发展,手术室护理呈现出显著的专科特性。

（二）严谨性

手术室护理严谨性体现在手术风险高,影响因素多。手术错误、麻醉意外、术中心脏骤停、术中大出血、过敏反应等,每个环节出现问题,对患者而言将是致命性的,因此,严谨的工作态度,认真完成每一台手术,完善的术前准备,正确的三方核查,并严格遵循各项操作规范,才能杜绝差错、事故发生。

（三）协作性

手术室护理协作性体现在团队配合上,每台手术的顺利、安全开展,离不开手术医师、麻醉医师、手术室护士等所构成的手术团队的协作配合。手术团队是由多学科的医护人员共同组成,手术的顺利完成离不开团队成员的密切配合。在手术过程中,护理人员除了对患者提供优质的服务外,还担负着重要的协调角色,通过有效的沟通,提高手术团队的工作效率。

（四）应急性

手术室护理应急性体现在突发事件应急状态上,急诊手术是手术室工作的重要组成部分。随着社会的发展,人口的流动日益频繁以及生活方式的转变,各种自然灾害及突发事件增加,急诊手术数量显著上升。手术室护理人员既要具备准确、娴熟的基础护理知识和专科技能,又要具备应急反应能力,掌握相关的急救技术和急救知识。

（五）连续性

手术室护理连续性体现在工作时长不可预知上,麻醉和手术操作具有高风险性和不可预知性,批量急诊、突发事件、手术方式改变等均可改变手术室护士工作流程和工作时间,故手术室工作表现连续性强等特点。

（六）高风险性

手术室护理工作高风险性体现在手术患者复杂性上,手术和麻醉的不可预知性等诸多因素决定了手术的高风险性。文献报道,在发达国家中,住院患者手术期间的死亡率 为0.4%~0.8%,在发展中国家死亡发生率可能更高。

(七)服务对象特殊性

手术室护理工作特殊性体现在服务对象上,包括手术患者、患者家属、手术医师及麻醉医师等。护理人员应当转变护理服务理念,提高服务质量,降低手术患者及家属的手术应激性压力,帮其顺利度过围术期。手术室应为手术人员提供优质服务,营造良好的工作环境,保障手术人员高效率工作。

第三节　国内外手术室专科护士发展概况

专科护士(specialty nurse,SN)是指具备某一专科护理领域的实践经验,并接受专科继续教育培训,通过资格认定的注册护士。

> **知识拓展**
>
> ## 专 科 护 士
>
> 专科护士(SN):从事高级临床护理、临床教学工作,1900 年 AJN(美国护理杂志)中一篇题为"specialties in nursing"的论文,首次提出了专科护理的概念。护理实践中自然形成的"临床护理专家"是 SN 的雏形,指在某临床领域具有广博的经验,具有先进的专业知识和高超的临床能力,能向病人提供质量最高的护理服务的护士。除直接护理工作外,还起咨询和指导作用,其权威地位得到社会和专业认可。

一、手术室专科护士的培养及发展现状

专科护士的形成和确立作为护理专业化发展的重要标志,符合护理专业人才培养和发展的趋势。国外专科护士的培养和认证起步较早,1909 年,美国开始有了第一个麻醉护士的教育机构,并着手于麻醉护士的培养,据统计,1945—2000 年间,美国和加拿大共有约41 万护士取得专科护士资格,有 67 家专科护士的资格认证机构,涉及 134 个专科护理领域。在美国,手术室护士必须接受 3 个月的标准化培训,培训课程由美国围术期注册护士协会(Association of Perioperative Registered Nurses,AORN)和斯坦福大学医学院提供,并通过一定的资格能力测试后取得认证。德国早在 1997 年在护校开设手术技术助理专业,直接为手术室培养专科人才。

香港于 1995 年就开设了"围术期护理"专科护士培训课程,澳门也于 2006 年启动专科护理培训课程。2000 年起,我国大陆引进了专科护士的概念。2005 年 7 月,卫生部委托中华护理学会承办的"手术室护理师资培训项目"正式启动。2008 年中华护理学会开展手术室专科护士培训,随后,各省、市护理学会也逐步开始定期举办手术室专科护士培训班。2008 年第一本全国统一的手术室专科护士培训教材《手术室护理学》出版。截至 2018 年

9 月中华护理学会已培养了 2081 名手术室专科护士,提升了手术室护理质量,促进了手术室专业的发展。2017 年,中华护理学会根据国家"十三五"规划、《专科护士培训大纲(2014版)》及现代各专科护理领域发展现状,组织启动《"十三五"专科护士培训系列教材》编写工作,并定于 2018 年重新出版专科护士培训系列教材,手术室专业委员会按照中华护理学会要求,参照《专科护士培训大纲(2014 版)》及现代手术室护理领域发展现状,编写了《手术室专科护理》专科护士培训教材,旨为促进手术室专科护士培训向着标准化、同质化发展。

二、对手术室护士角色的转变

随着医学和护理学的发展以及模式的改变,手术室护理的理念也从传统的以完成手术为中心转变到以患者健康为中心的护理模式,围术期护理赋予了手术室护士角色的转变:

(一)术前健康评估与宣教者

术前评估患者病情、手术方式、生理和心理需求等,指导患者做好皮肤准备,禁饮禁食准备,肠道准备,心理准备、专科手术特殊准备等内容。

(二)术中健康管理者

手术室巡回护士不仅有娴熟配合手术技能,还要履行健康管理者的角色,成为手术环境的"维护者",院内感染控制重点环节的"执行者"和"监控者",各种安全隐患的"排查者",从而保障患者的安全及手术的顺利进行。

(三)术后健康复苏者

20 世纪 50 年代,美国等一些国家开始出现麻醉护士或者护士麻醉医师,用来管理手术患者的麻醉工作。我国麻醉恢复室护士工作正在逐步规范,主要工作职责包括承担恢复室患者各项护理工作:病情观察、麻醉恢复、做好呼吸,脉搏,心电图,血氧饱和度等生命体征监测工作,发现问题及时通知医生对症处理,与病房进行交接。

(四)术后回访或随访者

手术后访视主要是针对手术中护理工作进行回访,了解患者手术切口愈合情况,静脉穿刺部位情况、发生非预期压疮情况等,促进改进护理工作。

三、手术室专科护士发展

随着我国手术室专科护士培训模式逐渐成熟,手术室专科护士发展前景更加广阔:

1. 利用手术室专科护士在手术室护理领域的知识、专长和技术为患者提供护理服务,并为患者提供手术前后相应的教育,促进康复和提高自我配合的能力。

2. 对同业的护理人员提供手术室专科领域的信息和建议,指导和帮助其他护理人员提高对患者的护理质量。

3. 开展手术室专科领域的护理研究,并将研究的结果应用于本专业领域。

4. 参加相应的管理委员会,参与护理质量、护理效果的考核评价工作和成本效益的核算工作。

（陈肖敏　高兴莲）

第二章 围术期护理概论

学习目标

1. 复述 Waston 人文关怀护理理论体系十大要素。
2. 列出手术中期巡回护士护理内涵。
3. 描述手术后期护理工作内涵。
4. 应用危急重手术患者护理急救相关知识。

第一节 围术期护理概念

围术期(perioperation period)是指围绕手术的一个全过程,从患者决定接受手术治疗开始,到手术治疗直至基本康复,包含手术前、手术中及手术后的一段时间,具体是指从确定手术治疗时起,直到与这次手术有关的治疗基本结束为止,时间一般约在术前 5~7 天至术后 7~12 天。

围术期护理(perioperative nursing)是一种动态的、认知的、行为的、技术的过程,致力于提供术前、术中、术后高质量的护理服务。在这全过程中为将要接受手术或其他有创操作的患者提供各项专业及持续性的护理服务。这是一个互动的过程,与患者及其他人建立信任,进行团队合作,遵循健康护理规定,提供优质服务。随着医学模式的转变,围术期护理更加强调以患者健康为中心,注重患者生理、心理及社会各方面的个性需求,在术前、术中及术后各阶段为患者提供最佳的照顾,使患者达到最大限度的安全与舒适,减少术后并发症,促进患者康复的重要保障。

第二节 围术期护理理论体系

西方护理学在长期的发展中形成了较为完善的理论体系,但是基于我国文化的护理理论研究才刚刚开展,从护理学科建设的角度,探讨护理学的理论体系建构,促进我国护理学科的专业化发展、准确把握学科发展的未来趋势有重要意义。只有学科理论体系建设不断完善,才能更好地指导护理实践。围术期护理理论体系,是指导护理人员临床实践的基础理论,现阶段我国主要是借鉴国外理论体系,护理理论体系包括:Orem 自理理论、Kolcaba 舒适理论、Waston 人性关怀理论等,围术期护理管理方面理论体系包括:三位一体的管理理论、TRUST 模型管理理论等。

一、围术期护理理论体系

（一）Orem 自理理论

自理理论是由美国护理专家奥伦（Orem）提出。自理理论主要分三个部分：自理理论、自理缺陷理论、护理系统理论。护理系统理论（The theory of nursing system）根据患者的自理能力和治疗性自理需要，将护理系统分为三类：

1. 完全补偿护理系统（the wholly compensatory system）指患者完全不能进行自理活动，必须由护理人员提供完全的照顾。

2. 部分补偿护理系统（the partly compensatory system）指护理人员对患者无法执行的自理部分给予协助，护士与患者共同完成照顾角色。

3. 教育支持护理系统（supportive-educative system）指患者的自理能力能满足治疗性自理需要，护士主要为患者提供支持和指导，提高其自理能力。

4. 自理理论在手术室临床护理中应用

（1）手术前期护理可采用 Orem 自理理论提出的，人是由生理、心理、社会层面构成，具有不同的自我照顾的能力，通过术前评估和健康宣教，正确评估手术患者的治疗性生理需求和心理需求，提供个性化手术期护理方案。

（2）手术中期患者，自理能力缺失，可应用完全补偿护理系统，给予手术患者完全的照护，满足患者手术治疗的需求，保障患者手术过程质量与安全。

（3）手术后期护理，自理能力缺失，可应用完全补偿护理系统，促进手术后患者苏醒和恢复，提高生命质量。

（二）Kolcaba 舒适理论

舒适护理使人在生理、心理、社会、灵性上达到最愉快的状态或缩短、降低不愉快的程度，护理人员能给予一个最舒适的状态。舒适理论由美国护理专家 Kolcaba 博士提出，是指个体身心处于轻松、满意、自在、没有焦虑、没有疼痛的健康、安宁状态中的一种自我感觉。包括生理舒适、心理舒适、环境舒适、社会舒适四个方面：

1. 生理舒适（physical comfort）指患者生理上需要的舒适，包括病室整洁度、房间内的舒适亮度、温度的适宜、床单位的舒适度等。

2. 心理舒适（psychological comfort）指患者生理上需要的舒适，包括护理人员语言、仪表等让病人感到舒适。

3. 环境舒适（the environment comfort）指优美舒适的治疗和休息环境。

4. 社会舒适（social comfort）包括家庭、职业、社会阶层等社会关系上带来的舒适。

舒适理论在手术室临床护理中应用：围手术护士在提供舒适护理之前先了解患者的生理、心理、环境和社会需求，为手术患者提供温馨的治疗环境，倾听患者心理需求，通过有效沟通，给予心理支持，不断增进围术期患者舒适，以期达到最佳的手术治疗状态，使患者在轻松、愉快，焦虑紧张情绪降低，战胜疾病信心增强。

（三）Waston 人性关怀理论

Waston 人性关怀理论建立在 Nightingale 的环境理论，Rogers 的人本主义理论，Giorgi、Johnson、Koch 的心理学理论等基础上，是在对临床护士、护生、服务对象有关关怀问题进行调查研究基础上发展起来的。她提出：人性关怀是护理学的本质，并将护理学拓展到以"关怀整体人的生命健康"为本的人文关怀的发展阶段。华生的人性关怀理论包括主要概念、十大关怀要素、关怀情景、关怀结果评价等内容。

1. 人文关怀主要概念包括人、健康、环境、护理、护理目标。

2. 关怀十大要素

（1）人道主义（利他主义）价值观形成。

（2）构建信任和希望能力。

（3）对自己和他人敏感。

（4）建立帮助、信任和关怀的关系。

（5）鼓励和倾听患者表达（积极的或消极的）情绪。

（6）采用系统方法解决运用问题。

（7）人性关怀的教育培训。

（8）提供心理、社会和精神环境。

（9）满足患者个人关怀需求。

（10）允许存在主义、现象主义和精神力量的存在。

3. 人文关怀理论在手术室临床护理中应用

（1）根据专科手术患者进行人文关怀需求临床大数据调研（质性和量性研究）。

（2）建立手术前访视评估和健康宣教人文关怀标准，手术中患者人文关怀标准，手术后患者人文关怀标准，急诊手术患者人文关怀标准以及患者家属人文关怀标准等。

（3）落实术前健康宣教等关怀措施，术中质量与安全关怀措施，术后回访关怀措施。

二、围术期护理管理理论体系

（一）三位一体的管理理论体系

三位一体的管理理论是指围术期患者护理流程三位一体管理（术前评估与准备、术中手术配合与护理、术后患者恢复护理）。围术期护理流程三位一体包括手术前、手术中、手术后患者护理呈现全程无缝对接，提供患者具有最佳的健康水平和机体恢复功能（图 2-2-1）。

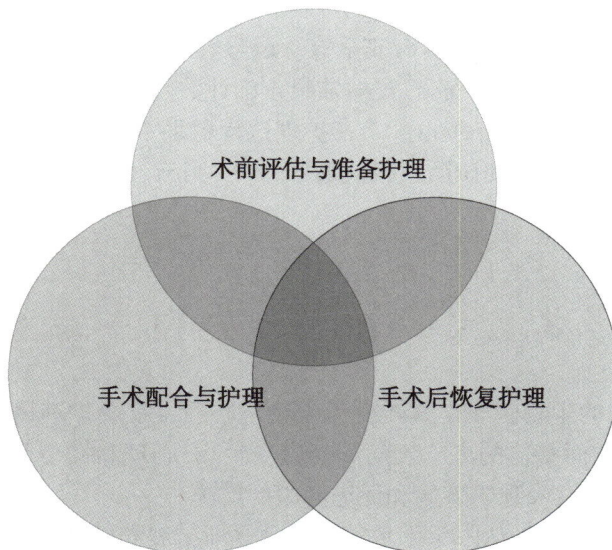

图 2-2-1　三位一体的管理理论体系

（二）TRUSR（信任模型）管理理论体系

围术期护理为患者提供"以患者健康为中心"的围术期护理服务,建立相互信任的医患、护患、医患关系,应用 TRUST 模型作为管理的理论系统,通过手术团队紧密合作,提升护理人员专业胜任能力,对手术患者进行风险评估与控制,实现围术期患者护理安全目标（图 2-2-2）。

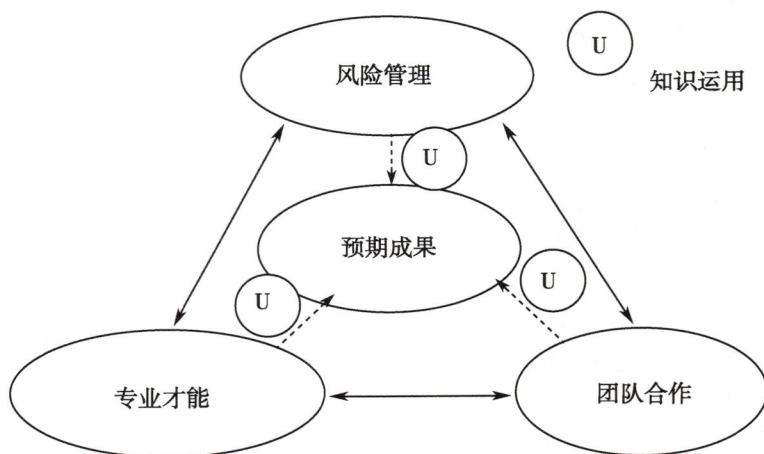

图 2-2-2　TRUSR（信任模型）

1. 团队合作（team work）　手术团队的共同目标是提供正确治疗、减轻患者痛苦、重建或恢复身体的构造和功能,满足患者个别需求,使患者的健康状态通过手术治疗得到最大程度的改善。手术室团队包括护理团队、外科医生团队、麻醉团队、支持团队（病理、检验等）,团队之间须紧密合作,及时沟通,创建和谐的工作氛围,提供高质量的护理措施。

2. 风险管理（risk management）　手术风险管理是手术室的组织机构鉴别、评估并减少患者、手术室工作人员以及机构资产风险的过程。如高危患者发生并发症、各种失误或差错事故、仪器设备使用不当危及患者生命安全等。风险管理的重点是正确用药、识别患者、手术部位正确、感染控制、器械操作安全、器械辅料正确计数、预防锐器伤等。

3. 专业才能（specailty competence）　在护理过程中手术室护理人员应具备围手术护士专业胜任能力（初步评估、护理诊断、目标确认、计划、实施、评价）,为患者和家属提供优质护理服务。

第三节　围术期护理内涵

现代护理从传统的生物医学模式转化为生物 – 心理 – 社会护理模式:服务对象包括生物、心理和社会等各方面整体的人。疾病和健康受生物、心理和社会等多种因素影响,护理更注重服务对象的整体性及预防疾病和促进健康的措施。

围术期的护理工作内涵,从限于手术室内护理逐渐扩展和延伸到手术前护理,手术中护理过程和术后康复。在此期间,护士与外科医疗团队、麻醉团队、围术期相关后勤辅助人员给患者、家属提供持续、高质量、优质的服务。围术期护理内涵是手术全过程的不同时期的护理内容，将其分为以下三个阶段四个部分，如下：

一、手术前期护理

手术前期护理中主要实施的是术前访视评估与健康宣教、术前接待、术前安全核查等工作。

（一）术前访视评估与健康宣教

1. 目的　缓解患者术前的恐惧紧张心理，介绍手术、麻醉及护理有关信息，提高患者对手术的应激能力，增强对手术的信心；制订围术期护理计划，以便在围术期实施正确的护理。

2. 实施时间　术前日下午，时间 10~20 分钟。

3. 访视对象　手术室访视制度中规定的手术患者。

4. 实施内容

（1）评估患者生命体征、身高、体质量、营养状况、皮肤完整性、血管情况、肝肾功能，有无运动障碍、既往史、现病史、过敏史，体内有无金属种植物等。

（2）对新开展的手术要了解手术方式、体位、手术特殊用物等，必要时参与术前讨论。

（3）温馨提示：患者术前禁饮禁食、X 线片、MRI 和药品带入手术室、贵重物品如首饰、现金等妥善管理，手术日更换好病员服，排净大、小便，不化妆进入手术室。

（4）对急危重患者，术前可通过电话了解急诊手术患者的基本情况，对于直接从急诊室转运到手术室的急危重症手术患者，如肝脾破裂、宫外孕等大出血休克的患者，与护送的医生或家属进行沟通。

（二）患者等待区护理

1. 接患者时检查相关事宜，如嘱患者取下义齿、眼镜、手表、项链等物品，携带病历、手术相关资料（X 线片、CT、MRI）和物品，并登记数量，与病房责任护士签字。

2. 手术室工作人员手术日晨接患者入手术室，安全核查患者的手术相关信息：姓名、性别、年龄、床号、住院号、手术诊断、手术名称、手术部位、手术标识、麻醉方式、血型、过敏史等。

3. 特殊患者　如昏迷、精神病、聋哑、婴幼儿，严格与家属或陪同人员核对。

（三）安全转移，专人守护

安全移置患者到手术推床上，保护患者的隐私，注意保暖，拉上床挡。在接送途中，专人守护，观察患者，注意安全。特殊患者，请管床医师陪同护送。

（四）麻醉前手术安全核查

1. 核查内容　患者基本信息（姓名、性别、年龄、床号、住院号、手术诊断、手术名称）、手术部位与手术标示、手术方式确认、知情同意（手术、麻醉和高值耗材）、手术仪器状态、皮肤是否完整性、术野皮肤准备情况、术前备血情况、抗菌药物皮试结果、其他（如假体、体内植入物、影像学资料等）。

2. 参与核查人员　手术医生、麻醉医生、巡回护士（三方）。

3. 核查流程　麻醉实施前手术安全核查、手术开始后（切皮）核查、患者离开手术室前核查。

二、手术中期护理

手术中期器械护士和巡回护士分别担任着不同的角色,运用所学的知识与技能,提供给手术患者专业性护理。

（一）手术中护理内容

1. 手术物品准备　根据手术需要,配齐术中所需一切用物;检查手术仪器设备,功能保持良好备用状态,调节好手术间合适温、湿度。

2. 静脉输液通道护理　检查和选择液体、选择穿刺的部位、标示静脉通道、控制输液速度,特别是小儿和老年患者,尽量选择输液泵控制,保持输液通畅,观察有无输液反应。

3. 麻醉诱导期护理　专人守候病人、协助麻醉抢救处理。

4. 手术体位安置与护理

（1）遵循手术体位安置原则。

（2）预防手术体位发生神经损伤、肌肉损伤、皮肤损伤等并发症。

（3）各类手术体位护理要点:①仰卧位:手术患者仰卧位时,枕部、骶尾部、双足跟等受压部位采取预防压力性损伤的措施。双手外展角度≤90°,防止损伤臂丛神经和腋神经;②侧卧位:病人侧卧位时,避免下侧肢体受压,肩部和腋窝腾空,脊柱在一水平线上;③俯卧位:病人俯卧位时,防止眼睛、足部、女病人胸部及男患者外生殖器受压,胸腹部尽量腾空,避免胸腹腔压力过高导致手术野出血,影响病人循环和呼吸;④截石位:托住病人小腿部,避免肢体重物压迫腘窝处神经与血管,防止损伤腓总神经。

5. 严格执行手术中查对制度,防止异物遗留体内。

6. 术中严格执行无菌技术操作。

7. 术中注意为患者实施保温措施,预防患者低体温发生。

8. 术中输血严格执行核查制度。

9. 术中执行口头医嘱时护士需复述正确再执行,用药后,保留空安瓿至手术结束,以备核对。

10. 手术中标本规范管理

（1）术中快速冰冻切片及时送检,电子文件报告和查询。

（2）择期手术标本,及时切开、固定、登记、交接和签字。

11. 护理记录要及时、客观、准确和规范。

三、手术后期护理

（一）患者恢复期护理

1. 专人守候患者　加强固定约束,防止患者坠床。

2. 防止损伤　在麻醉复苏期患者保温时,因患者麻醉后失去痛觉,应特别注意防止引起局部压伤、烫伤、灼伤等。

3. 加强呼吸道的管理　保持呼吸道通畅。未清醒者,应去枕平卧,头偏向一侧,注意观察呼吸的频率、幅度、通气量、皮肤颜色等,常规监测血氧饱和度,如出现缺氧或呼吸困难等情况,及时报告麻醉医师处理。

4. 注意术后循环功能紊乱　如有血压下降或心律不齐时,应遵医嘱加快输液速度,如有输液量不足、出血、严重的低氧血症等情况,及时报告麻醉医师处理。

5. 保持液体通畅　根据病情调节输液速度,心脏病患者要限制速度。注意观察皮肤颜色及末梢循环情况,及时通知麻醉医师处理。

6. 防止误吸　如患者发生呕吐时,应立即将头部偏向一侧,并用吸引器清除呕吐物,以防发生呼吸道堵塞。

7. 注意术后有无继发性出血　包括伤口有无渗血、引流量等。颈部手术的患者,要注意患者的呼吸及切口情况,防止切口部位的出血压迫气管。

8. 观察患者体温　注意保暖,注意有无肺部并发症。

9. 保持各种管道通畅　伤口包扎后,密切观察引流量的变化,保证引流管无打折,应注意保持尿管的通畅,避免颅脑外科手术患者因膀胱胀满躁动引起颅内压升高,增加颅内出血的危险性。

10. 做好转交接工作。

（二）术后回访护理与评价

对于已进行术前访视的患者手术后 1~3 天回访患者,回访目的是了解患者恢复情况,特别是切口情况、皮肤情况。针对问题,持续改进手术室护理质量。

四、危急重症患者护理

危急重症患者是指患者的病情发病急骤,病情危重。此类患者手术时,手术室护士必须在短时间做好评估、准备、手术、抢救等措施。

（一）病情评估

1. 预见性评估　接电话时须了解病情,做好手术准备。

2. 入室后评估

（1）评估患者的意识和病情。

（2）评估皮肤黏膜、温度、湿度、颜色、弹性及完整性。

3. 参与手术配合护士资质评估　专科手术配合资质与能力,应急处理能力等。

4. 评估手术相关问题　评估手术方式、手术部位、手术相关护理并发症的发生。

5. 评估手术物品器械和抢救物品的情况以及无菌物品的消毒灭菌效果。

（二）危急重症患者急救护理

1. 严格执行患者抢救程序

（1）抢救程序要严谨,必须明确分工,紧密配合,备齐仪器、设备、器械及抢救物品,做好应急抢救准备。

（2）遇有大批量病人和严重多发伤等情况时,应启动应急预案,上报护士长组织调配人力和物品。

2. 及时实施救治,维持呼吸、循环系统稳定

（1）根据病情快速建立多条静脉通道,标示清楚,以利于补液补血和给药,尽量少用下肢静脉,因为下肢静脉距心脏较远,当患者腹腔大量出血时,腹压升高,从而压迫下腔静脉而影响输液输血速度。

（2）做好备血准备和自体血回输准备,严格执行术中输血管理制度。

（3）严格执行查对制度、交接班制度和各项操作规程,执行口头医嘱时,护士要复述,口

头医嘱要准确、清楚,尤其是药名、剂量、给药途径与时间等。

（4）保持尿管通畅,术中密切监测尿量和颜色。

（5）严格执行安全核查制度:做好术中用药、输液输血的查对制度,做好术中物品添加记录。

（6）术中发生大出血时:①巡回护士在配合麻醉医师紧急抢救的同时,还要配合手术台上各种物品的供应;②巡回护士在紧急扩容的同时要密切观察患者尿量、四肢末梢循环、并注意是否有寒战和荨麻疹等并发症的发生。

（7）保留急救药物的安瓿、输液空瓶、输血空袋等至抢救结束,以便急救后统计与查对。

3. 预防手术患者低体温　手术中注意保暖:因危重患者周围末梢循环不良,机体调节功能减弱,从而术中应调节好合适的室温、湿度,术中输血输液应注意加温,冲洗液加温,应用加温设备,保持温度的稳定。

4. 及时处理组织器官创伤

（1）快速做好术前器械和抢救物品准备。

（2）多发伤患者或涉及多个手术专科患者,原则上先救治影响生命的器官。

（3）根据手术需求,调配专科护士配合手术,缩短患者救治时间。

5. 减轻患者疼痛

（1）及时实施麻醉,减少患者疼痛。

（2）术后使用镇痛泵,持续降低患者痛苦。

6. 预防手术部位感染

（1）术中严格执行无菌操作原则。

（2）术前 0.5~1 小时遵医嘱预防性使用抗菌药物。

（3）创伤患者及时清理伤口,切除腐烂组织。

（4）预防术中低体温也是预防手术部位感染的重要措施。

（5）特殊感染手术患者,安排在专用手术间内实施。

（三）危急重患者护理质量目标值

1. 静脉穿刺通道≥2 条,选择上肢静脉大血管。

2. 专科手术使用的仪器设备、器械准备齐全,完好合格率为 100%。

3. 非预期压疮发生率为 0。

围术期护理要做好全程无缝链接和护理,才能不断满足病患生理、心理和社会需求,确保患者安全,促进术后的康复。

（陈肖敏　高兴莲）

第三章 手术室环境布局和常用物品管理

学习目标

1. 复述洁净手术室相关概念。
2. 列出洁净手术室管理标准。
3. 描述洁净手术室环境要求。
4. 应用标准进行环境的监测。

第一节 洁净手术室与空气净化技术的概念

1. 手术间（operating room） 指对患者实施手术操作的房间。

2. 普通手术间（general operating room） 指未设置空气净化系统,室内空气采用其他清洁消毒方法,卫生指标应达到我国 GB 15982 要求的房间。

3. 洁净手术间（clean operating room） 指设置空气净化系统,达到 GB 50333 要求的手术间。

4. 隔离手术间（isolated operating room） 指实施污染手术或为传染性、感染性疾病患者手术的房间。

5. 负压手术间（negative-pressure operating room） 指设独立空气净化系统,室内空气静压低于相邻相通环境空气静压,实施空气或呼吸道传播性疾病手术的房间。

6. 限制区（restricted area）指为维持手术区域较高的环境卫生洁净程度,对人流、物流的进入进行严格限制的区域,包括手术间、刷手区和无菌物品存放间等。

7. 半限制区（semi-restricted area）指为维持手术区域一定的环境卫生洁净程度,对人流、物流进行限制的区域,包括术前准备间、器械间和麻醉恢复间。

8. 非限制区（non-restricted area） 指无特殊洁净度要求的工作区域,包括办公区、休息区、更衣区和患者准备区（间）。

9. 空气过滤器（air filter）指以机械阻挡、阻隔（如网、孔）方式将空气中的微粒截留在滤料上的装置。

10. 粗效空气过滤器（roughing air filter） 指按 GB/T 14295 规定的方法检验,对粒径≥2μm 微粒 1 次通过的计数效率≥50% 的过滤器。

11. 中效空气过滤器（medium efficiency air filter） 指按 GB/T 14295 规定的方法检验,

对粒径≥0.5μm 微粒的 1 次通过的计数效率 <70％ 的过滤器。

12. 高中效空气过滤器（high efficiency air filter） 指按 GB/T 14295 规定的方法检验，对粒径≥0.5μm 微粒，70％≤计数效率 <95％ 的过滤器。

13. 亚高效空气过滤器［sub-HEPA（high efficiency particulate air） filter］指按 GB/T 14295 规定的方法检验，对粒径≥0.5μm 微粒，95％≤计数效率 <99.9％ 的过滤器。

14. 高效空气过滤器（high efficiency air filter） 指按 GB/T 13554 规定的方法检验，额定通风量下，钠焰法效率在 99.9%~99.999%，初阻力在 190~250Pa 之间的过滤器。

15. 空气洁净度（air cleanliness） 指洁净环境内单位体积空气中含大于和等于某一粒径的悬浮微粒的允许数量。

16. 洁净度 5 级（cleanliness class 5） 指环境空气中≥0.5μm 的微粒数 >350 粒 /m³（0.35 粒 /L）到≤3500 粒 /m³（3.5 粒 /L）；≥5μm 的微粒数为 0 粒 /L 的空气洁净程度。相当于原 100 级。

17. 洁净度 6 级（cleanliness class 6） 指环境空气中≥0.5μm 的微粒数 >3520 粒 /m³（3.52 粒 /L）到≤35 200 粒 /m³（35.2 粒 /L）；≥5μm 的微粒数≤293 粒 /m³（0.3 粒 /L）的空气洁净程度。相当于原 1000 级。

18. 洁净度 7 级（cleanliness class7） 指环境空气中≥0.5μm 的微粒数 >35 200 粒 /m³（35.2 粒 /L）到 ≤352 000 粒 /m³（352 粒 /L）；≥5μm 的微粒数 >293 粒 /m³（0.3 粒 /L）到≤2930 粒 /m³（3 粒 /L）的空气洁净程度。相当于原 10 000 级。

19. 洁净度 8 级（cleanliness class 8） 指环境空气中≥0.5μm 的微粒数 >352 000 粒 /m³（352 粒 /L）到 ≤3 520 000 粒 /m³（3520 粒 /L）；≥5μm 的微粒数 >2930 粒 /m³（3 粒 /L）到≤29 300 粒 /m³（29 粒 /L）的空气洁净程度。相当于原 100 000 级。

20. 洁净度 8.5 级（cleanliness class 8.5） 指环境空气中≥0.5μm 的微粒数 >3 520 000 粒 /m³（3520 粒 /L）到≤11 120 000 粒 /m³（11 200 粒 /L）；≥5μm 的微粒数 >29 300 粒 /m³（29 粒 /L）到≤92 500 粒 /m³（92 粒 /L）的空气洁净程度。相当于原 30 万级。

第二节　洁净手术室的设计与净化标准及空气质量控制调节

一、手术室建筑布局与区域划分

（一）洁净手术部的建立

应避开污染源并不宜设在首层或顶层。建筑布置应满足洁净手术室用房要求和回风夹墙布置要求。洁净手术部应独立成区并宜与其有密切关系的外科重症护理单元邻近，宜与放射科、病理科、消毒供应中心、输血科等相关科室联系便捷。

（二）手术室组成及区域划分

1. 洁净手术部平面必须分为洁净区与非洁净区。洁净区与非洁净区之间的联络必须设缓冲室或传递窗。

2. 负压手术室和感染手术室在出入口处都应设准备室作为缓冲室。负压手术室应有独立出入口。

3. 更衣室内设淋浴和卫生间并应相对封闭。

4. 缓冲室　应有洁净度级别并与高级别一侧同级；最高达到 6 级、面积不应 <3m²，可以兼作他用。应设定与邻室间的气流方向。

5. 每 2~4 间洁净手术室应单独设立 1 间刷手间，刷手间不应设门；如刷手池设在洁净走廊上，应不影响交通和环境卫生。

二、手术间内部布局与要求

（一）建筑要求

1. 洁净手术部的建筑应遵循不产尘、不易积尘、耐腐蚀、耐碰撞、不开裂、防潮防霉、容易清洁、环保节能和符合防火要求的总原则。

2. 洁净手术部内地面可选用实用经济的材料，以浅色为宜。

3. 洁净手术部内墙体转角和门的竖向侧边的阳角宜为圆角。通道两侧及转角处墙上应设防撞板。

4. 洁净手术部内与室内空气直接接触的外露材料不得使用木材和石膏。

5. 洁净手术部进出手术车的门，净宽不宜 <1.4m，当采用电动悬挂式自动门时，应具有自动延时关闭和防撞击功能，并应有手动功能。除洁净区通向非洁净区的平开门和安全门为向外开之外，其他洁净区内的门均向静压高的方向开。

6. 洁净手术部和洁净辅助用房内应设置的插座、开关、各种柜体、观片灯等均应嵌入墙内，不得突出墙面。

7. 洁净手术部和洁净辅助用房内不应有明露管线。

（二）手术室硬件设施

1. 每间洁净手术室配备的与平面布置和建筑安装有关的基本装备，宜符合表 3-2-1 的要求。

表 3-2-1　洁净手术室基本装备

装备名称	每间最低配置数量
无影灯	1 套
手术台	1 台
计时器	1 只
医用气源装置	2 套
麻醉气体排放装置	1 套
医用吊塔、吊架	根据需要配置
免提对讲电话	1 部
观片灯（嵌入式）或终端显示屏	根据需要配置
保暖柜	1 个
药品柜（嵌入式）	1 个

装备名称	每间最低配置数量
器械柜（嵌入式）	1个
麻醉柜（嵌入式）	1个
净化空调参数显示调控面板	1块
微压计（最小分辨率达 1Pa）	1台
记录板	1块

注：可按医疗要求调整所需装备

2. 无影灯应根据手术要求和手术室面积进行配置，宜采用多头型无影灯；无影灯架调平板的位置应设在送风面之上，距离送风面不应 <5cm，送风口下面不应安装无影灯底座护罩。

3. 手术室计时器宜兼具麻醉计时、手术计时和一般时钟计时功能，应有时、分、秒的清楚标识，并宜配置计时控制器；停电时应自动接通自备电池，自备电池供电时间不应低于10 小时。计时器宜设在患者不易看到的墙面上方。

4. 医用气源装置应分别设置在手术台病人头部右侧麻醉吊塔上和靠近麻醉机的墙上，距地高度为 1.0~1.2m，麻醉气体排放装置宜设在麻醉吊塔（或壁式气体终端）上。

5. 观片灯联数可按手术室大小类型配置，观片灯或终端显示屏宜设置在主刀医生对面墙上。

6. 器械柜、药品柜宜嵌入手术台脚端墙内方便的位置，麻醉柜宜嵌入手术台病人头部墙上合适位置。

7. 净化空调参数显示、调控面板宜设于手术车入口门侧墙上。

8. 对于多功能复合手术室等新型手术室可按实际医疗需要，对医疗、影像等装备进行调整。

三、洁净手术室的空气调节与净化技术

1. 净化空调系统应使洁净手术部各手术间整体处于受控状态并应能调控。

2. 在手术进行中，Ⅰ ~ Ⅲ级洁净手术室净化空调系统宜能在送风温度低于室温状况下运行。

3. 洁净手术室及与其配套的相邻辅房应与其他洁净辅助用房分开设置净化空调系统；Ⅰ、Ⅱ级洁净手术室与负压手术室应每间采用独立净化空调系统，Ⅲ、Ⅳ级洁净手术室可2~3 间合用一个系统。净化空调系统应有便于调节控制风量并能保持稳定的措施。

4. 净化空调系统设置空气过滤器或装置应符合下列要求：

（1）在新风口或紧靠新风口处应设置新风过滤器或装置，并应符合本规范的规定。

（2）在空调机组送风正压段出口应设置预过滤器。

（3）在系统末端或靠近末端静压箱附近设置末级过滤器或装置，并应符合本规范的规定。

（4）在洁净用房回风口设置回风过滤器。

（5）在洁净用房排风入口或出口设置排风过滤器。

四、洁净手术室技术指标

洁净手术室的用房分级标准应符合表 3-2-2 的规定；洁净辅助用房分级标准应符合表 3-2-3 的要求。

表 3-2-2　洁净手术室用房的分级标准

洁净用房等级	沉降法（浮游法）细菌最大平均浓度		空气洁净度级别		参考手术
	手术区	周边区	手术区	周边区	
I	0.2cfu/30min·Φ90 皿（5cfu/m³）	0.4cfu/30min·Φ90 皿（10cfu/m³）	5	6	假体植入、某些大型器官移植、手术部位感染可直接危及生命及生活质量等手术
II	0.75cfu/30min·Φ90 皿（25cfu/m³）	1.5cfu/30min·Φ90 皿（50cfu/m³）	6	7	涉及深部组织及生命主要器官的大型手术
III	2cfu/30min·Φ90 皿（75cfu/m³）	4cfu/30min·Φ90 皿（150cfu/m³）	7	8	其他外科手术
IV	6cfu/30min·Φ90 皿			8.5	感染和重度污染手术

注：1. 浮游法的细菌最大平均浓度采用括号内数值。细菌浓度是直接所测的结果，不是沉降法和浮游法互相换算的结果
　　2. 眼科专用手术室周边区比手术区可低 2 级

表 3-2-3　洁净辅助用房的分级标准

洁净用房等级	沉降法（浮游法）细菌最大平均浓度	空气洁净度级别
I	局部集中送风区域：0.2cfu/30min·Φ90 皿，其他区域：0.4cfu/30min·Φ90 皿	局部 5 级，其他区域 6 级
II	1.5cfu/30min·Φ90 皿	7 级
III	4cfu/30min·Φ90 皿	8 级
IV	6cfu/30min·Φ90 皿	8.5 级

注：浮游法的细菌最大平均浓度采用括号内数值。细菌浓度是直接所测的结果，不是沉降法和浮游法互相换算的结果

第三节　洁净手术室的日常管理与监测

一、手术室环境基本要求

1. 手术室环境应符合功能流程合理和洁污严格分区的原则。
2. 普通手术室应符合 GB 15982 II 类区域环境要求的标准。

3. 洁净手术室的等级划分应符合 GB 50333 的标准。

4. 洁净手术室温度应在 21~25℃之间可调；相对湿度为 30%~60%；最小新风量为 15~20m³/（h·m²）。

5. 手术时洁净手术室应保持正压状态，符合 GB 50333 有关要求。

6. 当为感染性或传染病患者进行手术时，应达到 WS/T 311 有关要求。

7. 手术室卫生工作应使用不易落絮的卫生洁具分区分室实施湿式清洁。

8. 严格控制进入手术室内的人员数量，无关人员不得进入。

9. 手术室门在手术过程中应保持关闭状态。

10. 所有进入手术室的非无菌用品应进行清洁管理。

11. 手术室应在每日开始手术前和手术结束后进行清洁与消毒。

二、洁净手术部环境管理

1. 工程技术人员、手术室人员及感染控制专职人员共同负责净化空调设备的使用和管理。

2. 应制定设备的运行管理、维护及应急处置制度，并建立相关记录，保存期 3 年。

3. 洁净手术部的净化空调系统应连续运行至清洁工作完成后 30 分钟。

三、洁净手术部主要性能指标的监测

（一）日常动态监测

1. 负压手术室手术后空气净化要求

（1）负压手术室内地面、各种用具和设备表面的消毒应在每次开机前和手术结束后进行，净化系统应连续运行到清洁、消毒工作完成后 30 分钟以上，此时可进行同种病原体感染的连台手术。

（2）实施不同病原体的手术或需要正负压转换时，室内环境与空气消毒应符合有关规定。

（3）排风机组：特殊感染手术后，确认排风机组污染时，先用有效的消毒液处理排（回）风口外表面，再更换高效空气过滤器。

（4）宜选用可安全便捷拆卸的过滤器机组，粗效空气过滤器宜 1~2 个月更换；中效和高中效空气过滤器宜 3~6 个月更换；亚高效空气过滤器宜 12 个月以上更换；高效空气过滤器宜 36 个月以上更换 1 次。

2. 动态细菌浓度检测方法

（1）回风口空气动态平板法（图 3-3-1）：采样时间：洁净手术室采样可在手术间中进行。采样方法：要求在每个回风口中部均匀摆放 3 个 Φ90mm 培养皿；开口向上，与地平面呈 30°角。采样 0.5 小时后，在 35~37℃下培养 24~48 小时。检测指标见表 3-3-1。

（2）空气浮游菌撞击法：采样时间：采样可在切皮、缝合、连台之间和手术已进行 4 小时等程序中选择不少于 2 个程序进行测定。采样方法：选取手术台任意一个对角线的两个端头作为采样点。检测指标见表 3-3-2，手术室清洁与消毒的基本要求见表 3-3-3。

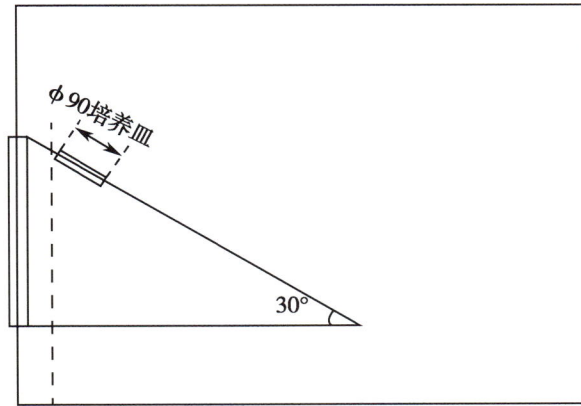

A.主视图

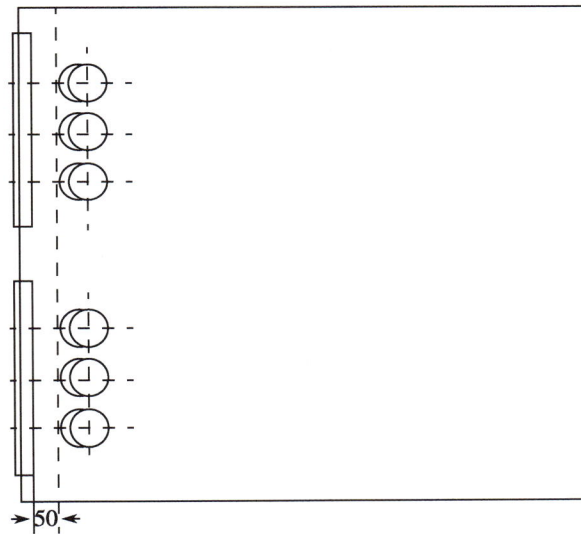

B.俯视图

图 3-3-1　回风口空气动态平板法

表 3-3-1　洁净手术室回风口空气动态平板法动态细菌浓度检测指标

洁净手术室级别	控制菌落数 cfu/Φ90 皿·0.5 小时	洁净手术室级别	控制菌落数 cfu/Φ90 皿·0.5 小时
I	≤4	III	≤8
II	≤7	IV	≤9

表 3-3-2　洁净手术室空气浮游菌撞击法动态细菌浓度检测指标

洁净手术室级别	最小采样量（L）	控制菌落数（cfu/m³）
I	1000	≤30
II	300	≤150
III	200	≤450
IV	100	≤500

表 3-3-3　手术室清洁与消毒基本要求

项　目	手术前30分钟	手术之间	每天	每周
地面（手术区域、暴露区域）ᵃ	√	√	√	√
所有地面			√	√
内外走廊	√		√	√
物体表面（手术区域、暴露区域）	√	√	√	√
手术床各部位	√		√	√
手术凳（表面及凳腿）	√		√	√
器械台、仪器车、污物车等各种车辆	√		√	√
手术间墙壁、天花板、玻璃、输液滑轨				√
无影灯	√		√	√
无影灯臂				√
中央负压吸引器（连接墙壁与引流瓶的吸引管）		√	√	√
移动式负压吸引器（瓶间连接管）		√		
回风口栏珊			√	√
新风口及过滤网				√
一次性物品柜、药品柜内				√
保温柜、冷藏柜内			√	√
体位垫		√	√	√
手术间所有仪器设备如电刀、双极电凝器、显微镜、麻醉机、监护仪、体外循环机、超声、仪器电线和各种连线等	√		√	√
病人转运车（非对接式）			√	√
对接式病人转运车			√	√

注：以上建议为正常情况下执行频度，有污染或其他情况时应及时进行清洁消毒处理

（二）年检静态监测

年检应由有资质的单位进行检测。年检必测项目为截面风速（Ⅰ级）、换气次数（Ⅱ～Ⅳ级）、洁净度、沉降菌细菌菌落数、静压差、新风量，检测方法按 GB 50333 的要求执行。

（何　丽　常后婵）

第四章　手术室人力资源

1. 复述手术室团队组织架构。
2. 列出手术室团队建设内容。
3. 描述手术室护士职业规划与发展。
4. 应用团队建设知识创建安全文化。

第一节　手术室护理人员
组织结构及团队建设

护理学是自然科学和社会科学相互渗透的一门综合性应用学科。护理学从临床医学二级学科中分化出来成为一级学科后,护理学理论不断完善和发展并逐步形成了自己独特的知识体系,从而为护理学科的发展提供了更大的发展空间。手术室由于其专业的独特性,已经成为医院快速发展的重要保障部门。

知识拓展

护理一级学科发展

2011 年 3 月,国务院学位委员会第二十六次会议修订学科目录,新增护理学为一级学科,与中医学、中药学、中西医结合,临床医学等一级学科并列,新的学科代码为 1011。护理作为临床医学二级学科的现状,已对我国护理学科发展,特别是高等护理教育(如学生培养定位、学位授予和培养类型确定等)造成限制。而从英、美、德、澳大利亚等发达国家经验看,护理需要成为医学门类下的一级学科。并于 2011 年被列入国务院学位办新修订学科目录。

一、团队组织架构

组织架构是指按照国家有关法律法规和行业标准,结合组织实际情况,明确内部各层级机构设置、职责权限、人员编制、工作程序和相关要求的制度安排。组织结构是一种组织内在工作关系的基本模式,是执行管理和经营任务的体制,为组织提供一种实现工作目标的框架。

　　在护理机构中护理部是负责全院护理行政和业务管理的指挥调度机构,实行主管院长(或护理院长)—护理部主任—科护士长—护士长护理管理体系。手术室作为护理团队中一个单位,其组织结构涵盖术前、术中和术后,国外手术室护理管理团队涉及术前物品供应团队——供应中心,术中手术治疗团队——手术室,术后麻醉恢复团队——麻醉恢复室(图4-1-1)。国内手术室管理团队,部分沿用国外模式,部分将供应中心划分独立单元。由手术室科护士长统一管理,保证手术室护理的连续性、安全性和一致性,确保手术室护理质量与安全。

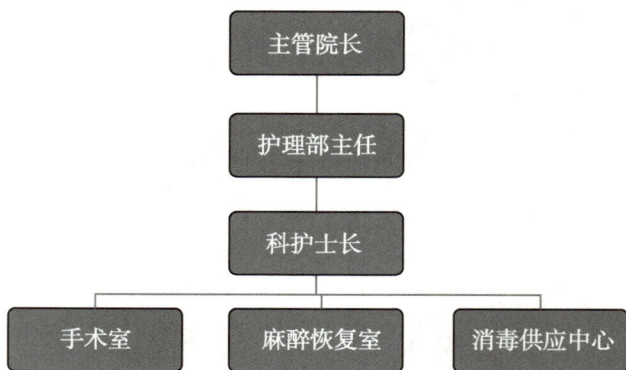

图 4-1-1　手术室护理管理体系

二、团队文化建设

知识拓展

团队文化建设

　　团队文化建设已经成为各个医院发展的关注点,也是团队凝聚力的体现。手术室团队文化是手术室管理者工作重点之一,2017年4月中华护理学会第21届全国手术室护理学术交流会议发布了由中华护理学会手术室专业委员会共同创作的手术室护士之歌——《最美的时尚》,通过音乐传递手术室护士价值,通过手术室护理人员感同身受,达到心灵上的升华,也是文化建设一个方面。

　　团队文化(team culture)是指在长期生存和发展中形成的全体成员遵循的共同意识、价值观、职业道德、行为规范和准则的总和。团队文化建设(team culture construction)是指文化相关的理念的形成、塑造、传播等过程,是一种理念的策划和传播,是一种泛文化。手术室是医院公共平台,为患者提供手术诊疗的场所,手术团队从狭义上讲包括手术医生、麻醉医师、手术室护士以及辅助人员,从广义上讲涵盖职能部门、医技部门和后勤部门等。如何能够提高手术室安全与质量、如何提高手术室运营效率,团队文化建设起着不可估量的作用。

（一）团队作用

团队文化是推动手术室护理发展的关键所在。良好的团队文化氛围不仅可增强手术室团队的凝聚力，激励护理人员奋发向上、开拓创新的精神，同时当个人利益与整体利益相冲突时，团队文化对员工的内在约束作用，最终可保证团队利益最大化，完成共同的目标。

（二）团队建设原则

"共同的目标"是团队的凝聚力，"相互的信任"是团队的基石，"积极性"是团队前进的力量源泉。团队文化建设应遵守以人为本、表里一致、注重个性、继承传统、注重效益的原则。

（三）团队建设方法

1. 构建手术室良好的团队精神　团队精神是指一种团队协同工作的精神，最早产生于日本。简单来说就是大局意识、协作精神和服务精神的集中表现。首先，手术室管理者必须加强护理人员政治素质、文化素质、专业素质和身体素质的培养，明确手术室专业团队需要每一位成员的素质要求。其次，管理者通过提高手术室护士自我管理、自我控制、自我更新的能力，形成有力的团队凝聚力。最后，手术室团队精神的核心是团结协作，手术室管理者应努力构建和谐工作环境，营造信任的组织气氛，实现团队成员之间的相互合作、互相服务、快乐工作的精神境界。

2. 实施人文关怀理念　手术室人文关怀不仅仅是对患者，关怀患者的前提是手术室工作人员要受到人文关怀，只有医务人员心中有爱，才能将爱传递给每一位手术患者，才能将人文关怀措施落实到临床。

3. 营造执行文化　执行文化就是把"执行"作为所有行为的最高准则和终极目标的文化，使团队形成一种注重现实、目标明确、简洁高效、监督有力、团结、紧张、严肃、活泼的执行文化。

解决问题的能力不足，主要反映在执行能力欠缺，对于手术室管理者而言，执行文化是手术护理质量的保证，管理者需要经常分析和总结执行力不到位的根本原因，完善手术室质量管理系统评价标准，及时修订制度、职责、常规和流程中存在的问题，做好执行力培训工作，坚持以身作则的工作作风，坚持处理问题"对事不对人"原则，用制度管人，构建高效的执行力体系，塑造具有手术室特色的执行文化。

对于护理人员而言，执行文化强调的是手术室护理人员将医院或科室的核心制度、标准工作流程、护理常规、应急处理以及岗位职责，通过护士临床操作、服务行为表达在患者手术治疗过程中，护理质量评价结果和患者就医感受满意程度是对护士执行力的最直接检验。

4. 创建护理安全文化　安全文化（safety culture）就是安全理念、安全意识以及在其指导下的各项行为的总称。一切护理活动的核心都是围绕患者安全，护理安全是衡量临床护理服务的重要指标。

美国围术期注册护士协会（AORN）认为：拥有风险评估意识、将安全理念放在首位，将出现差错的情况作为发展的动力，构建一整套差错报告机制和发展改进系统；一个缺乏有效的护理安全文化的医疗团队，会造成患者得不到有效的治疗。

护理的安全文化组成要素包括以下几个方面：①医院领导层的重视和积极的行动；②及时的错误报告体制，改善体制上的问题，并不是以处罚个人为重点；③形成优良的团队合作和高效的沟通机制；④建立积极的护理安全文化的氛围。

5. 激励机制的运用　手术室管理是医院管理工作的重要组成部分，激励机制是医院文化建设的重要内容之一。激励护理人员奋发进取、积极向上、尽职尽责，使其感到力有所用、才有所展、劳有所得、功有所奖，是搞好医院护理队伍建设的关键。包括精神激励、薪酬激励、荣誉激励、工作激励。

手术室管理者在激励护理人员团队建设上，应建立科学的绩效管理和绩效评价体系，实现薪酬激励的目的；调查和分析护理人员工作需求，实现临床工作激励的目的，有效调动手术室护理人员工作积极性；了解护理人员生理、心理、社会等需求，激发其自我成长，实现手术室护理人员的精神激励目标；管理者采用因材施教，人尽其才等方法，实现荣誉激励目的。全方位提高手术室在临床、教学、科研、管理等方面的质量。

（四）团队的发展——手术室护士职业生涯规划

团队的发展依赖于每个成员的发展，每个成员在经历自己的职业生涯规划中最终实现目标的总和。

职业生涯规划又叫职业生涯设计，是指个人与组织相结合。职业生涯规划人应有清晰的发展目标，热爱从事的工作，才能发挥自己的特长，获得事业上的成功，最终实现自我目标和价值。

手术室护理人员的职业生涯，临床需经历新护士、初级护士、中级护士、高级护士、专科护士5个阶段，每个阶段都赋予不同的专业特点和要求，只有热爱手术室护理专业，才能实现最终目标。

1. 新护士　手术室专业准入资质阶段，需要进行大量手术室基础理论知识、专科操作技术、基础手术技能等内容培训。

2. 初级护士　实施全科护士培养阶段，提升手术室护理在各个手术专科操作、临床实践等能力。

3. 中级护士　综合能力培养阶段，包括临床、教学和科研。

4. 高级护士　提升专科护理内涵阶段，参与临床急重症手术、创新手术以及疑难护理问题。

5. 专科护士　临床护理专家型，负责专科护理质量管理。

手术室护理人员在完成自己职业生涯规划实施的过程中，结合自己对手术室专业的认知和个人在管理、临床、教学、科研等方面的能力，逐步向四个职业方向发展：手术室管理者、临床护理专家、临床教学老师和专职科研人才。

第二节　手术室的人力资源管理

手术室护理人力资源是指具有从事手术室护理工作智力能力和体力能力的人员，即具有护理专业中专及以上学历、通过全国护士执业考试（或获得免试资格）并取得护士从业资格证书、在医疗机构直接为手术患者提供围术期护理服务的护理人员。人力资源管理的目的是实施符合手术室临床护理工作特点的科学化管理方式，建立规范的护理专业人员聘用制度、岗位管理制度、绩效考核制度、薪酬分配制度、岗位培训制度、职称晋升制度等，最大限度的开发护理人力资源的潜能，实现个人目标与科室目标的共同发展。

一、手术室护理人员的岗位管理

岗位管理是人力资源管理的基础和核心，2011年国家卫生计生委（原卫生部）发布《关于确定护士岗位管理试点医院及有关工作的通知》,2012 年出台《关于实施医院护士岗位管理的指导意见》,意见指出,在医院护士队伍中实施岗位管理,是提升护理科学管理水平、调动护士积极性的关键举措,是稳定和发展临床护士队伍的有效途径。护士岗位管理是深化医院收入分配制度改革、建立科学绩效和薪酬管理体系的必要条件,对促进护理学科健康发展、全面提升临床护理水平、持续推进优质护理服务工作具有重要意义。

手术室护理具有独特的专科特色,护理工作贯穿于术前、术中、术后围术期的全过程。国际上,"围术期护士"已取代"手术室护士"成为国际公认的职业名称。围术期护理工作不仅要为手术准备必要的物资,建立和保持安全的手术环境,从而维护患者的安全,更应基于自然科学和行为科学知识的运用,关注患者的生理、心理及社会需求,为患者提供全面的、连续的专业化护理。近年来,由于各专科的飞速进步,手术技术逐渐向高、精、尖方向发展,使得专业化手术配合的要求越来越高,更趋向专业化、专科化,且手术量持续增长,工作节奏逐渐加快,护理人力绝对或相对不足的问题凸显,护士对未来的职业发展缺乏信心,科学的岗位管理为破解这一难题指明了方向。实施手术室护理人员岗位管理应遵循医院人力资源管理的整体原则,同时,要充分体现手术室的专科特色。

（一）岗位设置

岗位设置是岗位管理的首要环节,就是要打破个人身份的约束,遵循岗位设置基本原则,从临床实际需要出发,以医院发展和护士职业发展为目标,以护理人员层级管理为切入点,以因事设岗为基本原则,设置"责"、"权"、"位"相匹配的岗位。

1. 按需设岗原则 要因事设岗,有别于因人设岗,设置哪些岗位、设置多少岗位职数、岗位职责有哪些等均以满足手术患者的需要、结合手术室工作流程的特点为基本原则,与护士自身的职称、年资、职位等没有关系。

2. 最低数量原则 即以尽可能少的岗位来承担尽可能多的护理任务,限制在能有效完成护理工作所需岗位的最低数,最大限度提高人力资源使用效率,降低人力成本,实现效益最大化。

3. 目标 – 任务原则 岗位设置应有利于医院及科室的整体发展目标,服从医院及科室发展的大局,关键岗位的任务体现科室的主要工作目标。

4. 动态调整原则 岗位的设置不是一成不变的,而是要通过岗位评估判断岗位是否合理,岗位人是否称职,调整和优化作用发挥不到位的岗位,合并性质相同的重复岗位,增设遗漏岗位,并对现任岗位人进行优化,达到人与岗位的匹配。同时,岗位设置要随着专业发展、手术患者需求的变化而变化,更要符合医院体制、制度等变革的需要。护理管理者要有敏感性和预见能力,不断调整、不断优化岗位设置,建立更为灵活的用人机制,以满足患者、医院和社会的需要。

（二）岗位分析

岗位分析就是结合本科室的实际工作情况,决定需要设置哪些岗位、如何设置岗位、如何摆正各岗位之间关系的过程,其核心就是明确关键岗位和制订岗位说明书。关键岗位即需要关键技能、不易被取代、在手术室的护理工作中起到至关重要作用或重要辅助作用的岗位。关键岗位的特点是专业性强、技能要求高、责任重大、风险大,需要由临床工作经验丰富、业务能力强的高层级护士担任。关键岗位还要和其他岗位相互协调、相互匹配,才能使各岗位之间密切协作,平衡发展。例如,临床护理专家、专科负责人、教学老师、专科护士等都可以设置为关键岗位,这些岗位要与巡回护士、洗手护士、后勤供应护士等岗位建立并保持良好的合作关系,工作中既有交叉又有互补,互相帮助又互相监督,默契衔接,使手术配合达到最佳效果。

明确岗位后需要制订岗位说明书。岗位说明书也称之为岗位描述,要清晰描述岗位的名称、性质、工作目标、任务、职责、任职条件等,要说明工作的意义是什么、工作的内容是什么、应由什么样的人来完成、在哪里完成、什么时候完成、如何完成等。岗位说明书还要明确界定与该岗位相匹配的责、权、利,明确绩效考核标准,从而调动岗位任职护士的工作主动性和积极性。

岗位分析过程中,可采用调取信息系统客观数据、发放调查问卷、个人访谈等多种方式,详细了解护士的基本情况、工作能力及实际护理工作需求,对岗位职数、不同层级护士的人力配置数量进行充分测算,为设置岗位提供依据。

(三)岗位评价

一方面要以岗位说明书为依据判断各岗位工作是否符合患者、科室需要,岗位设置是否合理等,更重要的是要根据岗位承担的工作量、工作的责任大小、工作强度、技术难度制定岗位评价标准,将岗位人付出的辛苦、做出的贡献、实现的价值与工资待遇有机结合,实现岗位薪酬,为制订科学的绩效考核方案,体现优绩优酬、多劳多得的指导方针。

二、以护士层级为切入点,实施科学的岗位管理

层级管理是实施护理人员岗位管理的基础,以护士的学历、工作年限及职称体系为基本条件,以护士的临床专业能力、综合能力为重点的考核标准,结合岗位工作量、技术难度、风险系数等指标的定级方案已在各大医院岗位管理中得到证实,有助于更为合理更为灵活的配置护理人力,有助于提高手术配合质量,有助于推进专科化管理,有助于开展更有针对性的分级培训,有助于实现动态化和精细化的提高人力资源管理水平,对于护士而言,有助于提高护士的工作热情,激发其工作主动性,提高工作质量和工作效率,提高护士的专业成就感,为护士提供了更为广阔的职业发展前景。

三、手术室护理人员岗位管理实践

(一)护士层级管理案例

目前,将护理人员分为N1~N4四级的分级方案已得到很多医院的认同,也有的医院在四级的基础上将新毕业护士定义为N0级。分级标准包括护士的学历、职称、工作年限等基本条件,主要考核标准有护士的工作量、工作质量、业务能力及工作表现等。根据考核结果将护士分为N1——成长期护士、N2——熟练期护士、N3——专业精通型护士、N4——临床护理专家。综合医院手术室考核护士的临床工作能力时可以将护士轮转手术专科的多少、能胜任手术的难度级别、承担科室特殊工作的情况、承担教学、科研及管理任务的情况、应对紧急抢救手术的能力等作为工作能力的具体考核指标。也可在四级的基础上根据手术室工作的特点继续细化,从而体现护士能力的差别及高级别护士的价值。

(二)护士岗位设置案例

以某大型综合三级甲等医院为例,手术室实施护理人员岗位管理时首先应遵循医院总体要求,共设置管理岗位、教学岗位、临床护理岗位、后勤支持岗位等四类岗位,其中临床护

理岗位是护理工作的主体,需占护理人力总数的 90% 以上。岗位设置的第一步是明确关键岗位,结合手术室的特点、手术量、配合手术的技术难度、手术室运转效率等因素,可将专科负责人、主班护士设置为关键岗位。管理岗位即科护士长、护士长岗位;教学岗位即教学老师岗位;临床护理岗位即直接从事临床护理工作的岗位,此类岗位又可分为一线护理岗位和二线护理岗位,前者即在手术间担任巡回和洗手的护士,后者即负责恢复室患者及术后疼痛患者护理的护士;后勤支持岗位即负责无菌物品管理、药品管理、腔镜管理及耗材管理的护理人员或辅助人员。具体见表 4-2-1。

表 4-2-1　岗位名称及任职资格

岗位名称 （职数）	任职资格 （包括学历、工作年限、专业知识、专业能力）
总护士长	大学本科及以上学历、中级及以上职称、工作 10 年以上,熟悉手术室工作性质和内容,具备一定的管理经验。由医院统一任命
护士长	大专及以上学历、中级及以上职称、手术室工作 10 年以上的 N4 级护士。由医院统一任命
教学老师	大专及以上学历、初级及以上职称,手术室工作 5 年以上、N3 级及以上的护士。由医院统一任命
专科负责人	晋升主管护师职称,手术室工作 10 年以上、N3 级及以上的护士,具备一定的管理经验
主班护士	晋升护师职称,手术室工作 5 年以上、N2 级及以上的护士,大部分科室（除外心外科）轮转合格,具备一定的应对突发事件的能力
临床主管	中级及以上职称、手术室工作 10 年以上、N3 级及以上的护士,具有一定的手术室临床工作经验
巡回护士	工作 1 年以上,取得护士执照,通过医院内转正考试,N1~N4 级护士
洗手护士	具备护士执照方可独立工作,N1~N4 级护士
麻醉恢复室护士	晋升护师职称 5 年以上、N3 级及以上的护士,通过专科护士认证,具备一定的手术室或监护室临床工作经验
急性疼痛专职护士	晋升护师职称 5 年以上、N3 级及以上的护士,通过专科护士认证,具备一定的手术室临床工作经验和疼痛护理经验
腔镜管理员	晋升主管护师职称 5 年以上、N3 级及以上的护士,具备一定的手术室临床工作经验
药品管理员	工作 3 年以上或退休返聘护士,具备一定的临床工作经验
高值耗材管理员	手术室正式员工或退休返聘人员或经医院人力资源管理处审批合格后录用者,经过短期培训
无菌物品管理员	手术室正式员工或退休返聘人员或经医院人力资源管理处审批合格后录用者,经过短期培训
医疗设备管理员	具备医疗设备管理相关专业学历或工作经验的专门人员,或手术室工作 5 年以上的正式员工

这一岗位设置案例供大家参考,手术室管理者应敢于创新,在遵循岗位设置基本原则的基础上,从医院及科室的实际情况出发,制订切实可行的方案,并在实践中不断探索、不断完善,从而构建科学有效的护理人力资源管理体系,建立护理管理的长效机制,提高护理队伍的整体专业水平和管理水平,稳定护理队伍,最终实现促进医院发展、科室发展、护士个人职业发展的总体目标。

知识拓展

高级实践护士

高级实践护士(advanced practice nurse, APN)在过去的二三十年间在全球护理专业领域迅速发展,不同国家的APN承担的任务和角色不尽相同,但国际护士学会认为APN应拥有深厚的专科知识、复杂问题的决策能力及扩展临床的实践才能。美国围术期注册护士协会对APN的定义较为详细:APN应有研究生学历,为受照顾者进行全面的健康评估,拥有专家型知识和技巧,能诊断和处理个人、家庭及社区对现存或潜在的复杂健康问题,并针对急性或慢性健康问题做出专业的临床决策,并在临床实践中结合教育、科研、管理工作,与其他护理同行、医生及各相关医疗专业人员建立团队协作关系。APN的价值主要体现在维持患者的最佳健康状态、推动护理学科的发展、促进护理团队建设、推进健康系统的建设、降低医疗成本并增加效益、提高患者及护士工作满意度等。手术室管理者应结合行业特色,探索手术室专业高级实践护士的未来发展方向,建立具有中国特色的手术室护理专业高级实践护士培养及进阶的整套管理模式。

第三节　手术室护理人员工作职责

手术室人力资源的配置,宜选择"按需设岗、按岗定人"的用人最佳方案,使工作效率、潜能挖掘和个人满意度均达到最大值的管理过程。人员结构可分为三部分:手术室管理人员、临床护理人员、辅助工作人员。各部分人员职责清楚,责任分明,有效协助,共同完成医院手术室管理目标。

一、管理者工作职责

1. 在院各级领导及科护士长的领导下,负责本科室的行政管理及临床护理工作。

2. 根据手术室任务和护理人员的情况,进行科学分工,密切配合手术医生完成手术治疗。

3. 督促各级人员认真执行医院及手术室各项规章制度和技术操作规程。

4. 组织各级护士、服务中心人员、卫生员开展业务学习,指导进修、实习护士的临床带教。

5. 督促医务人员做好手术室感染控制工作,严格按规定进行生物监测,并鉴定监测效果。发现异常及时处理。

6. 负责管辖手术区域仪器、设备及物品的管理工作,检查急诊手术用品的准备情况、贵重器械的管理情况。

7. 检查和督促手术安全核查、手术间管理、标本的管理、感染控制、手术配合质量、文件书写等手术室护理安全与质量,落实一级质量控制,对存在问题进行持续改进,保障手术患者术中安全与质量。

8. 落实每年手术室工作计划,完成护理部给予的临床护理、科研教学、在职培训、著书论文等各项指标。

9. 积极与协助科室沟通,改进工作方法,改变工作态度,满足临床医生手术开展的需求。关心护理人员,了解护士工作及生活困难,及时帮助和解决护士后顾之忧,增加团队凝聚力,建立和谐、人文、积极向上团队。

10. 负责接待手术室参观,接待学术交流表演、负责落实手术室安全管理措施,保障管辖手术区域各项安全。

二、临床护理人员职责

(一)巡回护士职责

1. 手术前

(1)查看手术通知单,了解拟实施手术名称、麻醉方式及患者相关信息(过敏史、生化检查等),必要时参加病历讨论、访视患者,做好术前宣教。

(2)确认手术所需物品、仪器、设备、手术体位用物等,并处于功能状态。

(3)检查手术间环境,符合国家规范要求,包括温度、湿度、照明、清洁状况等,发现异常及时报修。清空上一台手术患者的所有物品、病历资料、垃圾等。

(4)遵循一间、一人、一病历原则:每个手术间只能安置一位患者,并只能存放该患者的病历、资料。

(5)执行手术患者交接制度,做好与病房护士的交接,检查所带药物、影像学检查结果等,确认患者有无义齿、饰品、植入物等,并在交接单上签名记录。

(6)核对手术患者身份:采用两种以上核对方法(参照《手术室护理实践指南》"患者十大安全目标")。

(7)患者转移至手术床时,先确认手术床和手术平车固定,再转移患者,告知患者不得随意移动,防止坠床的发生。

(8)做好患者的心理护理,减轻患者焦虑。

2. 手术中

(1)根据手术及麻醉需要,选择静脉穿刺部位,按《静脉治疗护理技术操作规范》建立静脉通路,妥善固定。按相关要求给予术前抗菌药物。

(2)执行《手术安全核查制度》,在麻醉前、手术开始前、患者离室前,与麻醉医生、手术医生共同核对患者相关信息,确保正确的患者、正确的手术部位、正确的手术方式。

(3)协助实施麻醉。

(4)协助洗手护士铺置无菌台:检查无菌物品的有效期、包装等,确保物品合格,打开无菌物品。

（5）执行手术物品清点制度，清点、核对手术中所需物品，并签字记录（参照《手术室护理实践指南》第七篇）。

（6）检查评估皮肤，遵循手术体位安置原则，与手术医生、麻醉医生共同安置手术体位，实施必要的保护和约束措施，避免受压、暴露等造成的损伤，防止患者坠床。

（7）减少不必要的暴露，保护患者隐私，做好保暖，保证舒适。

（8）随时提供手术所需仪器、设备、手术器械、耗材等。正确连接、调试手术设备。

（9）严格执行查对制度：给药、输血等操作时须与手术医生或麻醉医生双人核对；抢救时协助麻醉医生给药；在执行口头医嘱时必须复述确认，并保留空安瓿至手术结束。

（10）及时供应术中所需物品，添加物品双人清点后及时记录，掉落的物品应集中放于固定位置，以便清点。

（11）做好护理观察：包括出血、用药、输液、输血、尿量、手术体位等。发生异常情况，积极配合抢救。

（12）严格执行并监督手术间所有人员的无菌操作技术、消毒隔离技术、垃圾分类等各项规定的落实。控制参观人数，保持手术间门处于关闭状态、环境整洁。

（13）严格执行交接班制度，现场交接，内容包括手术物品、体位及皮肤、管路等，并做好交接记录。

（14）遵循手术标本管理制度，协助洗手护士或手术医生核对病理及病理单的各项内容，确认标本来源的名称和数量，妥善管理手术标本，督促及时送检，并签字记录（参照《手术室护理实践指南》第五篇的"手术标本管理"）。

（15）执行护理文件书写规定，准确填写各种护理文件，并签字确认。特殊情况在护理记录单上详细描述，必要时请主刀医生签字确认。

（16）巡视仪器和设备的运转情况，发现异常及时检查，必要时报修。

3. 手术后

（1）协助手术医生包扎伤口，保持患者皮肤清洁，衣物整齐，保护隐私、注意保暖。

（2）检查患者皮肤：如有损伤等异常情况，与手术医生共同确认，发生时，须在护理记录单上记录，并与手术医生、病房护士交接。

（3）整理管路：保持通畅，标识清楚，固定稳妥。

（4）整理患者所带物品及护理文件，将患者安全送离手术室。

（5）整理手术间，物归原处，并补充所需物品。

（6）执行不良事件上报制度，及时上报与患者安全相关的事件。

（二）洗手护士职责

1. 手术前

（1）查看手术通知单，了解拟实施手术名称、麻醉方式及患者相关信息（过敏史、生化检查等）、手术特殊用物，必要时参加病历讨论、访视患者。

（2）备齐手术所需物品，包括无菌物品、外科洗手用品、脚蹬等。必要时请术者确认关键的器械和物品，如有疑问及时补充、更换。

（3）检查手术所需无菌物品及器械的灭菌标识和有效期。

（4）协助巡回护士安置患者、准备手术仪器设备等。

2. 手术中

（1）铺置无菌台前：确认周边环境符合无菌技术操作要求；再次检查手术所需无菌物品及器械的灭菌标识和有效期。

（2）执行外科手消毒（参照《手术室护理实践指南》"外科手消毒"》），原则上提前15~30分钟刷手。

（3）铺置无菌台后，检查手术器械性能、完整性。

（4）执行手术物品清点制度，与巡回护士共同清点台上物品（参照《手术室护理实践指南》"手术物品清点"）。

（5）遵循无菌技术操作原则，协助手术医生进行手术区域皮肤消毒、铺置无菌单、戴无菌手套。

（6）与巡回护士连接好各种手术仪器，如电刀、吸引器、超声刀、冷光源等。

（7）关注手术进程，掌握手术步骤及主刀医生习惯，提前准备并正确传递手术器械，及时擦拭器械上的血渍，传递前及使用后均需检查器械完整性。

（8）对正在使用的器械、纱布、纱垫、缝针等做到心中有数，用后及时收回。

（9）监督手术医生对特殊器械及电外科的安全使用。

（10）负责手术台上标本的管理，严格执行手术标本管理制度（参照《手术室护理实践指南》"手术标本管理"）。

（11）监督手术台上人员的无菌技术操作，严格执行手术隔离技术。保持无菌区域干燥整洁、不被污染，如有或疑有污染立即更换。

（12）做好标准预防，正确传递锐器，防止发生锐器伤。如为特殊感染手术，按感染类别执行 WS 367—2012《医疗机构消毒技术规范》相关处理规定。

（13）术中原则上不调换洗手护士，特殊情况必须调换时，严格执行交接班制度，现场交接。

（14）完成第四次手术物品清点后，告知手术医生手术物品数目正确、完整。

3. 手术后

（1）协助手术医生包扎伤口，清洁手术区域皮肤。正确连接各种引流袋。

（2）按照《手术室护理实践指南》"手术标本管理"处理标本。

（3）遵循垃圾分类原则，锐器应放置于锐器盒内。

（4）做好器械整理，及时与消毒供应人员交接。

三、手术室辅助人员职责

手术室是医院手术科室服务平台，人员复杂，辅助岗位较多，包括：专职教学老师、保洁人员、工程技术人员、支助中心人员等，下面主要介绍护理人员从事的专职教学老师工作职责：

1. 负责对本科室各层次护理人员进行临床各项护理教学、培训工作计划与实施。

2. 负责手术室新护士规范化培训与考核；负责初级护士专科轮转培训与考核；负责中级护士综合能力培训与考核；负责高级护士专科培训与考核；负责专科护士临床授课安排、护理疑难病例讨论组织工作。

3. 负责临床医学生入手术室流程、外科手消毒、无菌技术操作等培训与考核。

4. 负责进修护士接待、管理、课程指导、专科技能培训与结业考核。

5. 负责临床实习护生接待、教学安排、安全管理工作。

6. 负责督促临床专科教学组长和老师对出科护士临床操作和手术技能考核工作。

7. 负责与护理教研室及时沟通，将培训中遇到的问题及时反馈，协商共同解决。

8. 定期组织手术室片区每月业务学习、护理教学查房、疑难病例护理问题讨论。

9. 负责统计手术室片区护理人员继续教育学分、每年出版的专著、书籍、论文。

10. 定期做好各级各类临床教学资料收集、整理、总结工作，定期检查和反馈教学工作中存在的问题，并提出改进措施，且措施有效果。

（徐　梅）

第二篇

临床专科与实践

第五章 手术室常见医疗器械

医疗器械是指直接或者间接用于人体的仪器、设备、器具、体外诊断试剂及校准物、材料以及其他类似或者相关的物品，包括所需要的计算机软件；其效用主要通过物理等方式获得，不是通过药理学、免疫学或者代谢的方式获得，或者虽然有这些方式参与但是只起辅助作用；其目的是：①疾病的诊断、预防、监护、治疗或缓解；②损伤的诊断、监护、治疗、缓解或者功能补偿；③生理结构或者生理过程的检验、替代、调节或者支持；④生命的支持或维持；⑤妊娠控制；⑥通过对来自人体的样本进行检查，为医疗或者诊断目的提供信息。

第一节　一次性医用耗材

一、概述

（一）定义
即医院内消耗频繁的一次性使用的医疗产品。

（二）分类
《生物医用材料学》将医用材料大致分为"生物医用金属材料、医用无机非金属材料、生物医用高分子材料、生物医用复合材料、纳米生物材料、仿生材料、生物衍生材料"七大类。

（三）医用耗料材质编码编制方法
国家"一次性医用耗材分类编码规则"将耗材分为"医用工具类、置入类材料、植入材料类、口腔材料、缝合止血材料、管套容器过滤材料、敷料/护创材料、中医及民族医类材料、其他"九大类，总计 354 个耗材类别名称。

（四）一次性医用耗材包装标志要求
1. 最小包装上至少应有以下标志　包括生产企业名称、地址；产品名称、商标、规格、型号和数量；批准文号；执行标准；使用说明，并应注明一次性使用标志；消毒或灭菌方法及有效期；生产日期或生产批号。

2. 中包装上至少应有下列标志 包括生产企业名称、地址；产品名称、商标、规格、型号和数量；批准文号；执行标准；使用说明书（含注意事项），并应注明一次性使用标志；消毒或灭菌方法及有效期。

二、手术室使用的一次性医用耗材

（一）一次性医用缝合耗材

1. 手术缝合线

（1）定义：是指在外科手术或处置外伤当中，用于结扎止血、缝扎止血以及缝合组织的特殊线。

（2）手术缝线材质：包括天然材质和人工合成材质。①天然材质：包含动物（蚕丝、肠线）、植物（亚麻、棉）、金属（铁矿石）等，其特点是价格便宜，张力强度弱，不稳定，组织反应性强；②人工合成材质：包括聚酰胺（尼龙）、聚酯（涤纶）、聚丙烯、聚丁酯、聚四氟乙酯（PTFF）、聚对二氧环己酮（PDS）、聚甘醇酸（DEXON）和聚乳酸等，其特点是价格比天然材质缝线贵、张力强度强，稳定，组织反应性小。

（3）手术缝合线的物理特性：①缝线直径：各种缝线的粗细以自然数与"0"的个数表明，数字越大表示缝线越粗；"0"的个数越多，缝线越细。②抗张强度：是指能够将单根缝线拉断的最小气力。因此抗张强度指的是一个特定的拉力值，而非线性的区间。有效抗张强度指的是缝线绕圈或打结后的抗张强度。同一类缝线其打结后的抗张强度是其未打结的1/3。一般来说，合成材料缝线较羊肠缝线抗张强度大，肌腱缝线比合成材料缝线抗张强度大。③结构：指的是缝线是单股（单丝）还是多股（编织线）。单股缝线表面光滑，易于穿过组织；多股缝线都是经过编织的，又分编织与双股，通常带有涂层，缝线结牢固性高。④缝线的摩擦系数：决定缝线是否易于穿过组织，摩擦系数低的缝线（如聚丙烯缝线）能够很轻易地滑过组织，因此常被用来做皮内、血管、神经的缝合。摩擦系数越低，缝线越光滑，线结也越容易松脱，因此缝合时，常需多打几个结。⑤线结强度：是指使线结松脱的最小拉力，与缝线的摩擦系数成正比。线结强度越大，伤口裂开的可能性就越小。摩擦系数高的缝线线结牢固性好，但穿过皮肤时阻力大，不易使用。⑥弹性：是指缝线在被伤口肿胀的组织将其拉长后能够恢复原来长度和形态的能力。弹性较好的缝线在组织水肿的时候不易对组织产生切割，而水肿消退后也不松脱，伤口不易裂开。

（4）手术缝线分类：通常分为可吸收缝线和不可吸收缝线。

1）可吸收缝合线：在手术缝合时将缝线植入人体组织后可以通过肌体的消化酶进行消化或通过水解的方式进行降解的缝线，缝合后不用拆线。其吸收时间为手术缝合线在体内崩解消失所需要的时间。非常好的可吸收缝线应具备可预期的足够长的张力支撑时间和较短的材质吸收时间。

可吸收缝线根据缝线材质来源及吸收程度不同又分为医用肠线、高分子化学合成线（PGA）、纯天然胶原蛋白缝线。医用肠线分为普通肠线和铬制肠线两种，均可吸收。吸收所需时间的长短，依肠线的粗细及组织情况而定，一般6~20天可吸收，但患者个体差异性影响吸收过程，甚至不吸收。目前临床已很少使用。高分子化学合成线（PGA、PGLA、PLA）：是目前较理想的手术缝线，其特点是表面光滑，组织反应轻，抗张强度强，吸收好，一般60~90天内吸收。其型号有0~9-0，常用于消化道、胆道、肌肉、关节囊、子宫、腹膜等组织脏器的缝合,广泛应用于临床。纯天然胶原蛋白缝合线生产工艺不经化学成分参与,具备了胶原蛋白应有的特性,具有柔韧性好、抗拉强度高、生物相容性好、无组织排异反应、促进细胞生长、可完全吸收且吸收时间合适、完全无致痕等特点。

2）不可吸收缝合线即不能够被组织吸收的缝合线,包括医用丝线、尼龙线、涤纶编织线、聚丙烯线和金属缝线等,缝合后需要拆线。

医用丝线:是外科手术广泛使用的基本缝线,柔软强韧,容易操作,在体内组织反应小,但不吸收而形成异物,手术感染后影响切口愈合。常用型号有"3-0"、"2-0"、"0"、"1"、"4"、"7"、"10"号。

尼龙线:即聚酰胺纤维缝线,抗张力强度及韧性皆强于丝线,在组织内反应小。型号有6-0~11-0,常用于血管、神经的吻合与修补、输卵管吻合手术。

涤纶编织线:即聚酯缝线,是除铜线外最强韧的缝线,一般由多股编织而成,抗张强度高,常用于心脏瓣膜置换、矫形、肌腱修补等,型号有1~10号及2-0~6-0号。

聚丙烯线:又名滑线,由丙烯聚合支撑非惰性缝线,打结比尼龙线容易,抗张强度高,多用于缝合血管、神经等,其型号有2-0~10-0。

金属缝线:有不锈钢和金属钽制成,具备灭菌简易,刺激较小,抗张力强度大等优点,但不易打结。常用于缝合骨、肌腱、筋膜,减张缝合及口腔内牙齿固定。常用型号有直径0.1mm、0.5mm、0.6mm。

（5）手术缝针:基本形状有1/4弧、1/2弧、3/8弧、5/8弧、J形针、半弯针、直形针等;针尖的形状为三角针、圆针、短刃三角针、铲形针等形状;针尾的形式为压槽、钻孔、常规孔等缝合针。手术缝针的型号有5×12、6×14、7×17、8×20、9×24、9×34、10×28、11×24等。

（6）拆线时间:因缝合部位、伤口和患者的情况不同而有所差异,当创口愈合良好无感染等异常情况时术后拆线时间:面颈部4~5日,下腹部、会阴部6~7日,胸部、上腹部、背部、臀部7~9日,四肢10~12日,近关节处可延长一些,减张缝线14日方可拆线。对营养不良、切口张力较大等特殊情况可考虑适当延长拆线时间。青少年可缩短拆线时间,年老、糖尿病人、有慢性疾病者可延迟拆线时间。伤口术后有红、肿、热、痛等明显感染者,应提前拆线。

（7）手术缝线的选择原则:尽量使用细而拉力大、对组织反应最小的缝线。①根据伤口张力大小和组织愈合速度选择合适的缝线,如皮肤、筋膜和肌腱等愈合缓慢的组织需用不吸收缝线或支撑时效较长的可吸收缝线进行缝合,胃、肠、膀胱等愈合较快的组织选用可吸收缝线。②缝合污染伤口时应选择单纤维缝线或可吸收缝线,减少组织内的异物而降低感染。③在强调美观的部位应使用最细的无反应的单纤维缝合材料如尼龙线、聚丙烯线。④泌尿道、胆道手术中应使用可吸收缝线,避免异物生成,降低结石的形成。⑤使用与缝合组织天然强度相匹配的最细缝线。

（8）缝线包装的识别（图5-1-1）

（9）缝线的灭菌:手术用缝线都以独立的包装成品出售。这些无菌物品大多以钴60或环氧乙烷作为灭菌处理,可吸收的风险是不可以用高温灭菌的,因为潮湿及热度都会破坏缝线的张力强度,使缝线的品质遭到破坏。因此,无菌包装缝线最好在确定使用时才拆封,不可再用其他的方法灭菌处理使用,以免损坏张力强度,危害病人的生命安全和权利。

产品规格
线长描述　　　产品型号

针形描述
针长描述　　　　　　　　　　　　　　　　　　　产品品名及材质组成
弧度描述

缝针数量及
特点描述　　　　　　　　　　　　　　　　　　　产品批号、使用有效期

产品注册信息

医药行业标准，医疗器械标签、标记、符号

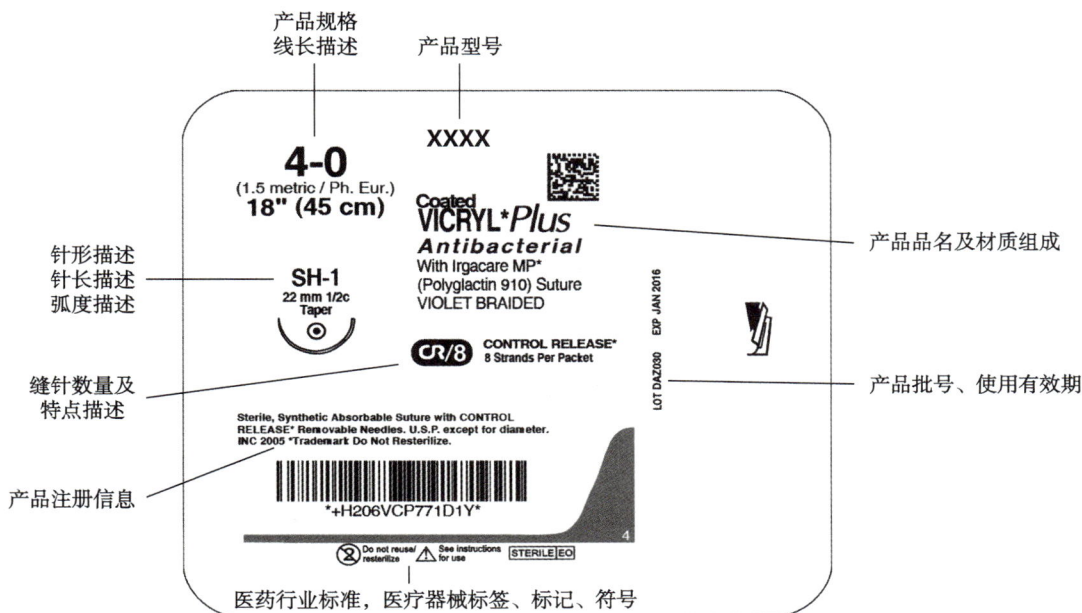

图 5-1-1　缝线包装的识别

2. 特殊缝合材料

（1）皮肤缝合器：用于普外、骨科、妇产科、心胸外科、神经外科等手术长切口进行表皮缝合或移植皮岛钉合，具有快捷、简便的优势，有握把式和指按式两种。

（2）医用黏合胶：是由 α- 氰基丙烯酸酯同系物经变性二支撑的医用黏合剂，具有快速高强度黏合作用，可将软组织紧密黏合，促进愈合。主要用于各种创伤、手术切口的黏合，具有不留针眼瘢痕、促进组织愈合、止血、止痛和抗感染等作用。

（3）外科吻合器：吻合器的基本工作原理与订书机相同，即向组织内击发植入两排相互交错的缝钉对组织进行双排交叉钉缝，缝合严密，防止渗漏。吻合器类型：环形吻合器、线性吻合器、腔镜缝合器、荷包吻合器、线性切割吻合器。

（二）医用黏合止血材料

1. 医用止血材料　目前止血材料从作用机制上大致可分为 3 类：①直接或间接提供外来的凝血成分来提高伤口部位凝血成分浓度，进而加速产生凝血（如纤维蛋白类止血材料）；②通过材料的物理或化学作用使伤口部位自身的凝血成分浓缩、聚集，从而加速凝血；③利用材料对组织很强的黏着力直接封闭创面，从而实现止血。

医用止血材料分为不可吸收止血材料和可吸收止血材料。

（1）不可吸收止血材料：通常有高膨胀止血棉、凡士林纱条或纱布等。高膨胀止血棉针对出血部位膨胀压迫止血，针对性强，同时对出血点附近组织结构影响较少，故与凡士林纱条相比，具有止血效果满意、创面水肿充血程度轻、上皮化良好、术后鼻胀、溢泪明显减轻、创面易于修复等优点。是目前比较好的鼻部手术填塞止血材料。

（2）可吸收止血材料：目前常用的可吸收止血材料有明胶海绵、氧化纤维素、纤维蛋白胶、微纤维止血胶原、壳聚糖及藻酸钙纤维等。①胶原蛋白（明胶海绵）：胶原是生物体内的一种纤维蛋白，也是一种具有高强度的蛋白质，其多空结构吸收血液后膨胀，形成凝血网，封

闭血管裂口或创面,并激活血小板,达到止血目的。②氧化纤维素和氧化再生纤维素是一种全吸收纤维素,具有良好的组织相容性,贴敷后 10 秒即于接触处快速溶解,2~8 分钟内完成止血,7~10 天后在人体内分解为单糖而被吸收,多用于肝胆手术等。③纤维蛋白胶:从人体或哺乳动物血浆中提取,由纤维蛋白原、凝血酶、抑肽酶和氧化钙组成的一种生物止血黏合剂;其止血机制是通过高浓度的纤维蛋白原和凝血因子复制机体凝血的第 3 阶段,凝血酶催化纤维蛋白原转化为纤维蛋白,使血液凝固,并直接在创面形成一层纤维蛋白膜而有效止血,具有良好止血黏合性能和组织相容性,可有效减少术中出血,广泛用于肝、胆脾、胰腺、肾等实质器官的裂口和断面出血,肿瘤切除后的创面出血;应用后 8~16 天内被降解吸收,形成间隙,从而预防粘连形成。

2. 防粘连材料　目前应用最广的可吸收医用防粘连材料卷大部分属于高分子聚合物,一部分来自于天然产物如透明质酸、天然胶原蛋白、壳聚糖等,另一部分来自于人工合成材料如聚乳糖、聚乙二醇、聚乙醇酸等,具有润滑及生物隔膜的作用,达到预防粘连的目的。目前临床上常见聚乳酸防粘连凝胶、透明质酸钠凝胶(玻璃酸钠凝胶)、医用防粘连改性壳聚糖(膜)、防粘连液等材料。

3. 电外科止血装置

(1)一次性医用消融电极(单极),俗称一次性电刀笔。消融电极上有两个按钮,CUT 和 COAG,分别为切和凝。用于对人体组织的切割或凝血。标准型医用消融电极前端形状为环形、三角形、B 形、方形、针形、球形电极。可根据手术部位选择。

(2)一次性医用消融电极(双极镊),分为一次性单侧滴水、双侧滴水、不滴水三种。长度分别为 115mm、130mm、150mm、170mm、210mm、230mm、250mm,形状又分为直状或枪状。

(3)吸烟医用消融电极,刀头可更换,可以边切凝边吸取凝切过程中产生的烟雾,有利于保护医务人员。

(三)一次性医用工具

1. 一次性切口保护器　一次性切口保护器(套)由外环、置入环和通道组成,在纵向、径向受力后能产生弹性变形,受力释放后能实现弹性恢复的功能。其型号为 A(外环及置入环内无钢丝圈)和 B(外环及置入环内有钢丝圈)两种。其特点是 360° 保护切口及无损伤撑开切口,术中能有效地隔离切口组织与腹腔内脏器的接触,预防手术后切口感染及恶性肿瘤切口转移和腹壁子宫内膜异位症,能较大程度地牵开伤口扩大手术视野,提供良好的手术通道,缩短手术时间,提高手术的质量。适用于各类无需保持气腹的手术及腹腔镜辅助小切口。

2. 一次性医用穿刺器

(1)一次性医用穿刺针:是腔镜手术的必备医疗器械,供医生在胸腔镜、腹腔镜手术中穿刺胸、腹壁,向腹腔输送气体,建立内镜和手术器械从外界进出胸腹腔的通道时使用。

(2)活检穿刺针:是一种一次性组织活检装置。由手柄及活检针组成。用于肝、肾、前列腺、脾、淋巴结等软组织的活检穿刺取材。

(四)人体植入物

植入物是放置于外科操作造成的或者生理存在的体腔中,留存时间为 30 天或以上的可植入型物品。

人体植入物按其转归分为 3 类:①永久性植入物如人工关节、人工股骨头、同种异体骨、介入支架、起搏器、人工晶状体、人工听骨、钛板、心脏瓣膜、人工血管、修补材料等;②暂时性植入物如钢板、螺钉、髓内钉、接骨板等固定物,化疗泵、静脉港等注射泵,脑室分流管、输尿管导管、PICC 管及 DJ 管等管道植入物;③可吸收植入物如可吸收螺钉、螺栓等。

（五）一次性医用引流管及装置

1. 医用引流管　是放置于手术切口、体腔、人体自然腔道、胆道等部位用于引流的管道装置。常见医用引流管按材质分为硅胶引流管、乳胶引流管;按其形状分类:T 形管、覃形管等。按引流部位分类:腹腔引流管、胸腔引流管等;每一类引流管根据管径大小不同分为若干规格。

2. 引流装置

（1）引流袋:一次性引流袋是由医用聚氯乙烯制成,由保护帽、引流导管、薄膜袋体、单向阀等组成,主要用于引流尿液及其他部位引流。

（2）伤口负压引流装置:采用聚乙烯（PE）或聚氯乙烯（PVC）等材料制造,分为袋式、瓶式、手雷式、弹簧式等。瓶内预置高负压,提供持续稳定的负压吸引力,实现快速通畅、安全引流。

（六）手术敷料

1. 手术单及手术衣（无纺布）　质量及性能要求应达到 YY0506–2016、YY0469 标准,屏障能力包括抗微生物渗透能力、抵抗微生物能力、抵抗液体渗透能力,耐磨性、抗拉伸、低落絮、阻燃性及舒适度规范要求。

2. 医用敷料　包括天然纱布、合成纤维类敷料、多聚膜类敷料、发泡多聚类敷料、水胶体类敷料、藻酸盐敷料等。天然纱布（棉垫）是使用最早、最为广泛的一类敷料。其优点是强大而快速吸收伤口创面渗出液,生产加工过程比较简单;合成纤维类敷料这类产品同样具有纱布一样的缺点,如通透性高、对外界环境颗粒性污染物无阻隔等;多聚膜类敷料主要是应用于术后且渗出不多的创面,或者作为其他敷料的辅助性敷料;发泡多聚体类敷料缺点是由于太强的吸收性能,对于低度渗出创面可能会影响到自身清创过程,成本相对较高,因不透明,不方便观察创面;水胶体类敷料与创面渗出液接触后,能吸收渗出物,并形成一种凝胶,避免敷料与创面粘着;同时,表面的半透膜结构可以允许氧气和水蒸气进行交换,但又具有对外界颗粒性异物如灰尘和细菌具有阻隔性。水胶体敷料对慢性创面的效果尤为突出。

（刘秋秋）

第二节　手术器械

手术器械根据用途分为普通手术器械与精密手术器械,根据手术器械的主要功能分为切割器械（手术刀、手术剪）、抓取器械（手术镊、手术钳）、持针器、拉钩、自动牵开器、吸引器等几大类。

一、普通手术器械

普通手术器械是指应用于各个临床科室的通用、常规器械,包括手术刀、手术剪、手术钳、手术镊、持针器、拉钩、自动牵开器、吸引器、骨科手术器械等。

（一）手术刀

手术时用于切割组织、器官、肌肉及肌腱等。可重复使用手术刀分为刀柄和刀片两部分，刀柄可重复使用，刀片为一次性使用。

（二）手术剪

用于手术中剪开皮肤、组织、血管、脏器、缝线及敷料等。根据其结构特点有尖、钝，直、弯，长、短各型。据其用途分为敷料剪、绷带剪、线剪、组织剪、钢丝剪及肋骨剪等。

1. 敷料剪　用于剪切敷料、吸引管等医疗用品，是门诊、病房和手术常用的剪刀。

2. 绷带剪　用于裁剪绷带，刀刃通常呈膝状弯曲。长侧刀刃通常有探针设计，当插到绷带下方时可以防止意外损伤的发生。刀刃锯齿状设计可以有效防止绷带滑脱。

3. 线剪　用于剪切缝线，线剪刀部比组织剪厚而略长，分为直剪和弯剪。线剪与组织剪的区别在于组织剪的刃锐薄，线剪的刃较钝厚。在临床操作中绝对禁止以组织剪代替线剪，以致损坏刀刃，造成浪费。

4. 组织剪　又称为梅氏剪或解剖剪，用于剪切或钝性分离组织和血管，组织剪刀刃薄、锐利，其头端有直、弯两种类型，大小长短不一。浅部操作用直组织剪，深部手术操作一般使用中号或长号弯组织剪，便于直视观察和操作。

5. 钢丝剪　骨科手术或心胸外科手术中用于剪断钢丝或医用克氏针。

6. 肋骨剪　用于剪断肋骨。

（三）手术钳

1. 卵圆钳　又称海绵钳、持物钳，用于手术前夹持海绵或脱脂棉球对手术野皮肤进行消毒，也可用于手术过程中夹持纱布或者棉球吸取创口的血液或脓液，拔拖血管、假体或吸引管，有时亦用其轻轻夹持脏器。根据头端齿纹的性质可分为有齿卵圆钳和无齿卵圆钳，根据形状可分为直形卵圆钳和弯形卵圆钳。

2. 布巾钳　又称为帕巾钳，用于手术中固定手术铺巾。工作端可分为锋利和钝头两种。

3. 血管钳　又称为止血钳，用于夹持人体组织内的血管或出血点，起到止血作用。止血钳可分为有齿和无齿止血钳，根据形状可分为直形和弯形止血钳。在结构上由于手术操作的需要有不同的齿槽床，可分为横齿、半横齿、斜纹、竖齿、网纹等。

（1）蚊式止血钳：头部较细小、精巧的止血钳称为蚊式止血钳，又称为蚊式钳，通常长度在125mm及以下。适于分离小血管及神经周围的结缔组织，用于小血管及微血管的止血，不适宜夹持大块或较硬的组织，临床有时也用于缝线的牵引。根据形状可分为直形和弯形。

（2）无齿止血钳：分为直形止血钳和弯形止血钳。直形止血钳用于手术部位的浅部止血和组织分离，也用于协助拔针，但临床应用没弯形止血钳广泛。弯形止血钳用以夹持深部组织或内脏血管出血，不得夹持皮肤、肠管等，会引起组织坏死，止血时只需扣合一到二齿即可。

（3）有齿止血钳：又称为考克钳、可可钳或克丝钳，主要用于强韧较厚组织及易滑脱组织的血管止血，如肠系膜、大网膜等。也可提拉切口处的部分，不宜夹持血管、神经等组织。前端齿可防止滑脱，但不能用于皮下止血。

4. 分离钳　又称为小直角钳、欧文钳或密氏钳，用于钝性分离，闭合时可用于分离组织、血管、器官或肌肉,也可用于套扎缝线,用缝线将血管的两头结扎住,然后离断血管,不会造成出血。分离钳头部圆润,没有任何锋利突出,顶部也没有齿状设计,防止损伤组织。其中直角钳特指工作端角度为90°,有钝性和锐性头端两种,钝性可用于分离周围血管较丰富、较好分离的组织,两种头端直角钳都可用于夹持后缝扎或结扎血管用。

5. 组织钳　常见有艾力斯钳(俗称鼠齿钳),用于夹持组织等作牵拉或固定,根据头端齿纹的性质可分为有损伤组织钳和无损伤组织钳。因有损伤组织钳头端鼠齿损伤较大,不宜牵拉或夹持脆弱的组织器官或血管、神经等。根据手术的视野深浅,组织钳也分为直组织钳和弯组织钳。

6. 肠钳

(1)肠钳:用于肠切断或吻合时夹持肠组织以防止肠内容物流出。肠钳头端一般较长且齿槽薄,弹性好,对组织损伤小,使用时可外套乳胶管,以减少对肠壁的损伤。可分为直形肠钳和弯形肠钳,按齿形分为纵形齿和斜纹齿。直形肠钳用于夹持表层或浅部的肠组织,弯形肠钳用于夹持不同角度和深部的肠组织。

(2)无损伤肠钳:Debakey齿,对肠部组织尽可能地减小损伤。头端可根据需要选择不一样的长度。

7. 阑尾钳　用于夹提、固定阑尾或输尿管等组织。

8. 取石钳　通常分为胆石钳和肾石钳,用于夹取结石。

9. 肺叶钳　用于夹提、牵引肺叶,以显露手术术野。

10. 肾蒂钳　在肾脏切除手术中,用于阻断肾蒂血流。有大、中、小三种型号,在手术中常配合使用。

11. 产钳　牵引纠正胎头方位、协助胎儿娩出、缩短第二产程的产科常用手术器械,分为单叶产钳和双叶产钳。

12. 咬骨钳　用于骨科手术中咬除、修整骨组织。咬骨钳可分为单关节咬骨钳、双关节咬骨钳两大类;按咬骨钳前端形状分为尖嘴、鹰嘴、圆头、方头四种;按咬骨钳功能还分为椎板咬骨钳、髓核咬骨钳,椎板咬骨钳也成枪状咬骨钳,用于咬除椎体组织、椎管周围韧带。髓核咬骨钳用于摘除椎间盘、髓核和软组织肿瘤等。

(四)手术镊

手术镊主要用于术中局部组织的提拉暴露,以及协助分离与缝合操作。手术镊有长短、粗细、尖钝、有损伤、无损伤之分。根据形状、用途不同对其命名,如有齿镊(皮镊)、无齿镊、眼科镊、血管镊、枪状镊、显微镊等。有齿镊对组织损伤较大,仅用于夹持较硬的组织,如皮肤、瘢痕等;无损伤镊用途广泛,有多种型号,用于夹持各种组织及脏器;精细、尖镊对组织损伤较轻,多用于血管、神经、整形美容等手术。

(五)持针器

又名针持,用于夹持缝针,头端有纵横交错的纹路或突出的细小颗粒形成粗糙面,以增加摩擦力。持针器的前端有粗、细之分。粗头持力大,在夹持较大缝针时固定牢固,便于手术者准确操作;尖头持力相对小,对缝针的损伤小,多用于夹持细小缝针。持针器柄有直、弯两种,一般情况下都使用直持针器,在特殊部位如心脏、肾门等缝合时可用弯持针器,以适应缝合角度。显微持针器的弹性臂可以很好地持牢精细缝针,而又不会损伤缝针。

（六）拉钩

用于牵开切口、显露术野，便于手术操作。拉钩种类繁多，大小、形状不一，根据手术部位、深浅进行选择。

1. 皮肤拉钩　牵拉皮肤、皮下组织，从而暴露手术野，或直接用于浅部手术的皮肤拉开。按照工作端皮肤拉钩可分成：钝型、锋利型、半锋利型，最多有 8 个齿。与锋利型的皮肤拉钩相比，钝型皮肤拉钩属于相对无损伤型。半锋利型拉钩照顾到了上述两个特性，即相对无损伤，又能更好地抓取组织。皮肤拉钩的手柄设计以条状为佳，可以防止手部产生疲劳感。

2. 甲状腺拉钩　用于牵开不同层次和深度的组织和器官，以显露手术野，腹壁切开时也用于皮肤、肌肉牵拉。分为单头和双头。

3. 腹部拉钩　用于牵拉腹壁、显露腹腔及盆腔脏器用。拉钩侧面有弧度，保护腹壁不受损伤，拉钩的衡量通常是使用深度和宽度。较宽大的平滑钩状，用于腹腔较大的手术，分为单头和双头。

4. 剖宫产拉钩　用于剖宫产手术中牵拉腹壁显露子宫用。拉钩前端呈弧形，与切开的子宫下壁形状吻合，拉开时可避免组织损伤。拉钩前端的宽度与皮肤切口大小相近，在缝合子宫壁的过程不需要移动拉钩位置，一次拉开完成手术缝合，节约手术时间。

（七）自动牵开器

1. 乳突牵开器　用于浅表手术自行固定牵开用，双关节更好，不占用空间。

2. 腹壁牵开器　用于腹腔、盆腔手术自行固定牵开，中心叶片可以拆卸，中心拉钩片侧面有弧度，保护腹壁不受损伤。

3. 腹部框架牵开器　用于移植等腹部大切口手术，利于术野的暴露。可以床边固定，使用稳定。其中闭合式框架拉钩适用于胃肠手术，开放式框架拉钩适用于肝移植等复杂手术。可根据手术需要选择不同深度和宽度的拉钩片。

4. 胸骨牵开器　用于撑开劈开的胸骨或肋间隙，显露纵隔或胸腔。

5. 肋骨闭合器　又称肋骨合拢器，用于合拢切口上下肋骨，闭合肋间隙。

（八）吸引器

用于清理呼吸道和吸出手术野的血液、渗液及冲洗液。由电动负压吸引器或中心负压吸引系统通过抽吸空气产生负压，经一次性无菌负压吸引管与吸头相连。吸引头有不同长度及口径，有直、弯两类，分为普通吸引头、侧孔单套管吸引头、套管吸引头 3 种。

1. 侧孔单套管吸引头　多用于四肢手术、神经外科手术等，其管壁中段有一小孔，手术者可通过按压此处调节负压吸引力量的大小。

2. 套管吸引头　主要用于腹腔手术，其结构是在单孔吸引管基础上配上多侧孔外套管，可避免大网膜、肠壁等组织被吸附，堵塞吸引口。

（九）骨科常用手术器械

1. 骨凿　用于去除骨痂、截除骨块，分为平凿、圆凿。

2. 骨刀　用于切除、截断骨。

3. 骨锤　用于协助骨凿截骨及物体的植入或取出。

4. 骨撬　用于骨科手术时骨的复位和分离。

5. 刮匙　用于刮除切口坏死组织、肉芽组织、死骨或取松质骨块。

6. 神经剥离子 用于神经根的剥离、分离。

7. 骨膜剥离子 用于剥离骨膜。

二、精密手术器械

精密手术器械是指结构精细、复杂、易损,对清洗、消毒、灭菌处理有特殊方法和技术要求的手术器械。包括显微刀、显微剪、显微镊、显微持针器、血管夹、阻断钳等。

(一)显微刀

常用于心脏外科冠状动脉旁路移植手术或血管外科手术中血管的切割。

1. 显微刀柄见图 5-2-1。

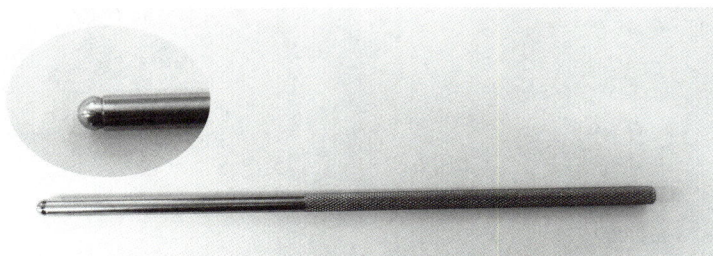

图 5-2-1 显微刀柄

2. 显微刀片 分为尖刀和圆刀。

(1)圆刀见图 5-2-2。

图 5-2-2 显微圆刀

(2)尖刀见图 5-2-3。

图 5-2-3 显微尖刀

(二)显微剪

显微手术、血管手术或心脏手术中用于修剪血管、神经组织或分离组织间隙。根据医生的手术习惯不同和术式的需要,按照功能可分为标准显微剪和弹簧柄显微剪。根据材质的不同可分为不锈钢显微剪和铝钛镍合金涂层显微剪。铝钛镍涂层使显微剪的表层更坚硬可抵御磨损和腐蚀,使用寿命更持久。显微剪的角度会根据手术需要各有不同,有 25°、45°、60°、90° 和 125°(图 5-2-4)。如冠状动脉旁路移植手术中,45° 和 125° 最为常见。

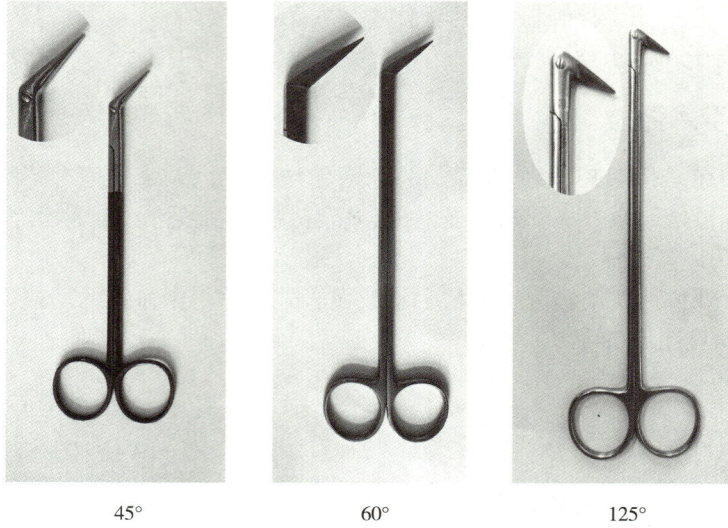

| 45° | 60° | 125° |

图 5-2-4　显微剪

1. 标准不锈钢显微剪见图 5-2-5。

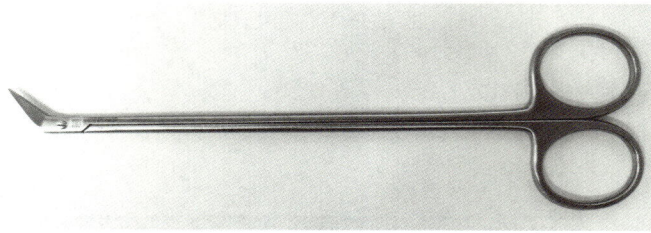

图 5-2-5　标准不锈钢显微剪

2. 弹簧柄不锈钢显微剪见图 5-2-6。

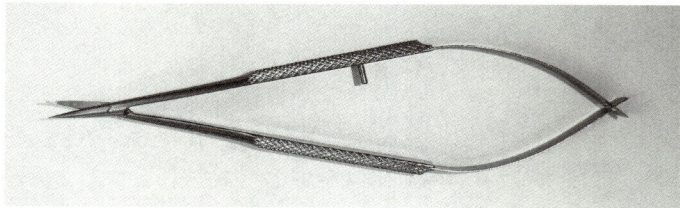

图 5-2-6　弹簧柄不锈钢显微剪

3. 弹簧柄铝钛镍合金涂层显微剪见图 5-2-7。

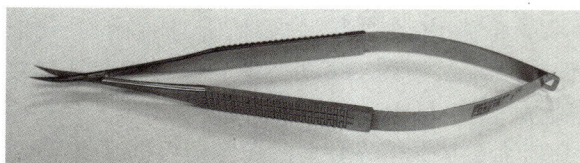

图 5-2-7　弹簧柄铝钛镍合金涂层显微剪

（三）显微镊

显微镜下或手术放大镜下用于夹持细小而脆弱的神经、血管等组织。富有弹性,根据头端设计不同分为平台镊、环形镊、无损伤镊和金刚砂镊。根据材质不同分为不锈钢显微镊、钛合金显微镊和铝钛镍合金涂层显微镊。金刚砂涂层能可靠地抓持缝针、血管和组织,又更耐磨损。铝钛镍涂层可抵御磨损和腐蚀,使用寿命更持久。

1. 不锈钢平台显微镊见图 5-2-8。

图 5-2-8 不锈钢平台显微镊

2. 不锈钢环形显微镊见图 5-2-9。

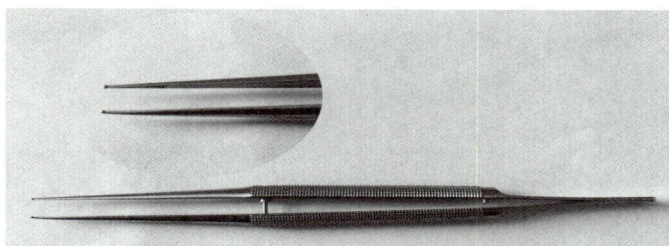

图 5-2-9 不锈钢环形显微镊

3. 不锈钢无损伤显微镊见图 5-2-10。

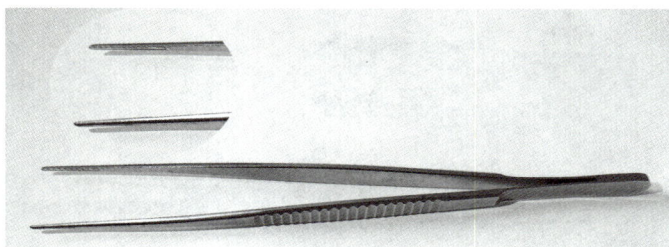

图 5-2-10 不锈钢无损伤显微镊

4. 不锈钢金刚砂显微镊见图 5-2-11。

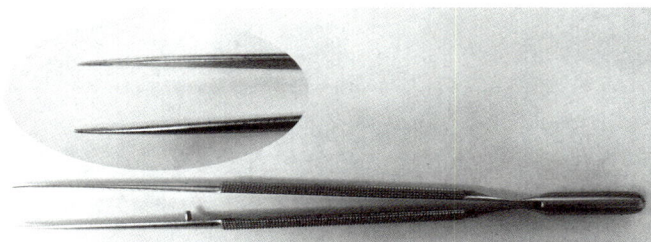

图 5-2-11 不锈钢金刚砂显微镊

5. 钛合金显微镊见图 5-2-12。

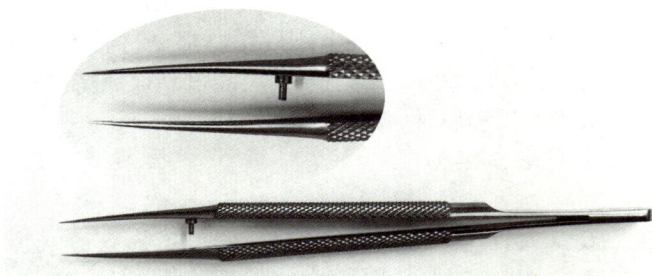

图 5-2-12　钛合金显微镊

6. 钛合金环形显微镊见图 5-2-13。

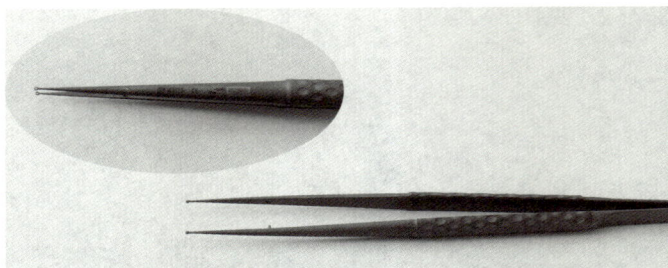

图 5-2-13　钛合金环形显微镊

7. 钛合金无损伤显微镊见图 5-2-14。

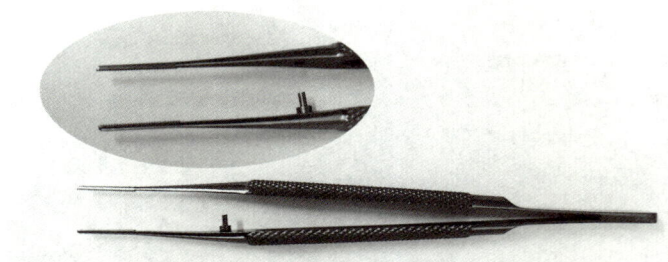

图 5-2-14　钛合金无损伤显微镊

8. 钛合金金刚砂显微镊见图 5-2-15。

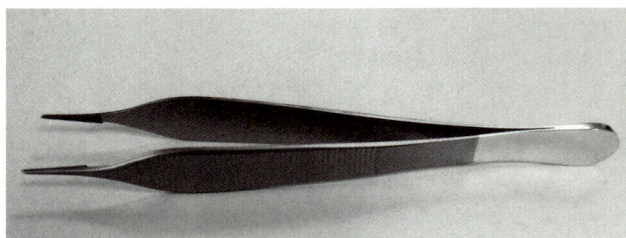

图 5-2-15　钛合金金刚砂显微镊

9. 铝钛镍合金涂层平台显微镊见图 51-2-16。

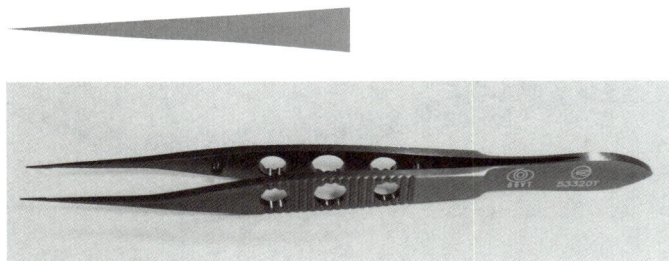

图 5-2-16　铝钛镍合金涂层平台显微镊

10. 铝钛镍合金涂层金刚砂环形显微镊见图 5-2-17。

图 5-2-17　铝钛镍合金涂层金刚砂环形显微镊

11. 铝钛镍合金涂层无损伤显微镊见图 5-2-18。

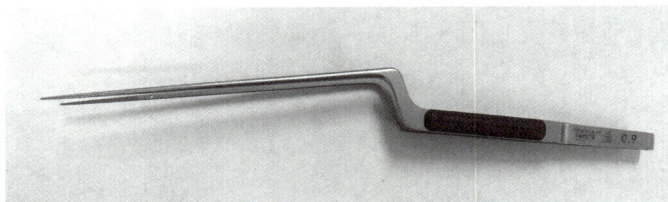

图 5-2-18　铝钛镍合金涂层无损伤显微镊

（四）显微持针器

用于显微手术、冠状动脉旁路移植手术或肝移植手术等用于夹持精细缝针的持针器。根据材质的不同分为不锈钢显微持针器、钛合金显微持针器和铝钛镍合金涂层显微持针器。

1. 不锈钢显微持针器见图 5-2-19。

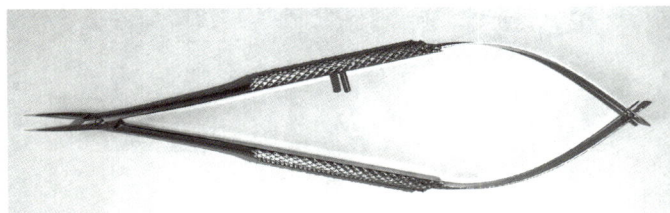

图 5-2-19　不锈钢显微持针器

2. 钛合金显微持针器见图 5-2-20。

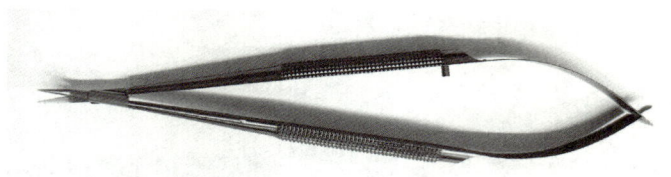

图 5-2-20　钛合金显微持针器

3. 铝钛镍合金涂层显微持针器见图 5-2-21。

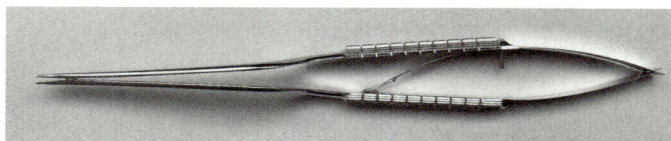

图 5-2-21　铝钛镍合金涂层显微持针器

（五）血管夹

又称为哈巴狗夹，用于钳夹血管，暂时阻断血流。可分为弹簧式可调节血管夹、弹簧式不可调节血管夹和反力式血管夹等。

1. 弹簧式可调节血管夹见图 5-2-22。

2. 弹簧式不可调节血管夹见图 5-2-23。

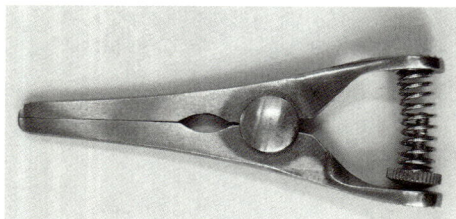

图 5-2-22　弹簧式可调节血管夹

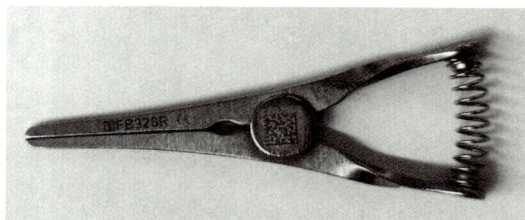

图 5-2-23　弹簧式不可调节血管夹

3. 反力式血管夹见图 5-2-24。

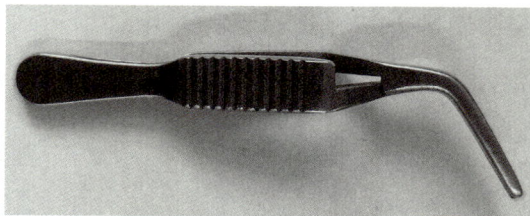

图 5-2-24　反力式血管夹

（六）阻断钳

根据应用部位和功能的不同，有不同的名称。例如根据解剖部位的不同，可分为主动脉钳、心耳钳、腔静脉钳、动脉导管钳、动脉瘤夹钳及侧壁钳等。核心作用是无创伤地进行全部或部分血管的阻断和夹闭。根据材质的不同,分为不锈钢血管阻断钳和钛合金血管阻断钳。由于阻断的组织和位置不同,阻断钳可分为各种各样不同形状。

1. 不锈钢血管阻断钳见图 5-2-25。

2. 钛合金血管阻断钳见图 5-2-26。

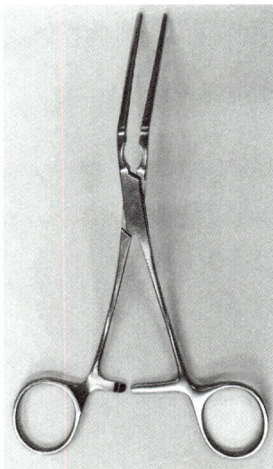

图 5-2-25　不锈钢血管阻断钳

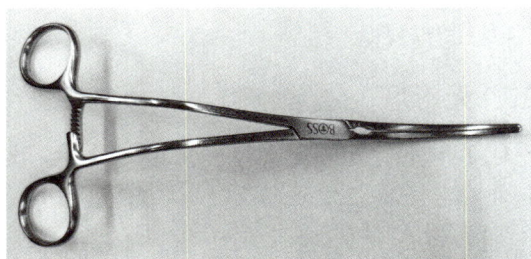

图 5-2-26　钛合金血管阻断钳

（钱蒨健）

第三节　手术室仪器设备

随着现代医学的飞速发展,手术室仪器设备推陈出新,种类日趋增多,极大的扩宽了外科手术领域,提高了手术成功率和精准度。手术室仪器设备的正常、安全使用是确保手术顺利开展的前提,也是现代化手术室建设和管理的重要内容。

一、手术床

手术床是提供麻醉和手术的设备平台,现代手术床有多功能、智能化趋势,以适应不同外科手术需要。手术床常见种类有电动调节式和液压调节式两种。

（一）手术床组成

一般由台面、电控、主体部分、附件等组成,手术台面包括头板、背板、座板和腿板。

（二）手术床特点

1. 基本要求　坚固、可靠、耐用、安全、功能完备、符合人体解剖特点,可调节成各种不同的位置,操作简便,舒适省力是现代手术床的基本要求。

2. 基本技术参数

（1）手术床可由 4~8 个截面组成,床垫应厚 5~8cm。

（2）床面长 2~2.3m,宽 52cm 左右,含侧导轨 60cm 左右。

（3）底座为 T 形结构，留有较大空间方便术者站立。

3. 手术床的调节范围　床柱升降距离低高度为 60~95cm，正常高度为 70~120cm。床体前后可倾 30°~45°，左右可倾 15°~25°。水平移动全长可调节 22~40cm，背板调节角度为 +90°/-45°，腿板调节角度为 +30°/-100° 左右，头板范围为 ±45°。显微手术床最低可降至 48cm，床板可前后左右滑动 50cm。

4. 承重一般在 200kg 以上。

（三）特殊专科手术床

1. 手术床可透 X 线。

2. 有腰桥功能，如泌尿外科。

3. 可连接骨科牵引架，如创伤、脊柱外科。

4. 可连接神经外科头架。

5. 专用脊柱床。

二、无影灯

现代手术室装配的无影灯已从单一满足亮度要求向光学、机械学、材料学、卫生学等多学科综合要求发展。无影灯既要满足最佳无影效果，又要便于清洁、消毒。

（一）手术灯种类

手术灯种类较多，有移动式、吊顶式、壁挂式；单头、多头及子母灯系列等。其中吊顶式较常用，手术间适宜安装子母系列灯。有条件的应选购具有蓄电功能的灯。

（二）手术灯的一般特点

1. 灯的结构设计符合洁净手术室要求，确保手术室的净化空气能顺利对流循环，使手术区域保持无菌状态。

2. 无影、多反射系统设计，确保手术区域无影。有冷光源过滤器和冷光反射镜，最大程度减少热辐射。

3. 轻巧、调节范围广、稳定性好。

4. 照明调节方便，可拆装的调节灯柄方便术者术中随时调节，中央控制面板也可控制手术所需的照明。

5. 光线色彩逼真，接近自然光，减少视觉疲劳。

6. 聚焦效果好，亮度可调节，清晰度高，便于辨别组织的细微差异。

7. 预留中央摄像系统，供教学、科研及管理使用。

（三）卤素灯、LED 灯的特点

1. 卤素灯是最普遍的手术照明灯，它具有手术灯的一般特点。

2. LED 灯是目前先进的手术灯，它除了一般手术灯的特点外，还具有几项特殊的技术：可以调节 4 种不同颜色的 LED 亮度，可满足医生不同的色温习惯。可以实现表面和深部超强且均匀的照明，并且可以修补阴影。LED 光源的寿命是普通卤素灯的 30 倍。无影率高达 98%。

（四）手术灯安全使用注意事项

1. 由专业人员维修无影灯，非专业人员勿随意拆卸无影灯或控制电路。

2. 经常检查无影灯螺丝是否松动，防止发生坠落。

3. 调节无影灯亮度时应由弱到强，禁止一下开到很大以免损坏灯泡。

4. 调节手术灯位置勿碰撞吊塔或输液架等,放止损坏。

5. 手术结束应将无影灯亮度调节到最弱,再关闭电源开关。

6. 使用后的调节灯柄采用低温灭菌后备用。

7. 更换灯泡时,确认无误方可使用,以免损坏控制电路。

8. 清洁完毕,无影灯应固定在功能位,保持平衡,防止持重不同影响固定功能。

三、医用吊塔

随着现代医疗手术水平的迅速提高,手术时所应用的医疗仪器、医用气体越来越多,应用的频率也越来越高,使手术室中需放置的设备、仪器和各种管线越来越多。医用供给吊塔(简称吊塔)能把各种医疗仪器较中地集中放在一起,同时又能集中供气、供电和通讯线路,且能根据需要调整吊塔及设备位置,是现代手术室的主要配置之一。

(一)结构

医用吊塔主要由塔身和旋转臂组成,必备的医用气体、吸引、强弱电、网络输出终端集中在塔身供应柱上,平台上可承载一定重量的医疗仪器,是医护人员理想的供气、供电、信息传输、设备承载工作站。塔身有一定的升降幅度和转动角度,旋转臂均有自身的转动半径及转动角度。

(二)分类

吊塔分为腔镜吊塔、外科吊塔和麻醉吊塔 3 种。腔镜吊塔内有各种导线穿过,用于放置腔镜系统,塔身配备插座、吸引接口、网络视频接口及各种气体接口;外科吊塔主要有电线穿过,用于放置设备,塔身主要有插座和吸引接口;麻醉吊塔内有各种导线和气源通过,塔身有相应的接口。

(三)特点

1. 模块化设计、选择多样性。

2. 线路优化管理,气电路分离布置,安全性高。

3. 气电供应覆盖范围广,根据需要可调整适当位置。

4. 旋臂关节设有气动刹车机构和机械刹车机构,无噪音设计。

5. 吊塔可升降,运行高速、安静,承载能力强。

6. 操作面板前置,符合人机工学设计,操控舒适、便利。

四、电外科设备

电外科设备已成为手术室中不可或缺的设备。狭义的电外科设备通常指单极电刀,广义的电外科设备是应用于外科手术室的一种高频电流手术系统,集单极电刀、氩气电刀、超声止血刀、大血管闭合系统、LEEP 刀、内镜电切刀等众多外科高频电流手术设备于一体,并通过计算机来控制手术过程中的切割深度和凝血速度,达到止血和凝血的效果。

高频电刀是一种取代机械手术刀进行组织切割的电外科设备,分为单极电刀和双极电凝。

(一)单极电刀

在一个回路中利用频率 >200Hz 的高频电流作用于人体所产生的热能和放电对组织进行切割、止血的电外科设备。

1. 结构和配件　一般由主机、一次性医用消融电极、脚踏控制开关和回路电极（又称负极板）组成。一次性电刀笔上有两个按钮，CUT 和 COAG，分别为切和凝。用于对人体组织的切割或凝血。标准型医用消融电极，前端可更换成环形、三角形、B 形、方形、针形、球形电极。

2. 单极电刀的分类　按极板监控系统的不同，电刀可分为接地电路（又称接地式）和悬浮电路（又称隔离式）两种。目前临床使用的大多为隔离式发生器，高频电流的唯一通路是负极板。

3. 工作原理　利用高频电流释放的热能和放电对组织进行切割、止血。电流在电刀的刀尖形成高温、热能和放电，使接触的组织快速脱水、分解、蒸发、血液凝固，实现分解组织和凝血作用（图 5-3-1）。

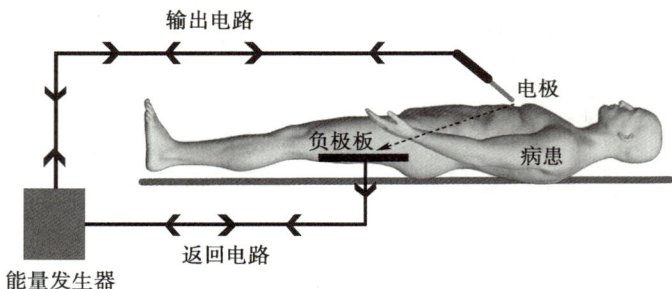

图 5-3-1　单极电刀工作原理

4. 切割、电凝和电灼功能

（1）切割：电刀与组织被一层薄的水蒸气分开，短小强热流使细胞变为蒸汽，有少许止血作用。

（2）电凝：电刀与组织接触良好，深部凝结呈放射状传播，相关软组织变成浅棕色焦痂。

（3）电灼：电刀与组织无接触，长的电弧首先引起组织表面凝结，随着电灼的进行，深部组织坏死，相关软组织形成黑色硬焦痂。

5. 负极板工作原理　单极模式中，使用负极板构成电流回路，同时降低极板处电流密度，避免电流离开病人后返回单极电刀时继续对组织加热而灼伤病人。

6. 应用范围

（1）广泛应用于外科手术，可按其功能用于不同组织的切割。

（2）纯切割功能：主要用于对任何组织的清晰、精确、无损伤的切割。

（3）混切割功能：用于对任何组织的切割，同时具有很好的凝血作用。凝血功率的选择有三种：①低压接触式凝血（desiccate/low）：用于腹腔镜手术和精细组织凝血；②非接触式凝血（fulgurate/med）：对大部分组织都有效；③喷射式凝血（spray/high）：用于大面积组织渗血，并形成非常浅薄的组织焦痂层。

7. 操作要点及注意事项　见第三篇 第二十五章 第六节 手术患者电外科安全管理）

（二）双极电凝

双极电凝是一种高频电流发生器，在双极电凝器械与组织接触良好的情况下，电流在双极镊的两极之间产生热能，对人体组织进行电凝止血。双极镊分为单侧滴水、双侧滴水、不滴水三种，形状又分为直状或枪状。

1. 结构和配件　一般由主机、双极镊、脚踏控制开关组成，不需要负极板。有功能单一的机体，也有与单极电刀结合使用的结合型机体。

2. 工作原理　双极镊与组织接触良好，电流在双极镊的两极之间经过，其深部凝结呈放射状传播，相关组织变成浅棕色小焦痂，不会形成明显的电弧。在干燥或潮湿的术野均能取得良好的电凝效果。双极电凝基本无切割功能，主要为凝血，速度较慢，但止血效果可靠，对周围组织影响极小（图5-3-2）。

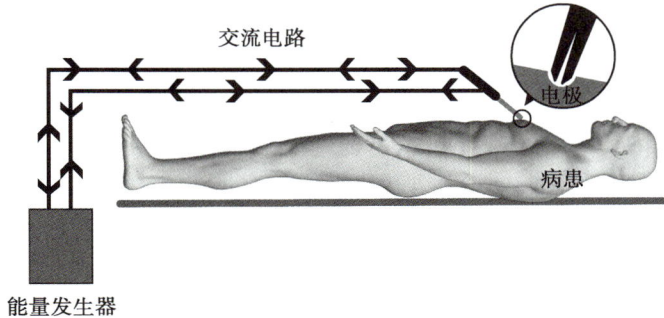

图 5-3-2　双极电凝工作原理

3. 应用范围　主要是凝血功能，还用于分离组织、电灼肿瘤包膜使之皱缩、电灼动脉瘤蒂使之缩窄后便于夹闭。已广泛用于神经外科、颌面外科、整形外科、脊椎或脊髓手术、耳鼻喉等精细组织和部位的手术。也适用于安装心脏起搏器病人。

4. 操作要点及注意事项　见第三篇 第二十五章 第六节 手术患者电外科安全管理。

（三）超声刀

超声刀是通过机械振荡达到切开、凝血的目的。其优越性主要在于切割和凝血均可精确控制，无烟雾、少焦痂，术野清晰，便于解剖；且无传导性组织损伤，对组织远端的热传导和损伤远远小于电刀。

1. 结构和配件　主要由主机、连接线、手柄（握式、枪式、剪式）、刀头系列（分离钩、多用剪、止血刀等）、刀鞘及脚踏开关。主机为高频，腔镜凝固剪可转换三种刀头形状：钝面、平面、剪刀面。

2. 工作原理　超声刀是一个能产生超声能量和机械振动的发生器，通过超声频率发生器作用于金属探头（刀头），以55.5kHz的频率通过刀头进行机械振荡（50~100μm），将电能转变成机械能，继而使组织内液体汽化、蛋白质氢链断裂、细胞崩解、蛋白质凝固、血管闭合，达到切开、凝血的效果（图5-3-3）。

3. 应用范围　特别适用于重要脏器附近的分离、安装有心脏起搏器病人的手术。也广泛应用于普外科、妇科、肛肠科、内镜及其他科室，而且一个刀头可完成多项操作。

4. 操作要点及注意事项　见第三篇 第二十五章 第六节 手术患者电外科安全管理。

（四）氩气电刀

氩气电刀是一种新型的高频电刀，对组织损伤小。用于凝血时，不产生烟雾和异味，可减少交叉感染和术后感染的发生率。对大面积弥散性渗血止血效果良好。

1. 结构和配件　氩气电刀是一种高频能量的电刀系统，由氩气束凝血器、单双极单极电刀、电极检测系统三部分组成。

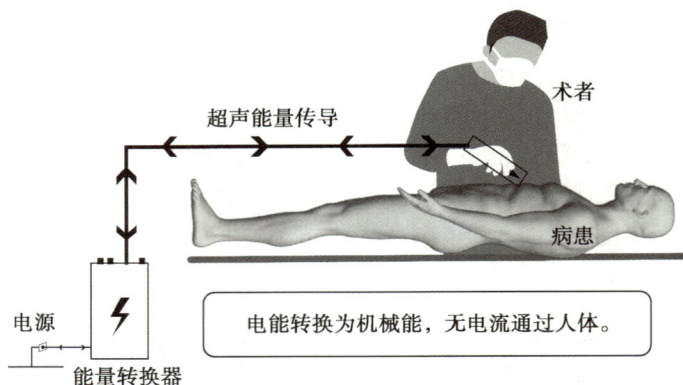

图 5-3-3　超声刀工作原理

2. 工作原理　氩气是一种惰性气体,不燃烧、不爆炸、性能稳定,对人体无害。氩气电刀利用纯氩气作为高频电流的传导媒介,在 12 000V 高压 620kHz 高频下作用于钨钢针电极,产生分布均匀、100 线以上的高密度氩气电弧束,距离组织 1.5cm 喷射到组织表面快速凝血,产生的焦痂厚度仅有 0.2~2mm,在大血管壁电凝不至于损伤血管。氩气刀有氩气覆盖的高频电切割、氩气增强的高频电凝和氩气电弧束喷射凝血三种功能。

3. 应用范围　适用于所有使用单极电刀的手术,可应用于各外科手术,对高阻抗组织,如骨、韧带有良好的止血效果。

4. 操作要点

(1)打开氩气瓶开关,检查有无漏气,氩气瓶的压力是否足够。

(2)接通电源、连接各种线路,如电源线、脚控开关、负极板、手控刀、氩气输出管等,并检查接头是否紧密。

(3)将负极板粘贴到病人合适的部位(部位选择同单极电刀)。

(4)打开电源总开关,选择输出模式、功率、设定各项参数。

(5)选择负极板监测电极:按负极板选择开关,选择单片极板或双片极板。双片监测电极,"病人接触面积指示"正常设置 4~10 格。按下开锁键(Unlock),指示灯全亮(10 格全满),说明负极与病人接触良好。当 <4 格,说明负极板与病人接触不足,仪器会自动报警、并中止高频电能的输出("Unlock"键无法按下),此时停止双极输出、变为单极。使用中,"病人接触指示"每降 3 格,仪器也会自动报警,并中止高频电能的输出。

(6)打开氩气凝血器开关,设置输出功率为 40~150W。

(7)选择气流量模式:在自动模式时,氩气流量随着氩气凝血功率的变化而变化;在手动模式时,氩气流量不随着氩气凝血功率变化,可根据手术需要调节氩气流量。

(8)设置切割:打开单极电刀开关。调节所需的电刀功率 0~250W,选择纯切(purecut)或混切(blendcut),根据需要调节混切的程度 0~9,用手控刀上黄色电切按钮或脚控开关进行切割。

(9)设置电凝:选择电凝功率,选择点凝(pin point)或面凝(spray),用手控刀上蓝色的电凝按钮或脚控开关即可进行电凝。在面凝模式下,可同时用两把电凝器;而在点凝或电切状态下,先按开关者有效,其余的则不起作用。根据工作环境噪声大小,适当调节工作指示音量。

（10）止血：按下手控刀上的氩气开关或踩下脚控开关，将氩气喷头靠近凝血的部位1~1.5cm，自动激发出氩气束电弧进行止血。

（11）使用完毕，电刀、电凝均调至 0 点。

（12）关闭氩气瓶开关，放出机器管道内的残余气体后，关机，拆除连接电线，归回原位。

5. 注意事项

（1）保持合适的距离：勿将喷头直接接触组织。最佳工作距离为 1~1.5cm。喷射时正常的氩弧为蓝色。若喷头发红，说明喷头与组织之间的距离太近或功率太高，可将喷头稍抬高或调整功率。当距创面 2cm 以外时，只有气流吹出，无电流激发，不能止血，只能清扫创面、暴露出血点。

（2）保持正确的角度：激发出电弧后，将氩气喷头略抬起，距创缘 1~2cm，喷头与组织成45°~60°，缓慢、匀速地移动氩气喷头，将血液由高向低吹去深处血液，让电弧束直接作用在干净的创面上，有利于一次凝血成功，避免同一部位反复扫射损失组织。

（3）调节合适的时间：直径 2~3cm 的血管，使用时间要延长，不可急速扫射或点射。也可用止血钳夹住出血点后，再对准血管断裂处喷射止血。

（4）检查氩气余量：使用完毕，检查气体余量，随时保持氩气电刀钢瓶内的有效工作压力。

（五）血管闭合系统

血管闭合系统是一种新型止血设备。可以闭合直径 <7mm 的血管与组织束，形成的闭合带可以抵御三倍于正常动脉收缩压的冲击。发生器设备产生持续的低电压低电流，形成脉冲式电能传导至被器械钳夹的组织。主机可以自动识别组织阻抗，调整输出的电压与时间，并自动辨别血管闭合是否结束，以决定何时停止能量的输出。血管壁的胶原与弹性蛋白融合形成永久性的闭塞，从而使管腔消失。待听到凝结完毕的信号，按压弹出刀片切断组织（或用剪刀剪断）。它在处理大血管方面，有明显的优越性，减少操作，节省手术时间。但它不能做精细的解剖。

1. 适应证 适用于开放手术与腔镜手术 7mm 以下的任何血管和组织束。不适用于输尿管、输卵管和胆管。

2. 特点

（1）安全和永久性地闭合直径在 7mm 以下的血管。

（2）直接闭合组织束，无须去切开或剥离。

（3）精确作用于组织血管，极小的热扩散和副损伤。

（4）无组织粘连和焦痂。

（5）体内无异物存留。

3. 操作要点

（1）接通电源和各部件，开机自检。

（2）待主机自检结束后，插入手柄电极。

（3）调节能量输出功率：将结扎束能量输出调至 2 个能量棒（常用能量输出），组织较多时选择 3 个能力棒。

（4）触发：用血管钳钳夹组织，踩脚踏开关输出能量。当组织透明带形成后，主机报警，同时切断能量输出。

4. 注意事项

（1）安装时注意颜色、型号匹配；电源插好后，再开主机电源。

（2）针对组织不同厚度，夹持器械的力度应有所不同。

（3）输出功率的设定应根据应用组织的不同而调整。

（4）钳口不要接触金属物，如止血钳、牵开器，以免增加电阻。

（5）保持电极干净，若电极上残留组织过多会导致输出无效。

（6）当主机发出连续两声短音时，提示闭合带已完全形成，此时脚应离开脚踏板。

五、腔镜类设备

随着医学科学的发展，微创手术正以它突出的优势逐渐取代传统的手术方式。腔镜手术是在密闭的体腔内，医生借助监视屏幕上的图像进行手术操作。临床常见的腔镜类设备有腹腔镜、胸腔镜、宫腔镜、关节镜、泌尿镜、鼻内镜、脑室镜等。下面以腹腔镜为例介绍腔镜类设备的管理和使用。

（一）组成及配件

腹腔镜系统包括摄像系统、冷光源、气腹机、单双极、超声刀等设备。与之相配套有摄像导线、不同视角的摄像镜头、冷光源导光束、气腹管、单双极电凝线等以及各种操作器械（如分离钳、剪刀、抓钳、电钩等）。根据工作方便及实际需要，将上述各台设备摆放在专用吊塔或仪器台车的合理位置，并固定。

1. 摄像系统

（1）摄像头：电子或光学镜摄像头与腹腔镜内镜连接，将腹腔镜镜端的图像以电信号的方式输入摄像机。

（2）内镜信号转换器：为使内镜摄像系统在手术时色彩逼真，预先将摄像系统连接腹腔镜和冷光源，在体外白色背景下进行调节，使之呈柔和的浅绿色。

（3）监视器：一般采用监视器和带视频输入插口的普通彩色电视机。一般监视器放置高度应比术者水平视线低15°左右。

2. 冷光源　腹腔镜的冷光源与普通内镜冷光源不同。要求亮度要大，至少应在150Lx以上。而且光导纤维束不可太细，一般选用直径4.5mm、长度2.3m的光导纤维光缆。冷光源要求能自己调节亮度，以保持图像明暗适中。

使用时打开电源开关，灯光发亮，但亮度指示不上升。插入纤维光缆后，若亮度指示仍未上升，说明插入不到位，应稍加旋转用力，插入到位后，可见亮度指示上升。按下手动按钮，调节亮度。按下自动按钮时，应将亮度调节旋转开至最大亮度处，否则其最大调节补偿功能将受限。

3. 单、双极多功能高频电刀　腹腔镜使用的单极电刀与常规手术相同，但应注意以下问题：

（1）切割时应采用混合波形，电凝输出只应占切割输出的1/3~1/2，超过此比例，切割功率下降，同时电机头容易粘上碳化的组织和血液而影响操作。

（2）检查所有的电缆和插头性能完好，器械末端无组织包裹。

（3）使用时在作用电机完全与被电凝组织接触后才能通高频电流，不可使作用电机与其他器械的金属部分接触。

4. 二氧化碳气腹系统　主要由主机、气腹针、CO_2 过滤器、管路、加热元件、电源线部件组成。系统输出气压力为 0~3.99kPa（0~30mmHg）可调，通常腹腔内压应设定在 12~16mmHg；系统输气流量 0~30L/min 可调节；加热温度：37℃。

（二）腹腔镜基本手术器械

1. 气腹针　闭合性建立气腹时使用。穿刺端针芯圆钝、中空、有侧孔。尾端有弹簧及保护装置，当穿刺时针芯遇阻力缩回鞘内，在针鞘头进入腹腔后，阻力消失，针芯因尾端弹簧力量弹入腹腔，保护腹腔内组织免受损伤。

2. 戳卡（trocar）　由穿刺套管及针芯（穿刺锥）组成。根据穿刺端的形状分为圆锥形和多刃形。圆锥形穿刺时不易损伤腹壁血管，但穿刺费力。多刃形穿刺省力，但可引起腹壁肌肉和血管、神经的损伤。套管内带有单向阀门，以防在手术器械进入前漏气，尾端带有橡皮帽，以防进入手术操作器械后漏气。使用时，穿刺成功后，拔去针芯，将套管留在腹壁上，作为腹腔镜和器械的通道。

3. 电凝钩　是腹腔镜手术的重要器械，用于术中解剖、分离各种组织，既可电凝止血，也可切割组织。

4. 分离钳　分离组织用，兼有止血作用，有弯头和直头两种。

5. 微型剪　有直剪、弯剪、钩形剪。

6. 抓钳　有固定、牵引作用，分为齿形抓钳、锯齿形抓钳、匙形抓钳。

7. 电凝铲　用于分离疏松组织和胆囊床较大面积的渗血。

8. 可吸收血管夹　完成对血管和胆囊管等组织的结扎。

9. 吸引、冲洗器　术中出血冲洗时用。吸引冲洗管为一体型。操纵开关可完成吸引、冲洗过程，并能协助显露手术野。

10. 转换套管　在大口径戳卡应用小口器械时，为避免漏气应用转换套管。缝合结扎用具：包括内缝合针持、推结器等。

（三）操作步骤

1. 术前根据手术要求将仪器车或设备吊塔摆放在合理位置，以满足术者的视觉需要。

2. 连接各设备电源，打开设备开关，检查设备是否运转正常。

3. 在连接电子腹腔镜时应检查电气接头，在确保电气接头干燥无污物的情况下与摄像主机连接，连接光缆与冷光源系统，气腹管与 CO_2 气腹机连接。

4. 术中观察手术的进展情况，根据手术医师的要求，对仪器的参数及冷光源数进行调节。建立气腹时调节气腹机进气流量与压力。

5. 术后应先关闭各仪器开关，再撤去连接在仪器上的电子腹腔镜、气腹管、超声刀、最后切断电源。

（四）使用注意

1. 使用者要通过专业培训，掌握操作方法、性能、注意事项及保养方法。

2. 电气接头在与主机连接与拔除时应在摄像主机关机状态下进行。摄像电缆线成环绕状态下伸开时，切忌生拉硬拽，应把弯曲环绕部分逐渐拉直后固定。

3. 冷光源使用时亮度应从小到大逐渐调节，使用后将亮度调至 0 档，以防使用时亮度突然过强而损坏灯泡。

4. 使用后待仪器冷却，用浸过 75% 酒精的湿纱布擦拭仪器表面，去除灰尘及污物，并将仪器台车放在专用仪器间保存备用。

5. 摄像头和内镜镜面术后用保护帽保护,并于专用器械盒内保存,防止相互碰撞。

6. 导光束要轻拿轻放,粗暴操作可使光导纤维断裂,使光线传输受影响。

7. 由专业人员对其进行定期检查,尤其注意其绝缘性能,以免术中烧伤患者。

（五）电子腹腔镜的清洗消毒灭菌

1. 器械管理者首先要观察电子镜的外观,检查外观是否完好,查看使用说明书,掌握适合腹腔镜的灭菌方式及注意事项。

2. 电子腹腔镜是所有手术器械中价格最昂贵、最易损坏的物品,所以在手术完毕后应首先进行清洁处理,以保证安全。

（1）首先用湿镜头纸或脱脂棉反复擦拭镜头、镜身,用湿棉布擦拭光缆线,去除表面的血液及其他组织碎屑。

（2）然后用干棉布擦拭整个镜体,去除镜体表面水分,尤其重点检查电气接头处,如此处因有水分生锈或因残留血液变干,在与摄像主机连接时,会因接触不良而发生图像模糊等异常现象。

（3）镜体擦干后把电子镜放在专用镜盒里,放置时注意光缆线应盘曲成直径 10cm 左右的线圈,防止光导纤维折断。

（六）腔镜手术器械的清洗消毒灭菌

1. 清洗消毒　彻底的清洗是保证消毒灭菌的必要条件。内镜及器械的清洗在专用内镜清洗中心进行。用过的手术器械能拆卸的部分应全部打开,将分离钳、剪刀的外鞘卸下,用高压水枪反复冲洗,用软毛刷反复刷洗分离的关节及咬合面至表面无污物。取下穿刺器和转换器上的橡皮帽、橡皮瓣,冲洗干净。穿刺器完全拆卸,轴节打开,用高压水枪反复冲洗。将所有清洗过的器械擦干,器械处理严格按照规范 WS 310—2016《医院消毒供应中心》进行处理。

2. 干燥　首选干燥设施、设备进行干燥处理,确保干燥效果。根据器械的材质选择适宜的干燥温度,管腔器械可采用压力气枪进行彻底干燥,注意保证气枪的干燥时间。硬式内镜、器械及附件在包装前应确保干燥,不应使用自然干燥方法进行干燥。

3. 包装　擦干后的器械应按原样组装好,检查穿刺针上的橡皮帽,橡皮瓣有无破损,如有破损应及时更换,有轴节的地方涂上润滑油,同时检查轴节是否灵活,咬合是否紧密,螺丝有无松动,缺失,以便及时维修、补充。上了润滑油的器械应该把多余的油擦干,避免因润滑油过多影响消毒效果。保养后的器械应按一定的顺序装入器械盒内码放整齐,并清点无误后放入消毒指示卡,用双层包布打包贴上指示胶带,并注明物品名称及消毒有效日期。

4. 灭菌　卫生部印发的《内镜清洗消毒技术操作规范（2004 年版）》中明确规定:凡进入人体无菌组织器官或经外科切口进入人体无菌腔室的内镜及附件必须灭菌。目前多采用三种灭菌方式,根据器械生产提供的使用指导要求选择灭菌方法,生产厂家应提供内镜、器械及附件的灭菌方法及技术参数。

（1）高温高压灭菌:适用于耐湿、耐热的医疗物品的灭菌,高温高压灭菌高效、环保,但对物品尤其是内镜有损害。

（2）低温灭菌:①环氧乙烷灭菌:环氧乙烷是一种广谱、高效、穿透力强,适用于不耐高温、湿热（如各种内镜及附件等医疗器械）的灭菌,但此种方法的灭菌时间较长。②等离子低温灭菌：使用于不耐高温、湿热的医疗器械（如电子仪器、光学仪器、硬式内镜及器械等）的灭菌，能有效对内镜及附件达到灭菌的要求，灭菌过程时间短，适用于连台腔镜器械的灭菌。

六、显微类设备

显微外科技术是外科学发展史的一大进步，使高难度手术、精细手术的成功开展成为了可能。显微设备常见有手术放大镜及手术显微镜，前者为镜组式放大镜。手术显微镜构造复杂，价格昂贵，是显微外科科室开展医疗工作必不可少的关键设备。通过高倍放大，清晰显现组织的显微结构，进行精细操作，减轻了对正常组织的损伤，提高了手术成功率。

（一）显微镜的结构与配件

1. 支架系统　分为悬吊式和立柱式。立柱式由镜臂、基柱、底座三部分组成。

2. 照明系统　常用的光源是卤素光源，因其产热所以需要散热装置来降温。与卤素灯相比，氙灯所发射的光线纯白柔和，光谱范围及色温均与日光相类似，为术者提供了更为准确的视觉反馈。

3. 光学系统　整个显微镜的核心系统。包括有镜体、目镜、目镜镜筒、物镜、变倍组合镜片、助手镜及其他装置如分光器、镜身倾斜及旋转装置等。

4. 附属装置　如各种放大倍数的目镜和物镜、示教镜、参观镜、摄像、摄影、显示器等。

（二）工作原理

利用光学原理高倍放大，清晰显现组织的纤维结构。

1. 应用范围　眼科、血管外科、整形外科、骨科、创伤外科、耳鼻喉外科、脑外科等精细手术。尤其是血管、神经、肌腱等精细部位手术。

2. 操作步骤

（1）松开底座刹车，移动显微镜至手术床旁的合适位置，并固定底座刹车。

（2）将制动手轮放松，根据手术部位安放显微镜，使显微镜位于可调节范围的中间位置，正对手术野的中心，重新旋紧制动手轮。

（3）插上电源插座，摆放脚控开关，开启显微镜电源开关。

（4）光源的调节应从最小的亮度开始调节至合适。

（5）调节目镜需根据术者的瞳距和眼睛的屈光度进行目镜的调节，再调节物镜焦距，达最大清晰度。

（6）术中调节时应无菌操作，使用一次性无菌显微镜透明塑料薄膜袋，套住显微镜的镜头及前臂，减去镜头下的薄膜，方便术者观看。或将各调节手轮用无菌手套套上后再进行调节。禁止包裹显微镜的光源，避免温度过高。

（7）可根据需要摄取目镜中所见的影像。

（8）使用完毕，将亮度调节至最小，再关闭电源开关，以延长灯泡使用寿命。

（三）注意事项

1. 禁止采用高压等方式消毒显微镜，高压会使旋钮变形、镜片分离。

2. 注意防尘、防潮、防高温或温差巨变。术毕用防尘罩盖住显微镜，保持光学系统清洁。

3. 透镜表面定期去尘，轻轻擦拭镜头表面，从中央到周边反复轻抹至干净，切勿擦拭镜头内面,以免损伤透镜。

4. 每天用镜头纸擦拭镜头表面即达到清洁目的。

5. 存放间应有空调器控制温湿度,相对湿度不超过 60%,以保持仪器干燥。暂不使用的光学部分应放置于干燥箱(瓶)内,同时加入干燥剂。

6. 显微镜防振动和撞击,宜固定手术间放置,防止反复移动。每次使用完毕后收拢各节横臂,拧紧制动旋钮,锁好底座的固定装置。

7. 导光纤维和照明系统保护不良和使用时间过久光通量下降,严重影响光照强度。使用时勿强行牵拉、折叠,使用后理顺线路,不要夹压或缠绕于支架上。导管纤维两端需定期清洁。

8. 保持各部位密封性,严禁随意拆卸目镜、示教镜等可拆卸部分,拆卸后立即加防护盖。

七、加温类设备

手术患者出现术中低体温在手术间很常见,低体温可致患者凝血异常、手术伤口感染、抵抗力下降等诸多不良影响。近年来手术患者低体温已引起大家的重视,除为病人使用毛毯、盖被等措施外,各种加温类设备层出不穷,常见有温箱、输液加温器、充气式加温仪。

(一)温箱

1. 工作原理　将电能转换为热能,利用热能的传导、辐射和对流来加热物体。

2. 操作要点

(1)接通电源,打开主机电源开关,设定温度。

(2)放入待加温的液体,棉被、毛毯等加温时不能与液体混放。

(3)设定加热参数温箱电子屏可显示预设温度及实际温度值。

(4)当实际温度达到设定温度时,取出加温液体即可使用。

3. 注意事项

(1)一般设定温度与人体体温相同。

(2)体积大的温箱有独立的多层设置,可分别放置无菌溶液和清洁棉被、毛毯等,也可单独设置各自的温度。

(3)取物后应立即将温箱门关闭,避免热烈散发、影响加温。

(二)输液加温仪

1. 工作原理　静脉输液加温仪是一种间接式加温装置。它的加热原理是在输液时,使输液液体流经足够长的输液管道,输液加温仪的加温器对其进行充分的热传导,从而使输液液体稳定在设定温度上。

2. 适应证和禁忌证

(1)适应证:主要用于对输入人体的液体进行加温。

(2)禁忌证:不适用于对热敏感的药物。

3. 操作步骤

(1)将输液加热器固定在输液架上。

(2)把输液管按说明缠绕在输液加温仪上。

(3)接通电源。

（4）设定温度调整：①按"＜键"一次,设定温度区变为可调,再按"温度值加键"和"温度值减键"即可调整设定温度；②调整好设定温度,按"SET 键",温度即调整好。

（5）使用后将电源插头拔下。

4. 注意事项

（1）使用中随着环境温度的不同,流入人体的实际液体温度比显示温度要低。

（2）使用中输液液体的流速突然变化较大,或是输液管长度的不同,流入人体的实际液体温度与显示也有不同。

（三）充气式加温仪

1. 工作原理　充气升温机是一种充气式升温装置,即通过升温机将加热的空气持续吹进盖在患者身上的一次性充气毯内,达到主动升温的目的。

2. 应用范围　适用于手术室、ICU 和急诊室等,能预防和治疗低体温。

3. 种类　按部位分,有上身毯、下身毯、全身毯、外周毯；按大小分,有成人毯、儿童毯、婴儿毯；按类型分有消毒毯、普通毯。普通护理毯可在术前开始盖在患者身上；消毒心脏毯则用于搭桥手术,在消毒铺巾时将升温毯提前固定在患者腰部,待取完大隐静脉缝合切口后,再铺开充气。

4. 操作要点

（1）遵循生产厂家的使用说明。与加温设备配套使用,防止造成热损伤。

（2）参照使用标识,将加温毯在手术床上适宜位置铺展开,连接充气式加温仪。

（3）保持加温毯带孔的一面朝向患者,不得把未打孔的一面放在患者身下或身上。

（4）根据使用环境温度、手术（治疗）类型、患者的实时体核温度及患者身体状况,选择合适的温度档和风速,并与医生确认。

（5）不能单独使用加温仪软管给患者加温,须始终将软管连接至加温毯。

（6）观察设备运转情况,仪表指示灯是否正常,故障灯有无亮起。

（7）观察患者局部体表温度的变化情况,防止局部热损伤。

5. 注意事项

（1）放置在干燥、硬质、平整的表面上,安全固定之后,才能开始加温治疗。

（2）充气加温毯为一次性耗材,仅供单一患者使用,一人一用。

（3）超温指示灯亮起或报警,则不得继续使用,应拔掉电源并联系有资质的服务技术人员。

（4）充气式加温仪应符合医疗电磁干扰的要求,若其他设备发生无线点频率干扰,请将该设备连接到不同电源。

（5）仪器应定期由专业人员检测及保养。

八、特殊输液类设备

手术室经常使用的特殊输液设备为输液泵。输液泵是电子度量液体输入血管速度的一种电子机械装置,目前应用的输液泵的结构及式样很多,但总的目的是按要求以恒定的速度输注定量的液体。

（一）分类

分为推注式注射器输液泵和常规输液泵两种,前者只接受注射器输注,一般用 60ml 或

20ml 注射器,速度控制范围为 0.1~360ml/L;后者可接受注射器、袋装及瓶装液体的输注,输液速度预设定范围一般是 1~1000ml/L。除最早的单通道输液泵外,目前还有双通道及多通道输液泵(一个特定的卡盒输入独立的液体,每一个通道由一个单独的程序加以控制,计算机程序允许多组液体各自以不同的速度输入)。

(二)使用特点

输液泵可使用外接电源或蓄电池,有灵敏的报警装置,管路有气泡、管路阻塞、开门、输液完成及电池欠压时,均能发出警报。

(三)适用范围

在手术室内使用输液泵主要用于持续麻醉用药和精确用药、小儿输液输血控制、危重手术患者使用抢救药物的连续微量注射及体外循环时注射抗凝药等;或用于内镜手术输液的快速加压冲洗。

(四)操作步骤

1. 根据输液泵的型号规格选择合适的注射器/输液器。

2. 核对药物,按医嘱配药,连接各部件。

3. 推注式注射器输液泵安装　将注射器放入注射泵泵体夹内,然后固定注射泵,接通电源。

4. 常规电子输液泵安装　先将输液泵固定于合适位置,接通电源。然后打开泵门,将输液管加入泵夹内,关闭泵门。

5. 按医嘱设定输液速度(ml/h),常规电子输液泵还需设置总输液量。

6. 静脉穿刺成功后,妥善固定,连接注射泵延长管/输液器。按启动键,输液泵开始工作,观察液滴状态,证实液体流动。

7. 输液完毕机器报警,按停止键,根据需要继续泵药或关机停止。

(五)使用注意事项

1. 输液泵一般可以固定在输液架上,必须注意把固定螺丝旋紧防止掉地,使用交流电源时电线插头要放置好,避免电源中断。输液泵发出警报时及时查找原因。

2. 在接上输液泵前,必须排尽输液管道内的空气,否则将会引起输液泵报警并停止输液。

3. 在输液过程中,应加强观察和随时注意导管是否确实在原插入的血管内和及时发现导管阻塞、药液外渗等情况,防止刺激性药物外溢引起组织损害。

4. 特殊药物如硝普钠应避光处理。

5. 输液泵使用完毕应擦净可能滴在机器上的药液,防止腐蚀机器。放在固定的位置,避免受压。

6. 可使用外接电源或蓄电池,若以蓄电池为动力,应预先充电 2 小时。

(六)手动加压式输液泵

通过向密闭袋内泵入空气产生一定压力,作用于软包装液体以达到快速输液目的。它是一种简易的加压输液装置,压力参数可设定,通过压力控制输液速度,随着软包装内液体量的减少,输注速度逐步下降,需不断手动补充压力,不能保持恒定的输液速度。常用于快速加压输血、输液,内镜手术野的快速加压冲洗。使用时应准确设定压力参数,避免快速大量输液导致的肺水肿、心衰等并发症。

九、自体血回收设备

自体血液回收机,是利用现代化医学成果和高科技手段,把患者术中收集起来的血液,进行过滤、分离、清洗、净化后再回输给患者。这不但可以解决血源问题,而且避免了异体输血带来的各种危害。

(一)结构及配件

包括控制面板、离心系统(离心井、离心进盖、离心电机等部分)、显示器、管道夹(进血夹、进液夹和回血夹)、滚柱式调速泵、气泡探头、血层探测装置等。

(二)使用原理

自体血液回收机通过负压吸引装置将患者创口或术中流出的血液收集到储血器中,在吸引过程中与适当的抗凝剂混合,经多层过滤后再利用高速离心的血液回收罐把血细胞分离出来,把废液、破碎细胞及有害成分分流到废液袋中,用生理盐水对血细胞进行清洗、净化和浓缩,并保存在血液袋中,再回输给患者。

(三)适应证、禁忌证、操作要点、注意事项及优越性

详见第三篇 第二十五章 第四节 手术室输血操作规程。

十、放射诊疗类设备

C-臂机是一种可移动式的 X 线机,有可推动式和固定吊天花式两种,常应用于手术室配合外科手术做定位使用。它的结构较简单,将全机机件装在活动车架上,移动方便。

(一)结构及附件

一般由高压发生器、X 线管、操纵控制系统、显示器等组成。较好的 C-臂机还可自动保留数份图像,供反复观看,需要时翻录到 X 线软片上。近年发展的 C-臂机在其基础上多了一个 X 线接收器,可同时观看到正、侧面的透视情况。

(二)工作原理

通过影像增强器在监视器的荧屏上直接显示被检查部位的 X 线图像。

(三)应用范围

用于外科手术定位:如骨科内固定手术、溶栓术、支架置入术、介入手术等;还可用于寻找体内金属异物或器械敷料纱布等异物遗留体内的定位。

(四)操作步骤

1. 松开脚刹,将操作机(主机)推至床边,显示器放于易观看的位置。

2. 连接显示器与主机之间的高压电缆。

3. 插上电源,在确保电源接触良好的情况下,按下操作盘上的电源开关。

4. 松开 C-臂机上的制动开关,将球管接收器调至拍摄位置,然后锁紧各制动开关。

5. 在操作盘上按下需要的功能按钮,即透视或拍片功能,能量大小的调节可选择手动或自动程序调节,如手动程序可根据实际需要进行。

6. 待工作人员做好防护措施后,选择手控或脚控开关进行放电拍摄。

7. 显示器上的图像可根据需要调节清晰度及方位。

8. 拍摄完毕,按下操作盘上的电源开关按钮(红色),将电源插头拔下,并盘好电源线。

9. 把 C-臂机推出术野,分离主机与显示器之间的高压电缆,然后将主机及显示器推回

原处,锁紧所有制动开关。

（五）仪器保养

1. 经常保持清洁,保证机器在使用时无尘,以防机器靠近手术部位时,尘埃落在手术野内,同时也可防止灰尘引起X线管面放电而致球管破裂。

2. 勿使高压电缆过度弯曲或经常摩擦受损。

3. 操纵人员须经培训后方能使用,非专业人员勿随意摆弄或拆开机器。

4. 推动式C-臂机体积大,移动不太方便,故应放置在靠近经常使用的手术间附近,移动时需注意控制好方向,防止臂部撞击而破坏球管。

（六）X线的防护措施

1. 手术室内应设有防X线的专用手术间,手术室四壁及天花板需用防X线透视的材料制造。备有可移动的铅挡板及供手术人员穿用的铅橡皮裙、铅橡皮手术衣及铅颈围（保护甲状腺）等。

2. 室内人员尽量离开球管和患者2m以上,任何与患者距离在0.91m（3英尺）内的人员应穿铅制防护用品,避免放射线的照射。

3. 拍摄期间,打开手术间门口红色警示灯,以免其他人员误入。

（七）注意事项

1. 在手术中操作使用时,要注意无菌操作,可预先在手术区域面上另铺设无菌单,待照射完毕揭去,或在C-臂机两头套上灭菌布套,以免污染手术区域,在拍摄时,手术组人员若暂离手术间,在恢复手术时,必须重新更换手术衣和手套。

2. 为满足不同手术部位的定位照射,最好能配备方便C-臂机操作的手术床。

3. C-臂机的最大特点是双侧面同时定位,一次成像可获得正、侧位的立体定位效果,不用重复移动机器。

十一、器械灭菌设备

随着手术室与供应室手工一体化的推广,绝大部分手术器械的清洗消毒灭菌均已能在供应室实现。但是由于器械周转、急诊手术、低温贵重器械的管理需要,手术室内还设有一定的快速灭菌设备以满足手术需要。最常见的高温类灭菌器设备有卡式快速灭菌器,低温类灭菌设备有低温等离子灭菌器。

（一）卡式快速灭菌器

为台式高压蒸汽灭菌器,分为2层,隔层内盛水,有盖,可以旋紧,加热后产生蒸汽。锅外有电脑自控数字显示窗口。该灭菌器体积小,操作简便、灭菌迅速、效果可靠。主要用于耐受蒸汽的医疗器械、橡胶、塑料等物品。

1. 工作原理　卡式高压蒸汽灭菌器采用的是一种特殊的高压灭菌方式,即通过内置小电锅炉（即蒸汽发生器）快速加热,将纯净蒸馏水转变为高压蒸汽,然后将高压蒸汽脉冲式均匀注入压力舱和装有待灭菌器械的卡式灭菌盒内并强制盒内空气排放至冷凝器内,此时盒中蒸汽温度达到134℃,并持续3.5分钟或6分钟（根据盒内器械特点）,以达到有腔器械灭菌的目的。灭菌过程结束后,系统自动启动空气压缩机,迅速干燥和冷却器械,至此整个过程结束。

2. 操作方法

（1）外层中盛水3000ml,一般选用灭菌注射用水或纯净水。

（2）将待灭菌的物品装入灭菌卡盒,再将灭菌卡盒轻轻推入灭菌器内。

（3）打开电源开关,选择消毒方式,再按 START,准备开始消毒。当温度和压力达到灭菌要求时,自动进入灭菌状态,最短灭菌时间为 3 分钟。

（4）灭菌结束后进入烘干阶段,此时如急需器械,可按 STOP 停止干燥程序,待给予指示后,即可取出物品,检查合格后备用。

（5）关闭电源开关,擦拭灭菌卡盒并放入灭菌器内,灭菌卡盒外留 3cm。

3. 注意事项

（1）灭菌卡盒内放灭菌指示卡。

（2）每日补充水量,定期检查水质,每月清洗更换。

（3）根据物品轻重选择不同的消毒方式,小量轻型物品、较重物品及带有包装的物品,消毒方式不同,灭菌时间长短不一。

（4）快速灭菌器的效果监测同压力蒸汽灭菌器。

4. 维护保养

（1）必须保持蒸馏水纯净,蒸汽通道顺畅,压力检测准确,灭菌盒密闭。

（2）保持设备的清洁。包括定期的清洁擦拭设备外表,定期的清洗蒸馏水水箱（严禁使用自来水、生理盐水等）,定期更换位于机器后的精密过滤器,定期倒空冷凝器内的废水。

（3）必要的机械、水箱及电气检查。包括外部的机械结构检查（包括仪器水平是否需要调节）,电源、电气是否正常,水箱的水位是否适合,未使用时灭菌盒是否向外抽出 3cm 左右等。

（二）低温等离子灭菌器（参照《手术室护理实践指南》一书第八篇的低温灭菌技术）

等离子体灭菌技术是近年来出现的一项物理灭菌技术,是新的低温灭菌技术。等离子体是低密度的电离气体云,等离子的生成是某些中性气体分子或其他汽化物质在强电磁场作用下形成气体电晕放电,电离气体而产生。特点是作用迅速、杀菌可靠、作用温度低、清洁而无毒性残留。

1. 工作原理　将某些消毒剂汽化作为等离子体基础气体可显示出更强的杀菌作用。混合气体等离子体的杀菌作用比单一气体效果更好。低温过氧化氢等离子体的灭菌周期为 50~70 分钟。

2. 应用范围　适用于如内镜、不耐热器材等物品的灭菌。

3. 注意事项

（1）低温灭菌不被建议的材质:布类、纸类、油类、水分、粉剂。

（2）低温灭菌不被建议的器械:器械处理未妥、体内植入物、不兼容的器械及内镜。

十二、气压止血带

目前,临床上常用的气压止血带有手动充气式和电动充气式。后者是采用电脑数字化控制。在施行四肢手术时,应用电动气压止血带可最大限度地限制创面出血,达到止血、暴露术野的目的,可缩短手术时间,减少或避免输血。

（一）结构及配件

由主机、气囊止血带、电源线三部分组成。主机面板上有压力显示屏、时间显示屏、充气按键、放气按键,止血带连接口、压力调节按键和时间调节按键、报警静音键、电源开关。主机内主要有压力监测器、压力调节器、空气灌注泵、定时钟、报时钟等。

(二)工作原理

根据手术部位的需要设定压力、时间等参数,通过高效气压泵快速充气,充气于止血带,从而压迫肢体,暂时阻断血流流向肢体、阻断血液循环,提供无血的术野,减少出血量,使肌腱、神经等微细结构清晰可辨,有助于手术操作。

(三)仪器特点

电动多功能止血带有自动加压驱血、自动计时、瞬时放气、加压输液(输血)和加压冲洗的功能,特别是硅胶驱血带的使用,使用滚动驱血带省时省力,使用十分方便。

(四)应用范围及适应证

1. 应用范围　骨科四肢手术及肝胆外科肝移植手术。

2. 适应证

(1)股骨、肱骨远端、胫骨、腓骨、尺骨、桡骨骨折切开复位内固定术。

(2)手、足部的手术。

(3)尺神经、桡神经、腓肠神经探查松解术。

(4)膝、踝、肘、腕、指关节置换术。

(5)肝移植手术休克裤的使用。

(五)操作方法

1. 选择、安放止血带　止血带分成人、儿童两种规格。根据病人的情况选择合适的止血带,松紧适度,缚于病人手术肢体的适当部位,一般距手术部位 10~15cm。止血带的蓝色连接口向上,以免接触无菌区。将止血带上的蓝色连接口与止血主机上的蓝色螺旋管的接口拧紧。

2. 开机　接通电源,红灯亮自动程序启动,经 5 秒的自检后红灯熄灭,自检正常,电源指示灯显示绿色。

3. 工作压力的选择　止血带充气压由外科医师或麻醉医生根据患者手术部位、病情、手术时间、收缩压等决定。一般标准设定值:上肢 200~250mmHg、时间 <60 分钟;下肢 300~350mmHg、时间 <90 分钟。如根据患者血压设定,上肢压力为患者收缩压加 50~75mmHg,下肢压力为患者收缩压加 100~150mmHg(1mmHg=133.322Pa)。

4. 设定工作时间　时间设定为 60 分钟,设置正计时或倒计时。在工作至设定时间时,仪器自动报警,有蜂鸣声提示。

5. 选择驱血套、充气、驱血　用彩色标尺紧贴病人皮肤测量其手术部位周长,确定后选择与标尺同色的驱血套。驱血套与蓝色充气管连接,手动充气表与蓝色充气管相连,手动充气至 130mmHg。充气后自病人肢体末端向上滚动驱血套至缠好的止血带。

6. 充气　根据所需的压力,旋转压力调节钮充气。

7. 调整止血压力　手术中可在任何时候调整止血压力。

8. 瞬间放气　术中如需要可做瞬时放气。按下瞬时放气钮,止血带压力回到"0",手指抬起,驱血带马上恢复到原设定的压力。

9. 手动充气　发生断电或无电源时,可用手动充气球为止血带充气。

10. 加压驱血服放气　拨开驱血服的上、下两只放气塞,断开驱血服与肢体的连接,压力阀回"0",拉开驱血服的拉锁,从肢体上取下。

11. 输血、输液与加压冲洗　配备容量为 5000~10 000ml 的加压冲洗带,加压带与止血带机器上的黑色螺旋口相接。可根据所要吊挂的血袋、输液袋、水袋的容量选择不同规格的加压带。

（六）仪器维护

1. 止血带扎在肢体上才能充气,否则会爆裂。止血带扎紧后应另加绷带固定,防止在打气后因压力过大而挣脱开。

2. 避免按键压力过大、过快,以免操作键失灵。

3. 在使用过程中如发生漏气,应及时给予更换,否则会导致气泵持续工作而减少其使用寿命。

4. 在高压消毒后,应待驱血带内的气体完全放掉后再行充气。

5. 止血带应保持经常检修,注意驱血带的使用寿命。使用前必须检查所有的阀门和袖带,才能保证驱血带正常地工作。

（孙育红）

第六章 普通外科手术

第一节 肝叶切除术

（一）解剖学基础

肝脏在人体的位置和形态结构（图6-1-1）：肝脏位于右上腹，隐藏在右侧膈下和肋骨深面，肝的上面隆凸称膈面，膈面借镰状韧带将肝脏分为左右两部，即左叶和右叶。右叶大而厚；左叶小而薄。肝的下面称为脏面，脏面的中部有H形的两条纵沟和一条横沟。左侧纵沟的前部有肝圆韧带，为胚胎时期脐静脉闭锁的遗迹；右侧纵沟的前部容纳胆囊，后部紧接下腔静脉。

横沟叫肝门，肝门分第一、第二、第三肝门。第一肝门位于肝下缘、右上腹，有门静脉、肝固有动脉、左肝管、右肝管、胆囊管、胆总管及淋巴管等。门静脉由左下向右上进入肝脏，分支为门静脉左支和右支。左肝管、右肝管汇合成肝总管，肝总管和胆囊管汇合成胆总管。肝的脏面被分为肝右叶、肝左叶、肝方叶和肝尾状叶。第二肝门在腔静脉沟的上端，有肝左、中、右静脉，出肝后即注入下腔静脉。第三肝门位于腔静脉窝下段处，该处有右半肝或尾状叶的一些小短静脉注入下腔静脉。

（二）适应证

1. 肝肿瘤

（1）良性肿瘤：肝海绵状血管瘤、肝腺瘤、肝囊肿。

（2）恶性肿瘤：肝癌、肝肉瘤。

2. 肝外伤　肝内较大的血管破裂，使部分肝失去血液供应，大块组织离断、碎裂；肝组织严重挫裂伤，单纯缝合修补不能控制出血或已有严重感染者。

3. 肝脓肿　并存严重出血和长期共存治疗不愈的慢性坚壁肝脓肿，在条件许可时，可行肝切除术。

4. 肝内胆管结石　局限于一叶的肝内结石，病变严重，造成肝叶萎缩者。

5. 胆道出血　因恶性肿瘤侵蚀、肝内血管破裂或肝内局限性感染引起胆道出血不止时，可行肝切除出血，并去除病因。

尾状叶右部支　下腔静脉

右叶间裂　正中裂　左叶间裂　尾状叶左部支　左段间裂

右前叶

右前叶支

上段　右后叶　下段

右段间裂

上段　左外叶　下段

上段支　左外叶支　下段支

左内叶支

门静脉　肝固有动脉

左内叶

肝总管

上段支　右后叶支　下段支

前面观

右前叶　左内叶

右叶间裂　正中裂　左内叶支

右前叶支　左叶间裂　肝固有动脉

下段　右后叶　上段

右段间裂

下段支　右后叶支　上段支

尾状叶右部支　肝总管　尾状叶右部　尾状叶左部　尾状叶左部支

门静脉

下段支　左外叶支　上段支

下段　左外叶　上段

左段间裂

下面观

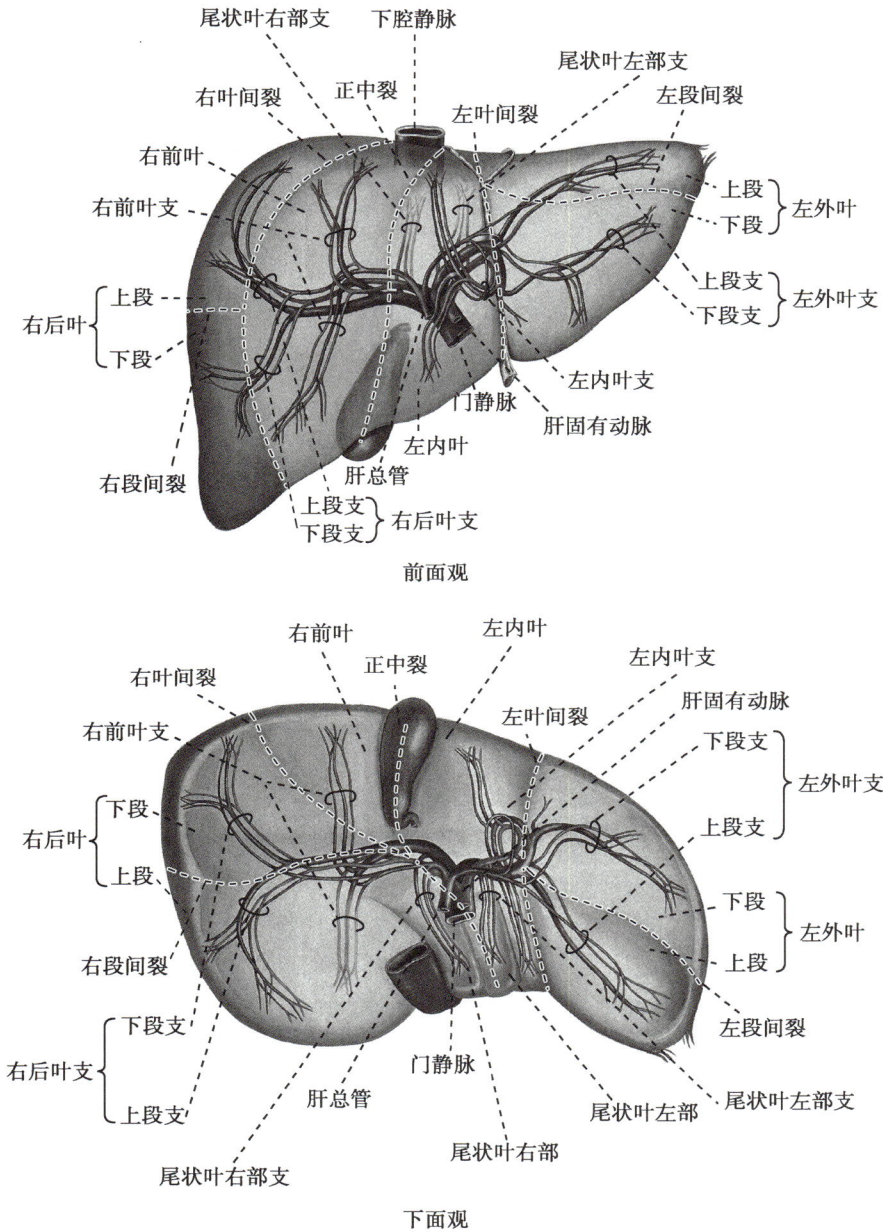

图 6-1-1　肝脏的结构

（三）麻醉方式及手术体位

1. 麻醉方式　气管内插管全身麻醉。

2. 手术体位

（1）开放手术：平卧位，腰背部垫高。

（2）腹腔镜手术：平卧位，根据术中情况调整头高脚低角度。

（四）手术配合（以左半肝切除术为例）

手术步骤	护理配合	
	开腹手术	腹腔镜手术
1. 物品准备	手术敷料：常规腹部手术敷料包 手术器械：常规开腹手术器械、腹腔拉钩、电外科设备、连发钛夹等 杂项物品：血管缝线、肝缝线、各种可吸收缝线、肝门阻断带等	手术敷料：常规腹部手术敷料包 手术器械：腹腔镜手术器械包、电外科设备等 杂项物品：血管缝线，肝缝线、各种可吸收缝线、超声探头等
2. 消毒铺巾	消毒范围：自乳头至耻骨联合平面，两侧到腋后线	同开腹手术
3. 切开皮肤及皮下各层	取上腹部正中切口或右肋缘下切口，手术刀切开皮肤，单极电刀逐层切开，甲状腺拉钩牵开，打开腹膜	于脐下做 10mm 切口，置入 10mm 保护 Trocar，调节气腹压力 12~15mmHg，放入 30° 镜头探查决定手术方式。依次于剑突下、右锁骨中线肋缘下、左锁骨中线肋缘下及左腋前线建立主、辅操作孔
4. 探查腹腔，暴露肝脏	递生理盐水小碗，主刀医生及第一助手湿润双手探查腹腔 递腹壁拉钩牵开腹壁，必要时单极电刀或超声刀分离粘连 决定手术方式后递腹腔自动拉钩，巡回护士协助固定于手术床两旁	递超声刀、分离钳给主刀医生，递分离钳、双极电凝给助手置入对应 Trocar，分离粘连，探查腹腔
5. 处理韧带，分离左半肝	递弯血管钳、无损伤镊分离切断肝圆韧带，递血管钳带线结扎 递弯血管钳钳夹肝圆韧带残端将肝脏轻轻下拉，递单极电刀沿前腹壁离断镰状韧带 递组织剪剪开左冠状韧带，递单极电刀切断左三角韧带，靠近膈肌处递圆针丝线缝扎 递血管钳、组织剪分离、切断肝胃韧带，递血管钳带线结扎 超声刀或单极电刀切开肝十二指肠韧带	超声刀离断肝圆韧带、左冠状韧带、肝胃韧带、肝十二指肠韧带
6. 处理第一肝门	递直角钳、无损伤镊分离肝左动脉、左肝管及门静脉左支，递两把弯血管钳夹后组织剪剪断，保留端递丝线双重结扎，切除端递丝线结扎，必要时放置阻断带	递超声刀和双极电凝暴露第一肝门，递连发钛夹结扎血管分支，必要时放置阻断带

手术步骤	护理配合	
	开腹手术	腹腔镜手术
6. 处理第一肝门	递单极电刀分离肝左静脉与肝中静脉分叉处,保留肝中静脉,递血管钳分离结扎或缝扎肝左静脉,切断后即可完全分离	
7. 离断左半肝	确定肿瘤周围切除边界,递单极电刀切开胆囊左侧的肝包膜和肝实质,递超声刀钝性分离肝脏组织,递血管钳带线或血管缝线逐一结扎或缝扎肝断面的血管和肝管,渗血处可递氩气刀喷凝止血;在断肝过程中可递生理盐水冲洗,以保持手术视野的干净	递电钩于肿瘤边缘做标记,递超声刀和双极电凝沿标记切肝;递吸引器和分离钳给助手,协助清理创面出血,必要时递连发钛夹处理肝内小血管及胆管
8. 处理肝断面	递肝缝线褥式缝合肝脏断面,仔细检查出血点,递丝线结扎或缝扎止血或连发钛夹钳夹止血	左半肝完全离断后,递双极电凝处理肝断面出血
9. 冲洗腹腔,放置引流	递无菌温生理盐水冲洗腹腔 根据要求修剪引流管侧孔,于膈下放置腹腔引流管 清点手术用物	关闭气腹,撤出腹腔镜器械,从腹部小切口取标本,余同开腹手术
10. 关腹	清点用物无误后关闭腹膜及肌肉筋膜层 递生理盐水冲洗切口 缝合皮下组织及皮肤	同开腹手术

知识拓展

布里斯班 2000 肝脏解剖和肝脏切除命名方法

　　2000 年 5 月,国际肝－胰－胆学会(IHPBA)科学委员会于澳大利亚布里斯班举行的世界大会上提出了国际统一的肝脏解剖及外科手术命名方法。

　　主肝被分为下列三级结构:半肝(或肝)、区、段。每个肝段是一个独立的单位,拥有独立的动脉胆管系统,门静脉的血液供应和肝静脉的回流。因此,肝段可以独立的或与其相邻的肝段一并切除。

　　将肝脏分为左、右半肝的第一级划分是与胆囊和下腔静脉(IVC)窝相交的平面,被称为肝中界面。在此平面内走行的是肝中静脉。

第二级划分是根据左区和右区界面。右区界面没有表面标志，肝右静脉走行其中。而左区界面内通过脐裂和镰状韧带附着线。

第三级划分是根据肝段之间的界面而进行的，它们被称之为段界面。但是没有表面标志，也没有主要结构在这些平面内走行。肝左静脉开始走行于 2 段和 4 段之间，而后走行在 2 段和 3 段之间。

第二节　胰十二指肠切除术

（一）解剖学基础

1. 胰腺、十二指肠的解剖结构（图 6-2-1）　胰腺是和十二指肠关系最为密切的实质性器官。胰头嵌于十二指肠环内，胰头与十二指肠降部之间有结缔组织紧密相连不易分离，且

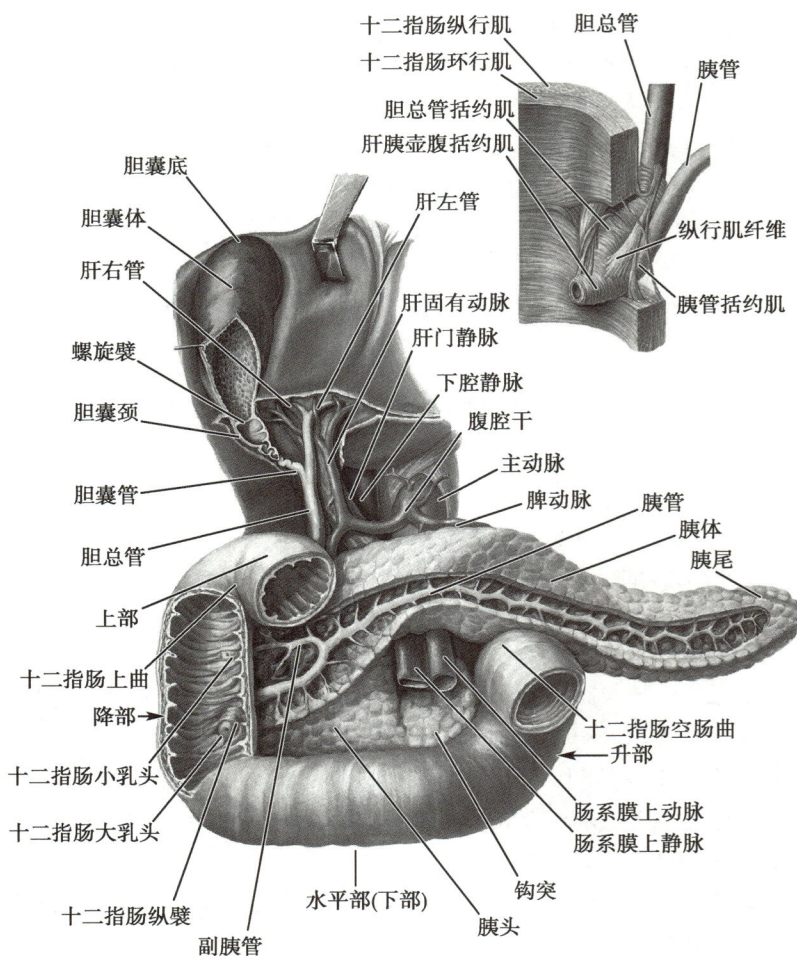

图 6-2-1　胆道、十二指肠和胰腺（前面观）

与十二指肠分享十二指肠上、下动脉弓的血供,又有胰管共同开口于十二指肠。胰腺分为胰头、胰颈、胰体、胰尾和钩状突五部分。十二指肠起于幽门,止于 Treitz 韧带,分为上部、降部、水平部和升部四部分。

2. 胰腺的导管系统　与胰十二指肠切除有关的主要是主、副胰管,主胰管横贯胰腺全长,由胰尾行至胰头与胆总管汇合共同开口于十二指肠大乳头;副胰管在胰颈部由主胰管发出,在十二指肠大乳头上方 2~2.5cm 处(成人)开口于十二指肠小乳头。

3. 胰腺十二指肠区的动脉血供及静脉回流　十二指肠和胰腺均由腹腔动脉和肠系膜上动脉的分支供血。向十二指肠供血的有胃右动脉、胃十二指肠动脉、胃网膜右动脉和肠系膜上动脉分支。胰腺的动脉来自胃十二指肠动脉、肠系膜上动脉和脾动脉。十二指肠的静脉最终汇入到肝门静脉和肠系膜上静脉。

（二）适应证

胰头癌、壶腹癌、胆总管下段癌、壶腹周围的十二指肠癌、十二指肠及胰头部损伤等。

（三）麻醉方式及手术体位

1. 麻醉方式　气管内插管全身麻醉。

2. 手术体位

（1）开放手术:平卧位。

（2）腹腔镜手术:头高脚低分腿平卧位。

（四）手术配合

手术步骤	护理配合	
	开腹手术	腹腔镜手术
1. 物品准备	手术敷料:常规腹部手术敷料包 手术器械:常规开腹手术器械包、腹腔拉钩、电外科设备、切割闭合器、吻合器 杂项物品:血管缝线、各种可吸收缝线、荷包线、硅胶胰管等	手术敷料:常规腹部手术敷料包 手术器械:腹腔镜设备及手术器械、电外科设备、腔镜直线型切割闭合器、吻合器 杂项物品:血管缝线、各种可吸收缝线、荷包线、硅胶胰管
2. 消毒铺巾	消毒范围:自乳头至耻骨联合平面,两侧到腋后线	同开腹手术
3. 切开皮肤及皮下各层	上腹部正中切口,手术刀切开皮肤,电刀逐层切开,递甲状腺拉钩牵开,切开腹膜	于脐下做 10mm 切口,置入 10mm Trocar,调节气腹压力 12~15mmHg,放入 30°镜头探查决定手术方式。依次于上腹部与右锁骨中线、右腋前线、左锁骨中线及左腋前线相对应的位置建立主、辅操作孔各一对
4. 探查腹腔	递生理盐水小碗,主刀及第一助手湿润双手 递切口保护垫保护切口,腹壁拉钩牵开腹壁,必要时单极电刀或超声刀分离粘连,决定手术方式后递悬吊式腹腔拉钩,巡回护士协助固定于手术床两旁	主刀操作孔置入超声刀和分离钳,助手孔置入分离钳

手术步骤	护理配合	
	开腹手术	腹腔镜手术
5. 游离胰头部	递无损伤镊,精细分离钳,单极电刀或超声刀打开胃结肠韧带及十二指肠降部外侧腹膜显露胰头 超声刀分离胰头后方与下腔静脉间的粘连。分离胰腺上、下缘,解剖出肠系膜上静脉和门静脉	超声刀分离胃结肠韧带、十二指肠降部外侧腹膜,显露胰头。分离胰头后方与下腔静脉间的粘连;显露出肠系膜上静脉和门静脉。处理血管 Hem-O-Lock 夹结扎后离断
6. 切除胆囊	采用顺行或逆行切除法切除胆囊	弹簧钳提起胆囊底部,超声刀分离胆囊动脉及胆囊管 Hem-O-Lock 夹和钛夹结扎后暂不离断
7. 切断胆总管	充分游离胆总管,清除肝十二指肠韧带淋巴结	超声刀行肝十二指肠韧带淋巴结清除
8. 切断胃远端	充分游离胃组织及周围血管,直线型切割闭合器离断胃远端。双重结扎、切断胃右动脉及胃十二指肠动脉	递腹腔镜直线型切割闭合器断胃远端,将胃管退至贲门处
9. 切断空肠	递无损伤镊,精细分离钳提起横结肠,确认 Treitz 韧带,在 Treitz 韧带下 10cm 处使用直线型切割闭合器切断空肠,近端关闭,远端备与胰腺做吻合	递腹腔镜直线型切割闭合器离断十二指肠
10. 切断胰体及胰头钩突	充分游离胰腺,血管小分支用两把血管钳钳夹后,递精细组织剪剪断,丝线结扎超声刀离断胰体及胰头钩突,寻找主胰管插入硅胶胰管以备吻合支架用,缝扎胰腺断面 遵循隔离技术隔离原则将标本置入弯盘搁置于器械台的相对污染区	超声刀横断胰腺,根据胰管粗细选择硅胶胰管,修剪胰管 遵循隔离技术隔离原则取下标本置入标本袋
11. 消化道重建	胰腺空肠吻合:套入式胰腺空肠端端吻合或胰腺空肠黏膜对黏膜吻合 胆总管空肠吻合:在距胰肠吻合口 10cm 左右行胆管空肠端侧吻合 胃空肠吻合:在距胆总管吻合口 20cm 处进行残胃空肠的吻合 关闭结肠系膜裂孔	关闭气腹,撤离腹腔镜器械后取上腹部正中切口进行消化道重建,余步骤同开腹手术
12. 冲洗腹腔,放置引流	温水冲洗腹腔;仔细检查腹腔及吻合口周围有无出血;根据要求修剪引流管侧孔,放置腹腔引流管;清点手术用物	同开腹手术
13. 关腹	清点用物无误后关闭腹膜及肌肉筋膜层 递生理盐水冲洗切口 缝合皮下组织及皮肤	同开腹手术

（曹建萍　王　菲）

第七章 心脏外科手术

1. 复述主要的冠状动脉的解剖，心脏各瓣膜的解剖位置和功能。
2. 列出冠状动脉搭桥术和瓣膜手术的麻醉方式和体位摆放。
3. 描述出主要的冠状动脉搭桥术和瓣膜置换术的物品准备。
4. 掌握冠状动脉搭桥术和瓣膜置换手术的手术配合要点。

第一节 冠状动脉旁路移植术（非体外循环）

（一）解剖学基础（图7-1-1）

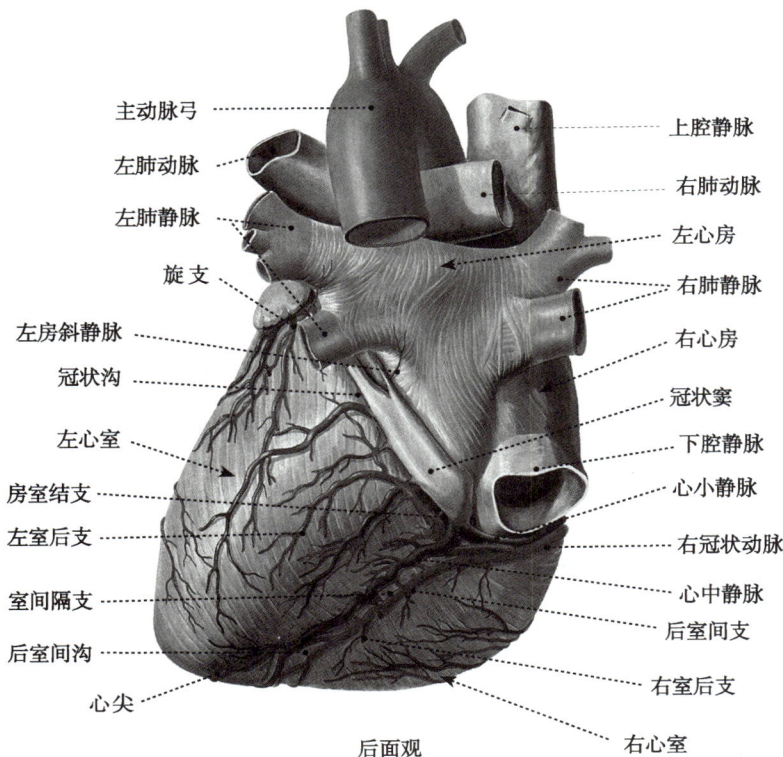

图 7-1-1 心脏的血管

1. 冠状动脉　分为左冠状动脉和右冠状动脉。

绝大多数分别开口于主动脉左冠窦和右冠窦。冠状动脉大多行走于心肌内,右冠状动脉和回旋支行走在房室沟,前降支和后降支行走在室间沟内。但一部分冠状动脉行走在心脏表面,而这些部位正是冠状动脉搭桥时吻合口的部位。

2. 左冠状动脉(LCA)　起始段为左主干动脉(LM)全长仅 1cm,分成两个支,即左前降支(LAD)及左回旋支(CX)。

3. 右冠状动脉(RCA)　自冠脉开口起右下行,经右心耳下方进入右房室沟,由心锐缘转向膈肌面到达心后"十"字交叉(CRUX),此支在右优势心脏常分出一较大的后降支(PDA)。RCA 的分支从开口起,其顺序为右圆锥支(50% 起自升主动脉右冠状窦)、窦房结动脉(45% 起自左回旋支)、锐缘支(分布于右心室前壁的最大分支)。当左前降支(LAD)阻塞时,锐缘支将成为它的重要供血侧支。RCA 大部分藏在心外膜脂肪下,锐缘支则较表浅。有的 RCA 从起始即分成两支,其中一支沿右房室沟走行,另一支横越右心室前壁。RCA 供血给右心房、右心室、窦房结(55%)、房室结(90%)、1/3 室间隔后部及二尖瓣的后乳头肌。RCA 与左前降支之间的交通支有:右圆锥支、窦房结支、右室支、PDA 以及房室结支。

4. "三支血管"　临床上将左前降支,回旋支和右冠状动脉供应心脏血供的"三支血管",通常说冠心病几支病变,是指前降支、回旋支和右冠状动脉这三支血管而言。

5. PDA

(1)沿后室间隔沟到心尖的后方。

(2)分支向左、右心室的膈肌面及室间隔后 1/3 供血。

(3)起点位置较深,因为它的表面有较厚的脂肪及中心静脉,该处动脉常呈倒"U"字形,并分出房室结动脉支。

6. LAD

(1)沿前室间沟下行至心尖。

(2)分支有多种变异。少数 LAD 呈平行的两大支或直接起自左冠状窦。

(3)第一个分支为圆锥支,而后依次分出 5 根或 6 根室间隔穿支,第一穿支最大。还有一或二分支为前对角支(DG)。

(4)末梢在心尖与后降支的末梢相汇合。LAD 全段都由心大静脉伴行。

(5)手术中术者沿着血管周围脂肪组织表面下凹的沟痕即可解剖出 LAD。

(6)远侧 2/3 以及前对角支中间段都很表浅,是常作吻合口的部位。

(7)供血给右心室前壁、室间隔、左心室外侧壁的大部分、心尖的全部及二尖瓣的前乳头肌、三尖瓣的乳头肌以及心室间的传导束。

7. 左回旋支(CX)

(1)少数单独直接起于升主动脉的左或右冠状窦。

(2)绕行于左心耳根部进入后房室沟后,在心右缘分出第一个最大的分支即钝缘支(OM),此分支的起始段短而表浅。

(3)末端分成数个左心室后外侧支,这些分支的起始段也很表浅。所有这些表浅的血管段都常是作吻合的部位。

(4)供血给左心房、左室后外侧壁、二尖瓣后乳头肌、前乳头肌的一部分、窦房结以及房室结。

(5)CX 如形成后降支,则供血给心室间隔后部。在 CX 前方与动脉并行的是心大静脉。当 RCA 发生近端或中段阻塞时，CX 的窦房结动脉则成为左、右冠状动脉的沟通支。

上述冠状动脉之间可能有侧支循环，当一根血管堵塞时，有可能另一根血管通过侧支循环，汇入病变堵塞血管外的冠状动脉血流。

（二）适应证

1. 稳定性心绞痛。

2. 不稳定性心绞痛：典型心绞痛影响日常生活、工作，内科保守治疗无效，经冠状动脉造影发现冠状动脉主干或前降支 / 回旋之近端明显狭窄 >70%。

3. 心肌梗死后。

4. 冠状动脉严重狭窄。

5. 冠心病导致的致命性室性心律失常，如由左主干或冠状动脉三支病变所致。

6. 内科介入治疗失败病例。

7. 既往曾经接受过冠状动脉搭桥术，出现症状，非外科治疗无效病例。

同时，ACC（美国心脏病学院）/AHA（美国心脏病协会）指南进一步指出：在合并其他高风险疾病比如严重心功能不全（如低射血分数）或糖尿病的患者中，冠脉搭桥是首选治疗。

（三）麻醉方式及手术体位

1. 麻醉方式　全身麻醉。

2. 手术体位　胸骨正中切口仰卧位。

（四）手术配合

手术步骤	开胸手术护理配合	小切口手术护理配合
1. 物品准备	手术敷料：常规心脏手术敷料包 手术器械：常规心脏手术器械、搭桥器械一套、乳内及搭桥牵开器、主动脉侧壁钳、胸骨锯、心内除颤器、电外科设备 杂项物品：血管线、涤纶线、可吸收线、骨蜡、冠脉刀、钛钉、起搏导线 注：不停跳搭桥另备：心表固定器、喷雾系统、白皮筋	同常规开胸手术准备，另需备小切口乳内牵开器
2. 消毒铺巾	消毒范围：上至喉结，两侧至腋中线，下至脐部	同开胸手术
3. 常规切皮开胸	递皮刀、电刀依次切开真皮、皮下组织、肌肉。递剪刀，剪开剑突，分离胸骨后间隙。电锯自剑突向上锯开胸骨，递骨蜡、电凝止血。牵开器牵开胸骨	胸骨下段正中切口，手术切口在第二、三肋间以下，长约 8cm，准备小牵开器
4. 乳内动脉（IMA）剥离配合	递乳内牵开器撑开胸骨，给予一块治疗巾铺于切口右侧，显露乳内动脉后，给予镊子、电刀，从第 4、5 肋间开始游离。洗手护士要配制罂粟碱溶液，外科医生注入 IMA 两侧，解除 IMA 痉挛，在游离 IMA 过程中，时刻准备好钛夹，随时夹闭侧支止血。全身肝素化后，用扁桃腺钳夹于乳内动脉远端，组织剪剪断，观察血流量，用哈巴狗钳暂时夹闭近端。远端血管用丝线结扎。用含有罂粟碱的纱布包裹乳内动脉，避免牵拉损伤，放于胸腔备用	其余手术步骤与常温搭桥手术吻合乳内动脉相同，取乳内动脉时，需准备小切口乳内牵开器。只需要吻合乳内动脉

续表

手术步骤	开胸手术护理配合	小切口手术护理配合
5. 取大隐静脉（SV）配合	准备好肝素加罂粟碱溶液，洗手护士将秃头针及丝线递予取大隐静脉的外科医生，取下的大隐静脉置于盛有肝素加罂粟碱的盐水中备用，避免锐器损伤	
6. 切开心包	电刀切开心包，用单针悬吊，蚊氏钳固定	
7. 检查并修剪大隐静脉	外科医生推注肝素水使血管充盈，用镊子、钛夹夹闭漏口或血管线缝合。用静脉剪刀修剪静脉近端，剪成相应斜行开口	
8. 缝深部牵引线	缝心脏牵引线悬吊两针（根据需要套阻断管），蚊式钳固定	
9. 乳内动脉－前降支的吻合	修剪乳内动脉、游离前降支病变远端：递精细圈镊，血管缝合线吻合，缝合完最后一针时，开放哈巴狗钳，打结检查是否出血并固定	
10. 冠状动脉的远端吻合	切开冠状动脉前壁：冠状动脉刀切开动脉，剪开开口两端（前向剪刀、回头剪刀或直角剪刀）至所需吻合的切口长度 搭桥顺序：体外桥先吻合心脏背侧，即左侧边缘支，再吻合右冠状动脉，最后吻合前降支 序贯吻合：如需行序贯吻合，先吻合完远端，再切开要吻合的冠状动脉前壁和静脉	
11. 近端吻合，上侧壁钳	电刀游离主动脉外膜，尖刀切开主动脉外膜，再用4.0mm或4.4mm打孔器打孔，及时擦净打孔器上的碎屑，防止碎屑脱落到血管内造成栓塞 将静脉长度量好，用静脉剪将近端角度修剪合适，用哈巴狗钳阻断静脉桥，蚊氏钳固定 缝合：血管缝线将桥血管与主动脉根部做端侧吻合 排气：近端全部吻合完，用1ml注射器或血管缝线在静脉桥上排气。开放哈巴狗钳	

第二节　主动脉瓣膜置换手术（体外循环）

（一）解剖学基础

人体心脏共有四组瓣膜，分别是：二尖瓣、三尖瓣、主动脉瓣、肺动脉瓣。这些瓣膜通过密切的联系精巧的组合在一起。如果我们从头侧观察，会发现主动脉瓣位于心脏的中心，二尖瓣位于主动脉瓣的左下方,居于四个瓣膜中最后方。肺动脉瓣位于主动脉瓣的前方偏左侧,三尖瓣位于主动脉瓣右下方,二尖瓣的右侧(图7-2-1)。

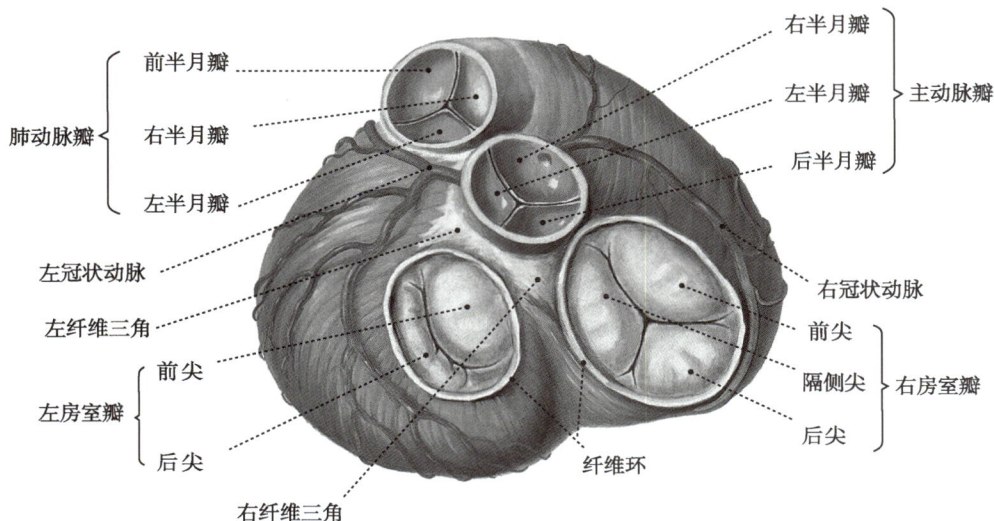

图 7-2-1　心底

二尖瓣(mitral valve)又叫僧帽瓣,其如同一个左房和左室之间的"单向活门",保证血液循环由左心房一定向左心室方向流动和通过一定的血流量。

主动脉瓣是半月瓣,位于左心室和主动脉之间,抑制射入主动脉的血流回流入左心室,形态学上类似于肺动脉瓣。因为处于中心位置,主动脉瓣与各个心腔和瓣膜关系密切。对这些关系的全面知识是认识主动脉瓣病理学和很多先天性心脏畸形的基础。

三尖瓣如同一个"单向活门",保证血液循环由右心房一定向右心室方向流动和通过一定流量。右房室口,以致密结缔组织构成的纤维支架环上附着有3个三角形瓣膜,称三尖瓣或右房室瓣。

心脏瓣膜的组织结构非常具有特点,它是心内膜向心腔突入的薄片样结构,由表面覆盖的内皮细胞及内部的结缔组织构成。

(二)适应证

1. 主动脉瓣狭窄。
2. 主动脉瓣关闭不全。
3. 主动脉瓣狭窄合并关闭不全。

(三)麻醉方式及手术体位

1. 麻醉方式　气管内插管全身麻醉。
2. 手术体位
(1)常规手术:仰卧位,胸背部垫高。
(2)小切口手术:仰卧位,胸背部垫高,备出股动脉。

（四）手术配合

手术步骤	护理配合	
	常规主动脉瓣置换	微创主动脉瓣置换
1. 物品准备	手术敷料：常规心脏手术敷料包 手术器械：常规心脏手术器械、换瓣特殊器械、电外科设备 杂项物品：血管缝线、换瓣线	同常规主动脉瓣置换备品，另需笔试针持、微创单爪牵开器
2. 消毒铺巾	消毒范围：上至喉结，两侧至腋中线，下至脐部	除按常规主动脉瓣置换消毒外还需消毒双侧股动脉区域
3. 切开皮肤及皮下各层	取胸骨正中切口，切开皮肤，电刀逐层切开，切口起自胸骨切迹稍下，达剑突下约5cm	取胸骨上段正中小切口，上缘从胸骨上窝始，全长7~9cm，切开皮肤、皮下组织
4. 锯开胸骨	沿正中用电刀切开胸骨骨膜，分离胸骨切迹达胸骨后，用组织剪断剑突后，用拉钩分离胸骨后间隙，用电锯沿中线将胸骨纵行锯开。骨膜用电凝止血，胸骨用骨蜡止血	电锯锯开胸骨至第3肋中点，并在此处向两侧横断胸骨。此切口可显露升主动脉及根部、上腔静脉、右心耳及部分右心房和左心房顶部
5. 切开心包	用电刀纵行正中切开心包，上达升主动脉反折部，下达膈肌，切口下段向两侧各切一侧口以利显露。用单针将心包切缘缝合于双侧胸骨外的软组织，用撑开器撑开胸骨，显露心脏	手术过程同常规主动脉瓣置换
6. 建立体外循环	1. 主动脉、灌注、右房各缝荷包线，均需阻断管、蚊氏钳固定 2. 插主动脉插管：组织剪剪开主动脉外膜，尖刀划开主动脉，将带管道钳的主动脉插管插入。线绳固定 3. 右心房插管：蚊氏钳提拉右心耳。尖刀切开右心耳，用长组织剪扩开并插入右房插管。线绳固定	
7. 左心引流插管	递缝线双反针带大垫片备直垫片在右上肺静脉与左房的连接处缝荷包，放阻断管，蚊氏钳固定。递尖刀划一小口，将左房引流管插入左心房	
8. 递灌注管	递血管钳、蚊氏钳固定灌注管，排气后插入灌注针	
9. 阻断升主动脉	递主动脉阻断钳，阻断升主动脉，同时，心脏表面用冰盐水或冰屑降温。灌注冷心停跳液	

续表

手术步骤	护理配合	
	常规主动脉瓣置换	微创主动脉瓣置换
10. 主动脉切口	在主动脉上做斜切口	
11. 缝牵引线	单针牵引主动脉壁,用蚊氏钳固定	
12. 切除瓣膜	递长组织剪分别切除三个瓣叶,瓣叶钙化严重时,用扁桃钳清除瓣环上的钙化组织,用测瓣器测量瓣环	
13. 缝合	用换瓣线 12~15 针,分正针、正针、反针三组间断缝合,每组 4~5 针,用蚊氏钳固定	
14. 着床	将人工瓣推入瓣环下,将瓣架取出,打结	
15. 试瓣	递试瓣器。递生理盐水冲洗人工瓣上下的主动脉和左心室	
16. 缝合切口	用带垫片血管线缝合主动脉壁	
17. 开放与复苏	开放升主动脉,如不自动复跳,可用除颤器除颤,复跳	
18. 停机、拔管、关胸	停机后,递管道钳夹闭管道,拔出右房插管。鱼精蛋白中和后,递管道钳拔出主动脉插管。常规止血关胸	

知识拓展

微创主动脉瓣置换术的多种手术路径

1. 从第 2 肋至第 5 肋软骨的右侧胸骨旁切口。
2. 倒 T 形部分胸骨劈开。
3. 胸骨横断路入。
4. 第 2 肋或第 3 肋间小切口路入。

采用胸骨正中上段小切口可以良好的暴露升主动脉和右心耳,采用单根腔房管建立体外循环,行主动脉瓣置换术。采用该方法使得部分胸骨和周围软组织的完整性未遭破坏,术中胸廓牵拉减少,减少了胸廓骨性的不稳定,使得术后疼痛减轻,有利于咳嗽、排痰,对于呼吸功能影响小,不易发生胸骨或纵隔感染。

（马艳　宋玲）

第八章 胸部外科手术

第一节 食管癌切除术

（一）解剖学基础

食管癌（esophageal carcinoma）是一种常见的上消化道肿瘤。食管癌的发病率在消化道恶性肿瘤中仅次于胃癌。男性多于女性，发病年龄多在 40 岁以上。我国是世界上食管癌高发地区之一。

1. 食管的位置和特点　食管是一前后扁平的肌性管状器官，长约 25cm（图 8-1-1）。上端在第 6 颈椎体下缘平面和咽相连，下端约平第 11 胸椎体高度与胃的贲门连接。食管可分为颈部、胸部和腹部。

2. 食管的狭窄部　在形态上食管最重要的特点是有三处生理性狭窄。第一狭窄为食管的起始处，相当于第 6 颈椎体下缘水平，距中切牙约 15cm；第二狭窄为食管在左主支气管的后方与其交叉处，相当于第 4、5 胸椎体之间水平，距中切牙约 25cm；第三狭窄为食管通过膈肌的食管裂孔处，相当于第 10 胸椎体水平，距中切牙约 40cm。三个狭窄处是食管的异物容易滞留及食管癌的好发部位。

3. 食管壁的结构　食管壁厚约 4mm，由内向外分为 4 层结构：黏膜层、黏膜下层、肌层和外膜。食管空虚时，前后壁贴近，断面呈扁圆形。

（二）适应证

1. 肿瘤早期，患者一般情况允许。

2. 病变长度≤5cm，或 >5cm 无远处转移，全身状况允许。

（三）麻醉方式及手术体位

1. 麻醉方式　全身麻醉。

2. 手术体位　通常有两种，一种是右侧卧位（左侧卧位亦可）；另一种是右侧卧位加平卧位。

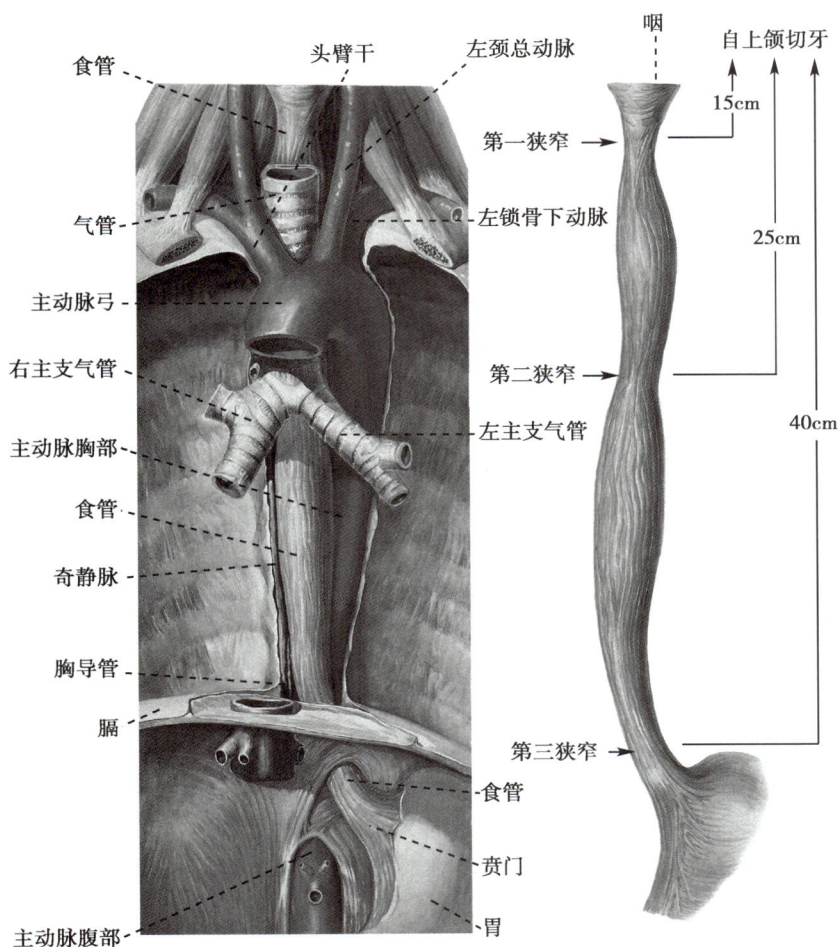

食管　　　头臂干　　　左颈总动脉　　　咽　　　自上颌切牙

第一狭窄　←　15cm

左锁骨下动脉　　25cm

左主支气管　　40cm

第二狭窄　←

第三狭窄　←

食管

贲门

胃

气管　主动脉弓　右主支气管　主动脉胸部　食管　奇静脉　胸导管　膈　主动脉腹部

图 8-1-1　食管（前面观）

（四）手术配合

手术步骤	护理配合	
	开胸手术	胸腔镜手术
1. 物品准备	手术敷料：常规胸科手术敷料包 手术器械：开胸手术器械、电外科设备、肺叶特殊器械、胸科撑开器、荷包钳、肠钳、大直角钳 2 把 杂项物品：闭合器、吻合器、剥离子、闭式引流瓶、血管缝线、荷包线等	手术敷料：常规开胸手术敷料包 手术器械：胸腔镜设备、胸腔镜手术器械包、电外科设备等 杂项物品：闭合器、吻合器、闭式引流瓶、血管缝线、各种可吸收缝线等
2. 消毒铺巾	前后过正中线，上肩及上臂上 1/3，下过肋缘，包括同侧腋窝	同开胸手术

续表

手术步骤	护理配合	
	开胸手术	胸腔镜手术
3. 切开皮肤、皮下组织及肌肉	递有齿锯、递干纱垫 2 块，于右胸壁第 6 肋间隙后侧做一弧形切口，递短电刀切开皮下组织、胸壁各肌层及肋间肌，电刀止血或中弯钳钳夹出血点，丝线结扎	于右侧胸部做 4 个切口并置入 Trocar（戳卡）；胸腔镜孔（5mm）位于肩胛骨尖端后方第 8 肋间，操作孔（5mm）位于肩胛后；一个辅助孔（12mm）位于腋前线后 2cm 第 9 肋间；另一个辅助孔（5mm）位于腋前线前第 6 肋间
4. 切开胸膜、探查胸腔	用电刀切开胸膜，用肋骨咬骨剪咬断肋骨（根据手术需要）；递 2 块湿纱垫于肋缘两侧保护切口，递肋骨牵开器牵开胸腔；湿手探查胸腔、食管肿瘤的位置	探查胸腔，递超声刀，用超声刀切断下肺韧带
5. 切开纵隔胸膜、游离食管	递换长电刀或超声刀，递剥离子钝性分离食管周围组织，提起食管，向上、向下扩大游离面，递组织剪锐性分离、剪开，游离出一段食管。食管游离完毕，递 2 把长弯血管钳提起膈肌，切开膈肌，圆针丝线缝吊膈肌	递超声刀切开食管表面的纵隔胸膜，充分暴露胸段食管；分离奇静脉，用内镜下血管闭合器夹闭并切断奇静脉；向奇静脉下方游离食管
6. 分离胃大网膜、胃、脾、肝胃韧带	结扎和缝扎胃左动脉及分支；切开胃，吸尽胃内容物，将胃管向外拉，用两把可可钳钳住食管和胃贲门部，递刀切断，胃残端用碘伏消毒，食管近端用圆针双线缝闭	递刀于腹部做 4 个操作孔，分别置入对应的 10mm 和 5mm Trocar，递超声刀离断胃短动静脉，递切割缝合器制成管状胃
7. 切除病变食管	将食管游离完毕，递可可钳夹住食管，递 15 刀切断食管，碘伏消毒食管残端，取下的肿瘤组织放入标本袋内	在胸骨颈静脉切迹上方做一平行切口，通过颈部切口将管状胃提至颈部切除颈部食管，递吻合器完成端侧食管胃吻合；取出标本，放入标本袋内
8. 胃、食管吻合	在食管近端封闭处的上方用荷包钳夹住，于荷包钳下方 1cm 处切断食管远端；用荷包线穿过荷包钳缝合食管；递 3 把组织钳夹住食管黏膜，将吻合器的蘑菇头放入食管内，收紧荷包线打结，把胃提到胸腔；递圆针丝线在胃底部缝牵引线并沿牵引线切开，碘伏消毒，吻合器从胃贲门放入，小切口穿出与颈部食管的蘑菇头连接吻合；递圆针丝线间断缝合胃底切口；圆针丝线间断缝荷包埋胃、食管吻合口；圆针丝线缝合膈肌；圆针丝线间断缝荷包埋胃于食管床上	
9. 放置胸腔闭式引流管	递长电刀笔彻底止血；放置胸腔闭式引流管	同开胸手术
10. 清点器械敷料，关胸	清点物品无误后，缝合胸膜和肋间肌，递闭肋器关胸；逐层关闭切口	清点器械、纱布、缝针等物品数目无误后，关闭切口

第二节　肺叶切除术

（一）解剖学基础

肺（lung）是呼吸器官，主要生理功能是通气和换气，位于胸腔内，在膈肌的上方、纵隔的两侧（图 8-2-1）。肺的表面被覆脏胸膜，呈圆锥形，包括一尖、一底、三面、三缘。右肺借叶间裂分为上、中、下三叶（图 8-2-2），左肺借叶间裂分为上下两叶。肺内侧面（又称纵隔面）贴近纵隔和脊柱，其中央凹陷处称为肺门（hilum of lung），有主支气管、肺动脉、肺静脉、淋巴管和神经等出入，它们被结缔组织包裹，统称为肺根（root of lung）。

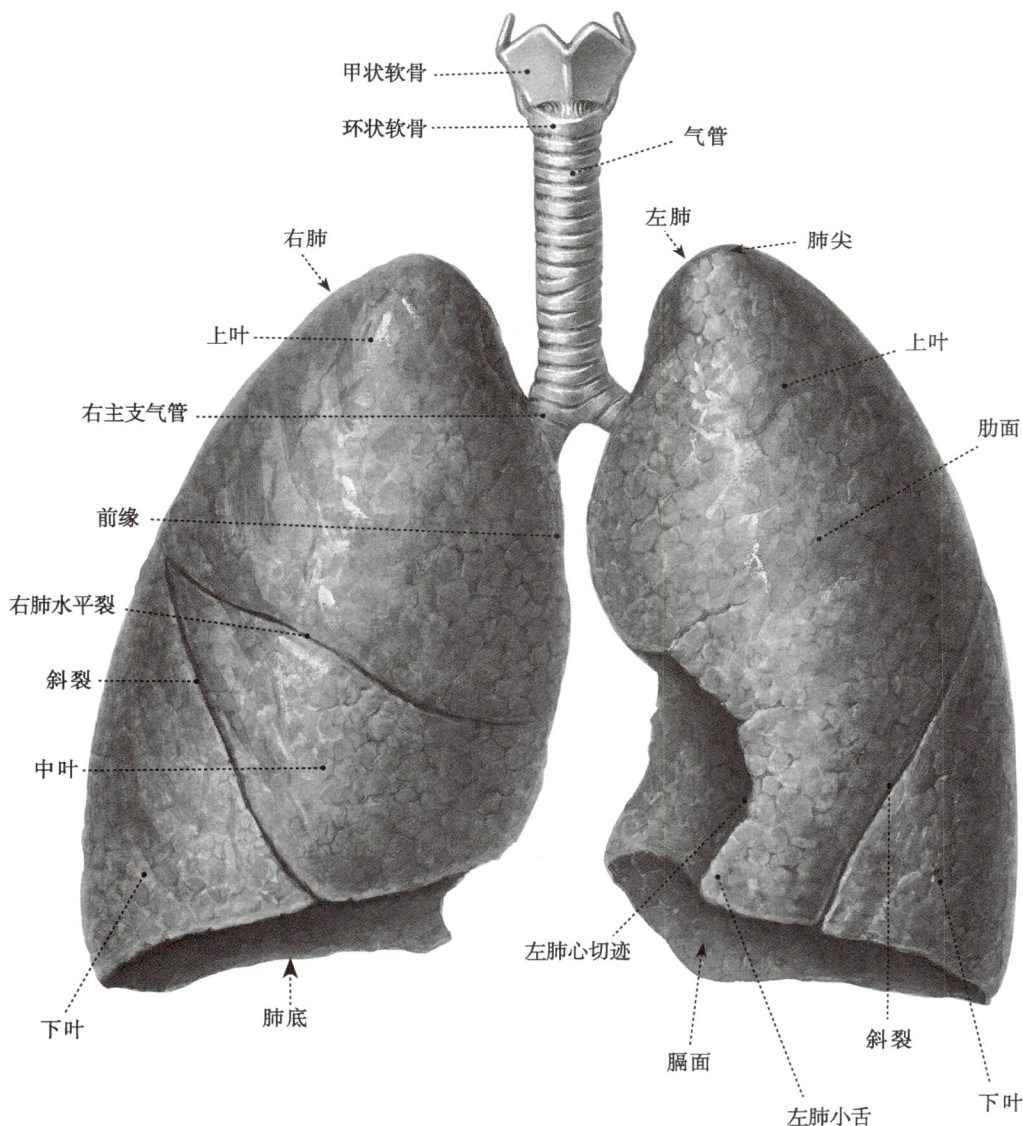

图 8-2-1　气管、支气管和肺（前面观）

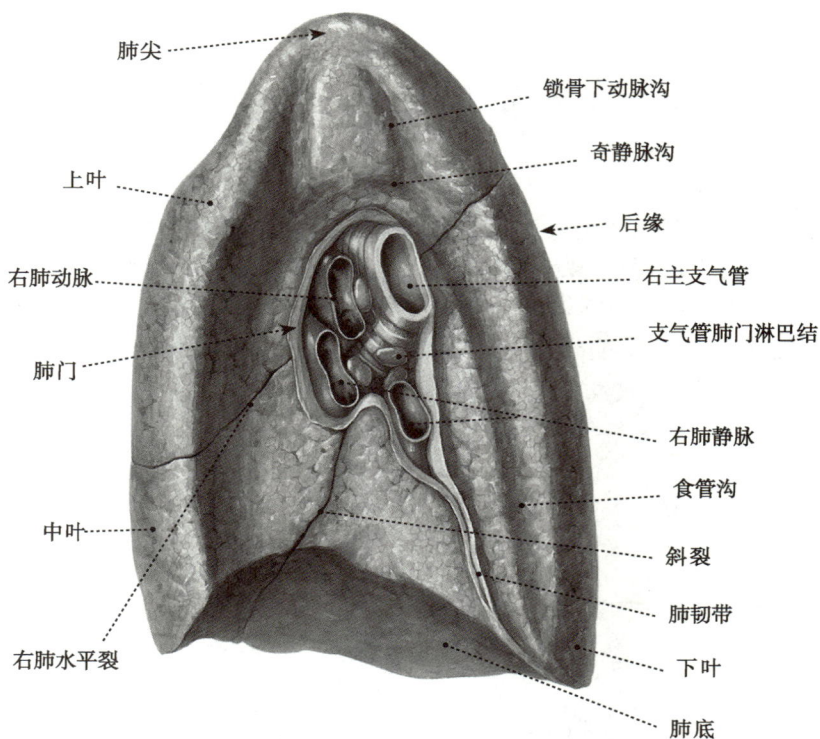

图 8-2-2　右肺内侧面

在肺门处,左、右主支气管进入肺叶,称为肺叶支气管(lobar bronchi);肺叶支气管继续分出肺段支气管(segmental bronchi)。故称主支气管为一级支气管,肺叶支气管为二级支气管,肺段支气管为三级支气管。

（二）适应证

1. 肺部化脓性感染,包括肺脓疡,支气管扩张。

2. 原发性支气管肺癌。

3. 肺良性肿瘤、囊肿和瘤样病变。

4. 肺结核等。

（三）麻醉方式及手术体位

1. 麻醉方式　全身麻醉,双腔导管插管。肺叶切除术对呼吸的干扰较大,为了便于手术操作,防止患侧肺咯血或脓痰流入健侧,常采用双腔导管插管进行单肺通气。

2. 手术体位　根据手术要求采取左侧或右侧卧位。

（四）手术配合

手术步骤	护理配合	
	开胸手术	（单孔）胸腔镜手术
1. 物品准备	手术敷料:常规胸科手术敷料包 手术器械:开胸器械、肺叶特殊器械、胸科撑开器。电外科设备	手术敷料:常规开胸手术敷料包 手术器械:胸腔镜设备、胸腔镜手术器械包、电外科设备等

手术步骤	护理配合	
	开胸手术	（单孔）胸腔镜手术
1. 物品准备	杂项物品:肺叶切割闭合器、支气管闭合器、可吸收缝线、血管缝线、骨蜡、剥离子、胸腔闭式引流瓶	杂项物品:肺叶切割闭合器、支气管闭合器、血管缝线,各种可吸收缝线等
2. 消毒、铺单	前后过正中线,上肩及上臂上 1/3,下过肋缘,包括同侧腋窝	同开胸手术
3. 切开皮肤、皮下组织、肌肉	递手术刀,有齿镊切开皮肤;递干纱布拭血;递短电刀笔切开皮下组织及肌肉、电凝止血,备肩胛拉钩牵开局部组织	递手术刀于腋前线第 4 或 5 肋间切开约 3cm 的切口,递短电刀笔、中弯血管钳分离肌层,递单孔多通道软性 Trocar 置入
4. 切开胸膜,探查切开胸腔	递短电刀笔切开胸膜,2 块湿纱垫保护切口创面;递肋骨牵开器牵开切口;如肺与肋面粘连则准备长无齿镊、精细剪刀、递剥离子钝性分离组织,丝线带线结扎或电凝止血,充分暴露胸腔;协助术者湿润手后探查胸腔	递胸腔镜镜头于穿刺套管内置入胸腔
5. 游离肺动脉、肺静脉并结扎	递肺叶钳钳夹拟切除肺叶;递长电刀笔、长无齿镊、长血管钳、精细剪剪开肺门处纵隔胸膜,显露肺血管,游离肺血管;递直角钳绕过充分显露的肺血管后壁,丝线结扎,显露肺血管远端;游离分支血管,递直角钳绕过血管,丝线结扎和缝扎分支血管;递精细剪剪断血管;游离过程可用剥离子进行组织钝性分离	递可弯曲双关节腔镜专用器械,用腔镜剪分离叶间裂,使用生物夹 Hem-lock 或使用血管闭合器结扎切断血管
6. 分离支气管周围结缔组织,切断肺叶支气管、切除病变肺叶	递长无齿镊、精细剪游离支气管;递直角钳或心耳钳夹支气管,肺叶钳夹住肺端,递刀切断支气管;消毒残端,双丝线结扎,圆针丝线缝扎或递可吸收缝线连续往返缝合或使用切割闭合器进行处理;病变肺叶放入弯盘中	递超声刀、电钩游离病肺支气管,递支气管切割闭合器闭合病肺支气管,膨肺确认患侧肺叶支气管后,击发支气管切割闭合器切割并缝合支气管残端;将标本放于无菌标本袋内经小切口取出,放于弯盘内
7. 检查有无漏气,冲洗胸腔	递生理盐水冲洗胸腔,膨胀肺叶,检查支气管残端是否漏气,若有气漏出递圆针丝线修补	同开胸手术

续表

手术步骤	护理配合	
	开胸手术	（单孔）胸腔镜手术
8. 放置胸腔闭式引流管	将胸膜或余肺覆盖支气管残端彻底止血，递无损伤镊，圆针丝线缝合覆盖残端；于第7、第8肋间腋后线处戳口放置胸腔闭式引流管，若为上肺叶切除同时于锁骨中线外侧第2肋间放置一胸腔闭式引流管	同开胸手术
9. 关胸	清点器械、纱布、缝针等物品数目无误后，递闭肋器关胸；逐层关闭切口	清点器械、缝针、纱条数目无误，退出单孔多通道软性 Trocar，余同开胸手术

（车美华　李　莉　徐　梅）

第九章 血管外科手术

第一节 颈动脉内膜剥脱术

（一）解剖学基础

颈动脉包括颈总动脉、颈内动脉和颈外动脉。颈总动脉是给头面部、颈部供血的主要血管，位于颈内静脉内侧。左侧颈总动脉直接起自主动脉弓，右侧颈总动脉则起自无名动脉，一般在甲状软骨上缘水平分为颈内动脉和颈外动脉。

颈动脉狭窄是血液由心脏通向脑和其他部位的主要血管（颈动脉）出现狭窄的症状。颈动脉狭窄的危害是动脉供血区脑组织缺血、缺氧，严重时造成神经功能障碍。多是由于颈动脉的粥样硬化斑块导致颈动脉管腔的狭窄，其发病率较高，在 60 岁以上人群中患颈动脉狭窄者占 9%，多发生于颈总动脉分叉和颈内动脉起始段。有些狭窄性病变甚至可能逐渐发展至完全闭塞性病变。

（二）适应证

1. 短暂性脑缺血发作（TIA）

（1）多次 TIA，伴相关颈动脉狭窄。

（2）单次 TIA，相关颈动脉狭窄≥50%。

（3）颈动脉软性粥样硬化斑或有溃疡形成。

（4）抗血小板治疗无效。

2. 轻、中度脑卒中，相关动脉狭窄。

3. 无症状颈动脉狭窄

（1）狭窄≥70%。

（2）软性粥样硬化斑或有溃疡形成。

（3）术者以往对此类手术的严重并发症 <3%。

4. 斑块严重钙化或血栓形成。

5. 颈内动脉严重偏心型狭窄。

6. 颈内动脉迂曲严重。

（三）麻醉方式及手术体位

1. 麻醉方式　气管插管全麻，最好采用鼻插管。
2. 手术体位　仰卧位，肩下垫软枕，使头颈部处于过伸位并旋向对侧。

（四）手术配合

手术步骤	护理配合
1. 物品准备	手术敷料：常规开颅手术敷料包 手术器械：颈部手术器械、动脉血管器械、电外科设备 杂项物品：止血纱布、血管缝线、可吸收缝线、人工血管补片、颈动脉转流导管
2. 消毒铺巾	消毒范围：上至下唇，下至双侧乳头平面，两侧至斜方肌前缘
3. 患侧胸锁乳突肌前缘斜切口	铺贴术区保护膜，递齿镊、切皮
4. 显露并打开颈动脉鞘	递小弯游离皮下组织至颈阔肌，递分离钳游离胸锁乳突肌前缘，用电刀切割及电凝止血
5. 游离伴随的血管神经及其分叉部	递牵引胶带做血管、神经牵引
6. 分离和显露颈动脉分叉、颈外动脉、颈内动脉及甲状腺动脉	递精细分离钳、镊子、剪刀，检查确认周边有无出血
7. 必要时行颈动脉窦阻滞	配合 2% 利多卡因浸润麻醉
8. 依次阻断血管	递阻断钳阻断血管，递尖刀、回头剪刀剪开血管壁，肝素水冲洗；阻断前后，密切观察患者的血压，并记录阻断时间
9. 切除增生动脉内膜及硬化斑块	递神经剥离子、无损伤镊、脑膜剪，剥离病变内膜及硬化斑块并切除
10. 根据需要置入颈动脉转流导管	将颈动脉转流导管放入肝素盐水中，冲洗管腔，仔细排气，严防空气栓入脑组织，同时备好并及时传递专用的颈动脉阻断钳
11. 探查血管、缝合。根据需要行人工血管补片扩大成形术	递血管缝线、血管镊，连续缝合，残留 1cm 开口，打开颈外动脉、颈总动脉、颈内动脉，冲出可能存在的血块和碎片后夹闭。检查血管吻合处有无渗漏，用止血纱布覆盖血管表面止血，双极电凝彻底止血。如行补片成形术，要高度注意人造材料的无菌操作
12. 逐层关闭切口	物品清点无误后，放置引流条，缝线逐层缝合颈阔肌、皮下组织、皮肤

第二节　腹主动脉瘤腔内修复术（EVAR 手术）

（一）解剖学基础

腹主动脉是人体的大动脉，直接延续于发自左心室的主动脉、胸主动脉，沿脊柱左侧下行，主要负责腹腔脏器和腹壁的血液供应。腹主动脉为降主动脉的腹段，在第 12 胸椎平面，膈肌主动脉裂孔处续于胸主动脉,沿腰椎体左前方下,至第 4 腰椎下缘增面分为左、右髂总动脉而终。腹主动脉的分支按其所供给的部位区分为脏支和壁支两类。分布于脏器的脏支,有的成对发出,供给成对的泌尿生殖和内分泌器官;不成对的奇数脏支有腹腔干、肠系膜上动脉和肠系膜下动脉,它们主要供给腹腔消化器官和脾脏。

腹主动脉瘤(abdominal aortic aneurysm, AAA)为腹主动脉管径的扩张或膨出大于正常腹主动脉管径的 50% 以上者。由于正常成人腹主动脉的直径约 2cm,因此腹主动脉直径 >3cm 时即可诊断为 AAA。动脉瘤膨出的特点是不能回缩,这与动脉生理性扩张有本质的不同,动脉瘤将逐渐增大甚至发生破裂。绝大多数 AAA 为肾动脉水平以下的病变。

(二)适应证

1. 腹主动脉瘤直径达 6cm。
2. 在连续观察期间,瘤体增大 >0.4cm/ 年。
3. 动脉瘤内有血栓形成者。
4. 引起重要动脉栓塞者。
5. 引起胃肠道或腹腔内其他重要器官压迫者。
6. 出现动脉瘤疼痛。

(三)麻醉方式及手术体位

1. 麻醉方式　气管插管全麻或局部麻醉。
2. 手术体位　仰卧位。

(四)手术配合

手术步骤	护理配合
1. 物品准备	手术敷料:腹部手术敷料包 手术器械:开腹手术器械、动脉血管器械、电外科设备 杂项物品:血管缝线、5~22F 血管鞘若干、各种导管及导丝若干,必要时备超硬交换导丝、黄金标记导管、预订尺寸的腹主动脉瘤腔内修复覆膜支架系统、血管缝合器
2. 消毒铺巾	消毒范围:上至双侧乳头平面,左右至腋后线,下至双侧膝关节上 1/3 处,包括会阴区域。常规消毒
3. 切开腹股沟区,暴露双侧股动脉或以四把血管缝合器穿刺双侧股总动脉	递齿镊切皮,血管镊切开股动脉,或递血管缝合器切开或穿刺股动脉,递合适型号的血管鞘置入
4. 全身肝素化,腹主动脉造影	递泥鳅导丝,猪尾导管及黄金标记导管,由释放主体侧股动脉进入对侧。置以普通猪尾导管于肾动脉以上
5. 将腹主动脉瘤腔内修复覆膜支架系统送入肾下腹主动脉	递超硬交换导丝,协助控制导丝的尾端位置,沿超硬交换导丝,造影或路途中确认位置,释放支架主体的近端
6. 由对侧股动脉选择进入腹主动脉移植物的分支,完成对侧的髂支连接	协助控制导丝的尾端位置和支架的分支,备好并随时传递造影剂和肝素盐水,配合路途影像的完成

续表

手术步骤	护理配合
7. 最后完成同侧主体支架的释放，必要时再加用分支的延长支	递超硬交换导丝，协助控制导丝的尾端位置
8. 造影证实封闭效果及内脏动脉的血流情况，必要时行球囊的后扩张	递超硬交换导丝，协助控制导丝；备好可能用到的球囊
9. 撤除支架输送系统，缝合双侧股动脉。关闭切口	配合控制两把血管缝合器的导丝，避免缠绕。收紧血管缝合器的缝线或在开放切口缝合股动脉，逐层关闭切口

（王丽波　文红玲）

第十章 骨科手术

学习目标

1. 复述腰椎、肩关节以及膝关节的概念及解剖基础。
2. 列出手术的适应证。
3. 描述沙滩椅位和侧卧位的体位摆放。
4. 应用掌握麻醉方式及手术体位。

第一节　腰椎手术配合

（一）解剖学基础

人体的腰椎是脊柱的一部分，上连颈椎、胸椎，下连骶椎。人体一共有五节腰椎，每节腰椎由椎体及椎弓组成，之间有椎间盘相连（图 10-1-1）。椎弓位于椎体后方，包括椎弓根、椎

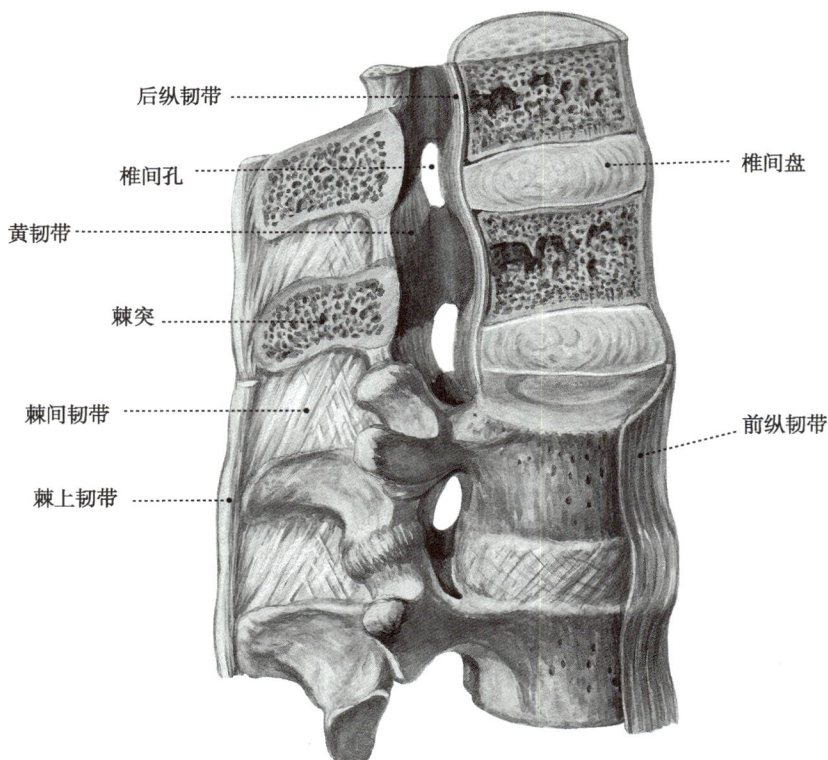

后纵韧带

椎间孔

黄韧带

棘突

棘间韧带

棘上韧带

椎间盘

前纵韧带

图 10-1-1　椎骨间的连结（正中矢状断面）

板、上下关节突、横突和棘突（图 10-1-2）。每个椎弓根上、下方各有一个切迹，相邻两个椎体的上下切迹共同构成椎间孔，椎间孔内有脊神经通过。棘突、横突及上下关节突是肌肉、韧带的附着部位，并由此连接上、下腰椎。

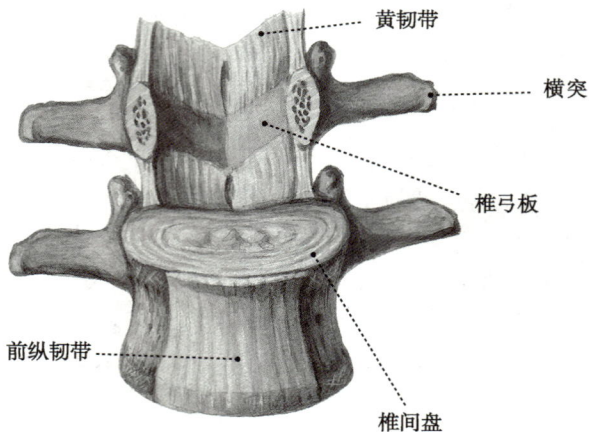

图 10-1-2　椎骨间的连结（前面观）

腰椎较颈椎和胸椎大而厚，横径大于前后径。主要由松质骨组成，外层的密质骨较薄。椎体与椎体之间由椎间盘相连（图 10-1-3）。

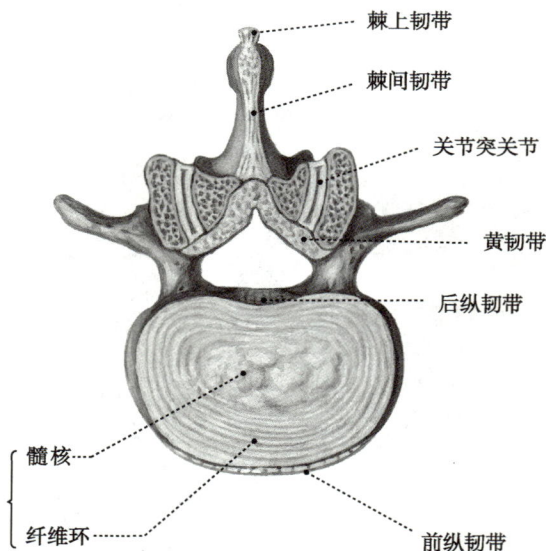

图 10-1-3　椎间盘（上面观）

（二）适应证

1. 腰椎骨折，稳定性丧失，伴神经损伤。
2. 腰椎滑脱。
3. 腰椎管狭窄伴有神经症状。
4. 腰椎间盘突出。

（三）麻醉方式及手术体位

1. 麻醉方式　全身麻醉。

2. 手术体位　俯卧位。

（四）手术配合

手术步骤	手术配合	
	开放腰椎手术	椎间盘镜手术
1. 物品准备	手术敷料：常规骨科手术敷料包 手术器械：常规腰椎手术专用器械、电外科设备 杂项物品：手术贴膜、骨腊、各种可吸收缝线	手术敷料：常规骨科手术敷料包 手术器械：椎间盘镜手术系统、电外科设备 杂项物品：各种可吸收缝线等
2. 消毒铺巾	消毒范围：上至两腋窝连线，两侧至腋中线，下过臀部	同开放手术
3. 切开皮肤及皮下各层，椎管外显露	手术医生根据腰椎的手术部位正中纵切口，依次切开皮肤，皮下及深筋膜。电凝止血器从中线切开棘上韧带至棘突尖，用骨膜剥离器及纱布钝性分离两侧椎旁肌肉，充分暴露出关节突关节背外侧，上下分别放置撑开器以便更好的暴露视野	手术医生根据手术前定位的手术部位正中纵切口，依次切开皮肤，皮下，逐层扩张组织
4. 定位	透视准确定位需要手术的腰椎节段	置放手术管道，安装椎间盘镜系统，连接影像，直接定位
5. 植入螺钉	咬骨钳咬掉关节突表面部分骨皮质，分别置入内植入螺钉	经皮植入微创植入螺钉
6. 椎间盘切除	用神经剥离器将神经保护到一侧，暴露出椎间盘，用髓核钳咬除需要手术的椎间盘	镜下黄韧带切除进入椎管，切开纤维环，摘除游离髓核
7. 冲洗切口，放置引流	冲洗切口，放置伤口引流	同开放手术
8. 清点手术用物，缝合伤口	清点用物无误后，可吸收缝线逐层缝合伤口，缝合深筋膜层，皮下组织，皮内缝合	同开放手术

第二节　人工膝关节置换的手术配合

（一）解剖学基础

人工关节置换术是指采用金属、高分子聚乙烯、陶瓷等材料，根据人体关节的形态、构造及功能制成人工关节假体，通过外科技术植入人体内，代替患病关节功能，达到缓解关节疼痛，恢复关节功能的目的。

膝关节由以下几部分构成：①骨性结构：包括股骨下端、胫骨上端髌骨；②关节周围肌肉、肌腱结构；③关节外的韧带结构；④关节内的半月板和交叉韧带。这些结构保持关节上下连接，具有生理上需要的静力与动力稳定性。其中任何一种结构受到损伤，都会影响关节的稳定（图 10-2-1、图 10-2-2）。

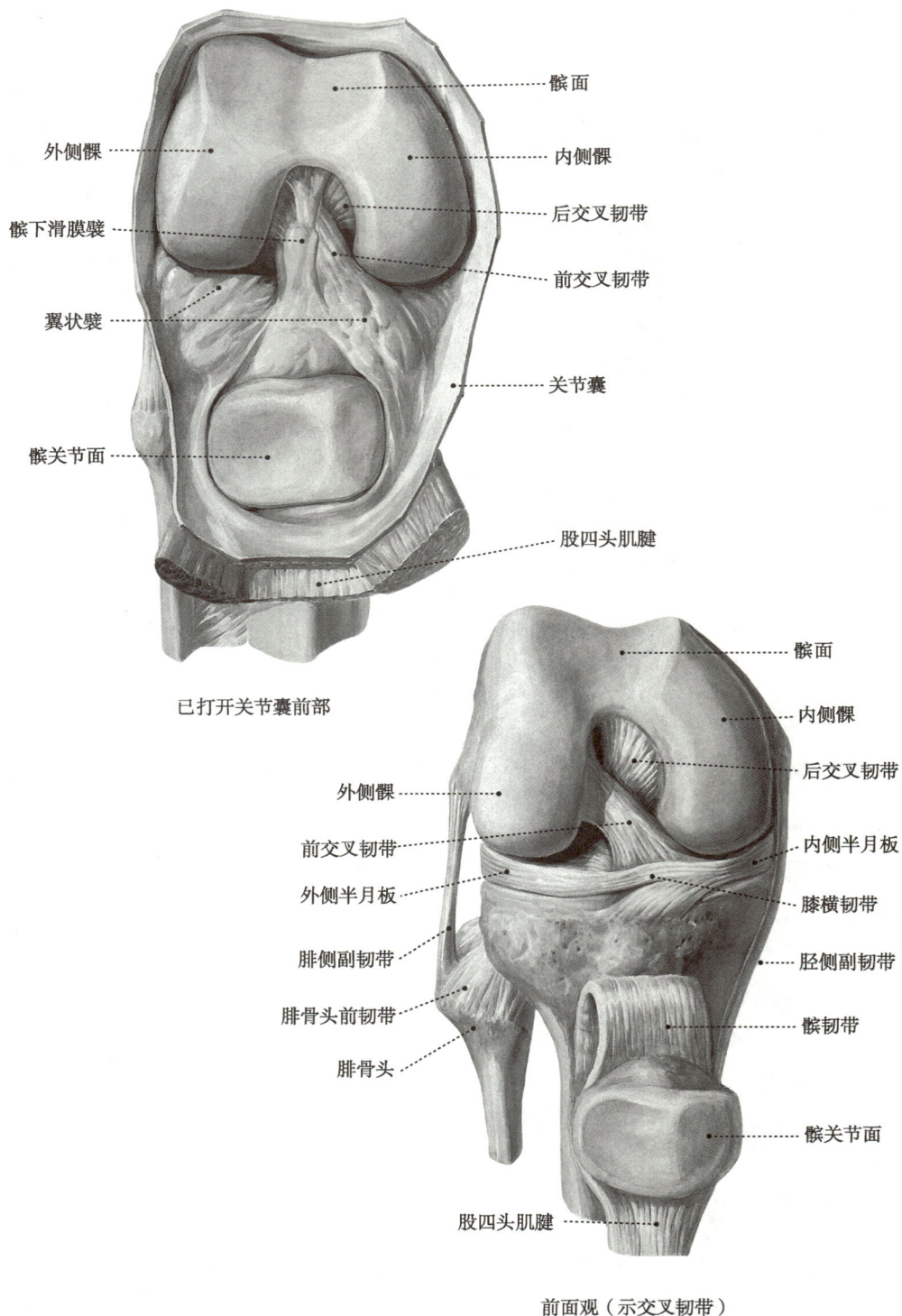

已打开关节囊前部

前面观（示交叉韧带）

图 10-2-1 膝关节（1）

大收肌腱

内侧髁

胫侧副韧带

内侧半月板

后交叉韧带

胫骨

外侧髁

前交叉韧带

板股后韧带

腘肌

外侧半月板

腓侧副韧带

腓骨头后韧带

腓骨

后面观（示交叉韧带）

股四头肌腱

髌上囊

髌骨

髌下皮下囊

髌韧带

翼状襞

髌下深囊

胫骨粗隆

膝横韧带

前交叉韧带

外侧半月板

内侧半月板

板股后韧带

后交叉韧带

上面观（示半月板和交叉韧带）

前交叉韧带

关节腔

后交叉韧带

正中矢状切面

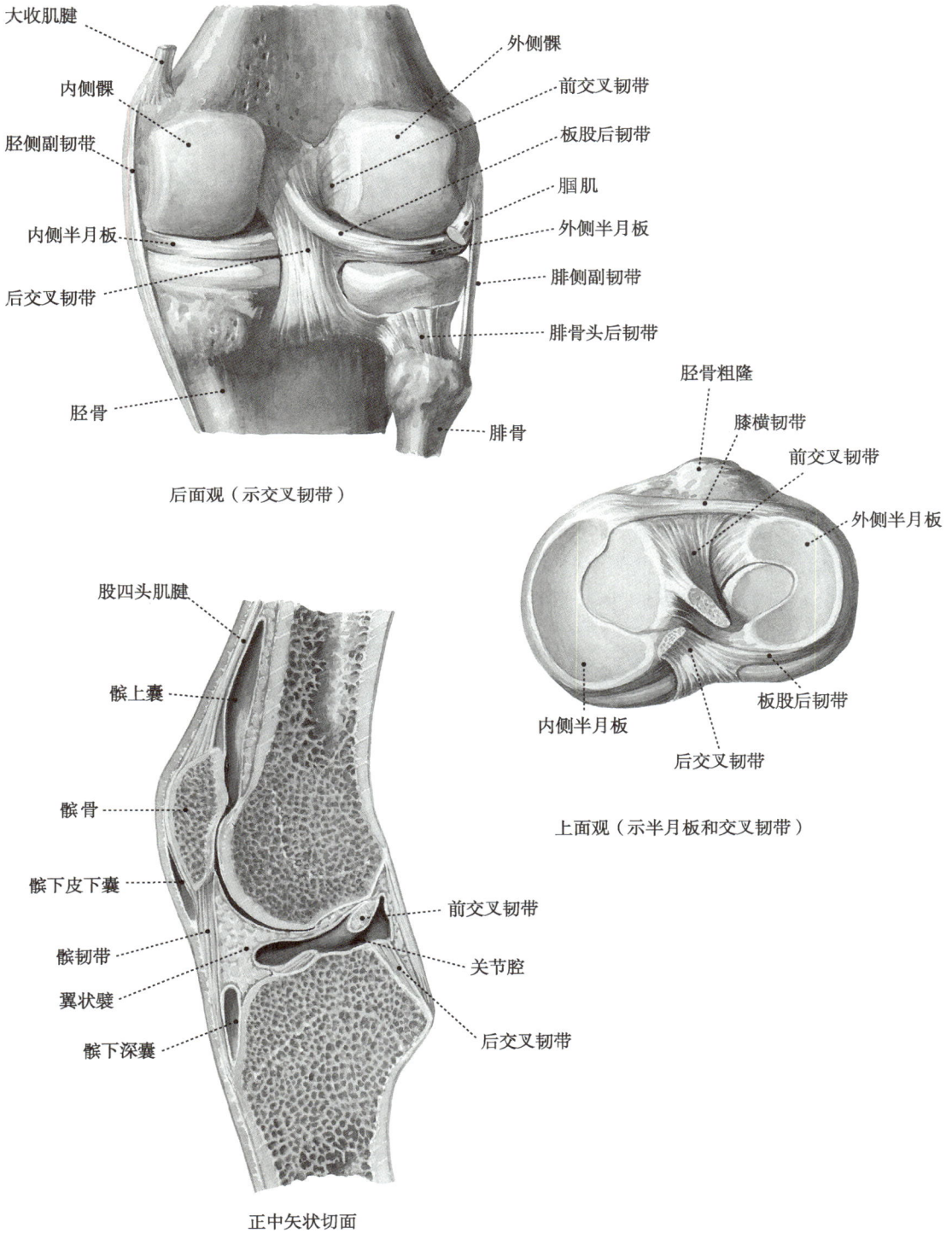

图 10-2-2 膝关节（2）

胫骨是小腿主要的负重骨,分一体和两端。上端的两个膨大分别称内侧髁和外侧髁,与股骨两髁相关节。两髁上面的粗糙隆起称为髁间隆起。

解剖学特点:关节囊广阔而松弛,各部薄厚不一。囊外有韧带加强,前方有髌韧带。两侧分别为胫侧副韧带和腓侧副韧带。囊内有连接股骨和胫骨的前、后交叉韧带,两者相互交叉排列。

(二)适应证

人工关节置换术用于治疗终末期的关节疾患,包括:

1. 严重的骨性关节炎。

2. 类风湿关节炎,创伤性关节炎,强直性脊柱炎,先天性发育畸形导致的关节炎或关节疼痛、活动功能障碍,Paget 病,以及骨关节的肿瘤等。

3. 出现以上疾病的患者尚需符合以下标准才适宜进行人工关节置换术:

(1)关节面骨和软骨破坏的影像学改变。

(2)有中度到重度持续性疼痛。

(3)经过至少半年的保守治疗,功能和疼痛无法改善。

(4)患者能够积极配合医生治疗,有良好的依从性。

(三)麻醉方式及手术体位

1. 麻醉方式

(1)蛛网膜下隙阻滞(腰麻):$L_{3～4}$、$L_{4～5}$ 腰椎脊突间隙穿刺注射药液。

(2)硬膜外隙阻滞:置管。

2. 手术体位　平卧位,患侧手臂外展置于托手板上,健侧手臂自然放于体侧,备侧体位(小头)固定于髋关节处,脚踏固定于小腿处(图 10-2-3)。

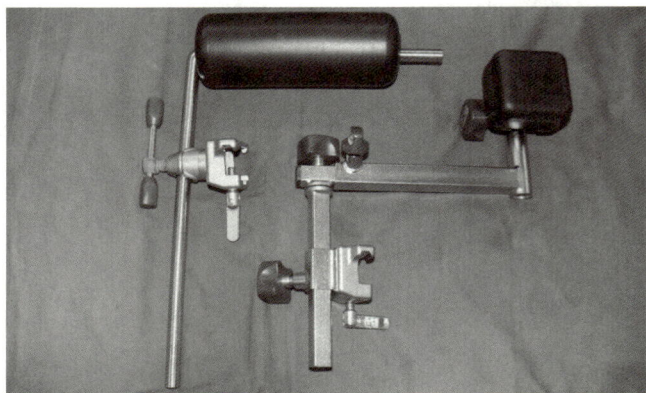

图 10-2-3　膝关节体位用具

(四)手术配合

手术步骤	护理配合
1. 物品准备	手术敷料:常规骨科手术敷料包 手术器械:关节置换器械和骨科基础器械补充、电外科设备 杂项物品:驱血带、骨蜡、引流装置、可吸收缝线等

手术步骤	护理配合
2. 消毒铺巾	消毒范围：上至大腿 1/2，下至脚或踝关节
3. 切口与显露	递驱血带驱血。取膝关节正中纵切口，切开皮肤、皮下组织及深筋膜，向内侧游离皮瓣，分离至髌骨内侧进入膝关节腔；翻转髌骨，切除髌韧带后方的部分脂肪垫；膝关节软组织松解；切除前交叉韧带、后交叉韧带及半月板，清理股骨及髌骨增生骨赘，分离胫骨前缘的内外两侧
4. 测量、截骨	
（1）股骨远端表面截骨	股骨髓内定位，确定股骨轴线，递开髓钻和髓内定位杆，植入方向应平行于股骨轴线，使髓腔定位杆顺利进入髓腔并位于髓腔中央
	将组装好的截骨器插入股骨髓腔内并推向股骨髁，使外翻模块紧贴股骨髁，截骨模块贴内侧髁固定，取下外翻模块；根据假体的厚度、患者的屈曲畸形程度来确定截骨的厚度；固定截骨器进行股骨远端截骨
（2）胫骨近端表面截骨	组装并安放胫骨截骨髓外定位器，使胫骨截骨平面与小腿纵轴（长轴）垂直；根据截骨模块及测量笔针，确定胫骨的截骨厚度；使用截骨模块、测量片及摆动锯沿截骨器平台进行截骨
（3）测量伸直间隙	递 10mm 的间隙测量模块，检测伸直情况
（4）股骨假体大小测量	将测量器置于股骨远端，前方紧贴股骨远端截骨面，下方紧贴股骨后髁；量钩置于股骨前方皮质与前髁移行处，安放好并用固定钉固定，通过测量器刻度决定股骨大小，根据假体特点和要求进行型号选择。安放股骨前方切骨模块，摆锯进行股骨前方切骨
（5）股骨前后髁截骨	递四合一截骨模块和动力锯，四合一模块紧贴股骨远端，三角片上方紧贴股骨前方，固定钉固定截骨块并取下三角片，中宽摆锯截骨，桩孔钻钻孔，换窄锯片截骨
（6）股骨髁间处理	递髁间截骨模块、摆锯
（7）测量屈膝与伸直间隙	递 10mm 模块
（8）胫骨假体大小测量及胫骨假体平台处理	胫骨假体型号参照胫骨平台的大小进行选择，将平台试模放置在胫骨截骨面上。固定合适平台试模，导向器下粗钻开髓，三角锉做平台下端成形，做好胫骨床准备
（9）安装试体	将股骨、胫骨试模沿截好的骨槽安装好，用单齿翘板辅助胫骨平台前移，安放对应型号的垫片
5. 冲洗、安装假体	安放假体合适，冲洗关节腔，打开对应假体，以骨水泥安放胫骨和股骨最终假体，骨水泥固化后检查关节活动度，立线及松紧满意度，髌骨活动轨迹是否正常
6. 缝合伤口、引流、包扎	清点用物无误后，放置引流，可吸收缝线逐层缝合伤口，弹力绷带加压包扎

知识拓展

骨水泥植入综合征

　　骨水泥植入综合征（bone cement implantation syndrome，BCIS）指骨水泥植入后出现的低血压、低氧血症、心律失常、心搏骤停、心肺功能障碍、出血等并发症的总称。BCIS多见于 THR 以及人工股骨头置换的患者。BCIS 原因有：骨水泥毒性学说、髓内高温高压至栓学说、脂质介质学说。高危因素有高龄女性、长期服用激素、患者术前伴有心血管疾患、心肺代偿能力差、髋部骨折的患者。BCIS 临床表现：急性肺水肿，咳粉红色泡沫痰，少数患者出现意识障碍，呼吸困难，严重者心跳呼吸停止甚至死亡，部分患者出现术后谵妄或迟钝应高度怀疑患者出现了大脑脂肪栓塞。

第三节　肩关节手术

（一）解剖学基础

　　肩关节（图 10-3-1、图 10-3-2）由肱骨头与肩胛骨的关节盂构成，是典型的球窝关节。关节盂小而浅，仅包绕肱骨头的 1/3，边缘附有盂唇。盂唇为附着于关节盂边缘的卵圆形纤维软骨组织，它既加深了关节盂窝，又作为盂肱关节囊韧带复合体的附着点。关节囊薄而松弛，囊内有肱二头肌长头腱通过。关节囊外有喙肱韧带、喙肩韧带及肌腱加强其稳固性。唯有囊下部无韧带和肌腱加强，最为薄弱，故最常见肩脱位为肩关节前下脱位。肩关节是由六个关节组成，分为肩肱关节、盂肱关节、肩锁关节、胸锁关节、喙锁关节、肩胛胸壁间关节。肩关节是人体运动范围最大而又最灵活的关节。肩关节可以完成七种动作，包括：屈、伸、外展、内收、外旋、内旋、环转。同时肩关节也是全身大关节中结构最不稳固的关节。肩袖是由冈上肌、冈下肌、肩胛下肌和小圆肌组成，起始于肩胛骨，附着于肱骨头周围，在肱骨头解剖颈处形成袖套装结构。肩袖的作用是支持和稳定肩肱关节、维持肩关节腔的密闭功能、保持滑液营养关节软骨，预防继发性骨关节炎。

（二）适应证

　　肩袖撕裂、肩峰撞击征、肩关节不稳定、锁骨骨折、肩胛骨骨折、骨肿瘤、骨坏死、盂唇损伤、肱二头肌腱撕裂（SLAP 损伤）、肩关节脱位、肩周炎、粘连性关节囊炎、盂肱关节炎等。

（三）麻醉方式及手术体位

1. 麻醉方式　全身麻醉、臂丛麻醉、臂丛联合全身麻醉。
2. 手术体位　侧卧位、沙滩椅位、仰卧位。

（四）手术配合

Bankart 修复术手术配合（肩胛盂前唇和前侧关节囊修补术）。

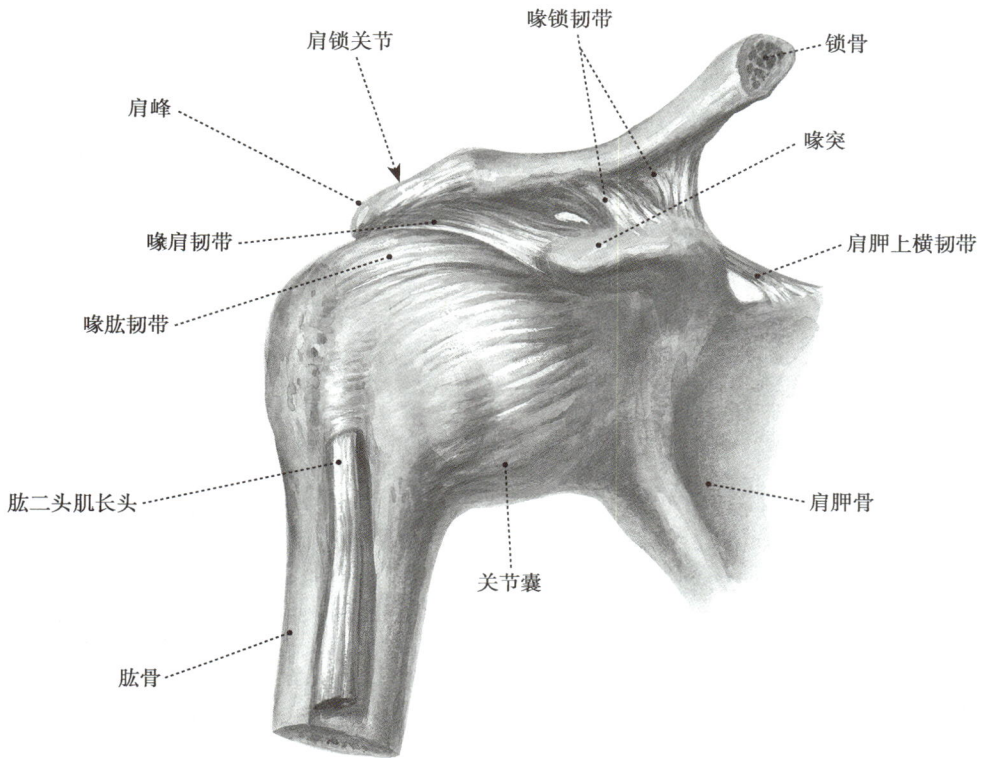

图 10-3-1　肩关节（前面观）

肩锁关节
喙锁韧带
锁骨
肩峰
喙突
喙肩韧带
肩胛上横韧带
喙肱韧带
肱二头肌长头
肩胛骨
关节囊
肱骨

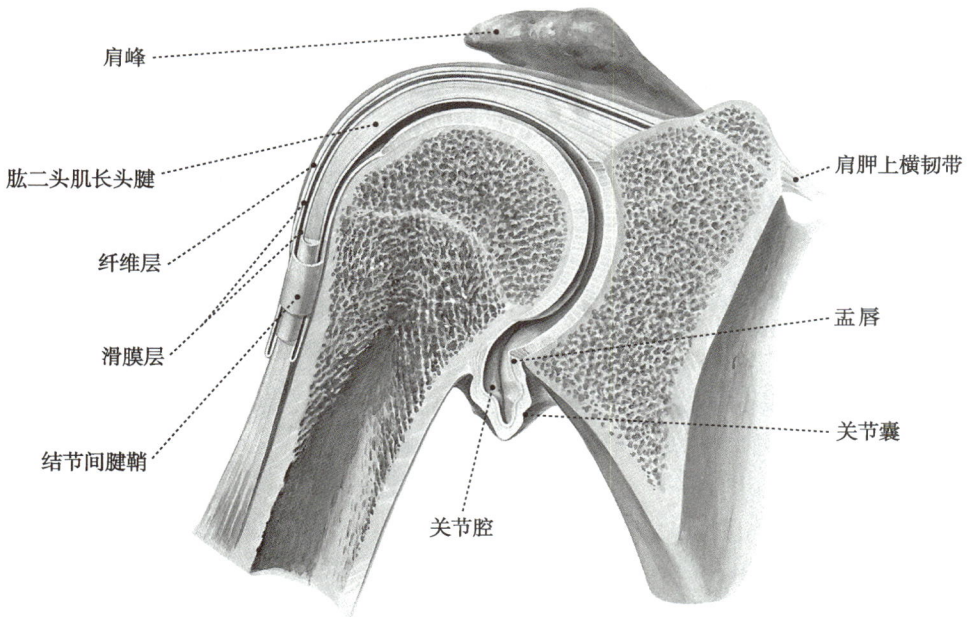

图 10-3-2　肩关节（冠状切面）

肩峰
肩胛上横韧带
肱二头肌长头腱
纤维层
盂唇
滑膜层
关节囊
结节间腱鞘
关节腔

手术步骤	护理配合	
	开放手术（改良 Bankart 修复术）	关节镜手术（关节镜下 Bankart 修复术）
1. 物品准备	手术敷料：常规肩关节手术敷料包 手术器械：肩切开手术器械、电外科设备 杂项物品：无菌绷带、防水贴膜、冲洗装置、电钻等	手术敷料：常规肩关节手术敷料包 手术器械：关节镜设备及器械、电外科设备 杂项物品：无菌绷带、防水贴膜、冲洗装置、电钻、肩关节缝合相关器械、肩关节锚钉及配套器械、射频系统、肩关节套管
2. 麻醉下检查肩关节	待麻醉成功后，配合手术医生进行肩关节稳定性检查	同开放手术
3. 消毒铺巾	上至颈部上缘，下至上臂上 1/3 处，两侧过腋中线	上至颈部上缘，下至上臂上 1/3 处，两侧过腋中线
4. 切开皮肤及皮下各层	做肩前内侧切口，起自喙突外侧远端 2cm 处，止于腋前皱裂。手术刀切开皮肤，单极电刀逐层切开，分离三角肌与胸大肌间隙。递肩关节深拉钩拉开三角肌和胸大肌	穿刺建立通道：于肩峰后外侧缘下 2cm 处切开 5mm 切口，递钝性穿刺锥进行穿刺，待关节镜套管穿刺入盂肱关节腔，拔出穿刺锥芯。插入关节镜和进水管，观察盂肱关节，确定相关术式及有利缝合位置。依次于二头肌肌腱后方和肩胛上肌腱前缘、肩胛下肌腱上缘建立前上方入口、前正中入口
5. 探查关节腔	在肩胛肌腱的上 2/3 与下 1/3 的交界部顺其纤维方向横向切断肩胛下肌腱，并使其从深层的前关节囊游离开。递拉钩分开肩胛下肌腱的间隙，递三齿拉钩置于关节盂颈部	关节镜探查，全面检查肩关节
6. 处理关节囊	切断前关节囊，递骨科缝线悬吊牵拉上下关节囊瓣。电钻上 2.5mm 克氏针穿过肩胛盂	将关节镜移到前上方入路，递剥离子从前下方入路沿骨面向下、深部松解关节囊至显露肩胛下肌。将缝线去针留线，穿过过线器，递予术者，术者于 6 点位置进行约 1cm 宽关节囊皱褶术
7. 处理关节盂颈	递肱骨头拉钩将肱骨头牵向外侧，递咬骨钳咬去前颈部的骨皮质直至渗血，以促进愈合	递磨钻消磨关节盂颈，以促进愈合
8. 确定 Bankart 修复的缝合点	递电钻，钻头平行关节面，于近关节盂边缘约 3 点、4 点及 5 点半位置钻孔，建立骨髓道	递磨钻或射频游离关节囊和盂唇复合体。计划锚钉置入位置。递腰穿针经皮定位，递导向器置于肩胛盂颈部 5 点半位置，递电钻钻孔

续表

手术步骤	护理配合	
	开放手术（改良 Bankart 修复术）	关节镜手术（关节镜下 Bankart 修复术）
9. 置入锚钉缝合	分别递带线锚钉置入每一个骨髓道。（对于投掷运动员，应在关节维持约90°外展，60°外旋位固定锚钉。其余按照60°外展，30°~40°外旋位固定）	打入带线铆钉，使用过线器对铆钉尾线及缝线进行打结和过线，观察关节盂复位情况满意后，锁定滑结。同法根据需要置入多枚锚钉进行缝合
10. 关闭关节囊	递缝线褥式缝合关节囊。下瓣在深层，将关节囊上移。上瓣向下移位，覆盖并加强下瓣。松弛缝合关节囊的残余缝隙	将关节囊在盂唇处牢固打结，递剪刀剪断多余线头，再次获得关节囊良好的固定。探查关节腔，检查关节活动度
11. 缝合切口	清点手术用物，冲洗，递可吸收缝线逐层缝合伤口，肩托固定	清点手术用物，缝合切口，肩托固定

知识拓展

肩关节镜的灌注系统

　　关节的灌注和扩张在关节镜手术操作中是必需的。健康的患者可应用低压麻醉将收缩压降低至100mmHg 左右，此时泵压维持在70~80mmHg 通常可提供安全的扩张和清晰的视野。不使用或无条件使用泵时，可通过升高液体袋、应用大直径的套管或减少出水口的数量和尺寸来增加关节的扩张。采用重力灌注法进行灌注时，调节灌注塔或输液架的高度，肩关节镜手术一般使液体悬吊高度高于手术平面1~1.5m，用两个Y形灌注管连接四袋 3000ml 生理盐水灌注液同时使用。如果患者血压稳定并且没有心血管禁忌，可以每袋 3000ml 冲洗液内加入 1mg 盐酸肾上腺素，配制成1∶1000 的盐酸肾上腺素冲洗液维持术中灌注，起到止血的作用。

（郭　莉　李　莉　徐　梅）

第十一章　神经外科手术

学习目标

1. 复述神经外科常用解剖知识。
2. 列出神经外科系统疾病的种类及症状。
3. 描述神经外科手术护理配合步骤。
4. 应用知识拓展深刻理解神经外科手术。

第一节　显微神经外科幕上/幕下开颅术

（一）解剖学基础

脑由大脑（端脑）、间脑、脑干和小脑组成，脑干包括中脑、脑桥和延髓。脑表面有三层被膜，由外向内依次是硬脑膜、蛛网膜和软脑膜（图11-1-1、图11-1-2）。硬脑膜内层伸入

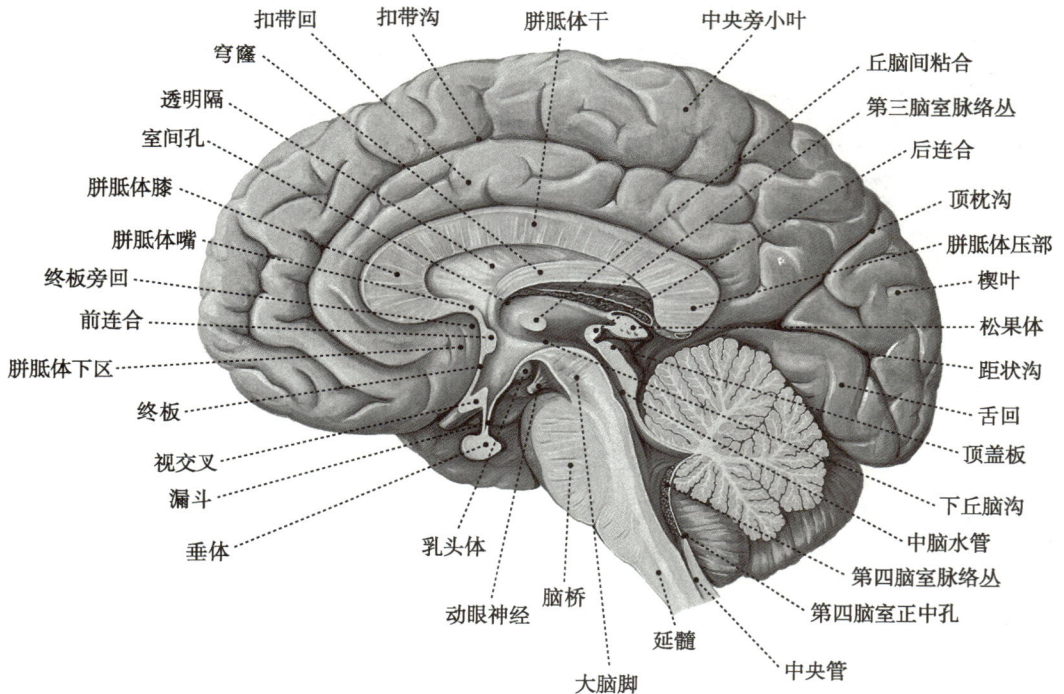

图 11-1-1　脑的正中矢状断面

标注（左侧，自上而下）：扣带回、穹窿、透明隔、室间孔、胼胝体膝、胼胝体嘴、终板旁回、前连合、胼胝体下区、终板、视交叉、漏斗、垂体、乳头体、动眼神经、大脑脚

标注（中间及下方）：扣带沟、胼胝体干、脑桥、延髓

标注（右侧，自上而下）：中央旁小叶、丘脑间粘合、第三脑室脉络丛、后连合、顶枕沟、胼胝体压部、楔叶、松果体、距状沟、舌回、顶盖板、下丘脑沟、中脑水管、第四脑室脉络丛、第四脑室正中孔、中央管

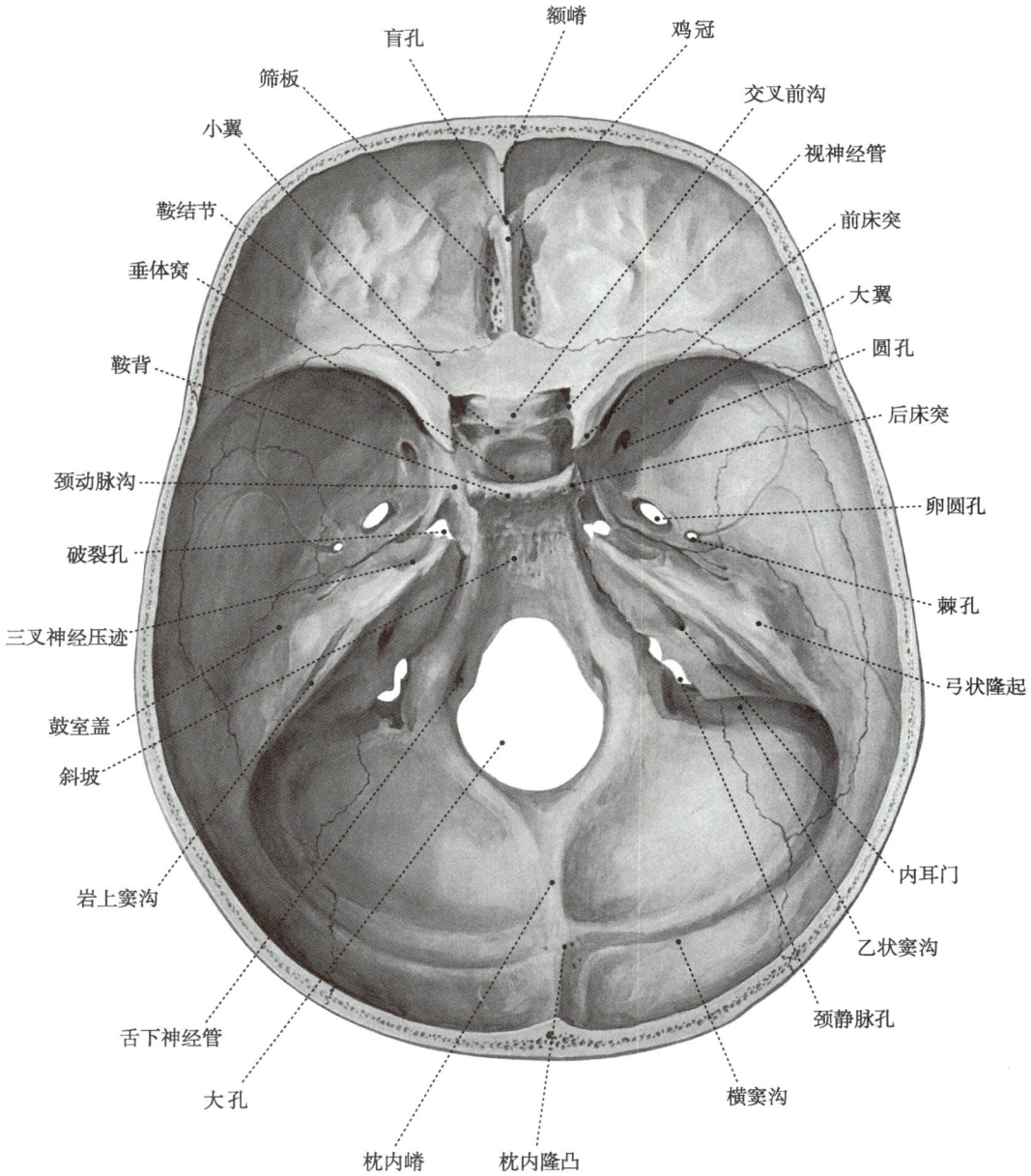

图 11-1-2　颅底内面

颅腔至脑裂中形成不同的突起,即大脑镰、小脑幕、小脑镰、鞍膈等。小脑幕呈半月形,横位于小脑与枕叶和部分颞叶之间。其后缘附着于枕骨的横沟,外侧缘附着于蝶骨的后床突和颞骨岩部,内侧缘游离构成小脑幕切迹。

1. 常用幕上标准头皮切口有六种

(1)额部切口:可暴露前颅窝底,适用于前颅窝底脑膜瘤和鞍区肿瘤。采用发迹内冠状切口,骨瓣可在中线或过中线,后者适用于结扎矢状窦,切开矢状窦和大脑镰。要求骨窗应抵前颅窝底,充分暴露额叶底面和眶顶。

（2）额颞部切口:起自耳前上方约1cm处,与颧弓垂直向上,弯向前方,终止于矢状线旁1~2cm。

（3）顶部切口:可暴露大脑半球顶部表面。半环形或马蹄形切口,切口宽度不超过基底宽度,切口在发迹里。顶部近中线切口适用于大脑镰旁、矢状窦旁脑膜瘤、胼胝体肿瘤切除术。翻骨瓣时,近中线硬脑膜表面静脉易出血,有时骨嵴也会刺伤硬脑膜,最好在骨瓣基底咬除部分骨质,易于骨瓣翻开。

（4）顶部过中线切口:为充分暴露大脑半球中线结构,皮骨瓣可做过中线设计。矢状窦两侧间骨桥用咬骨钳咬除,减少矢状窦出血。

（5）颞部切口:暴露颞叶或中颅窝底。切口起自颧弓上,以外耳孔为中心。

（6）枕部切口:切口应在中线上,皮瓣基底位于横窦,骨瓣范围应能暴露小脑幕。

2. 幕（枕）下开颅术 包括乳突后切口、后颅窝正中切口、拐杖形切口和幕上下联合开颅,经岩骨入路。

（1）乳突后切口:即桥小脑角入路（CPA入路）,可经小脑侧方和侧上方,暴露脑干的外侧和脑桥前池内的Ⅴ、Ⅶ、Ⅷ、Ⅸ、Ⅹ脑神经,以及小脑后下动脉、小脑前下动脉。入路的关键在于尽量靠外上,暴露出横窦和乙状窦。适用于切除桥小脑角肿瘤、小脑半球外侧肿瘤、三叉神经痛神经根切断术和面肌痉挛的微血管减压术。

（2）后颅窝中线切口:即枕下中线入路,适用于小脑蚓部、小脑半球肿瘤和血管畸形、第四脑室室管膜瘤、髓母细胞瘤、松果体区肿瘤、脑干肿瘤以及环枕畸形减压术。切口上端起自枕骨粗隆上2cm,下端抵颈椎棘突5~6水平。

（3）拐杖形切口:即远外侧枕下入路,切口起自乳突上方,跨过上项线,转向中线并延伸至颈6。适用于岩斜区、小脑扁桃体区和颅-颈部交界肿瘤;脑干前侧区和椎-基底动脉进入硬脑膜处动脉瘤。

（4）经岩骨入路:即从头部侧方进入后颅窝底,是以岩骨为中心的中颅窝、后颅窝的联合入路,利用切除乳突和岩骨骨质获得手术空间,减少牵拉脑组织,适用于中、下斜坡、岩斜区肿瘤的切除。其名称及方法较多,如Kawase's入路、乙状窦前入路、迷路后入路、经迷路入路、经乳突入路以及联合入路等。各种入路均在传统的颞部开颅基础上,通过去除一定范围的岩骨增加对岩斜区的显露。

以上切口可由术者根据病灶不同部位与性质灵活运用,皮瓣大小、前后、高低均可变动。

（二）适应证

1. 能手术切除的幕上/幕下各类肿瘤。

2. 幕上/下各种需手术治疗的颅脑损伤及其并发症和后遗症。

3. 幕上/下各种血管疾病。

4. 颅内某些局限性炎症性疾病。

5. 某些脑寄生虫病,引起严重颅内压增高及局灶症状者等。

（三）麻醉方式及手术体位

1. 麻醉方式 全麻气管插管。

2. 手术体位 平卧位、侧卧位、俯卧位。

（1）仰卧位:适用于单侧额颞开颅、额顶开颅、翼点入路、侧脑室-腹腔分流等手术。

（2）侧卧位：适用于颞、顶、枕开颅手术；后颅凹开颅（包括小脑、四脑室等部位）；脊髓手术；幕上、下联合入路手术等。

（3）侧俯卧位：适用于远外侧入路、枕下中线入路、颈静脉孔区、枕大孔区肿瘤切除术等。

（4）俯卧位：适用于髓脊椎管内肿瘤、后颅窝肿瘤切除术等。

（四）手术配合

手术步骤	护理配合
1. 物品准备	手术敷料：常规开颅敷料包 手术器械：开颅器械包、显微镜及显微器械包、电外科设备、动力系统等 杂项物品：带线棉、显微镜套、骨蜡、止血材料、人工硬脑膜、钛片、钛钉、颅骨锁等
2. 消毒铺巾	范围：头颈部及前额
3. 切开皮肤、皮下组织、帽状腱膜层	手术刀切开皮肤，使用双极电凝/头皮夹夹闭帽状腱膜层止血
4. 切开分离肌层	幕上开颅：切开帽状腱膜下层及骨膜，游离皮瓣，固定皮瓣 幕下开颅：切开帽状腱膜下层、筋膜及肌层，暴露枕骨鳞部，咬除或磨除骨质，骨蜡止血
5. 钻骨孔、铣开骨窗	依次安装、连接开颅钻、铣刀、微钻，钻骨孔，同时生理盐水注水降温 递助手骨膜剥离器保护牵拉骨板边缘；铣刀铣开骨缘，传递咬骨钳咬除骨板，使用前后注意检查其端完整性。准备整块明胶海绵，如有骨孔出血时填塞于骨孔中，并传递带线棉填塞压迫止血
6. 安装脑自动牵开器及显微镜	组装牵开器并协助术者安装固定；套无菌显微镜罩，巡回护士应提前调试好显微镜
7. 剪开硬脑膜	递尖刀、脑膜剪、脑膜镊剪开硬脑膜。骨缘与硬脑膜之间填充1/3宽度的长条海绵，圆针细线间断悬吊硬脑膜，防止硬脑膜剥离，电凝止血。带线棉蘸生理盐水后平铺脑表面保护脑组织。修剪不同规格带线棉、明胶海绵备用
8. 穿刺脑室	颅压高者需穿刺脑室放出脑脊液：递脑针穿刺脑室放出脑脊液，10ml注射器抽吸脑脊液，注入无菌试管中留作脑脊液化验用
9. 暴露切除肿瘤	准备并检查显微剥离子、显微剪刀、双极电凝、神经拉钩尖端完整，按需递给手术医生。分离、切除肿瘤，同时协助手术区域给水冲洗降温。准备标本钳、持瘤钳，随时观察手术监视器，切下标本时选择合适标本容器收集并保管标本。止血材料根据医嘱裁剪不同规格，传递至显微镜下，方便手术医生取用。使用凝血酶止血时可直接或用明胶海绵沾凝血酶干粉。瘤腔止血后，准备生理盐水反复冲洗
10. 缝合硬脑膜	清点用物无误后，缝合硬脑膜。 连续缝合硬脑膜至最后一针打结前，递给术者充满生理盐水的20ml注射器，向硬膜下注满以便将硬膜下腔的积气充分排出，减少术后气颅的发生
11. 骨瓣复位	使用前、使用后清点钛夹、钛片、钛钉数目及完整性，钛钉取用时防止脱落，传递时注意动作轻柔，使用钛钉时提醒术者避免用力过大造成钛钉滑脱与折断
12. 缝合肌肉层、帽状腱膜下层、皮肤	止血、冲洗，放置引流。清点用物无误后，缝合肌肉层、帽状腱膜下层、皮肤

知识拓展

机器人手术在神经外科中的应用

机器人辅助神经外科手术包括活检、植入、毁损、抽吸、导航及放疗等，具有以下特点：

1. 具有定位精度高，误差 1mm 以内。

2. 定位精确更安全　三维融合软件进行人脑虚拟三维空间重建，自动定位颅骨钻孔部位及方向，设定轨迹远离影像显示的重要功能区和血管密集区。

3. 扩大手术范围，患者接受度较高　不使用立体定向头架，让术者的术野和操作空间扩大。减少了对患者的侵入性操作，减轻了患者紧张和恐惧心理。

4. 缩短手术时间　术前制订电极植入方案，无需反复拆装头弓更改坐标，机械臂可迅速到达坐标位置。机器人强大的软件支持，术前计划与定向引导整合于一体，术中可根据情况更改电极植入方案。

5. 通过病灶轮廓勾勒，可显示病变三维形态，计算病变体积/血肿量/脓肿大小等，对设计穿刺路径及抽吸量的把握有极大帮助。

机器人辅助神经外科手术应用具有广阔的前景。

第二节　内镜颅底肿瘤切除术

（一）解剖学基础

颅底位于颅腔的最底部，对脑组织起到支撑、保护作用，全部脑神经穿出颅底的骨孔与颅外沟通。颅底内面骨质存在两个天然的分水岭：蝶骨嵴和颞骨岩部，将颅底分隔成前颅底、中颅底、后颅底三个区域。同时在颅底神经血管结构密集的区域也有独特的解剖特点，比如鞍区和海绵窦、小脑脑桥角和颈静脉孔区等。

1. 前颅底的解剖结构　前颅底有额骨眶部、筛骨筛板、蝶骨小翼和蝶骨平台构成，起到承托额叶的作用。

2. 中颅底的解剖结构　中颅底是指蝶骨嵴和颞骨岩部之间的颅底区域。蝶骨嵴位居颅底，由两块三角形的蝶骨小翼构成，将前、中颅窝分开。

3. 后颅底的解剖结构　后颅底由颞骨岩部和枕骨组成，接枕骨大孔与椎管相同。前界位蝶鞍的鞍背，其外上段有结节状突起，称后床突。

4. 鞍区的解剖结构　鞍区因垂体窝的形态酷似马鞍而得名。垂体位于蝶鞍内，蝶鞍前界为鞍结节，后界为鞍背，前外为前床突，后外为后床突，其上方覆盖以硬脑膜，称为鞍膈。

5. 海绵窦的解剖结构　海绵窦区解剖关系复杂，曾被 Parkinson 描述为解剖学上的"宝石盒"，曾经一度被认为是手术禁区，肿瘤切除难度极大。

海绵窦位于蝶鞍的两侧，呈五面体，组成蝶鞍的侧壁。前方达眶上裂的内侧部，后放到颞骨岩部，内上至中、后床突连线。外壁双层间从上到下夹有动眼神经、滑车神经、三叉神经眼支。窦内含有许多结缔组织间隙，将它分成许多互相交通的小腔而成为海绵状。此区域神经密集，神经之间围成大小不等的三角，可以作为手术入路的参考。

6. 脑干的解剖结构　脑干位于后颅窝前部，由中脑、脑桥和延髓三部分组成，中脑介于脑桥与间脑之间，通过小脑幕切迹、脑桥和延髓卧于枕骨斜坡上，其背面为小脑（图 11-2-1）。延髓是脑干的最下部，在枕骨大孔处与脊髓相连。

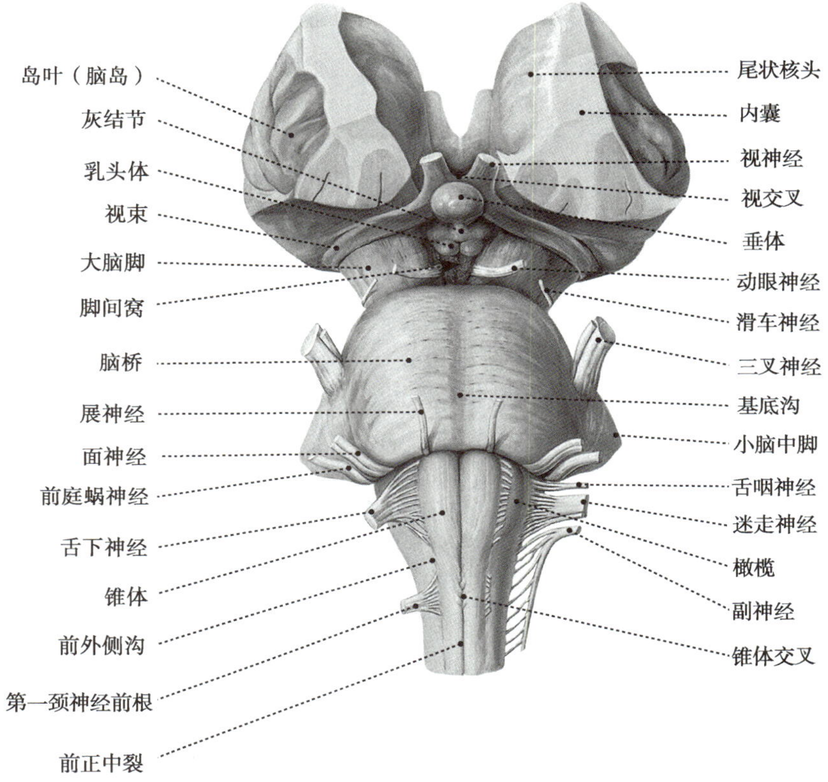
岛叶（脑岛）
灰结节
乳头体
视束
大脑脚
脚间窝
脑桥
展神经
面神经
前庭蜗神经
舌下神经
锥体
前外侧沟
第一颈神经前根
前正中裂
尾状核头
内囊
视神经
视交叉
垂体
动眼神经
滑车神经
三叉神经
基底沟
小脑中脚
舌咽神经
迷走神经
橄榄
副神经
锥体交叉

图 11-2-1　脑干腹面观

（二）适应证

1. 原发于颅底骨质的肿瘤，如脊索瘤、软骨瘤、软骨肉瘤等。
2. 颅内累及颅底的肿瘤，如脑膜瘤、神经鞘瘤等。
3. 由颅外向颅内侵袭的肿瘤，如起自鼻旁窦、颞下窝等部位的肿瘤。
4. 垂体腺瘤，有功能或无功能的。
5. 颅咽管瘤等。

（三）麻醉方式及手术体位

1. 麻醉方式　全麻气管插管。
2. 手术体位　仰卧头后仰 10° ~15°，向手术医生转 5°。
3. 手术入路　内镜经鼻蝶及扩大经鼻蝶入路手术适用于切除起源于筛窦、蝶窦或中上斜坡，主要向前下方生长的肿瘤和颅内外沟通肿瘤。

（四）手术配合

手术步骤	手术配合
1. 物品准备	手术敷料：常规开颅敷料包 手术器械：内镜经蝶手术包、内镜器械、内镜手术系统、电外科设备、多普勒超声探头，导航探针及内镜超吸、动力系统等 杂项物品：带线棉、显微镜套、止血材料等
2. 消毒铺巾	消毒鼻腔、面颈部皮肤
3. 处理鼻腔黏膜	传递枪状镊一把，带线棉浸透盐酸肾上腺素水湿敷，使黏膜血管收缩，减少出血及扩大操作间隙
4. 探查暴露蝶窦前壁和蝶筛隐窝	准备双极电凝、30°观察镜、中粗吸引器头、鼻黏膜剥离子、枪状鼻甲剪、勾刀、肾上腺素盐水带线棉，明胶海绵 传递术者观察镜时，注意各管线勿打折，保持无菌；选择质硬的吸引器头及神经剥离子；取出的鼻腔填塞带线棉应视为污染，应分区放置 双极电凝前端及时擦拭血痂，准备不同规格明胶海绵、带线棉0.1%肾上腺素盐水传递至术野压迫止血
5. 探查蝶窦开口，暴露并磨除鞍底及斜坡骨质	准备好鼻窦钳，咬骨钳，枪状鼻甲剪，磨钻。使用前后检查鼻甲钳、标本钳等器械咬除骨质后的完整性，器械轴节无松动，无脱落 连接导航仪探针、超声探头，传递与手术医生进行引导定位
6. 暴露切除肿瘤	准备双极电凝，吸引器，9#长针头，止血钳，标本钳，刮圈，勾刀等器械。将9#长针头用止血钳夹持固定针尾，穿刺蝶鞍以排除动脉瘤及空蝶鞍；传递镰状刀切开硬膜，标本钳、刮圈、吸引器切除肿瘤。肿瘤较小、质地稀软时应准备盛有生理盐水的玻璃标本瓶，及时接取标本并放入；吸除肿瘤时应选择不同角度吸引器头吸出肿瘤，保持吸引器通畅
7. 冲洗术野	提醒巡回护士注意及时补充添加冲洗液，观察手术区敷料有无浸湿
8. 脑脊液漏修补配合要点	术中取脂肪时单独准备小器械包，巡回护士协助打开；应注意经蝶手术为二类切口，不能使用台上器械；取下的脂肪、筋膜、肌肉组织选择无菌容器保存，防止二次污染；明胶海绵、肌肉、脂肪筋膜与医用耳脑胶填塞堵住漏口
9. 颅底重建：切除肿瘤后出现颅底缺损，需分层加固修复颅底达到良好重建防止渗血	根据医嘱修剪人工硬脑膜的大小，准备明胶海绵及明胶海绵卷，止血纱布等材料，可准备生物胶进行颅底填塞止血，保持明胶海绵卷的紧密，避免松散
10. 填塞鼻腔	术毕高膨胀止血材料（膨胀海绵）或碘仿纱布填塞鼻腔，传递术者线剪刀修剪膨胀海绵，使用碘仿纱条时应记录数量并及时告知巡回护士

第三节　脑动脉瘤复合手术

（一）解剖学基础

1. 脑的动脉系统　脑的动脉供应分为两个系统，即颈内动脉系和椎–基底动脉系。

（1）颈内动脉系指颈内动脉主干及其分支，主要供应额叶、顶叶和部分间脑。椎基底动脉系指椎动脉主干、基底动脉主干以及分支,供应脊髓上部、大脑颞叶、枕叶和部分间脑、脑干、小脑。①颈内动脉约在第四颈椎平面、甲状软骨上缘处由颈总动脉分出,直径4~5mm,破裂孔入颅。行程以颅底的颈动脉管外口为界、分为颅外段和颅内段。颅内段可分为延续的5段:岩段、海绵窦段、膝段、床突上段及终段。②颈内动脉主要分支有眼动脉、后交通动脉、脉络膜前动脉、大脑前动脉和大脑中动脉5个分支。

(2)椎动脉左右各一,其分支与基底动脉及其分支共同构成椎基底动脉系。椎动脉经枕骨大孔入颅,行于蛛网膜下腔内,至延髓脑桥沟处汇合成基底动脉。①椎动脉主要分支有脑膜支、脊髓后动脉和脊髓前动脉、小脑后下动脉、延髓动脉。②基底动脉为一单支,通常由左右2条椎动脉在延髓脑桥沟汇合而成。分支较多,主要有小脑前下动脉、迷路动脉、脑桥支、小脑上动脉、和大脑后动脉。

(3)大脑动脉环又称基底动脉环或Willis环,由两侧颈内动脉在脑底借前交通动脉相交通,借后交通动脉与椎-基底动脉系相交通。位于脑底的视交叉、灰结节、乳头体和脚间窝的周围居于脚间池的脑脊液中,在脑的侧支循环中起重要作用。

2. 脑静脉系统

(1)脑静脉系统包括大脑的静脉、间脑的静脉、脑干的静脉、小脑的静脉及硬脑膜窦等几部分。大脑的静脉可分为深、浅两系,浅静脉注入邻近的硬脑膜窦,深静脉最后形成大脑大静脉注入直窦。

(2)硬脑膜窦是颅内静脉的特殊结构,位于硬脑膜的骨膜层与脑膜层之间的静脉通道,按位置可分为后上组和前下组两部,后上组包括上矢状窦、下矢状窦、左右横窦、左右乙状窦、直窦、窦汇、左右岩鳞窦和枕窦;前下组有海绵窦、海绵间窦、左右岩上窦、左右岩下窦、左右蝶顶窦、基底窦和边缘窦等。

(二)适应证

1. 单纯造影,看有无残余,调整动脉瘤夹。

2. 血流阻断,分离显露瘤体。

3. 介入治疗联合手术,搭桥以后闭载瘤动脉。

(三)麻醉方式及手术体位

1. 麻醉方式 全麻气管插管。

2. 手术体位 仰卧头侧位、侧卧位。

(四)手术配合

手术步骤	手术配合
1. 物品准备	手术敷料:开颅常规敷料 手术器械:动脉瘤手术器械包、显微镜、双极电凝、骨动力系统 杂项物品:穿刺针18G、无菌罩、造影物品(动脉鞘、超滑导丝、造影管)、动脉瘤夹、血管造影剂及药物
2. 术前造影准备工作	常规铺无菌台,治疗盘内加肝素盐水300ml,盐水碗内加肝素盐水200ml,麻药杯内加碘伏醇100ml,按手术需要打开一次性物品 消毒铺单,消毒穿刺造影部位 协助手术医生套封无菌套:准备不同型号无菌套,套封防护屏、造影系统操作台及高压注射泵操作面板,保证无菌状态

续表

手术步骤	手术配合
3. 术前造影	将显示屏、高压枪位置固定好；检查各管路连接情况、协助手术医生选择剂量，由技师或介入医生负责调节造影剂泵入剂量及速度。造影结束后递予手术医生无菌保护套，将造影管路、穿刺部位进行密封保护并保持无菌状态
4. 开颅手术准备工作	移开显示屏、再次检查高压枪位置并固定 与手术医生、麻醉医生、介入操作医生进行体位摆放，注意造影管路的无菌保护及固定，防止打折及意外滑脱 常规安装头架，根据医嘱选择可透光头钉，检查头架安装角度，保证术中三维造影顺利完成
5. 消毒、铺单	常规消毒。消毒范围：同开颅手术
6. 常规开颅	同开颅手术 骨动力系统保留至动脉瘤夹闭后遵医嘱再撤，以备磨除前床突用
7. 剪开硬脑膜，分离蛛网膜	准备显微器械，传递蛛网膜刀划开蛛网膜，分次传递显微剥离子、双极电凝、显微吸引器分离大脑侧裂的蛛网膜以及动脉瘤周围的蛛网膜，排放脑脊液
8. 暴露动脉瘤	传递显微剪刀、显微剥离子、显微吸引器分离，遇到粘连增厚处用长直显微剪刀、蛛网膜刀锐性剥离
9. 夹闭动脉瘤	准备球头剥离子、动脉瘤持器、不同型号动脉瘤夹及临时阻断夹，裁剪好不同规格止血材料、明胶海绵、棉条、棉片 传递球头剥离子探查暴露瘤颈，遵医嘱选择动脉瘤夹，用持器夹稳，传递给手术医生 准备湿海绵、止血材料填充在动脉瘤夹周围，以保护并固定瘤夹 遵医嘱配制稀释罂粟碱或尼莫地平冲洗、浸润局部，防止脑血管痉挛引起的缺血性神经损伤
10. 术中造影	手术区域及头架整体区域铺置无菌保护套，套封紧密，避免松散影响造影机三维快速旋转。检查各管路连接情况
11. 冲洗、止血	造影结束常规止血冲洗伤口
12. 缝合硬膜，骨瓣复位，常规关颅	同开颅手术

（王 伟 李 莉 徐 梅）

第十二章 妇科手术

学习目标

1. 复述子宫、卵巢的解剖结构。
2. 列出卵巢癌肿瘤细胞减灭术、阴式子宫切除术的适应证及手术步骤。
3. 描述卵巢癌肿瘤细胞减灭术、阴式子宫切除术的用物准备、手术护理配合。
4. 应用知识拓展深刻理解妇科手术的相关知识。

第一节 卵巢癌肿瘤细胞减灭术

（一）解剖学基础（图 12-1-1）

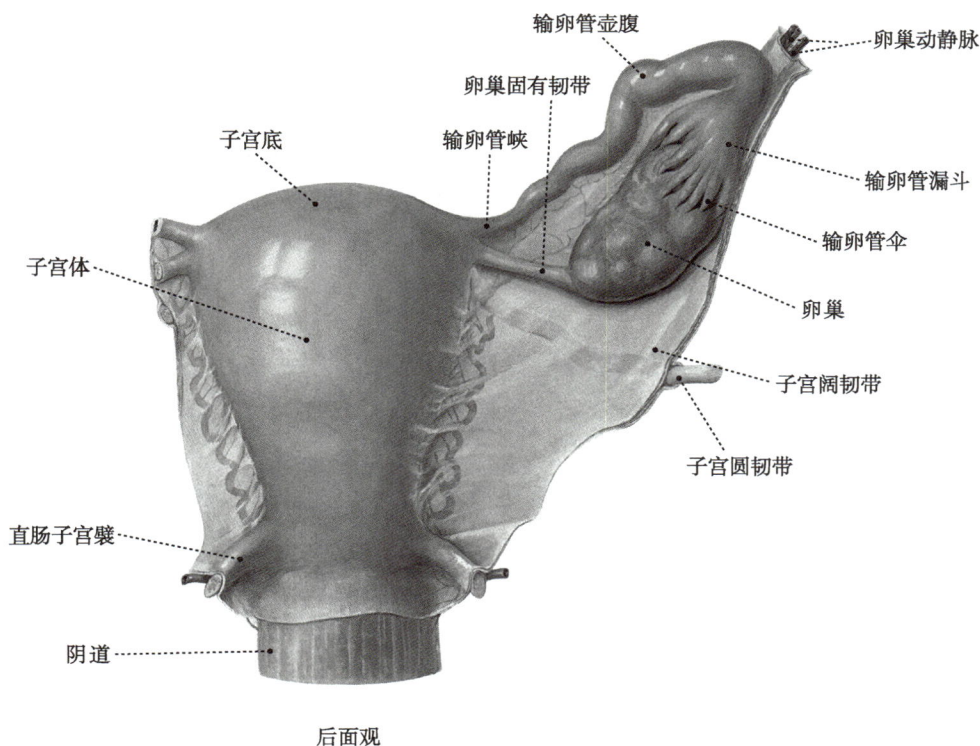

后面观

图中标注：输卵管壶腹、卵巢固有韧带、输卵管峡、子宫底、子宫体、直肠子宫襞、阴道、卵巢动静脉、输卵管漏斗、输卵管伞、卵巢、子宫阔韧带、子宫圆韧带

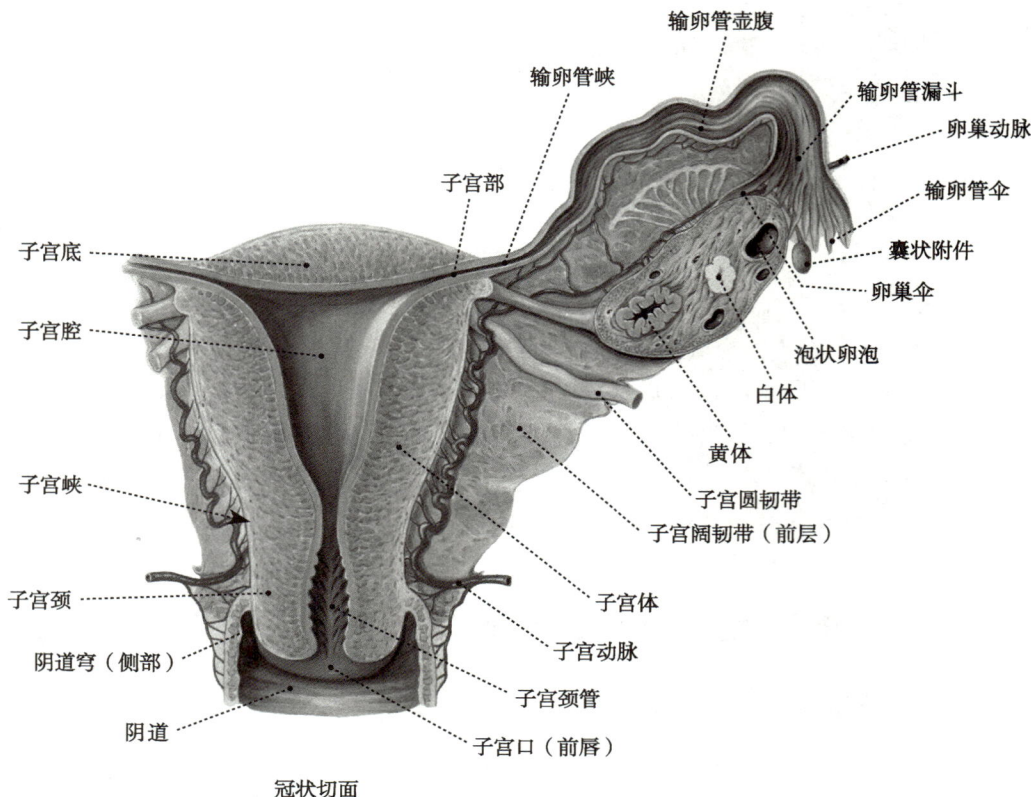

图 12-1-1　女性内生殖器

卵巢位于盆腔内,左右各一个,呈扁豆形,为女性产生卵细胞和性激素的生殖腺。卵巢表面为单层扁平或立方状上皮覆盖,其实质部分主要为皮质和髓质。皮质较厚,内含不同发育阶段、可含卵母细胞的卵泡(包括原始卵泡、生长卵泡和成熟卵泡)、黄体和白体(即瘢痕)以及退化的闭锁卵泡。髓质则由疏松结缔组织构成,内有血管和淋巴管。

(二)适应证

晚期卵巢癌,盆腔有大而不规则的肿块,盆腔腹膜有广泛种植转移。

(三)麻醉方式及手术体位

1. 麻醉方式　气管内插管全身麻醉。

2. 手术体位　仰卧位(腔镜手术为截石位)。

(四)手术配合

手术步骤	护理配合	
	开腹手术	腹腔镜手术
1. 物品准备	手术敷料:常规腹部手术敷料包 手术器械:常规开腹手术器械包、电外科设备。百克钳 杂项物品:各种可吸收缝线	手术敷料:常规腹部手术敷料包 手术器械:腹腔镜设备及手术器械包、电外科设备、百克钳、百克剪 杂项物品:各种可吸收缝线等

手术步骤	护理配合	
	开腹手术	腹腔镜手术
2. 消毒铺巾	消毒范围：上至两侧乳头，两侧至腋中线，下至两侧髂前上棘	同开腹手术
3. 切开皮肤及皮下各层	取腹部纵切口，切开皮肤，单极电刀逐层切开，递甲状腺拉钩，打开腹膜	于脐下做 10mm 切口，置入 10mm 保护 Trocar，调节气腹压力 12~15mmHg，放入 30° 镜头探查决定手术方式。依次于右下腹脐部与髂前上棘连线的外 1/3 处、左下腹脐部与髂前上棘连线的外 1/3 处建立主、辅操作孔 调整体位为头低脚高位
4. 留取腹水	从腹腔内取腹水或腹腔冲洗液	冲洗器冲洗或直接吸取腹水至新的吸引器桶中
5. 探查盆腹腔	递生理盐水碗，主刀医生及手术一助将手沾湿探查盆腹腔 递腹壁牵开器，将腹膜向两侧牵拉。确定肿瘤与周围脏器的关系，决定手术方式及手术范围	递无创分离钳，分离粘连，探查盆腹腔
6. 切除大网膜	递弯钳两把、开腹百克钳紧贴横结肠的下缘，游离切除大网膜，用丝线结扎止血 注意脾区的大网膜，轻柔牵拉横结肠，避免撕脱脾包膜引起脾出血	递腔镜百克钳、百克剪、无创分离钳，分离、止血以及切除大网膜
7. 打开后腹膜，游离输尿管，暴露髂血管区域	递大平镊、长剪刀沿左侧骨盆漏斗韧带的上方打开后腹膜 沿左侧髂血管表面向上方打开后腹膜至髂总动脉分叉的上方，向下方打开后腹膜至左侧圆韧带	递无创分离钳、百克钳、百克剪打开后腹膜
8. 探查及切除盆腔淋巴结	递血管钳游离左侧髂外动脉、左侧髂外静脉，暴露腹主动脉左旁和右旁淋巴结 递静脉拉钩牵拉及保护血管，递无齿消毒钳及拉钩，夹取淋巴组织，丝线结扎或缝扎。 清扫双侧髂外、髂内及闭孔淋巴结，清扫双侧腹主动脉旁淋巴结达肠系膜下动脉水平	递无创分离钳游离淋巴结，百克钳止血
9. 暴露子宫	递压肠板、大镊子遮挡小肠及大网膜 递深拉钩充分配合暴露子宫，递大巾钳或者双爪钳提拉子宫	
10. 处理圆韧带和骨盆漏斗韧带	切断、结扎圆韧带及骨盆漏斗韧带	递无创分离钳分离，百克钳、百克剪依次凝切圆韧带、骨盆漏斗韧带

续表

手术步骤	护理配合	
	开腹手术	腹腔镜手术
11. 分离膀胱	递两把弯钳及单极电刀笔分离并夹住腹膜反折部分,将其推开	递百克剪打开膀胱腹膜反折
12. 处理子宫动脉及宫骶韧带	将子宫动脉夹闭、切断并缝扎。切断子宫骶韧带,丝线缝扎	递百克钳、百克剪凝切子宫动脉、宫骶韧带
13. 断宫颈,消毒闭合阴道断端	递单极电刀笔切断宫颈。递艾利斯夹住宫颈残端,弯钳夹酒精纱布填塞宫颈消毒。缝合宫颈残端。修补盆腔后壁	递单极电勾断宫颈;从阴道取出子宫及双附件;递针持及缝针缝合宫颈残端
14. 切除阑尾	递组织剪依次切断阑尾系膜,丝线结扎。切除阑尾,消毒。缝荷包,将阑尾残端埋入直肠,扎紧荷包线,褥式缝合	递百克钳凝血,百克剪切断阑尾
15. 冲洗腹腔,放置引流	递0.9%生理盐水冲洗腹腔 递干净纱布检查盆腹是否有出血 根据要求修剪引流管侧孔,于膈下放置腹腔引流管	递分离钳检查腹腔;递冲洗器连接0.9%生理盐水大量冲洗腹腔,放置引流
16. 关闭腹腔	清点用物无误后关闭腹膜及肌肉筋膜层;递生理盐水冲洗切口;缝合皮下组织及皮肤	同开腹手术

第二节　阴式子宫切除术

（一）解剖学基础

子宫位于骨盆腔中央,呈倒置的梨形,前面扁平,后面稍突出,成年的子宫长7~8cm,宽4~5cm,厚2~3cm,子宫腔容量约5ml。子宫上部较宽,称为子宫体,其上端隆起突出的部分,称为子宫底,子宫底两侧为子宫角,与输卵管相通。子宫的下部较窄,呈圆柱状,称为子宫颈。

（二）适应证

子宫脱垂、功能性子宫出血、子宫良性肿瘤以及子宫内膜增生症患者。

（三）麻醉方式及手术体位

1. 麻醉方式　气管内插管全身麻醉。

2. 手术体位　截石位。

（四）手术配合

手术步骤	护理配合
1. 物品准备	手术敷料:常规腹部手术敷料包 手术器械:阴式子宫手术器械包、电外科设备 杂项物品:各种可吸收缝线、金属导尿管

手术步骤	护理配合
2. 消毒及铺巾	消毒范围：耻骨联合、肛门周围及臀，大腿上 1/3 内侧
3. 导尿，测定膀胱位置	将小阴唇缝于治疗巾上；消毒尿道口，递金属导尿管及弯盘导尿，并测定膀胱底部位置
4. 分离膀胱及直肠	递阴道拉钩，艾利斯钳牵拉子宫颈；递单极电刀笔在距宫颈 1cm 阴道前壁膀胱沟下弧形切开，达子宫颈两侧，深达子宫颈筋膜；递组织剪沿宫颈向上钝性分离，上推膀胱及尿道，向后环形切开宫颈黏膜，下推直肠
5. 分离切断宫骶韧带及主韧带	递可可钳、单极电刀笔切断子宫骶韧带及主韧带，双重缝扎；分别标记双侧宫骶韧带及主韧带
6. 进入腹腔，丝线标记腹膜	递组织剪剪开膀胱腹膜反折及子宫直肠窝，进入盆腔；前后腹膜均缝丝线，蚊式钳做标记
7. 处理子宫动静脉	递弯钳将子宫动静脉夹闭，电刀将子宫动脉切断，双重缝扎
8. 分离切断圆韧带、卵巢固有韧带	递可可钳、弯钳依次向上分离，单极电刀笔切断、缝扎圆韧带、卵巢固有韧带
9. 从阴道取出子宫，闭合残端	递艾利斯夹住阴道残端，可吸收缝线缝合固定阴道残端
10. 修补阴道前、后壁	递金属导尿管导尿，递艾利斯夹住阴道前壁残端；递组织剪分离阴道黏膜，至尿道口下方，自分离的阴道前壁黏膜中间剪开，刀及湿纱布进一步分离阴道黏膜组织，去除多余的阴道黏膜；缝合膀胱 U 形间断缝合，对合两侧阴道筋膜、阴道前壁黏膜层，同法处理阴道后壁
11. 冲洗阴道	0.9% 生理盐水加少许碘伏冲洗阴道，递干净纱布检查是否有出血，必要时置 T 管引流，或油纱卷压迫阴道壁

> **知识拓展**
>
> ## 子宫脱垂分级
>
> 子宫脱垂：根据脱垂的程度可分为以下 3 度：
>
> Ⅰ度：子宫脱垂无须治疗，注意休息即可恢复。
>
> Ⅱ度：指子宫颈已脱出阴道口之外，而子宫体或部分子宫体仍在阴道内。包括范围较大，轻者仅宫颈脱出阴道口外，重者可因宫颈延长，以致延长的宫颈及阴道壁全部脱出阴道口外。
>
> Ⅱ度子宫脱垂又分为轻、重两型：
>
> （1）轻Ⅱ度：子宫颈及部分阴道前壁翻脱出阴道口外。
>
> （2）重Ⅱ度：宫颈与部分宫体以及阴道前壁大部分或全部均翻脱出阴道口外。
>
> Ⅲ度：指整个子宫与宫颈以及全部阴道前壁及部分阴道后壁均翻脱出阴道口。

（方茜　李莉　徐梅）

第十三章 泌尿外科手术

第一节 肾部分切除术

（一）解剖学基础（图 13-1-1）

肾脏为成对的扁豆状器官，红褐色，位于腹膜后脊柱两旁浅窝中，约长 10~12cm、宽 5~6cm、厚 3~4cm、重 120~150g；左肾较右肾稍大，肾纵轴上端向内、下端向外，因此两肾上极相距较近，下极较远，肾纵轴与脊柱所成角度为 30 度左右。肾脏一侧有一凹陷，叫做肾门，它是肾静脉、肾动脉出入肾脏以及输尿管与肾脏连接的部位。这些出入肾门的结构，被结缔组织包裹，合称肾蒂。由肾门凹向肾内，有一个较大的腔，称肾窦。肾窦由肾实质围成，窦内含有肾动脉、肾静脉、淋巴管、肾小盏、肾大盏、肾盂和脂肪组织等。肾外缘为凸面，内缘为凹面，凹面中部为肾门，所有血管、神经、及淋巴管均由此进入肾脏，肾盂则由此走出肾外。肾静脉在前，动脉居中，肾盂在后；若以上下论则肾动脉在上，静脉在下。肾脏的位置：右肾门正对第 2 腰椎横突，左侧正对第 1 腰椎横突，右肾由于肝脏关系比左肾略低 1~2cm。正常肾脏上下移动均在 1~2cm 范围以内。肾脏是在横膈之下，脊柱两侧，紧贴腹后壁，居腹膜后方。左肾上端平第 11 胸椎下缘，下端平 2 腰椎下缘。右肾比左肾低半个椎体。左侧第 12 肋斜过左肾后面的中部，右侧第 12 肋斜过右肾后面的上部。肾脏内部结构可分为肾实质和肾盂两部分。

肾脏的血供和静脉回流：肾动脉多在肠系膜上动脉的下方由腹主动脉发出，于肾静脉后上方横行向外，经肾门入肾。右肾动脉走行于下腔静脉后方和肾静脉的后方，左肾动脉位于左肾静脉的后方和稍上方。肾动脉分前后两支进入肾窦，后支于肾盂后方经过，供应肾后段；前支于肾盂和肾静脉间走行，分支供应肾上、中、下段。肾的动脉间无明显的交通支。肾静脉从肾门开始，由 3~5 支集合而成的粗短静脉干，经肾动脉前方横行向内，注入下腔静脉。弓形静脉、叶间静脉、节段静脉之间均有丰富的交通支，即使一处受到损伤，也不会引起回流障碍。

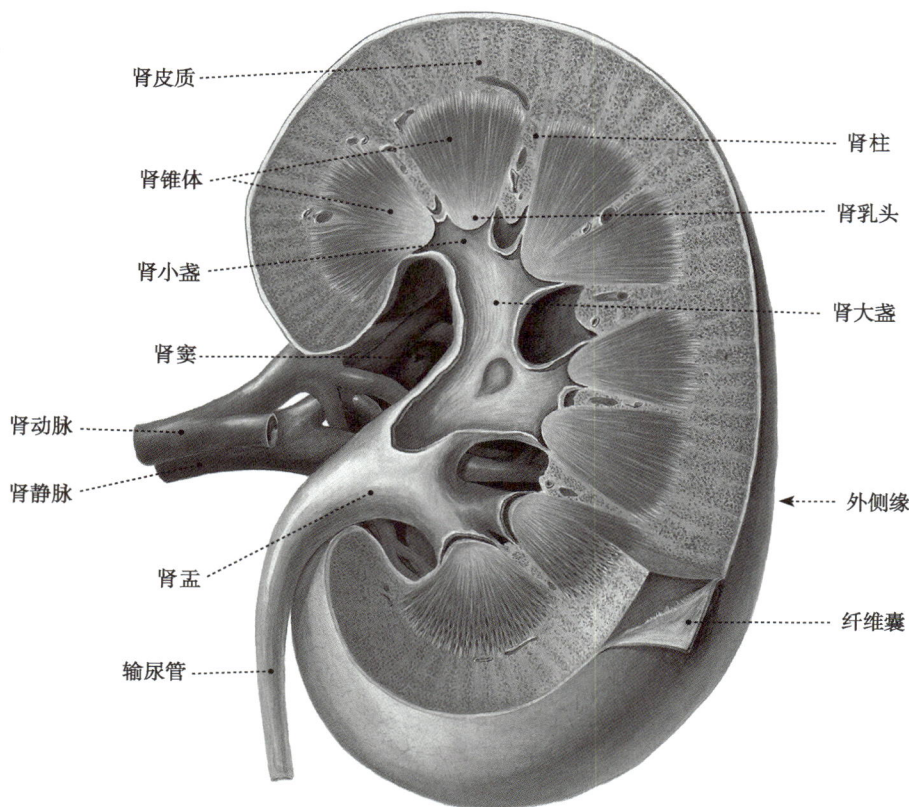

图 13-1-1　右肾冠状切面

肾皮质
肾锥体
肾小盏
肾窦
肾动脉
肾静脉
肾盂
输尿管

肾柱
肾乳头
肾大盏
外侧缘
纤维囊

（二）适应证

1. 肾脏良性肿瘤。

2. 单侧肾脏恶性肿瘤,肿瘤直径 <4cm 者。

3. 解剖性或功能性孤立肾肿瘤者。

4. 双侧肾肿瘤,肿瘤直径 <4cm 者。

5. 一侧肾肿瘤伴有对侧肾功能不全,或对侧肾脏将来可能出现肾功能损害者（如肾动脉狭窄、肾积水、高血压、糖尿病等）。

6. 需要保留肾脏且技术熟练时,肿瘤直径 <7cm 者,也可行腹腔镜肾脏部分切除术。

（三）麻醉方式及手术体位

1. 麻醉方式　气管内插管全身麻醉。

2. 手术体位

（1）开放手术:90°健侧侧卧位（升高腰桥、健侧下肢屈曲、患侧下肢伸直）。

（2）腹腔镜手术:同开放手术。

3. 腹腔镜手术穿刺点

（1）第一个切口:腋后线与肋缘下做长约 2~3cm 切口。

（2）第二个切口:髂棘上 2cm 与腋中线交界处。

（3）第三个切口:腋前线与肋缘下交界处。

（4）第四个切口：腋前线与平第 2 个切口交界处。

（四）手术配合

手术步骤	护理配合	
	开腹手术	腹腔镜手术
1. 物品准备	手术敷料：常规腹部手术敷料包 手术器械：常规开腹手术器械包、自动牵开器、电外科设备 杂项物品：血管夹、血管缝线、各种可吸收缝线、止血材料	手术敷料：常规腹部手术敷料包 手术器械：腹腔镜设备及手术器械、电外科设备等 杂项物品：血管缝线、各种可吸收缝线、血管夹等
2. 消毒铺巾	消毒范围：上至腋窝，前后过正中线，下至腹股沟	同开腹手术
3. 切开皮肤及皮下各层	做肋间切口，切开皮肤，电刀逐层切开电凝或 4 号丝线止血，用自动拉钩牵开，暴露术野 切开肾周筋膜，弯钳分离肾周脂肪囊	定位切口：递巾钳 2 把、11# 手术刀、血管钳在腋后线第 12 肋缘下 2cm 切开皮肤、皮下组织 建立腹膜后间隙：钝性分离肌肉及腰背筋膜，示指扩张通道后置入自制气囊，充气 800~1000ml 扩张腹膜后操作空间，维护 3~5 分钟拔除，递血管钳 2 把、人工手套气囊和 50ml 注射器； 建立辅助操作孔：在示指的引导下，腋中线髂峰上穿刺，放置 10mm 穿刺锥，在腋前线肋缘下穿刺，放置 12mm 穿刺锥，腋后线第 12 肋缘下，穿刺放置 5mm 穿刺锥，递血管钳、持针器角针穿 7# 丝线缝合固定 确认穿刺：置入镜头观察 建立气腹：连接气腹管
4. 游离肾蒂血管、阻断肾动脉	递直角钳、大弯钳、组织剪或电刀充分游离肾脏，用血管夹阻断肾动脉	递超声刀手柄、分离钳、吸引器，游离肾动脉、肾肿瘤，血管夹阻断肾动脉（巡回护士注意记录阻断时间）
5. 距肿瘤 1cm 处环形切开肿瘤部肾实质	递圆刀做包膜环形切口，切开肾实质 若已进入肾窦，用弯钳、组织剪将切除的组织与肾窦疏松组织血管及引流系统细心分离，以免将其损伤 若切除的组织与肾盏相连，需分离该肾盏，在漏斗部将其横断	递单极电勾先勾勒出肿瘤界限，剪刀、超声刀、分离钳、吸引器切除肿瘤
6. 止血、缝合创面	递圆针可吸收线或可吸收倒刺线缝合创面	分离钳、圆针可吸收线或可吸收倒刺线缝合创面

手术步骤	护理配合	
	开腹手术	腹腔镜手术
7. 开放肾动脉、彻底止血	肾创面彻底止血,用带蒂大网膜或游离腹膜片覆盖肾创面,并用圆针丝线将其固定于肾包膜创缘	松开血管夹、止血
8. 冲洗腹腔,放置引流	备温水冲洗腹腔	取出肾肿瘤:递 2 把分离钳,腹腔下放置标本袋,将肾脏肿瘤置入标本袋,拔出 12mm 穿刺锥,递尖刀片延长第一个切口至 4~5cm,递 2 把中弯分离肌间隙,阑尾拉钩牵开,将标本取出
	放置引流管	重建气腹,检查术野,放置腹膜后引流管
9. 关腹	缝合切口各层组织	同开放手术

第二节 膀胱全切回肠代膀胱术

(一)解剖学基础

1. 膀胱的形态、位置与毗邻位置(图 13-2-1) 膀胱是储存尿液的肌性囊状器官,膀胱的形态大小和位置都随着尿液充盈状态的改变而有所变化。空虚的膀胱完全位于盆腔内呈四面椎体形。分为尖、底、体、颈四个部分。膀胱尖:朝向前上方;膀胱底:呈三角形,朝向后下方;膀胱体:尖与底之间;膀胱颈:膀胱体与尿道连接处,男性与前列腺接触,女性与尿生殖膈接触,内有尿道内口。空虚的膀胱前方与耻骨联合相邻,其间为耻骨后隙;膀胱的下外侧面与肛提肌、闭孔内肌及其筋膜相邻,其间充满疏松结缔组织等,称之为膀胱旁组织,内有输尿管盆部穿行。充盈的膀胱呈卵圆形,可上升至耻骨联合上缘以上,此时腹膜反折处亦随之上移,膀胱前外侧壁则直接邻贴腹前壁。临床上常利用这种解剖关系,在耻骨联合上缘之上进行膀胱穿刺或做手术切口,可不伤及腹膜。儿童的膀胱位置较高,位于腹腔内,到六岁左右才逐渐降至盆腔。膀胱上面被腹膜覆盖,腹膜向后继而向下延伸,在男性覆盖输尿管,输精管壶腹部,于精囊平面转折向上覆盖直肠上 2/3 的前面,形成直肠膀胱陷凹。膀胱后下面腹膜有两道弓状隆起,下方的弓状隆起深面为输精管壶腹部及精囊,在女性腹膜覆盖子宫体,形成膀胱子宫陷凹(男性膀胱底上部借直肠膀胱陷凹与直肠相邻,在腹膜反折线以下的膀胱底与输精管壶腹和精囊相邻;在女性与子宫及阴道前壁相邻。膀胱上面与小肠袢相邻,女性还与子宫相邻。膀胱的下部即膀胱颈,下接尿道,男性邻贴前列腺,女性与尿生殖膈相邻。膀胱空虚时,完全位于小骨盆腔内,耻骨联合后方,充盈时可高出耻骨联合上缘水平以上。膀胱底的后方,女性邻子宫颈和阴道上段,男性邻直肠、输精管壶腹和精囊)。

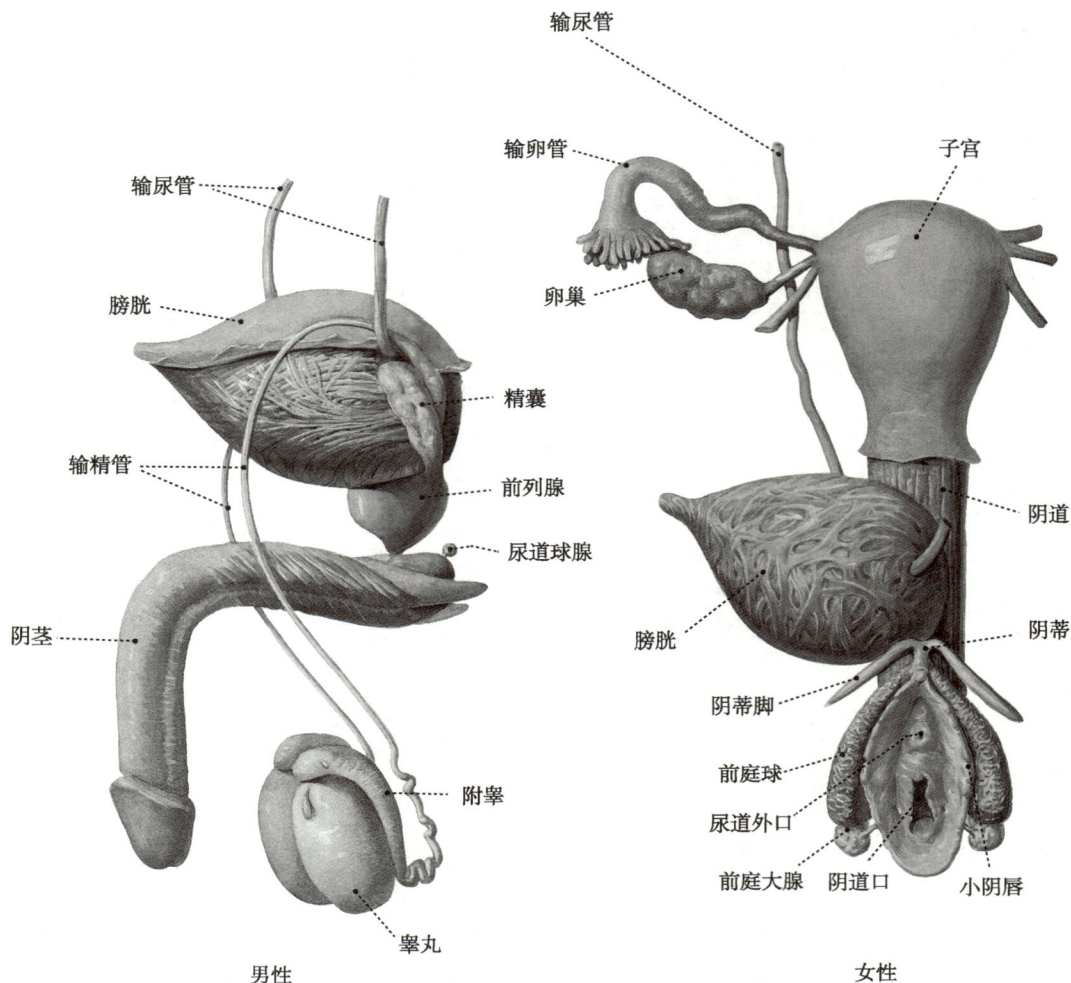

输尿管

输卵管

子宫

输尿管

膀胱

卵巢

精囊

输精管

前列腺

阴道

尿道球腺

阴茎

阴蒂

膀胱

阴蒂脚

前庭球

尿道外口

附睾

前庭大腺　阴道口　小阴唇

睾丸

男性

女性

图 13-2-1　泌尿生殖系统

　　膀胱的前外侧面为膀胱前间隙,其下界为男性的左右耻骨前列腺韧带、阴茎背深静脉复合体及盆内筋膜反折,在女性为耻骨膀胱韧带、阴蒂背深静脉及盆内腹膜反折。膀胱颈下方,男性是前列腺,女性是子宫及阴道前 1/3。

　　2. 膀胱的血管、淋巴管及神经支配

　　(1)动脉:膀胱上动脉由脐动脉未闭合部分发出,膀胱下动脉通常由阴部内动脉或髂内动脉发出。

　　(2)静脉:膀胱的静脉不与动脉伴行,在膀胱底构成静脉网,通过前列腺外侧韧带里的膀胱下静脉注入髂内静脉。

　　(3)淋巴管:膀胱三角区的淋巴汇入髂外淋巴结和髂内淋巴结,膀胱前臂的淋巴汇入髂内淋巴结,膀胱后壁的淋巴汇入髂外淋巴结。

　　(4)神经:膀胱的副交感神经来自骶 2~4 脊髓段,膀胱的交感神经主要来自胸 11 至腰 2 脊髓节段。

（二）适应证

1. 肌层浸润的局限性膀胱移行细胞癌、复发性膀胱移行细胞癌、原位癌以及膀胱非移行细胞癌等。

2. 尿道残端 2cm 内无肿瘤侵犯,即男性膀胱颈以下无肿瘤,女性膀胱三角区以下无肿瘤。

3. 无前尿道狭窄。

4. 尿道括约肌及盆底肌功能正常。

5. 无明显的肠道病变,无肠道切除史。

6. 术中快速切片证明尿道残端无肿瘤。

7. 肾代偿功能良好。

（三）麻醉方式及手术体位

1. 麻醉方式　气管内插管全身麻醉。

2. 手术体位

（1）开放手术:仰卧位,臀部垫高。

（2）腹腔镜手术:仰卧位（双下肢稍外展、膝关节微屈）,术中调至头低脚高 15°~30°,臀部垫高,肩部放肩托固定。

3. 腹腔镜手术穿刺点

（1）第一个切口:脐下缘穿刺。

（2）第二个切口:左侧经腹直肌旁脐下两指穿刺。

（3）第三个切口:右侧经腹直肌旁脐下两指穿刺。

（4）第四个切口:左髂前上棘内侧穿刺。

（5）第五个切口:右髂前上棘内侧穿刺。

（四）手术配合

手术步骤	护理配合	
	开腹手术	腹腔镜手术
1. 物品准备	手术敷料:常规腹部手术敷料包 手术器械:常规开腹手术器械包、自动牵开器、电外科设备 杂项物品:钢尺、单J管、双腔尿管、各种可吸收缝线、止血材料	手术敷料:常规腹部手术敷料包 手术器械:腹腔镜设备及手术器械、电外科设备等 杂项物品:Hem-o-lok、血管缝线、各种可吸收缝线、标本袋等
2. 消毒铺巾,留置双腔导尿管	消毒范围:上至剑突,下至大腿上1/3,两侧至腋中线	同开腹手术
3. 切开皮肤及皮下各层	下腹正中切口,逐层打开腹腔。用盐水纱布垫保护切口,自动拉钩、深部拉钩牵开,暴露术野	建立气腹,置入 30°镜子:在脐窝缘切开皮肤一小口。用 2 把布巾钳提起脐孔周围腹壁组织,于脐孔切口插入气腹针,确认气腹针插入腹腔后连接二氧化碳气腹机,建立气腹 分别在左、右腹直肌旁、脐下 2~3cm 穿刺,放置 12mm 穿刺锥;双侧髂前上棘内侧 2~3cm 穿刺,放置 5mm 穿刺锥

续表

手术步骤	护理配合	
	开腹手术	腹腔镜手术
4. 探查腹腔内脏器	术者盐水洗手,探查膀胱周围、髂血管、肝脏等,判断肿瘤有无转移。长镊,大纱布垫协助包裹拉开肠管,显露手术野	递超声刀、分离钳给主刀医生,探查腹腔
5. 游离双侧输尿管中下段	将回肠及乙状结肠向左上方牵开后找到搏动的右髂外动脉,在右髂内外动脉分叉处找右侧输尿管,在乙状结肠系膜根部找到左侧输尿管,电刀或剪刀沿输尿管行程向下剪开腹膜,将输尿管提起并向下至膀胱壁外,暂时不切断以减少尿路梗阻时间	递肠钳、超声刀游离双侧输尿管中下段
6. 清扫盆腔淋巴结	用剪刀沿髂外动脉表面剪开腹膜及髂血管鞘,递长剪刀切断跨过髂外动脉位置的输精管,丝线结扎。自远端至近端清除髂外动脉前面及上外后方的淋巴组织,同时沿髂外静脉内下缘游离找到骨盆内侧壁,用吸引器找到闭孔神经,及闭孔动脉、静脉。用大弯钳、直角钳钳夹闭孔动静脉、脐动脉,递刀片切断,丝线结扎,再圆针丝线缝扎或丝线结扎加固。长剪刀、长镊、长弯钳分离髂内外血管分叉处及闭孔神经周围淋巴脂肪组织,清除右髂总血管周围及分叉下方的淋巴组织,丝线结扎止血。以同样方法行左侧盆腔淋巴结清扫	递无创分离钳、超声刀清扫盆腔淋巴结,止血
7. 游离输精管、精囊、前列腺后壁	用电刀于膀胱顶部中线切开盆腔腹膜,大弯钳钳夹膀胱脐韧带,切断丝线结扎。将腹膜与膀胱分离,直达膀胱底部 游离左右输精管、精囊,用直角钳、大弯钳钳夹、组织剪剪断,丝线结扎。用长电刀分离前列腺后方至前列腺精囊筋膜	用肠钳将直肠向上牵引,显露膀胱后面的上下两道弓状隆起。第二道弓状隆起为输精管壶腹部及精囊位置标志,用电凝钩或超声刀横行切开弓状隆起处腹膜,游离输精管后用超声刀离断。分离钳,超声刀游离精囊及其血管,超声刀或结扎束凝固切断。用超声刀钝性分离前列腺后方至直肠尿道肌

续表

手术步骤	护理配合	
	开腹手术	腹腔镜手术
8. 游离膀胱前壁，显露耻骨后间隙	切开盆腔腹膜，大弯钳钳夹膀胱脐韧带，切断丝线结扎 将腹膜与膀胱分离，直达膀胱底部，游离左右输精管、精囊，弯钳钳夹，组织间剪断，丝线结扎。 分离前列腺后方至前列腺精囊筋膜	递超声刀切断脐正中韧带、旁正中韧带及腹膜反折，用超声刀、分离钳向下钝性分离膀胱前间隙，显露耻骨前列腺韧带及盆筋膜反折 用超声刀切开两侧盆筋膜反折和耻骨前列腺韧带，暴露前列腺尖部两侧，递持针器夹圆针吸收线缝扎背深静脉复合体
9. 游离膀胱侧韧带及前列腺侧韧带	将输尿管下段提起，分离膀胱后侧韧带，切断丝线缝扎。紧贴前列腺外侧分离前列腺侧韧带并切断，缝扎	将输尿管下段提起，在膀胱壁外位置用结扎束电凝后切断。提起膀胱顶部，用超声刀或结扎束分离膀胱侧韧带并离断，紧贴前列腺外侧分离前列腺侧韧带并离断
10. 离断尿道，切除膀胱前列腺	用电刀切断耻骨前列腺韧带。整个标本仅留下前列腺尖部与盆壁相连，将前列腺向近侧牵引，用示指推开直肠，紧贴前列腺尖用剪刀剪断尿道膜部，取出标本	在缝扎线的近端递超声刀或结扎束切断阴茎背深静脉复合体，向下钝性分离至前列腺尖部。剪刀剪开尿道前壁，用 Hem-o-lok 夹闭导尿管，剪刀剪断后向上牵引，剪断尿道后壁。剪刀将前列腺剪断，将膀胱前列腺完全游离

附注：女性患者首先分离子宫及附件，保留一侧卵巢，行子宫全切除，然后分离膀胱后壁至膀胱颈，用可吸收缝线缝合阴道残端，其余步骤与男性相似

手术步骤	开腹手术	腹腔镜手术
11. 取标本		停气撤腹腔镜器械，扩大切口，取出标本
12. 形成储尿囊	将左右输尿管下段从切口引出，用湿纱布垫保护切口，将回肠拉至切口外，在距回盲肠交界 15cm 的近侧取 40cm 长带蒂回肠段，用肠钳夹断离肠管 消毒断端，用可吸收线重建回肠连续性，圆针丝线缝合回肠外膜层及关闭肠系膜切口。清洗和消毒带蒂回肠腔。用电刀纵行剖开带蒂肠管，消毒，剖开的肠管"M"形折叠，用可吸收线作连续内翻缝合，形成储尿囊	同开腹手术

续表

手术步骤	护理配合	
	开腹手术	腹腔镜手术
13. 输尿管膀胱再植	在储尿囊后顶部两侧用电刀各戳一小口,用剪刀将输尿管断端修剪成斜口,用小弯钳将输尿管末段插入储尿囊内 1cm,固定输尿管外膜层及储尿囊开口全层。用单 J 管作输尿管支架引流由储尿囊前壁穿出,连接引流袋	同开腹手术
14. 储尿囊 – 尿道吻合	于储尿囊底部切 0.8cm 的小孔,用吸收线缝合储尿囊。将储尿囊放入腹腔,吸收线缝合储尿囊 – 尿道。插入三腔导尿管牵引	于储尿囊底部切开 0.8cm 的小孔,用吸收线缝合储尿囊,将储尿囊放入腹腔,重新建立气腹,在腹腔镜下用吸收线缝合储尿囊 – 尿道。插入三腔导尿管牵引
15. 放置引流	冲洗、止血、放置引流	同开腹手术
16. 关腹	清点用物,逐层关闭切口	同开腹手术

（柯雅娟　徐 梅）

第十四章　耳鼻喉头颈外科手术

学习目标

1. 复述人工耳蜗植入术、全喉切除术的解剖特点。
2. 列出人工耳蜗植入、全喉切除术的适应证。
3. 描述人工耳蜗植入术、全喉切除术的手术配合要点。
4. 应用人工耳蜗植入术、全喉切除术的注意事项。

第一节　人工耳蜗植入术

（一）解剖学基础

人类的耳蜗形似蜗牛壳,由底端至顶端螺旋环绕$3\frac{5}{8}$周,展开长度为 35cm。耳蜗是一个骨质结构(图 14-1-1、图 14-1-2)。耳蜗由三个内部充满淋巴液的空腔组成。这三个空腔由上到下依次为:前庭阶、蜗管、鼓阶。

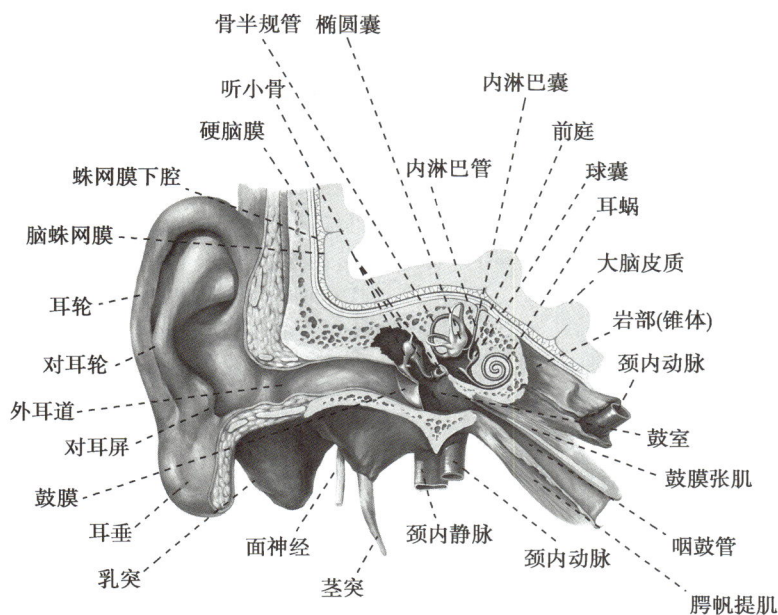

图 14-1-1　前庭蜗模式图

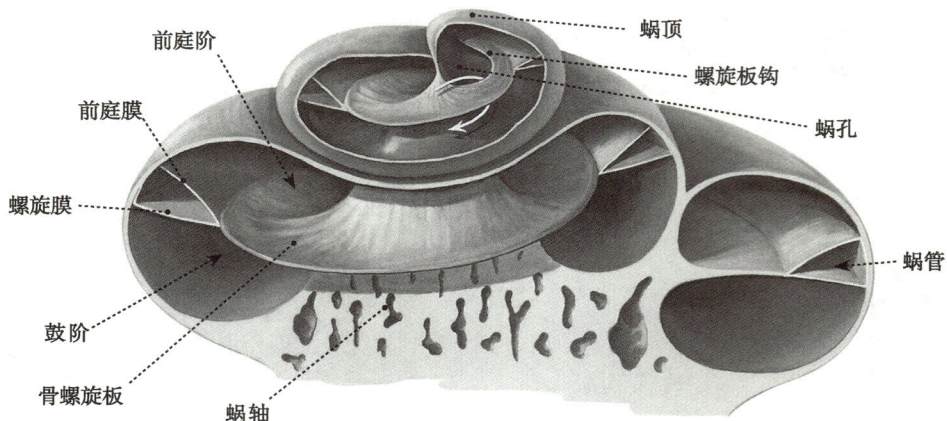

图 14-1-2　耳蜗（通过蜗轴的剖面）

（二）适应证

1. 双耳极重度感音神经性聋。
2. 年龄 1 岁以上，语前聋患者最好 <6 岁，语后聋年龄不限。
3. 借助助听器或其他助听装置无法改善听力和语言理解能力者。
4. 患者具有改善听力的强烈愿望，对术后效果有正确的期待。
5. 术后有条件进行言语康复计划者，尤其是儿童需一套完整的教育设施以帮助其术后进行听觉言语训练。
6. 植入对象应无其他智力障碍，无严重的全身疾病。

（三）麻醉方式及手术体位

1. 麻醉方式　全身麻醉。
2. 手术体位　仰卧侧头位，术耳朝上。

（四）手术配合

手术步骤	护理配合
1. 物品准备	手术敷料：耳科敷料包 手术器械：耳科器械包、电外科设备 杂项物品：显微镜、动力系统、吸引器装置、骨蜡、注射器、止血材料、皮肤标记笔（或亚甲蓝）等
2. 消毒铺巾	消毒耳部切口周围 15~20cm 皮肤
3. 标记切口	依模板标记皮肤切口，递无菌画线笔（或亚甲蓝）做标记
4. 局部浸润麻醉	切开皮肤前按适宜比例配制局麻药沿着切口做局部浸润麻醉
5. 切开皮肤及皮下各层	递刀沿标记切口切开，耳廓翻向前方固定 切口分为两层，表层为皮肤 – 皮下组织层，深层为颞筋膜 – 骨膜层

手术步骤	护理配合
6. 暴露术野	沿着乳突轮廓将颞筋膜－骨膜层呈"Y"字形切开 递乳突牵开器暴露骨性外耳道和乳突区骨皮质 递双极电凝止血 递剥离子分离骨膜瓣 沿着乳突轮廓将乳突表面骨皮质完整凿下（凿下的骨皮质需保留，术后再把它复位封闭乳突腔）
7. 开放乳突腔	递切割钻开放部分乳突腔 递双头拉钩协助拉起皮瓣，用金刚钻磨出骨槽
8. 做植入床	参照术前在颅骨面上画的标记，按照人工耳蜗植入体模板，磨出与植入体形状、大小相同的骨槽 将刺激器/接收器放入其中，留一小块筋膜，保留在湿盐水纱布中
9. 钻孔	在植入床上下两侧钻孔供固定植入体的丝线穿过
10. 开放面隐窝	使用切削钻头和金刚钻头，尽可能磨薄外耳道后壁 暴露面隐窝。更换针式吸引器头
11. 冲洗术腔	耳蜗钻孔前，需用生理盐水和抗生素溶液冲洗术腔
12. 耳蜗钻孔	使用 1.0~1.5mm 的金刚钻进入骨阶，骨阶内注入少量透明质酸钠，磨出开窗口下方骨坎
13. 固定植入体	将刺激/接收器放入植入床内，电极导线置入植入床通向乳突腔通道内 用已穿好的非可吸收丝线固定刺激/接收器
14. 植入电极	将接收器安置在已磨好的骨槽内 递电极镊或电极叉将电极经开窗口植入骨阶 用小块结缔组织或颞肌填充钻孔周围 递明胶海绵封闭面隐窝 递骨蜡封闭骨通道以封闭骨通道
15. 电极测试	将手术切口复位 将外接线圈装入无菌手套后置于对应刺激/接收器位置的皮肤上，两者自动吸附 进行电极测试（电刺激脑干诱发电位、电极阻抗和神经反应遥测测试）
16. 缝合切口	清点手术用物 逐层缝合切口，用 3-0 可吸收缝线缝合颞肌层，将刺激/接收器封闭在颞肌层下

续表

手术步骤	护理配合
17. 包扎	加压包扎,绷带固定
18. 注意事项	人工耳蜗植入体内后,严禁使用单极电凝;术毕搬运患者时注意固定患者头部,防止头部过度摆动使体内植入耳蜗受损

知识拓展

中国人工耳蜗研制工作的变迁

中国人工耳蜗的研制工作起始于20世纪70年代末和80年代初。在北京协和医院、上海耳鼻喉科医院、兰州空军总医院等几家医院分别进行了人工耳蜗的研制工作,其中应用耳蜗内电极的有单导及多导插座式、单导及多导感应式。此外,还有使用蜗外电极的人工耳蜗。由于感染的问题,插座式很快就被淘汰了。单导人工耳蜗的效果不够理想,也渐渐停用了。蜗外电极可产生头晕、痛感及中耳感染,也就停止使用了。从1995年开始中国国内使用的绝大部分是进口的多导感应式人工耳蜗。虽然人工耳蜗价格昂贵,但显著提高了患者的言语识别能力。它把耳科学从治疗传导性聋推进到解决感应性聋的问题,推动了中耳和内耳显微手术以及听力康复工作的发展。

第二节　全喉切除术

(一)解剖学基础

喉(larynx)是呼吸的重要通道,下呼吸道的门户,上通喉咽,下连气管。喉位于颈前正中,舌骨之下,上端是会厌上缘,下端为环状软骨下缘(图14-2-1)。成人喉的位置相当于第3~5颈椎平面,女性及儿童喉的位置较男性稍高。喉由软骨、肌肉、韧带、纤维结缔组织和黏膜等构成。喉的前方为皮肤、皮下组织、颈部筋膜及带状肌,两侧有甲状腺上部、胸锁乳突肌及其深面的重要血管神经,后方是喉咽及颈椎。

(二)适应证

适用于喉良性肿瘤或喉恶性肿瘤患者。喉的良性肿瘤包括喉乳头状瘤、喉血管瘤、喉纤维瘤、喉神经纤维瘤等。

(三)麻醉方式、手术体位

1. 麻醉方式　全身麻醉。
2. 手术体位　颈仰卧位(垫肩放置头圈)。

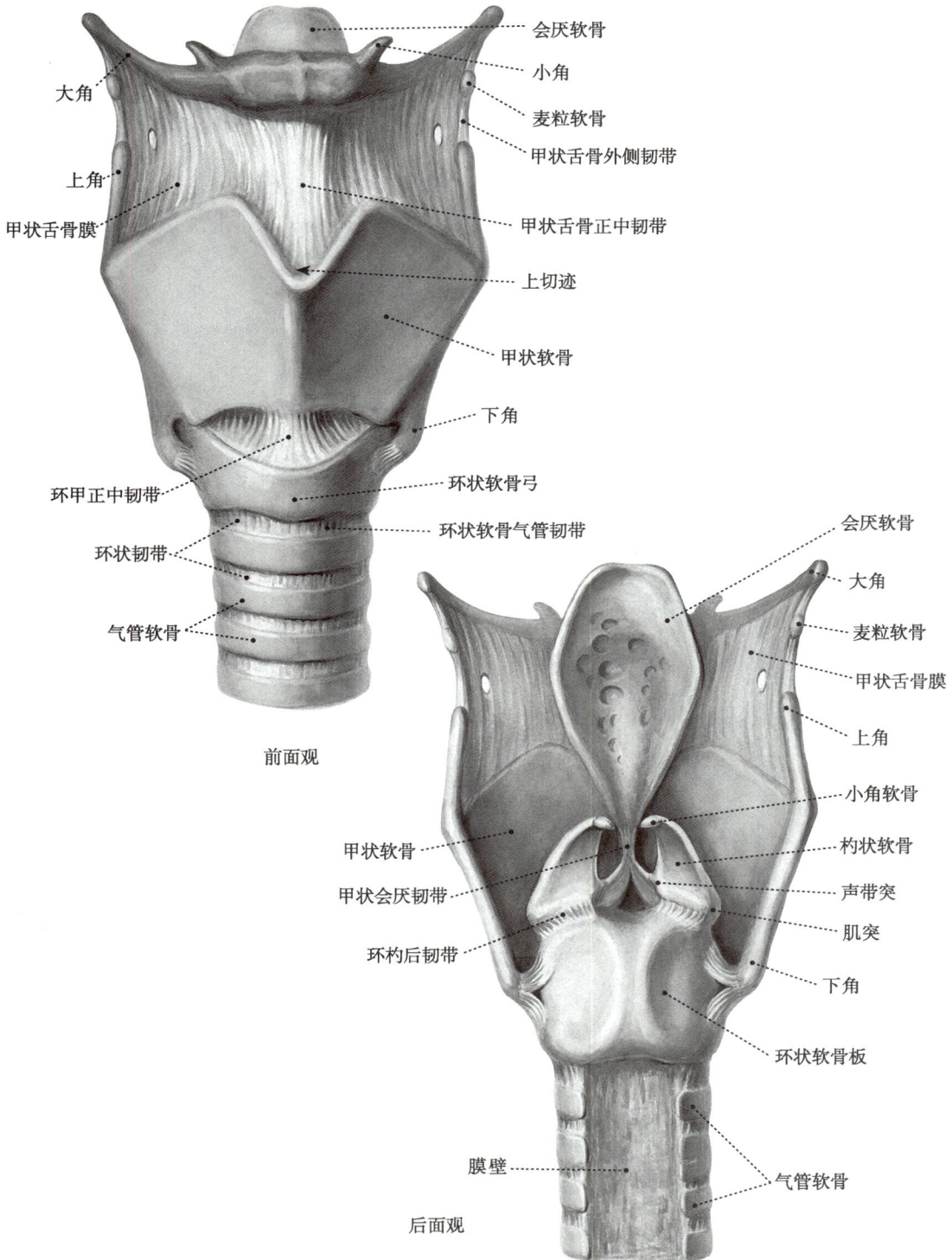

会厌软骨

小角

麦粒软骨

甲状舌骨外侧韧带

甲状舌骨正中韧带

上切迹

甲状软骨

下角

环状软骨弓

环状软骨气管韧带

大角

上角

甲状舌骨膜

环甲正中韧带

环状韧带

气管软骨

前面观

会厌软骨

大角

麦粒软骨

甲状舌骨膜

上角

小角软骨

杓状软骨

声带突

肌突

下角

环状软骨板

气管软骨

甲状软骨

甲状会厌韧带

环杓后韧带

膜壁

后面观

图 14-2-1　喉

（四）手术配合

手术步骤	护理配合
1. 物品准备	手术敷料：全喉手术敷料包 手术器械：喉全切器械包、电外科设备、超声刀设备 杂项物品：冲洗球、可吸收缝线、引流装置
2. 消毒铺巾	消毒范围：上至下唇，下至乳头，两侧至斜方肌前缘
3. 切开皮肤及皮下各层	平环甲膜沿皮纹横行切皮，切开皮下组织及颈阔肌
4. 分离皮瓣	递止血钳和电刀，牵开皮瓣，暴露颈前肌肉，双极止血
5. 悬吊皮肤	角针缝线将上下皮肤牵引固定在手术布单上
6. 切断喉前带状肌	递两把止血钳夹住带状肌，切断结扎
7. 切断甲状腺峡部	暴露甲状软骨、环状软骨及甲状腺峡部；递止血钳夹持甲状腺峡部两端，切断丝线结扎或缝扎
8. 松动喉体	分出喉上动静脉并结扎切断 切断喉上神经，沿甲状软骨板后下缘向下切断甲状软骨下角
9. 切除舌骨	递咬骨钳，剥离子分离切断舌骨上肌肉 切除舌骨体或整个舌骨 切开甲舌膜进入喉咽腔
10. 切断气管取出喉体	在环状软骨下缘切断气管直达气管后壁，沿气管食管壁之间分离，取出喉体
11. 闭合咽喉腔	术者更换手套，更换止血钳、吸引器管等 冲洗伤口、止血，逐层缝合
12. 缝合气管断端	丝线关闭皮肤切缘与气管断缘黏膜
13. 放置引流管	根据切口大小选择合适的引流管
14. 缝合皮肤切口	物品清点无误后，缝合皮下及皮肤
15. 更换气管套管	选择合适的气管套管

（王　薇　李　莉　徐　梅）

第十五章　眼科手术

学习目标

1. 复述白内障手术、玻璃体切割手术的解剖特点。
2. 列出超声乳化白内障术、玻璃体切割术的适应证。
3. 描述超声乳化白内障术、玻璃体切割术的配合要点。
4. 应用掌握体位摆放。

第一节　超声乳化白内障手术

（一）解剖学基础

晶状体的解剖：晶状体无血管，营养来自于房水和玻璃体，主要通过无氧糖酵解途径来获取能量（图 15-1-1）。具有独特的屈光通透和折射功能，并且可滤过部分紫外线，对视网膜有保护作用。晶状体悬韧带源于睫状体的冠部和平坦部，附着在晶状体赤道部周围的前、后囊上，通过睫状肌的收缩、放松来共同完成眼的调节功能。晶状体的高屈光力是由晶状体细胞的蛋白浓度非常高，特别是一种被称为晶状体蛋白的可溶性蛋白。人晶状体蛋白在一生中极其稳定，以保持其正常功能。晶状体囊在代谢运转方面起重要作用，当晶状体囊受损或房水代谢变化时，晶状体将发生浑浊形成白内障。此外，由于晶状体的生长模式及其在慢性暴露过程中收到的应激，晶状体的浑浊与年龄密切相关。

（二）适应证

1. 晶状体混浊，视力低于 0.3 者。
2. 晶状体脱位及半脱位。
3. 高度近视眼合并白内障。
4. 先天性白内障。
5. 外伤性白内障等。

（三）麻醉方式与体位

1. 麻醉方式

（1）全身麻醉：吸入麻醉、静脉麻醉、吸入 + 静脉复合麻醉。用于婴幼儿以及因各种原因不能配合局麻手术的病人。

（2）局部麻醉：表面麻醉、球后阻滞麻醉。由于白内障超声乳化手术时间短，多采用安全性大、简单易行并发症少的表面麻醉。

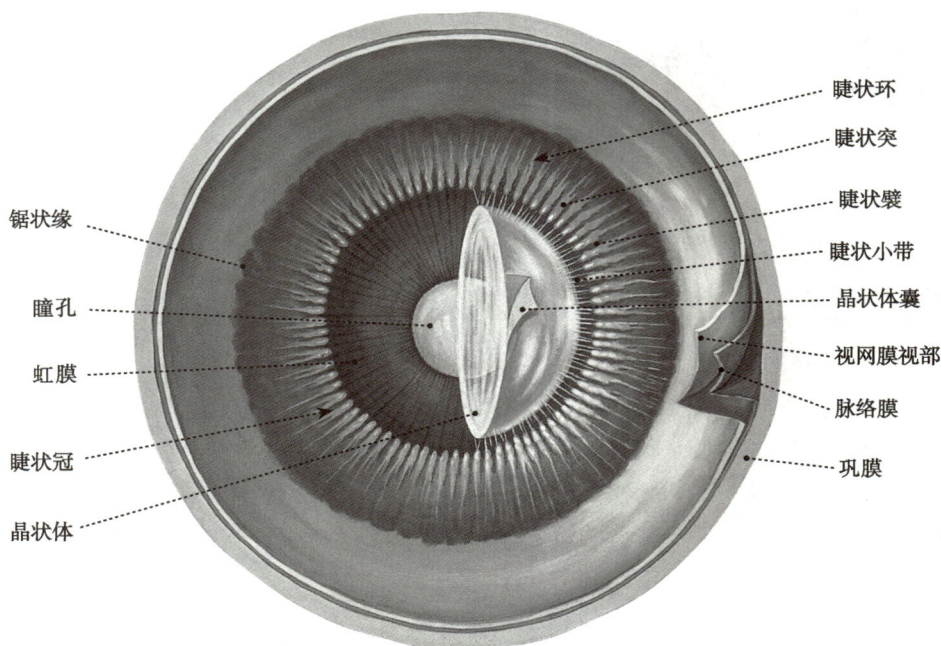

睫状环
睫状突
睫状襞
睫状小带
晶状体囊
视网膜视部
脉络膜
巩膜

锯状缘
瞳孔
虹膜
睫状冠
晶状体

图 15-1-1　晶状体（后面观）

2. 手术体位

（1）仰卧位枕部垫海绵头圈，或凝胶材质的头枕。

（2）婴幼儿和儿童可于肩下垫 10cm 左右的软垫，保证头颈后仰，保持呼吸道通畅。

（四）手术配合

手术步骤	护理配合
1. 物品准备	手术敷料：眼科敷料包 手术器械：眼科器械包、超声乳化人工晶状体植入专用器械、电外科设备、超声乳化机器、显微镜 杂项物品：超声乳化手柄、注吸手柄、超声乳化套刀、人工晶状体、灌注液、黏弹剂等
2. 消毒铺巾	常规消毒眼部周围皮肤，孔巾暴露术眼
3. 切口	用超声乳化刀在角膜缘 10:00 和 2:00 位做切口
4. 撕囊	注入黏弹剂用撕囊镊环形撕囊
5. 晶状体乳化吸出	用冲洗针注入灌注液做水分离，分离晶状体核及皮质 在劈核钩的辅助下用超声乳化手柄将晶状体核打碎吸出 用注吸手柄吸净皮质
6. 植入人工晶状体	前房内注入黏弹剂 用相应的推注器缓慢推入人工晶状体 人工晶状体调位钩调整位置 注吸手柄吸净黏弹剂
7. 缝合	注药，缝合切口，遮盖术眼

第二节　玻璃体切割手术

（一）解剖学基础（图 15-2-1）

1. **玻璃体外部结构及与周围组织的联系**　玻璃体是充填于整个玻璃体腔的无色透明胶状体。其表面被均匀一致、透明而富有弹性的膜状物所包绕，称之为玻璃体膜或玻璃体境界膜。此膜分前后两部分，后境界膜自玻璃体基部向后到达视乳头处。前境界膜自玻璃体基部向前，到达晶状体的后面。玻璃体大部分是贴附在视网膜上的，但有几处与周围组织有粘连。分别为玻璃体的基部、晶状体后表面、视乳头周围。临床上根据玻璃体脱离的部位不同分为后脱离、上脱离和前脱离。

2. **玻璃体的内部结构**　玻璃体含有大量的水分（98%），其次是剩余蛋白和透明质酸。新鲜的玻璃体可以见到纤维性网状结构，在玻璃体的沉淀物中有多种纤细的纤维，这些纤细的纤维状物即是剩余蛋白，有较好的黏性和弹性。在眼外伤和玻璃体大量出血时，这些纤维性网状结构被破坏，透明质酸对正常玻璃体的聚合作用，使玻璃体的正常结构塌陷、浓缩并变为不透明，形成严重的增殖性玻璃体病变。

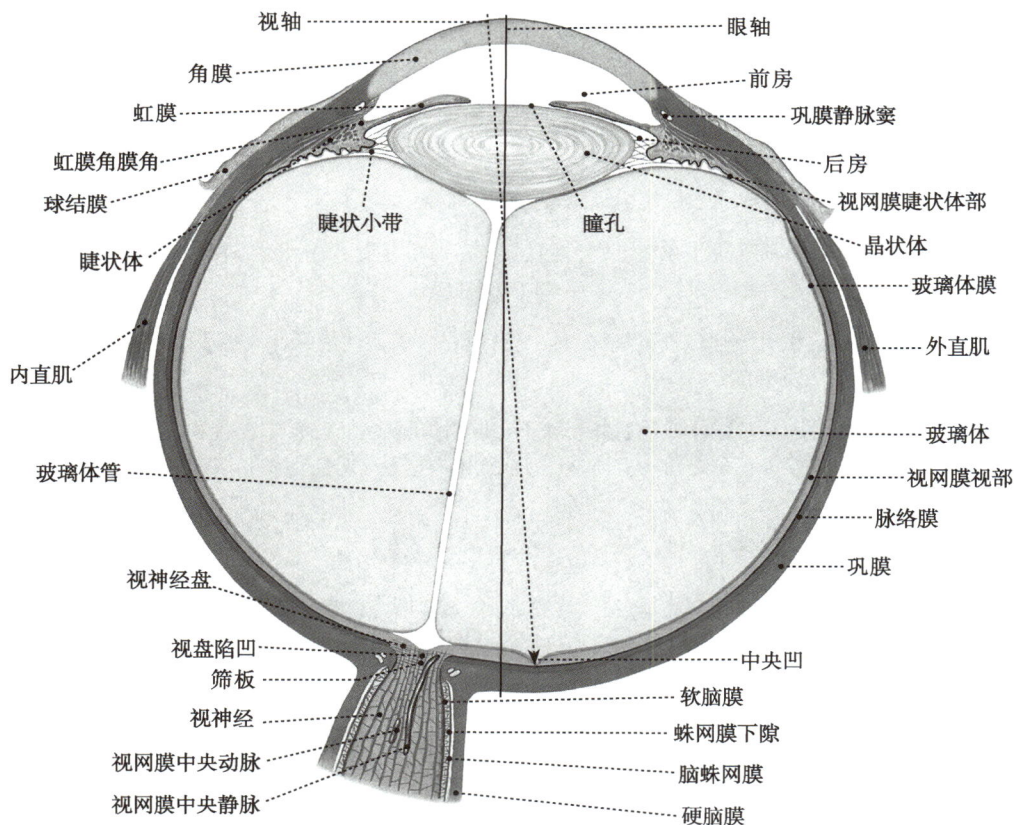

图 15-2-1　眼球结构

（二）适应证

玻璃体积血是玻璃体切割术的一个主要适应证；眼内异物；眼内容炎；复杂性视网膜脱离；增殖性糖尿病性视网膜病变；黄斑部疾病等。

（三）麻醉方式及手术体位

1. 麻醉方式

（1）全身麻醉：吸入麻醉、静脉麻醉、吸入 + 静脉复合麻醉。适用于婴幼儿以及因各种原因不能配合局麻手术的病人。

（2）局部麻醉：球后阻滞麻醉、球后阻滞麻醉 + 安定镇痛。

2. 手术体位　仰卧位枕部垫海绵头圈或凝胶材质的头枕。婴幼儿和儿童可于肩下垫10cm 左右的软垫，保证头颈后仰，保持呼吸道通畅。

（四）手术配合

手术步骤	护理配合
1. 物品准备	手术敷料：眼科敷料包 手术器械：眼科器械包、视网膜复位术专用器械、电外科设备、双目间接检眼镜、CO_2、冷冻机、显微镜 杂项物品：巩膜植入物、标记笔、实性硅胶、硅海绵等
2. 消毒铺巾	常规消毒眼部周围皮肤
3. 开睑	用开睑器、角针白色丝线牵拉上眼睑，保证术野清晰
4. 直肌牵引	剪开结膜钝性分离四直肌 角针黑色丝线牵引直肌，直蚊式钳固定，牵引眼球
5. 巩膜切口	一般采用 3 个切口（注液管安放在切割刀头上时可做两个切口） 用穿刺刀平行角膜缘穿入玻璃体腔
6. 安放注液管	做巩膜切口预置缝线，排出管内空气，确认注液管针头放入玻璃体腔后再结扎固定
7. 放角膜接触镜	前部玻璃体或晶状体切除不必应用角膜接触镜，后部玻璃体切割则需安放角膜接触镜。在角膜上放金属环，将角膜接触镜放在金属环内
8. 插入导光纤维及切割刀头	右手持切割刀头，左手持导光纤维。调整显微镜放大倍率，开动切割机，在导光纤维的引导下进行眼内各种操作，切除玻璃体
9. 闭合巩膜及结膜切口	玻璃体切割完毕，按顺序先取出切割刀头，立即用巩膜塞塞住切口，再取出导光纤维。用显微剪剪除切口周围玻璃体。 用可吸收缝线关闭结膜，清点用物、缝针
10. 涂眼膏	眼膏，遮盖术眼

（王　薇　李　莉　徐　梅）

第十六章　口腔外科手术

学习目标

1. 复述腮腺的解剖特点。
2. 列出舌癌、腮腺肿物切除的适应证。
3. 描述舌癌根治术、腮腺肿物切除手术的配合要点。
4. 应用知识拓展丰富解剖基础。

第一节　舌癌根治术

（一）解剖学基础（图 16-1-1、图 16-1-2）

舌肿瘤易于向周围的组织扩散,例如口底、扁桃体和骨等。小的肿瘤,可以经口切除;中期进行性肿瘤通常也可经口入路切除,但对于大的后部肿瘤,经口入路则有较大困难,可经下颌骨入路进行手术。肿瘤切除后,对于小的缺损,可直接关闭,大的缺损就需要应用皮肤移植和组织瓣进行修复。全舌切除后,对语音影响较大。半侧舌切除次之,另一部分可代偿。当舌癌累及口底或累及舌根时,应按口底或舌根肿瘤切除的原则和入路进行手术。舌是由末端动脉供血的器官,当两侧动脉均被损伤时,舌尖前部则有可能发生术后伤口愈合不良或坏死。

（二）适应证

1. 舌大部分及口底部分缺损。
2. 因肿瘤需舌和口底部分或大部分切除等。

（三）麻醉方式及手术体位

1. 全身麻醉　气管插管全麻。
2. 手术体位　仰卧位。

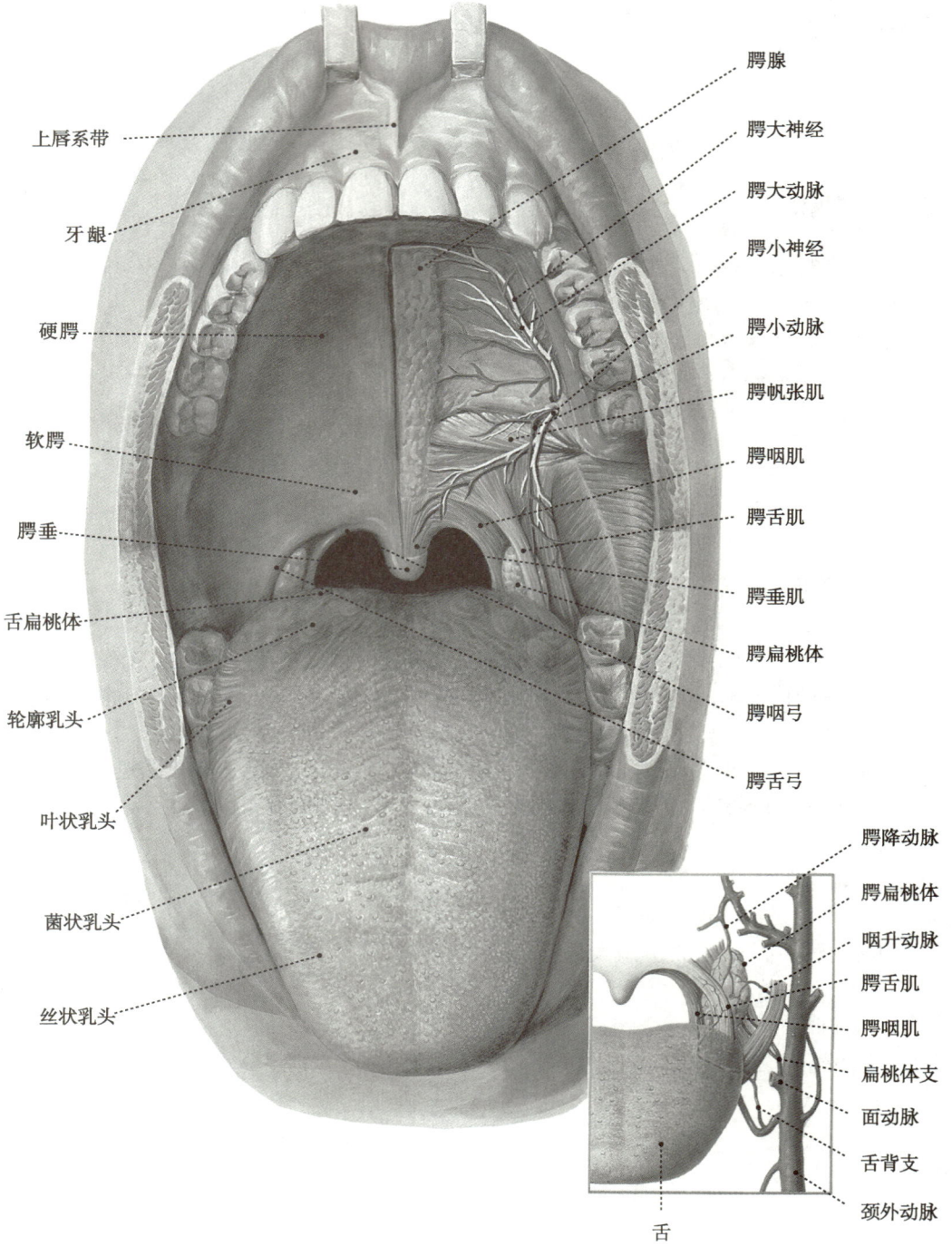

图 16-1-1 口腔（1）

上唇系带

牙龈

硬腭

软腭

腭垂

舌扁桃体

轮廓乳头

叶状乳头

菌状乳头

丝状乳头

腭腺

腭大神经

腭大动脉

腭小神经

腭小动脉

腭帆张肌

腭咽肌

腭舌肌

腭垂肌

腭扁桃体

腭咽弓

腭舌弓

腭降动脉

腭扁桃体

咽升动脉

腭舌肌

腭咽肌

扁桃体支

面动脉

舌背支

颈外动脉

舌

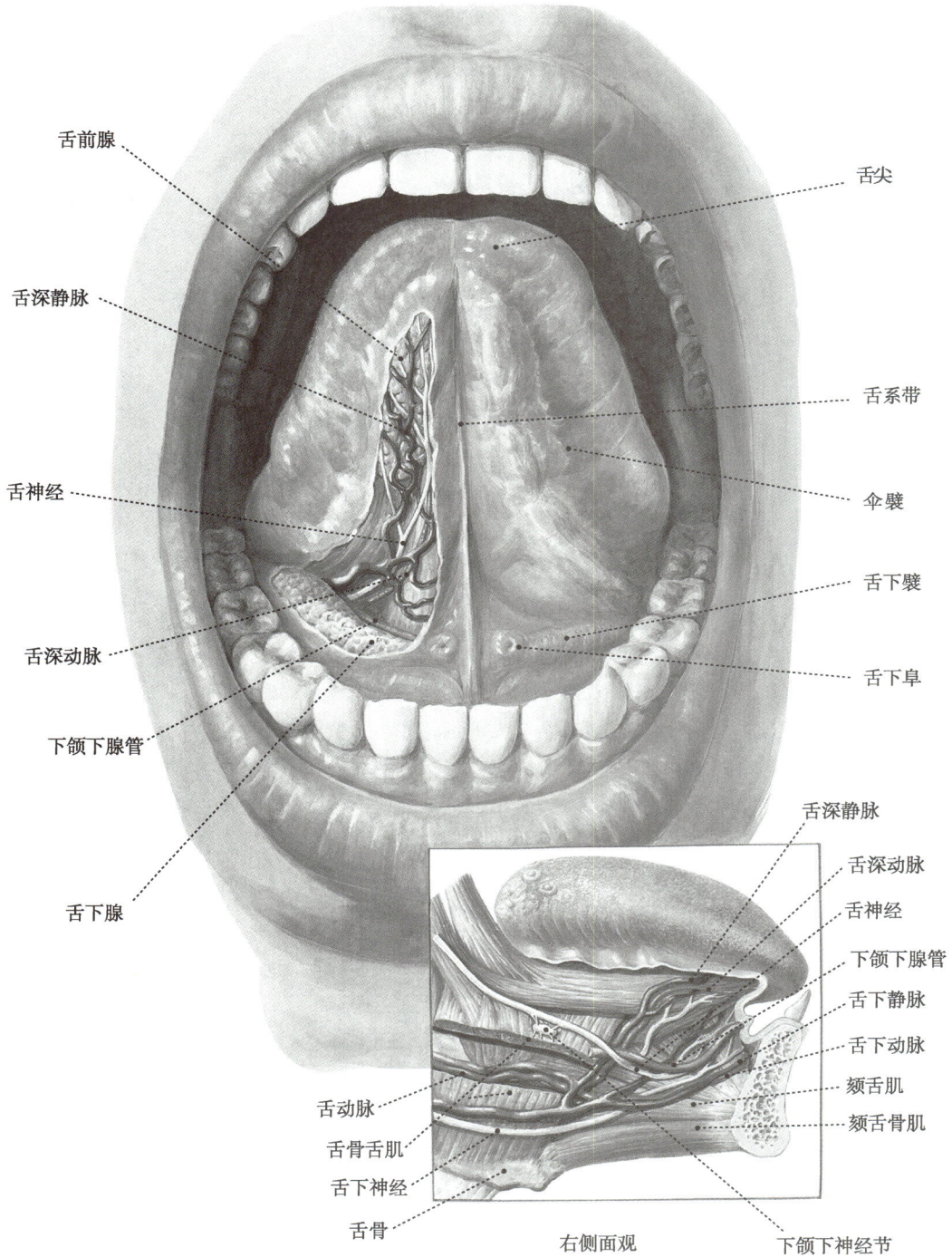

舌前腺

舌深静脉

舌神经

舌深动脉

下颌下腺管

舌下腺

舌尖

舌系带

伞襞

舌下襞

舌下阜

舌深静脉

舌深动脉

舌神经

下颌下腺管

舌下静脉

舌下动脉

颏舌肌

颏舌骨肌

舌动脉

舌骨舌肌

舌下神经

舌骨

右侧面观

下颌下神经节

图 16-1-2 口腔（2）

（四）手术配合

舌颌颈联合舌癌根治术（受区）

手术步骤	护理配合
1. 物品准备	手术敷料：口腔敷料包 手术器械：常规口腔器械包、电外科设备、显微镜及显微器械 杂项物品：可吸收缝线和血管缝线
2. 消毒铺巾	消毒面部皮肤，下至乳头连线及移植皮瓣部位皮肤
3. 冲洗口腔	20ml 注射器去针头抽取氯己定连续冲洗口腔
4. 切口	由下唇正中经颏部做垂直切口，达颌下并继续延长至舌骨上 单极电刀逐层切开组织，止血
5. 截骨	在下颌中切牙之间以电锯截骨，并向两侧牵引 再沿中线切开口底和舌体，继而抵达舌根部
6. 牵拉舌体	圆针缝线向外牵拉舌体，充分显露肿瘤
7. 切除肿瘤	递单极电刀及中弯止血钳完整切除肿瘤
8. 彻底止血	根据情况递单极电刀或丝线结扎进行创面彻底止血 生理盐水冲洗创面
9. 解剖	解剖受区动脉及静脉
10. 吻合血管	显微持针器持血管缝合针于显微镜下吻合 用 0.1% 肝素钠生理盐水冲洗吻合端口
11. 缝合皮瓣	丝线将皮瓣按舌外形要求固定几针，再依次缝合边缘
12. 止血、冲洗	颈部伤口彻底止血，生理盐水冲洗切口
13. 放置引流	放置负压引流
14. 关闭切口	丝线关闭切口并包扎

前臂桡侧游离皮瓣术（供区）

手术步骤	护理配合
1. 物品准备	手术敷料：口腔敷料包 手术器械：常规口腔器械包、电外科设备、血管吻合器械 杂项物品：可吸收缝线和血管缝线等
2. 上驱血带	预先设置压力值（止血带压力值为病人收缩压 +90mmHg，充气时间不超过 60 分钟）
3. 消毒铺巾	消毒切口周围 15~20cm 皮肤
4. 设计皮瓣	递画线笔于前臂设计皮瓣位置及大小
5. 翻瓣	沿设计画线切开皮肤、皮下组织，达浅筋膜 双极电凝止血
6. 分离	蚊式钳分离血管蒂，丝线结扎侧支血管
7. 彻底止血	断离血管前放松止血带，彻底止血，检查桡动脉搏动情况

手术步骤	护理配合
8. 切断血管蒂	血管阻断夹夹闭桡动脉及桡静脉,血管剪剪断血管蒂
	0.1% 肝素钠生理盐水冲洗桡动脉断端。断离的游离皮瓣用等渗盐水纱布包好,供受区使用
	丝线结扎近心端血管断端
9. 关闭供区创面	供皮区较小者可游离周围皮下后,丝线直接缝合
	较大者需取腹部、胸侧壁、大腿的全厚皮皮片覆盖,丝线缝合

知识拓展

前臂桡侧游离皮瓣

　　舌癌根治术是治疗舌癌的有效方法,术中大多采用前臂桡侧游离皮瓣移植。前臂桡侧游离皮瓣于 1981 年由杨国凡通过解剖研究而首先提出,被国外称为"中国皮瓣"。前臂皮瓣的轴心血管来自桡动脉,在前臂远 1/3 端提供很多筋膜皮肤血管支,前臂远端 2/3。几乎大于半周的皮肤均可被应用。由于皮瓣较薄,因此有广泛的实用价值,而且易于塑形。可应用于口腔、面部缺损的重建。

第二节　腮腺肿物切除

（一）解剖学基础

　　腮腺属于涎腺,由深筋膜浅层所形成的筋膜包绕,位于以耳垂为中心的下颌后窝内（图 16-2-1）。以面神经为界可将腺体分为深、浅两部分,由于面神经各分支穿梭于腮腺组织之间,两者关系极为密切。手术时,无论选择由主干至分支解剖术式或由分支至主干解剖术式,均可能因为操作不当造成暂时性面瘫或永久性面瘫. 严重影响术后患者生活质量。因此在腮腺良性肿瘤切除中应尽可能避免对面神经干及其分支的刻意解剖,特别是游离解剖。如为恶性肿瘤或肿瘤已破坏面神经者应一并切除受累的面神经。

（二）适应证

1. 有被膜的腮腺肿瘤。
2. 腮腺血管瘤、淋巴瘤。
3. 腮腺内囊肿或慢性炎症病变。
4. 腮腺深部病变。
5. 腮腺区外伤、异物。

（三）麻醉方式及手术体位

1. 全身麻醉　气管插管全麻。
2. 手术体位　仰卧位、头偏向健侧。

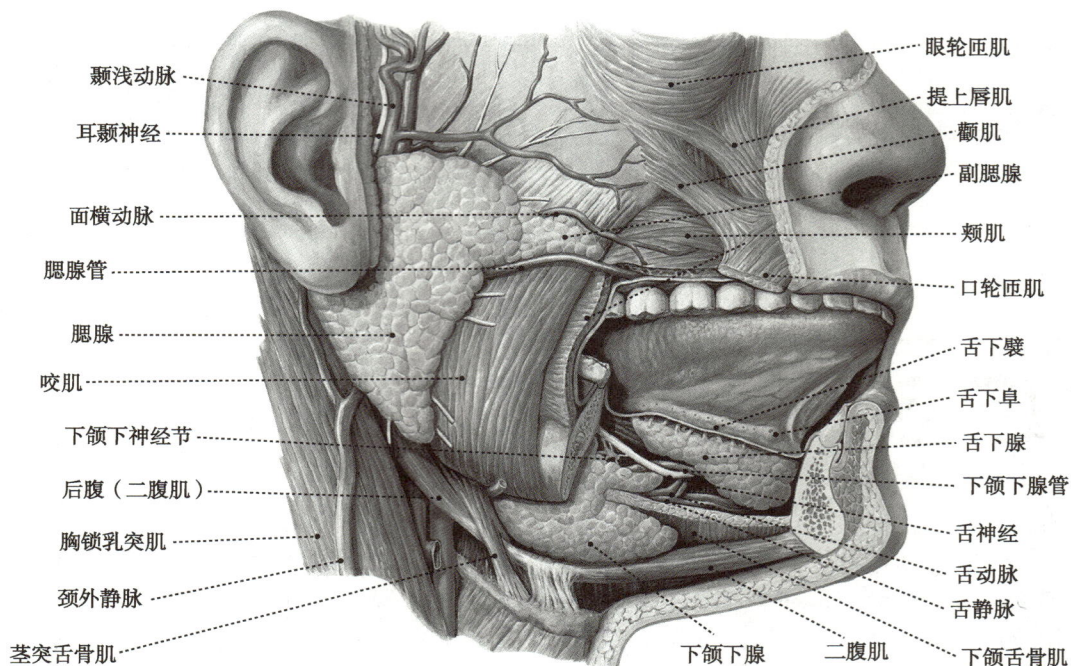

腮腺、下颌下腺及舌下腺（外侧面）

图 16-2-1　腮腺、下颌下腺及舌下腺

（四）手术配合

手术步骤	护理配合
1. 物品准备	手术敷料：腮腺敷料包 手术器械：腮腺器械包、电外科设备 杂项物品：各种特殊缝线
2. 消毒铺巾	消毒面部皮肤，下至颈部下缘
3. 切口	沿耳前垂直向下，绕耳垂向后，再延下颌角向下做一"S"形切口
4. 翻瓣	单极电刀切开皮下组织及阔筋膜 递甲状腺拉钩牵开皮缘，双极电凝止血，暴露腮腺前缘、上缘及下缘
5. 显露解剖面神经	递弯蚊式钳钝性分离腮腺组织，双极电凝或纱布压迫止血，寻找解剖面神经
6. 摘除肿瘤	腮腺浅叶及肿瘤切除：蚊式钳及精细组织剪将腮腺浅叶切开分离，蚊式钳夹住腮腺导管，丝线结扎将其切断，双极电凝止血 肿瘤位于腮腺深部，需橡皮引流条牵拉神经以显露深层肿瘤，递蚊式钳将面神经与肿瘤解剖分离开，直至游离出腮腺深叶及肿瘤，丝线结扎切断腮腺导管，双极电凝止血 肿瘤过大有损伤面神经可能时，可切断面神经颈面干摘除肿瘤，再以血管线做端端吻合

手术步骤	护理配合
7. 冲洗	生理盐水冲洗伤口,电凝彻底止血,检查面神经完整性
8. 放置引流管	选择合适的引流管
9. 缝合	缝线逐层缝合切口
10. 包扎	加压包扎
11. 注意事项	恶性肿瘤切除,应遵守无瘤技术原则

（王　薇　李　莉　徐　梅）

第十七章　整形外科手术

学习目标

1. 复述整形外科常见手术的配合方法。
2. 列出整形外科常见的手术方式、麻醉方法和手术体位。
3. 描述整形外科常见手术的基本解剖和手术步骤。
4. 应用整形外科常见手术的手术器械和仪器设备。

第一节　隆　乳　术

（一）解剖学基础

女性乳房为半球形或水滴形,位于上胸部,由乳房的皮肤、乳腺、筋膜及乳头、乳晕所构成（图 17-1-1）。乳房在锁骨中线上位于第 3~6 肋骨之间,或是第 2~6 肋间隙之间,内起胸骨旁,外达腋前线。乳房的功能部分是一种变化的皮下腺体,即乳腺。它为胸部浅筋膜的深、浅两层所分隔并包绕,从上部起至锁骨肋骨结合处,外侧达腋中线,内侧弧形至胸骨中线,下部即乳房下皱襞,位于第 6 肋间。乳房的血液供应主要来自胸廓内动脉的肋间穿支、胸外侧动脉、胸肩峰的胸肌支、肋间动脉的外侧穿支,以及肩胛下动脉的分支,这些丰富的血管,在乳房内互相吻合形成血管网。乳房的实质组织包括结缔组织、血管、神经及淋巴组织。

（二）适应证

1. 乳房发育不良或乳房在分娩后萎缩。
2. 体重骤减后体型消瘦、乳房萎缩。
3. 青春期前乳腺组织病变导致乳房发育不良。
4. 单纯乳腺切除或行改良根治保留胸大肌的早期乳癌术后。
5. 乳房形态不良与身体整体形态不相称者。
6. 两侧乳房大小不对称、轻度下垂或乳头凹陷等。

（三）麻醉方式及手术体位

1. 麻醉方式　气管插管全身麻醉。
2. 手术体位　仰卧位 + 双侧上肢外展。

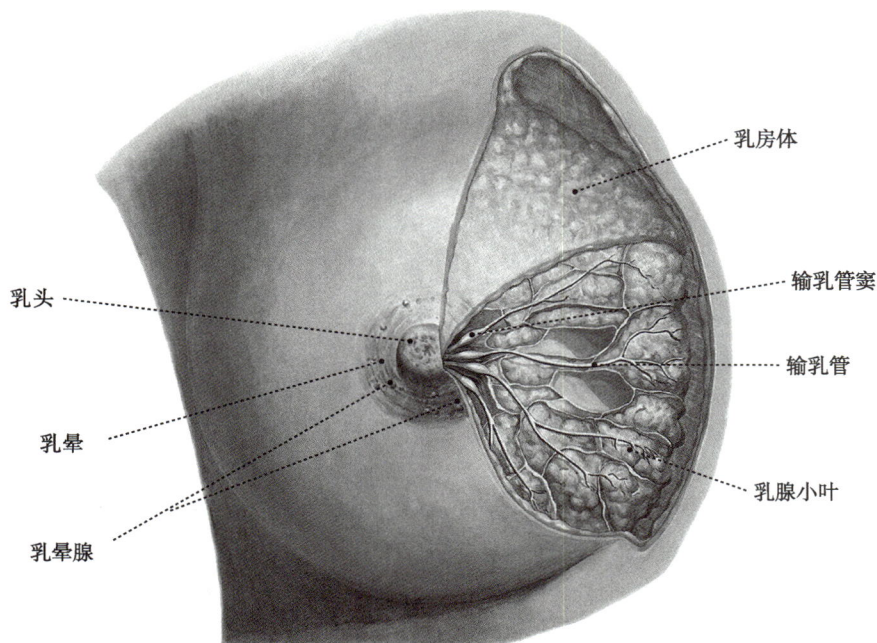

乳房体

输乳管窦

输乳管

乳腺小叶

乳头

乳晕

乳晕腺

图 17-1-1　乳房

（四）手术配合

手术步骤	手术配合
1. 物品准备	手术敷料：常规手术敷料包 手术器械：整形器械、电外科设备、吸脂机 杂项物品：注水机、注水管、吸脂针
2. 消毒铺巾	范围：前至对侧锁骨中线，后至腋后线，上过锁骨及上臂，下过脐平行线及腹部（供区）皮肤
3. 供区注射吸脂麻药	递吸脂麻药
4. 于皮下脂肪层均匀抽吸脂肪	递 20ml 注射器连接 2.5mm 或 3.0mm 吸脂针，抽吸脂肪
5. 洗涤脂肪颗粒	递 20ml 注射器，干净生理盐水反复洗涤抽吸的脂肪
6. 检查供区脂肪抽吸是否均匀，并确认	递负压吸引器继续抽吸至平整
7. 乳房区域局部浸润麻醉	递 1% 利多卡因 + 1∶20 万盐酸肾上腺素
8. 切口	沿双侧乳房下缘做一小切口
9. 脂肪注射，并记录两侧注射量	递备用脂肪，连接 2mm 吸脂针，注射脂肪
10. 缝合乳房区、腹部吸脂部位的切口	丝线缝合切口
11. 包扎	供区、术区加压包扎

> **知识拓展**
>
> ### 自体脂肪颗粒移植隆乳术
>
> 　　随着社会经济与人们思想的不断进步,越来越多的女性关注乳房的形态,并使用局部按摩、口服丰乳药、注射填充剂及假体隆乳术等方面的治疗来改善乳房形态,以假体隆乳术为主流,但术后会发生假体破裂、包膜痉挛、假体移位等并发症。随着自体脂肪移植术在整形外科的应用,自体脂肪移植手术已经在不断地完善,并逐渐应用在隆乳术中,该项手术主要从自身脂肪堆积部位进行抽脂,而后对所抽取的脂肪进行处理后,再注入胸大肌前后间隙、腺体间隙、乳腺后间隙及皮下组织等部位,以达到增加乳房体积的目的。自体脂肪移植可根据患者的体型选择身体内的多余脂肪,如腰部脂肪、大腿脂肪等,可间接对患者的外形加以修改完善。自体脂肪移植手术涉及脂肪抽取、脂肪纯化、脂肪注射三个主要步骤,其中脂肪纯化处理对移植成活率的影响最大。目前使用的脂肪处理纯化方法有静置沉淀法、清洗沉淀法、离心法等,但哪种方法是最佳的脂肪处理纯化方法,尚无明确定论。随着脂肪处理纯化方法的不断改进,自体脂肪颗粒隆乳术将逐渐取代硅凝胶假体隆乳术。

第二节　斜方肌肌皮瓣移植术

(一) 解剖学基础(图 17-2-1)

　　斜方肌位于项背浅层,有恒定的血管供应和神经分布,位置隐蔽,可同时连带皮肤和骨骼作为复合瓣转移,是修复颈部、颌面部和口腔组织缺损的理想供区之一。斜方肌起自枕外隆凸至第十二胸椎棘突之间,形成一侧斜方肌的底边。其肌纤维位于上部者斜向下外,止于锁骨外侧 1/3;中部者平行向外,止于肩峰和肩胛区上缘;下部者斜向上外,止于肩胛冈下缘。斜方肌及其表面皮肤的动脉血供均为多源性,主要来自横动脉。

(二) 适应证

1. 斜方肌肌皮瓣用以修复口腔、颌颈部、颌骨等组织缺损。
2. 斜方肌上部肌皮瓣主要用于修复咽及扁桃体、颊、口底及颈前等部的组织缺损。
3. 斜方肌上中部肌皮瓣主要用于修复口腔、口咽及颈部皮肤的组织缺损。
4. 斜方肌下部肌皮瓣主要用于修复后颈部、腮腺区及下面的组织缺损。

(三) 麻醉方式及手术体位

1. 麻醉方式　气管插管全身麻醉。
2. 手术体位　俯卧位。

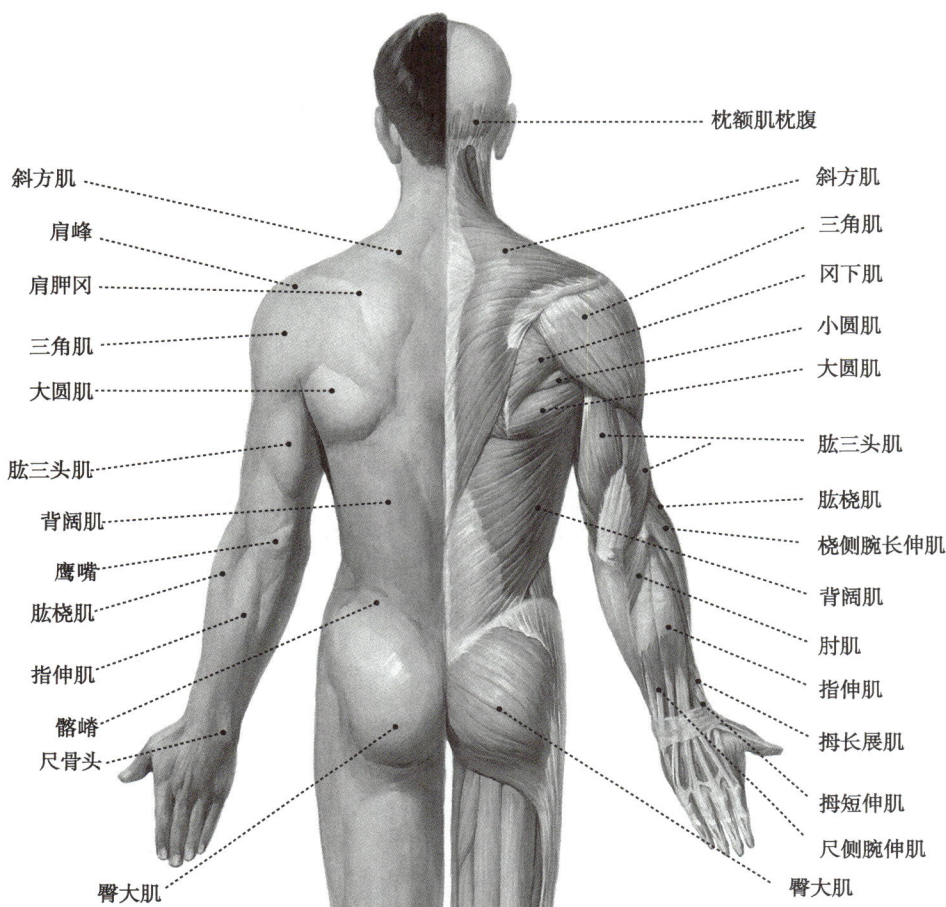

图 17-2-1 背部肌肉

左侧标注：枕额肌枕腹、斜方肌、肩峰、肩胛冈、三角肌、大圆肌、肱三头肌、背阔肌、鹰嘴、肱桡肌、指伸肌、髂嵴、尺骨头、臀大肌

右侧标注：斜方肌、三角肌、冈下肌、小圆肌、大圆肌、肱三头肌、肱桡肌、桡侧腕长伸肌、背阔肌、肘肌、指伸肌、拇长展肌、拇短伸肌、尺侧腕伸肌、臀大肌

（四）手术配合

手术步骤	手术配合
1. 物品准备	手术敷料：常规手术敷料包 手术器械：常规手术器械、电外科设备 杂项物品：负压引流管装置
2. 消毒铺巾	上至下唇，下至乳头
3. 设计皮瓣	递钢尺（毫米刻度）度量，无菌牙签或蚊式钳夹小纱布头蘸亚甲蓝液，设计皮瓣位置及大小
4. 切口	以肩锁关节为中心，前至斜方肌前缘、后平行于前切口、上至乳突区、下至肩峰做一切口，逐层切开皮肤、皮下组织及深筋膜。干纱布拭血，电凝止血
5. 游离皮瓣	递整形镊、刀柄、整形弯剪在深筋膜层分离皮瓣远端至颈肩角处，形成筋膜瓣，弯蚊式钳钳夹出血点、电凝止血

手术步骤	手术配合
6. 分离	递甲状腺拉钩牵开。递组织钳 2 把提夹皮缘,弯蚊式钳分离、切断斜方肌,于该肌深面层进行分离,形成肌皮瓣
7. 将皮肤与筋膜缝合(边分离边缝合)	递整形齿镊、角针丝线间断缝合
8. 做皮下隧道或切开皮肤将肌皮瓣转移至受区	切开皮肤、弯蚊式钳切开隧道,并将皮瓣转移
9. 拉拢缝合供区皮肤或游离植皮修复	递整形有齿镊、角针丝线间断缝合
10. 冲洗、放置引流	抗生素溶液反复冲洗,递引流片或负压引流管放置引流
11. 缝合皮肤,覆盖切口	可吸收线逐层缝合切口,递凡士林油纱布、纱布、棉垫覆盖切口,绷带包扎固定

（胡小灵　刘秋秋　徐 梅）

第十八章 介入手术

学习目标

1. 复述血管外科手术部位及血管的解剖。
2. 列出血管外科专科介入手术的基本手术方式。
3. 描述血管外科介入手术的主要穿刺部位及体位并掌握专科药品的药理知识及使用方法。
4. 应用专科手术配合的护理工作程序了解血管外科影像。

第一节 总 论

一、概述

（一）介入放射学（interventional radiology）

1967 年由美国著名放射学家 Margulis 首先提出。是 20 世纪 70 年代后期发展起来的一门新兴边缘性学科；是在影像医学（X 线、超声、CT、MRI）引导下，经皮穿刺或通过人体原有孔道，将特制的导管或器械插至病变部位进行诊断性造影、治疗和采集组织，进行细胞学、细菌学及生化检查的学科。

（二）介入神经血管内治疗学（interventional neuroradiology）

对因血管异常原因造成的功能和器质性损害进行诊断与治疗（脑、脑膜、颌面部、颈部、眼、耳鼻喉以及脊柱和脊髓）。被称为血管内神经外科学（endovascular neuro surgery）。是微创神经外科的重要组成部分。最大优点是避免了开颅手术带来的组织损伤。

（三）介入医学

1996 年 11 月，国家科委、卫生部、医药管理局确立了介入医学在医学领域中的地位。介入医学与内、外科并列成为第三大诊疗技术。具有定位准确、创伤小、并发症少、疗效高、见效快、可重复性强、不破坏原来解剖结构的特点等。

（四）股动脉穿刺技术（seldinger）

它的出现是介入放射学发展史上的重要里程碑。它替代了以往需要切开血管进行操作的技术，使得介入治疗实现了真正意义上的微创性。

（五）介入护理

20 世纪 70 年代介入护理随着介入治疗技术的发展而进步，承担手术护理及术中急抢救配合、物品耗材保障、健康教育、并发症观察及处理等护理工作。

二、目的

规范介入手术操作流程,指导手术室护士正确评估、使用、维护仪器设备,保障介入护理质量和安全,制订护理培训指南,以杜绝介入手术过程中的安全隐患,确保术中患者及医护人员安全。从事介入手术技术的相关护理人员应当接受系统培训并考核合格。

三、适用范围

适用于介入专科护士教程培训,指导护士进行介入检查,介入治疗及杂交等手术护理配合。

四、常用药品配制及应用

介入手术常备药品很多,以静脉用药和各类造影剂为主。

(一)肝素钠注射液

每支 12 500U/2ml。通常首次用量为 5000U。

1. 配制方法　0.9% 氯化钠注射液稀释到 10ml。1ml=1250U,4ml=5000U。

2. 术中应用　动脉穿刺成功后,遵医嘱静脉推注或滴斗入。注意严格双人查对。

3. 术中肝素化　是足量肝素达到患者全身性适度抗凝的治疗方法,防止术中血栓形成、治疗栓塞性疾病。

4. 术中严重出血、肝素过量时　用 1% 的硫酸鱼精蛋白缓慢滴注。

(二)地塞米松磷酸钠注射液(每支 5mg/1ml)

术中应用:为防止患者术中碘过敏,术前常规遵医嘱静脉推注或滴斗入 5~10mg。

(三)盐酸多巴胺(每支 20mg/2ml)

1. 配制方法　0.9% 氯化钠注射液稀释到 20ml,1ml=1mg。

2. 术中应用　密切观察患者生命体征,出现血压下降,遵医嘱静脉推注 1mg/1ml。

(四)硫酸阿托品(每支 0.5mg/1ml)

1. 配制方法　0.9% 氯化钠注射液稀释到 5ml,1ml=0.1mg。

2. 术中应用　颈动脉狭窄治疗手术,球囊扩张前患者心率低于 60 次 / 分,遵医嘱静脉推注 0.25mg/2.5ml。

(五)盐酸利多卡因注射液(每支 0.1mg/5ml)

术中应用:局部麻醉穿刺部位时注射用。

(六)造影剂

造影剂是最常使用的药物之一,是为增强影像观察效果而注入人体组织或器官的化学制品。多为含碘剂,如:碘克沙醇、碘帕醇、碘普罗胺等。

1. 分类　离子型和非离子型两大类。

(1)离子型:副作用大,发生率高,机体耐受性差。

(2)非离子型:毒副作用小,发生率低,机体耐受性好。可用于各种介入手术的血管造影(目前最为常用)。

2. 不良反应

(1)过敏:过敏体质、造影剂过敏史;对症处理:预先使用地塞米松磷酸钠注射液

5~10mg;暂停手术,观察生命体征。

（2）甲亢,甲状腺肿:对症处理:甲亢患者只有在非常必要情况下可使造影剂。

（3）严重心血管病患（如心功能不全、冠脉硬化、近期心梗、长期心律不齐和严重高血压等）:对症处理:术前检查患者心功能,必要时请心内科会诊后方可接手术患者。

（4）严重肾脏疾病:对症处理:减少造影剂用量,术中及时告知手术医生造影剂的使用量。有严重并发症发生时及时联系麻醉医生,提前做好抢救准备。

知识拓展

常规药品配制方法

肝素:1 支肝素 2ml 相当于 12 500U 肝素

稀释到 10ml=12 500U

1ml=1250U

4ml=5000U

盐酸多巴胺:1 支多巴胺 20mg/2ml

稀释到 20ml=20mg

1ml=1mg

硫酸阿托品:1 支阿托品 0.5mg/1ml

稀释到 5ml=0.5mg

1ml=0.1mg

五、介入手术常用物品

特殊关注点:耗材价格昂贵,种类繁多,英文品名易混淆,颜色、形状各异难区分。术前一定与主刀沟通到位,提前核查,以确保无误;术中遵医嘱使用,严格双人查对（品名、型号、效期）,眼看到位、手指到位、复述到位;术后收费认真查对,逐一检查条码后方可计价。

（一）穿刺针

穿刺针（needle）包括普通穿刺针、微穿刺针。用于血管造影和治疗首要步骤。

（二）动脉鞘

动脉鞘（arterial sheath）包括标准短鞘、长鞘。由鞘管、扩张器、引导导丝组成。用于保护固定穿刺点,输送介入治疗装置。

（三）导管

导管（guiding）包括造影导管、治疗性导管。用于注入造影剂,通过介入治疗材料。

（四）导丝

导丝（guide Wire）包括普通导丝、加硬导丝、超硬导丝。用于引导、开通闭塞血管。

（五）球囊

球囊（balloon）包括顺应性球囊、非顺应性球囊。用于扩张病变部位。

（六）支架

支架（stent）包括自膨式支架、球扩式支架。用于支撑维持血管管腔形态。

六、静脉通路的管理

（一）部位

左上肢。输液器加接延长管，便于观察，防止输液管路脱落。

（二）特殊部位

1. 腹主动脉瘤腔内修复术　左上肢、颈外静脉。
2. 主动脉夹层腔内修复术　左下肢、颈外静脉。
3. 手术穿刺点在股动脉　左上肢。
4. 手术穿刺点在肱动脉　下肢。

（三）特殊手术

提前与手术医生沟通确定部位。

七、介入防护

（一）目的

加强对放射性同位素与射线装置放射防护的监督管理，保障从事放射工作的人员和公众的健康与安全，保护环境，促进放射性同位素和射线技术的应用与发展。

（二）警示

各控制区进出口，设置电离辐射警告标志；确保手术进行时标示"放射中"指示灯亮；在入口处显眼处设置"孕妇和儿童对辐射危害敏感，请远离辐射"。

（三）屏蔽

配备个人防护用品，防护用品应符合一定的铅当量要求，并符合国家相应的标准；放射工作人员实施医疗照射时，只要可行，就应对受检者邻近照射野的敏感器官和组织进行屏蔽防护；手术开始时将手术间门打到手动状态，防止手术中大门感应自动开启。

（四）佩戴

检查监督工作人员在辐射场操作时必须穿戴个人防护用品及剂量仪。

（五）管理

手术后对防护用品进行整理清点登记，专人负责，每周五用中性消毒液擦拭铅衣、铅围脖、铅帽并且登记；定期进行防护用品的检查和维护，如有损坏要立即上报更换。

（六）准入条件

具备相应的专业及防护知识和健康条件，并提供相应的证明材料：放射工作许可登记证每 1~2 年进行一次核查，核查情况登记在册；严格执行国家对放射工作人员个人剂量监测和健康管理的规定；对已经从事和准备从事放射工作的人员，必须接受体格检查，并接受放射防护知识培训和法规教育，合格者方可从事放射工作。

第二节　下肢动脉造影、球囊扩张、支架置入术

（一）解剖学基础

下肢动脉主要包括股动脉、腘动脉、胫前动脉、胫后动脉、足背动脉。下肢动脉硬化闭塞症是由于周围动脉粥样硬化导致动脉狭窄、闭塞引起的下肢缺血性疾病,是外周动脉阻塞性疾病中最常见的疾病,此病最易受累的部位包括腹主动脉下段、髂动脉、股动脉及小腿胫腓动脉等,其中股动脉病变占80%以上。

（二）适应证

下肢动脉硬化闭塞症。

（三）麻醉方式及手术体位

1. 麻醉方式　局麻。
2. 手术体位　仰卧位。

（四）手术配合

手术步骤	护理配合
1. 物品准备	手术敷料:常规介入手术敷料包 手术器械:介入手术器械 杂项物品:造影剂、各种导丝、血管缝线等
2. 消毒及铺单	上至脐平行线,下至大腿上1/3处,两侧至腋中线
3. 手术铺单	（1）治疗巾5块:四折1块竖铺遮盖会阴部,1/4折4块分别横铺手术切口下方、上方、对侧、近侧 （2）双管球罩套于手术床操作面板和管球 （3）大单3块:双折分别横铺于手术切口上方、下方,双折纵向铺于脚侧并与第2块大单重叠30cm,勿遮盖操作面板 （4）中单2块:分别铺于切口两侧 （5）套铅挡板放置于合适位置
4. 股动脉穿刺	穿刺针穿刺成功后置入6F动脉鞘（同时静脉推注肝素钠注射液5000U）并送入一根亲水性的泥鳅导丝导入髂外动脉
5. 下肢动脉造影	猪尾造影导管行下肢动脉造影可见髂动脉,股浅动脉及膝下动脉狭窄情况
6. 通过闭塞病变	交换导丝置入6-55长鞘,神经微导丝缓慢通过闭塞病变
7. 再次下肢动脉造影	椎动脉造影导管造影证实导丝位于血管真腔
8. 选择合适PTA高压球囊	根据狭窄的类型和最小的直径选择高压球囊,效果不满意应考虑支架置入
9. 再次下肢动脉造影	椎动脉造影导管行下肢动脉造影

第三节　颅内动脉瘤栓塞术

（一）解剖学基础

颅内动脉瘤是脑动脉上的异常膨出部分，是发生蛛网膜下腔出血最常见的原因。颅内动脉瘤好发于组成颅底动脉环的大动脉分叉或分支的远侧角处，很少发生于脑动脉的周围支上。发生率最高者为前交通动脉瘤（25%~28%），其次为后交通动脉瘤（25%），再次为大脑中动脉瘤（13.4%~19.8%），发生于椎–基底动脉系统者约占 5%~8%。

（二）适应证

1. 颅内动脉瘤。
2. 大脑前动脉瘤。
3. 大脑中动脉瘤。
4. 椎基底动脉瘤。

（三）麻醉方式及手术体位

1. 麻醉方式　气管内插管全身麻醉。
2. 手术体位　仰卧位，双下肢外展并轻度外旋。

（四）手术配合

手术步骤	护理配合
1. 物品准备	手术敷料：常规介入手术敷料包 手术器械：介入手术器械 杂项物品：造影剂、各种微导管及导丝、血管缝线等
2. 消毒范围	上至肚脐线，下至大腿上 1/3 处，两侧至腋中线，自切口向外 15~20cm
3. 手术铺单	（1）治疗巾 5 块：四折 1 块竖铺遮盖会阴部，1/4 折 4 块分别横铺手术切口下方、上方、对侧、近侧 （2）双管球罩套于手术床操作面板和管球 （3）大单 3 块：双折分别横铺于手术切口上方、下方，双折纵向铺于脚侧并与第 2 块大单重叠 30cm，勿遮盖操作面板 （4）中单 2 块：分别铺于切口两侧 （5）套铅挡板放置于合适位置
4. 股动脉穿刺、置入股动脉鞘，放置指引导管，行脑血管造影	置入动脉鞘前常规准备 3~4 路高压灌注用水，用来冲洗指引导管和微导管，防止导管内形成血栓，造成人工脑梗
5. 建立 3D 图像，测量动脉瘤的直径	保证墨菲滴管中液体的滴速可见，输液器中不能有气泡，定期观察加压灌注系统中余液量及压力
6. 放置指引导管	指引导管放置成功后，遵医嘱静脉给予肝素，全身肝素化

手术步骤	护理配合
7. 置入微导管,微导管造影,冲洗微导管,送入弹簧圈,再次造影确定位置,解脱弹簧圈	（1）及时遵医嘱给予肝素,保证加压输注装置输注正常 （2）遵医嘱递送可能更换的导管、导丝,递送栓塞材料、支架或球囊辅助材料 （3）及时添加对比剂,协助安置解脱泵,保证烧水壶内蒸汽,方便医生术中必要时导管塑形
8. 复查造影,穿刺点止血包扎	（1）防止患者苏醒过程中躁动、坠床 （2）密切观察患者生命体征,是否合并并发症出现 （3）穿刺点局部止血后观察,防止局部出血

知识拓展

常用的动脉瘤栓塞技术

1. 篮筐技术　首先选入一枚或多枚 3D 微弹簧圈于动脉瘤腔,由于 3D 微弹簧圈释放后能在三维方向展开,从而构成一个篮筐,直至完全闭塞动脉瘤。

2. 球囊辅助下重建技术　为防止微弹簧圈突入载瘤动脉,可在微导管插入动脉瘤腔后在经微导管插入不可脱球囊导管至动脉瘤开口处,然后前述篮筐技术闭塞动脉瘤。

3. 支架辅助下重建技术　采用 Neuroform 等支架覆盖动脉瘤颈,在经支架网孔将微导管插入动脉瘤腔并送入微弹簧圈栓塞。

（何　丽　徐　梅）

第十九章 机器人辅助外科手术

第一节 总 论

一、概述

（一）目的

规范机器人手术系统手术配合及操作规程，保障护理质量和护理安全。指导手术室护士正确评估、使用、维护设备，减少操作过程中的安全隐患，最大限度地确保术中患者及医护人员安全。

（二）适用范围

适用于各类不同机器人手术，用于泌尿外科、普通外科、妇产科、心血管外科、肝胆外科、胸外科手术。

二、机器人外科手术系统

由三部分组成：医生操控系统、床旁机械臂系统、成像系统。

（一）医生操控系统

由以下几部分组成：立体目镜、操作手柄、左右面板、触摸面板、脚踏板启动电设备和控制床旁机械臂系统（图 19-1-1）。

（二）床旁机械臂系统

由以下几部分组成：大臂关节、器械臂上装配 EndoWrist 械、镜头臂、转换开关和电动驱动（图 19-1-2）。

（三）成像系统

由以下几部分组成：核心处理器、光源、镜头、CCU 处理图像、触摸显示屏、控制音频和视频设置（图 19-1-3）。

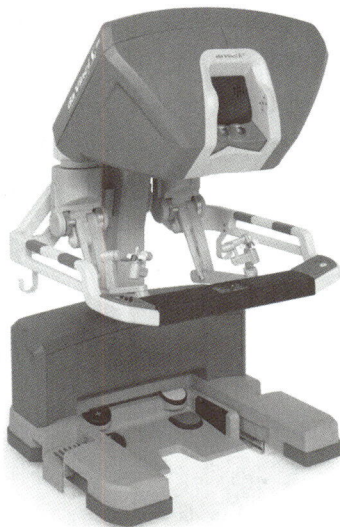

图 19-1-1　医生操控系统

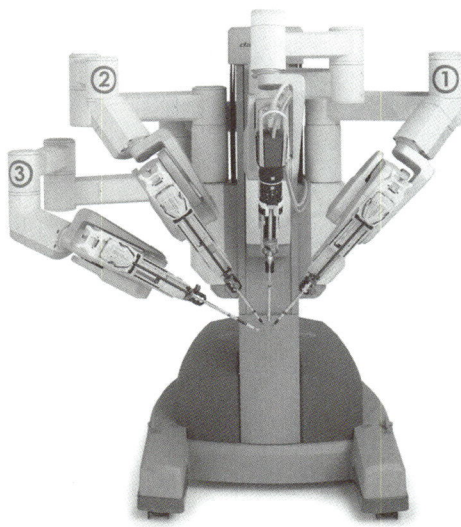

图 19-1-2　床旁机械臂系统

三、操作要点

（一）手术室布局

1. 手术开始前,将床旁机械臂系统放在宽阔区域,拉开机械臂,安装无菌罩。

2. 手术过程中,床旁机械臂系统推至手术床边靠近患者。不同类型手术床旁机械臂系统摆放位置不同。

（二）机器人系统连接

把医生操控系统、床旁机械臂系统和成像系统连接在独立的电源插座上。连接好电源后,将医生操控系统和床旁机械臂系统连接到成像系统(双医生操控系统,使用医生操控系统后面连接口或成像系统核心处理器后面的连接口连接)。

（三）机器人系统的开机

确认系统连接后,通过按任一系统上的电源键来启动,启动后系统进入电路和机械双重自检程序。

1. 启动过程中,系统进行电子和机械双重自检,将检查系统的各个部分,并进入"Home"状态。

2. 在 homing 过程中,操作手柄也将进入"Home"状态。Homing 过程结束后,会听到三声"哔哔哔"声。

3. 安装无菌罩　6个步骤(图 19-1-4):

(1)巡回护士将各器械臂放置于准备套罩位置,以便从一边的器械臂开始依次安装无菌罩。

(2)洗手护士撕开指示条,展开保护罩,握住保护罩开始套罩。

图 19-1-3　成像系统

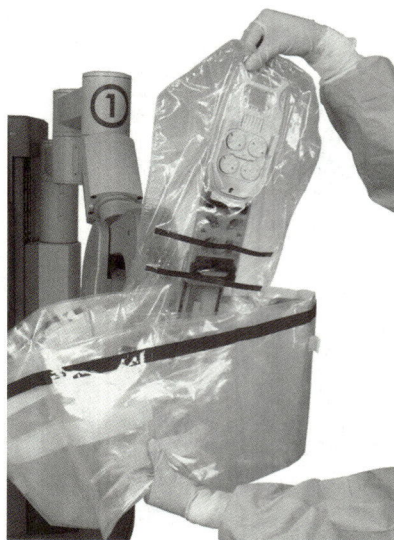

图 19-1-4　保护罩的打开方式

（3）将保护罩自上方套入。将无菌适配器的底端插入器械臂前臂正面对应的插槽中。

（4）双手拇指按住无菌适配器的上端，"咔哒"一声将无菌适配器扣入插槽。无菌适配器上的四个滑轮将会自动旋转，在听到"哔～哔～哔"三声后，即表明系统已经成功识别该无菌适配器。

（5）将保护套的套管卡座保护部分卡入机械臂的套管卡座，并打开套管卡座。

（6）洗手护士将所有白色捆扎条绕在机械臂上并固定。

4. 手术结束后，关机5个步骤

（1）取出所有手术器械和内镜。

（2）松开床旁机械系统连接套管。

（3）移除机械臂系统，离开患者。

（4）整理可重复使用的配件进行清洗，包括套管、内镜和十字校准器。

（5）拆除并丢弃无菌罩，整理机械臂，关闭系统。

第二节　机器人辅助下房间隔缺损修补手术

（一）解剖学基础

心位于中纵隔内、裹以心包。约 2/3 在正中线的左侧，1/3 居于正中线的右侧。前方平对胸骨体和第 3~6 肋软骨，后面平对第 5~8 胸椎。心前方的大部分为胸膜和肺遮盖，仅前下部有一个三角区域（相当于左肺心切迹处）隔以心包与胸骨体下半及左侧第 4~5 肋软骨相贴。心的两侧面与左、右纵隔胸膜及肺的纵隔面相邻，其间有膈神经、心包膈血管通过。心的后方有胸主动脉、食管、胸导管、迷走神经及纵隔后淋巴结等。心的下方为膈的中心腱，上方有进出心的大血管。

房间隔介于左、右心房之间，由于左心房位于右心房的左后方，故房间隔呈斜位，约与正中矢状面成 45° 角。房间隔的两侧面为心内膜，中间夹有结缔组织，并含部分肌束。房间隔在卵圆窝处最薄，主要由结缔组织构成，房间隔缺损多发生于此。

（二）适应证

1. 房间隔未自然闭合的患者。

2. 有明确的左向右分流者。

（三）麻醉方式及手术体位

1. 麻醉方式　气管内插管全身麻醉。

2. 手术体位　患者右侧胸部抬高、右上肢置于半垂固定体位。

（四）手术配合

手术步骤	护理配合
1. 物品准备	手术敷料：常规机器人手术敷料包 手术器械：机器人辅助手术器械 杂项物品：机器人系统、血管缝线等
2. 消毒铺巾	上至下颌、下至双膝上、左至腋中线、右至腋后线及右上臂上 1/3、包括会阴
3. 游离股动、静脉	1）左侧腹股沟处递 15# 刀片、电刀、血管镊、纱布、乳突牵开器 2）小直角游离股静脉，5-0 血管缝线、弹簧针持、小镊子预留荷包，细套管小蚊弯套线 3）小直角、细鞋带、细套管、小弯钳分别在股动、静脉远端和近端套上鞋带备用，切口塞纱布，外侧盖纱垫 4）两把艾丽斯固定体外循环管路中单覆盖
4. 建立手臂操作孔	1）镜头孔：15# 刀片切口，电刀分离，中弯钳扩大，12mm 穿刺器，中弯钳加纱布角擦穿刺器口，放入 30° 镜面朝上的镜头 2）辅助口：15# 刀片、电刀、甲状腺拉钩 3）机器臂孔：中弯钳分别做切口，插入 8mm 穿刺器 3 个，11# 刀片，插入 2 个蓝色 BD 针
5. 股动脉插管	1）小阻断钳 2 个分别阻断股动脉远心端和近心端，11# 刀片在股动脉上做切口 2）插入带导丝的股动脉插管，管道钳，退出导丝和管芯，7# 线结扎固定阻断管和动脉管，大剪刀、管道钳，连接动脉管道，大角针 7# 线固定 2 针
6. 股静脉插管	1）11# 刀片在股静脉预留荷包上做一小切口，插入带导丝，在超声引导下将导丝送至右房 2）由细到粗放入扩张器，插入股静脉插管，管道钳，退出导丝和管芯，7# 线结扎固定阻断管和动脉管，大剪刀、管道钳，连接静脉管道
7. 上腔插管	1）剪刀去掉贴膜和小帽，从预留的 16# 套管针内插入导丝，超声引导下放入右房 2）11# 刀片切开皮肤皮下，蚊弯钳扩口，由细到粗依次放入扩张器，插入上腔管，大剪刀、管道钳，连接管道，艾丽斯、大角针 7# 线 1 针固定上腔管
8. 连接机器人手臂	将机器人推至患者左侧，调整好位置，将手臂逐一固定，插入镜头，左手大镊子，右手单极电凝
9. 打开心包	术者吊心包，助手剪刀剪针，蚊弯钳夹线
10. 上下腔静脉套带	分离上下腔静脉，套阻断带
11. 修补房缺	1）阻断上下腔，左手镊子，右手剪刀，剪开右房 2）放入牵开器手臂，右手换针持连续缝合房缺，每两针用神经拉钩勾线拉紧，最后一针鼓肺排气，助手剪刀剪针，打结器打结

手术步骤	护理配合
12. 关闭右房	1）连续缝合右房 2）取出牵开器手臂，每两针用神经拉钩勾线拉紧，助手剪刀剪针，打结器打结
13. 检查出血情况	1）助手用镜头检查各缝合口有无出血情况 2）在右手臂穿刺器口放入引流管，彻底止血后依次拔出穿刺器，撤机
14. 拔出股动静脉插管	1）拔出股静脉收紧预留的 5-0 血管缝线打结，2 个小阻断钳分别阻断股动脉远心端和近心端 2）拔出股动脉插管，肝素水冲股动脉切口，6-0P 血管缝线缝合切口
15. 关闭各切口	大圆针 7# 线、中圆针 7# 线缝合肌肉，换 4# 线缝合皮下，皮内缝合

第三节　机器人辅助下肝切除手术

（一）解剖学基础

详见第二篇　第六章　第一节　肝叶切除术的相关内容。

（二）适应证

1. 肝肿瘤

（1）良性肿瘤（肝海绵状血管瘤、肝腺瘤、肝囊肿）。

（2）恶性肿瘤（肝癌、肝肉瘤）。

2. 肝外伤

（1）肝内较大的血管破裂，使部分肝失去血液供应，大块组织离断、碎裂。

（2）肝组织严重挫裂伤，单纯缝合修补不能控制出血或已有严重感染者。

3. 肝内胆管结石　局限于一叶的肝内结石，病变严重，造成肝叶萎缩者。

4. 胆道出血　因恶性肿瘤侵蚀、肝内血管破裂或肝内局限性感染引起胆道出血不止时，可行肝切除出血，并去除病因。

（三）麻醉方式及手术体位

1. 麻醉方式　气管内插管全身麻醉。

2. 手术体位　改良截石位。胸部以 30cm 宽、50cm 长的海绵垫保护并用约束带固定于手术床上，患者头高较低位 30°。

（四）手术配合

手术步骤	护理配合
1. 物品准备	手术敷料：常规机器人手术敷料包 手术器械：机器人辅助手术器械 杂项物品：机器人系统、血管缝线、镜下取物袋等
2. 消毒铺巾	以肚脐为中心、左右侧至腋前线，上至剑突上，下至脐下 10cm

手术步骤	护理配合
3. 建立气腹	递 11 号刀片做切口，放置气腹针至腹内压力为 15mmHg
4. 建立器械孔，放置手术器械	1）肚脐上 2cm 处放置 12mm 穿刺器建立第一辅助孔 2）左右两侧肋缘下放置机器人 8mm 穿刺器为右器械孔和第三器械孔 3）左右两侧髂前上棘与脐连线线中点分别建立 12mm 穿刺器为镜头孔和左器械孔 4）左器械孔内放置机器人 8mm 套筒以备术中使用；右髂前上棘内建立 12mm 穿刺器为第二辅助孔 5）镜头放入镜头孔中，助手医生在第三器械孔内放置机器人无创抓钳；左器械孔放置机器人单极电钩；右器械孔放置机器人双极止血钳
5. 胆囊切除	机械手臂将胆囊从肝面游离，充分暴露胆囊管及胆囊动脉，Hem-o-lock 递给医生夹闭胆囊管及胆囊动脉，递镜下剪刀将其剪断，将切除的胆囊放于肝膈面
6. 肝脏血管游离	1）用单极电钩及双极止血钳游离第一肝门，备不同颜色标志带用于标示出相应的肝动脉、门静脉及胆管 2）备数根 5cm 长的一号线用于肝动脉结扎并递给医生 Hem-o-lock 夹闭肝动脉两端方可断离 3）门静脉及肝短静脉则用 5cm 的一号丝线于两端结扎并用 5-0 血管缝线缝扎，取出单极电钩及双极止血钳，放入两把小针持，助手医生协助主刀医生完成肝脏血管处理
7. 肝脏的切除	将超声刀手臂放入左器械孔，进行肝韧带游离。备好镜下切割闭合器离断胆管及肝门
8. 标本取出，缝合切口	用镜下取物袋将胆囊及切除的肝脏放入袋内，观察肝断面渗血情况，检查有无胆漏。于下腹部做一 5cm 切口将标本取出，缝合切口

（何丽　李莉　徐梅）

第二十章　器官移植

学习目标

1. 复述器官移植的概念、分类、解剖要点。
2. 列出各种移植手术的手术方式、麻醉方式、所需物品。
3. 描述术中护理配合注意事项。
4. 应用理论知识制订围术期护理配合方案。

第一节　肾　移　植

（一）解剖学基础

肾脏位于腹膜后间隙,脊柱的两侧,相当于第 12 胸椎至第 2 或第 3 腰椎间,右肾略低于左肾。肾脏的前内上端有肾上腺覆盖(图 20-1-1)。肾脏表面有一层固有包膜,整个肾脏为脂肪和筋膜囊包裹。肾实质由皮质和髓质组成,并形成肾盂和肾盏,于肾盂末端连接输尿管排出尿液。肾动脉直接由腹主动脉分出,肾静脉直接汇入下腔静脉(图 20-1-2)。

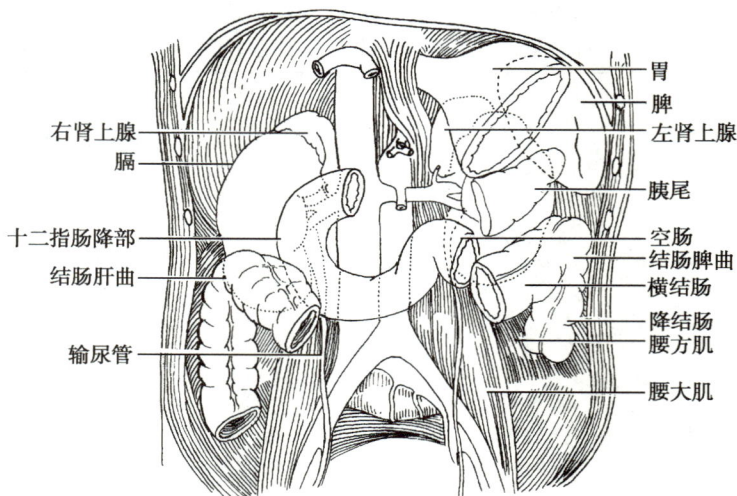

图 20-1-1　肾脏的位置及周围器官的关系

髂窝位于腹后壁盆腔,髂总动脉起始于腹主动脉分叉部,至腰骶关节平面分为髂内动脉及髂外动脉。髂内静脉和髂外静脉分别与同名动脉伴行,合成髂总静脉汇入下腔静脉。

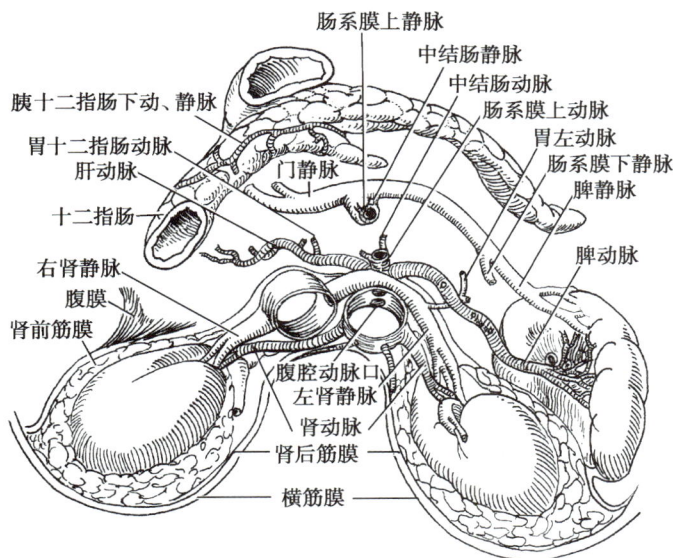

图 20-1-2　肾脏的被覆组织、肾血管及周围结构（横断面）

（二）适应证

慢性肾功能不全（尿毒症期），经保守治疗无效者，且符合以下条件：

1. 经过血液透析或腹膜透析后，一般情况好，体内无潜在的感染病灶，能耐受肾移植手术者。

2. 无活动性溃疡、肿瘤、肝炎及结核病史，也无神经、精神系统病史者。

3. 群体反应性抗体（panel reactive antibodies，PRA）阴性者。

4. 与供肾者的组织配型良好者。

（三）麻醉方式及手术体位

1. 麻醉方式　气管内插管全身麻醉。

2. 手术体位　仰卧位。

（四）手术配合

手术步骤	护理配合
（一）尸体供肾的切取	
1. 物品准备	手术敷料：常规腹部手术敷料包 手术器械：常规开腹手术器械包、电外科设备 杂项物品：安放肾脏用纱布袋或无菌塑料袋、冰箱等
2. 消毒铺巾	消毒范围：自剑突至大腿上 1/3，两侧至腋后线
3. 切开皮肤及皮下各层	取腹部十字切口，手术刀切开皮肤、电刀逐层切开，打开腹膜
4. 游离肾脏	将结肠及内脏推向右侧，切开降结肠外侧后腹膜及结肠脾区，游离左肾和右肾
5. 供肾切取	分别在肾动脉平面以上和髂血管分叉处剪断腹主动脉和下腔静脉，于远端离断输尿管，将双侧肾脏整块取下

续表

手术步骤	护理配合
6. 供肾的灌注和保存	取下的肾脏立即放入盛有冰保存液的盆中,用 0~4℃肾保存液进行灌注,灌注约 100~200ml 至肾颜色变白后置入专用肾袋,放入盛有冰屑的冰箱内
（二）供肾的修整	
1. 物品准备	手术敷料:常规腹部手术敷料包 手术器械:常规开腹手术器械包 杂项物品:安放肾脏用纱布袋或无菌塑料袋、输血器、可吸收缝线、血管缝线等
2. 准备无菌修整台	铺置无菌台,摆放所需血管器械;准备灌注管道和灌注液,无菌盆内盛入碎冰和生理盐水（整个修整过程中保持 0~4℃）
3. 取出供肾	将肾脏从肾袋内取出,立即放入无菌盆中
4. 解剖显露肾动脉、肾静脉和输尿管	去除肾周围脂肪,保留肾门及输尿管周围脂肪,以免损坏输尿管上端的供血。最终清晰显露肾动脉、肾静脉和输尿管
5. 修整肾动脉、肾静脉	丝线仔细结扎小血管和每一个侧支,血管破损处以血管线缝合修补
6. 再次灌注和保存	修整完毕后接肾脏灌注液灌注,将肾脏放入专门制作的肾袋中或无菌塑料袋中,周围放置碎冰,保持 0~4℃待用
（三）供肾植入	
1. 物品准备	手术敷料:常规腹部手术敷料包 手术器械:常规开腹手术器械包,血管器械、肾移植专用圆盘拉钩、电外科设备 杂项物品:安放肾脏用纱布袋或无菌塑料袋、输血器、液状石蜡、止血材料、腹腔引流管、1‰肝素盐水、静脉套管针、可吸收缝线、血管缝线等
2. 消毒铺巾	消毒范围:自剑突至耻骨联合平面,两侧至腋后线
3. 行右下腹弧形切口,显露腹膜外间隙	手术刀切开皮肤、皮下组织,电刀切开腹外斜肌腱膜,显露腹内斜肌及腹横肌至腹直肌前鞘的融合处,于融合处切开,切断并结扎腹壁下动静脉,暴露腹膜外间隙。递圆盘拉钩,两大两小弧形拉钩牵开切口,两块湿盐水纱布保护腹膜
4. 解剖和显露髂外静脉	递直角钳、无损伤组织镊、电刀游离髂外动脉和髂外静脉,丝线结扎小血管和侧支,长度以方便吻合为宜。递红色尿管作牵引
5. 置入供肾	将存放于专用肾袋内的供肾取出,置入髂窝,肾袋内置冰屑,递血管钳夹闭肾袋口,吻合血管期间保持 0~4℃
6. 供肾静脉与髂外静脉行端侧吻合	递侧壁钳夹阻断髂外静脉壁,递无损伤组织镊和精细组织剪剪去血管壁,形成吻合口。递肝素盐水冲洗静脉管腔,递细头持针钳和血管线连续缝合。静脉吻合至一半时,巡回护士遵医嘱静脉滴注 5% 碳酸氢钠 125ml

续表

手术步骤	护理配合
7. 供肾动脉与髂外动脉行端侧吻合	配合同静脉吻合。动脉开始吻合时，巡回护士遵医嘱配制甲强的松龙 250mg、呋塞米 80mg，动脉吻合至一半时行静脉推注
8. 开放血流	递无损伤血管夹分别夹闭动静脉远端，松开血管阻断钳，测试吻合口有无渗漏。必要时递血管线加强缝合，递干纱布压迫止血。巡回护士遵医嘱静脉滴注白蛋白和推注免疫球蛋白
9. 肾脏复温，观察尿液	剪开肾袋，温盐水冲洗肾脏复温。将输尿管开口置于干纱布上观察有无尿液流出
10. 输尿管与膀胱行端侧吻合	吻合前用输液器接入导尿管向膀胱内灌注 300ml 左右生理盐水，注意夹闭导尿管。更换圆盘拉钩的近耻骨内侧拉钩。递组织钳 2 把，提起膀胱壁，组织剪剪开，递长组织镊、可吸收缝线间断缝合，置入双 J 管
11. 冲洗、放置引流管，缝合切口	清点物品，放置引流管，逐层缝合切口

（王　宇　李　莉　徐　梅）

第二节　肝　移　植

（一）解剖学基础

1. 肝脏的解剖学关系（图 20-2-1）　肝脏位于腹腔的上部和横膈之下，上界相当于右锁骨中线第 5~6 肋间，下界与右肋缘平行，背侧相当于第 6~12 肋骨，腹侧相当于 6~9 肋软骨，左侧达第 6 肋软骨平面正中线左侧约 5cm 处，剑突下约 3cm 处。

右顶部与右肺相邻，左顶部与心包和心脏及左肺一小部分相邻。肝的左侧脏面与腹段食管、胃、胰相邻，右侧脏面与十二指肠、胆囊、横结肠、右肾及肾上腺等器官相邻。

2. 肝脏的韧带　肝脏分为前、后、左、右四个缘和脏面、膈面两个面。肝脏膈面其前上有镰状韧带与膈肌相连；前下缘有肝圆韧带与腹壁相连；镰状韧带向后上方延伸，并向左、右延续贴附于横膈而形成冠状韧带；冠状韧带又向左、右延伸，将肝之两极以左右三角韧带固定于膈肌上。在肝的脏面，有肝胃韧带、肝肾韧带、肝十二指肠韧带、肝结肠韧带。

3. 肝门　入肝的门静脉、肝动脉和引流胆汁的肝胆管，三者被包裹于一结缔组织鞘内，经肝脏脏面的横沟出入于肝实质内，称第一肝门；三条主要的肝静脉经肝脏后上方的腔静脉窝注入下腔静脉，称第二肝门；有时引流肝后段的静脉比较粗大，直接汇入下腔静脉，称为第三肝门。

4. 肝的淋巴与神经

（1）肝脏的淋巴管：肝内淋巴管分深、浅两组，肝的淋巴主要经深淋巴管输出。深淋巴管开始于小叶的毛细淋巴管，伴随肝内 Glisson 系统和肝静脉系统，分别抵于第一第二肝门。

（2）肝脏的神经：主要由左右迷走神经、腹腔神经丛分布。

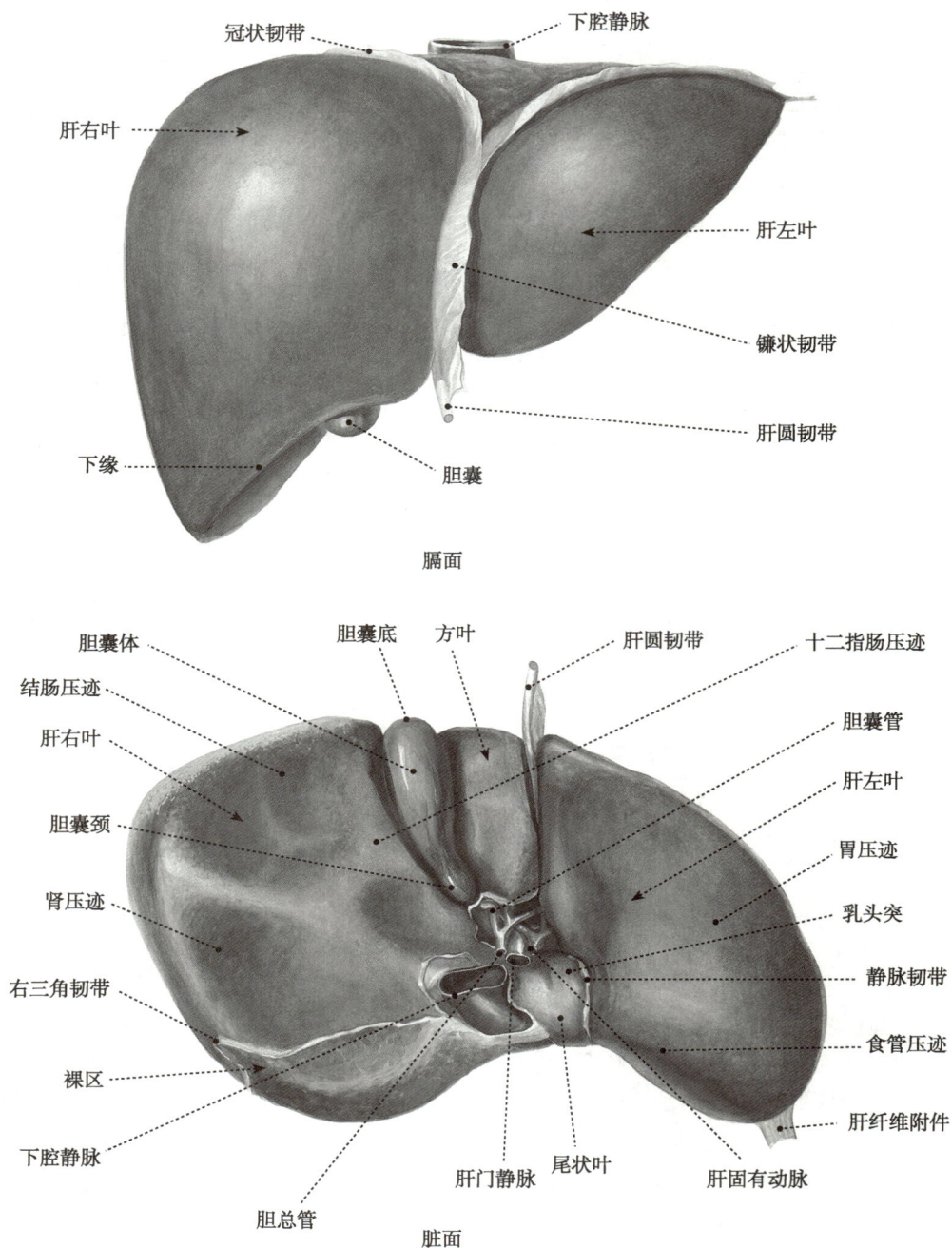

图 20-2-1　肝

（二）适应证

进行性不可逆性终末期肝病均为肝移植适应证。主要包括：

1. 胆汁淤积性疾病

（1）先天性胆道闭锁症。

（2）原发性胆汁性肝硬化。

（3）继发性胆汁性肝硬化。

2. 肝细胞大量坏死性疾病

（1）重症肝炎。

（2）药物性肝炎。

（3）肝炎后肝硬化。

3. 先天性代谢性疾病

（1）肝豆状核变性。

（2）抗胰蛋白酶缺乏症。

（3）酪氨酸血症。

4. 肝脏肿瘤

（1）肝细胞癌。

（2）肝胆管细胞癌。

（三）麻醉方式及手术体位

1. 麻醉方式　气管内插管全身麻醉。

2. 手术体位　仰卧位。

（四）手术配合

手术步骤	护理配合	
（一）供肝的切取		
	尸体供肝	活体供肝
1. 物品准备	手术敷料:常规腹部手术敷料包 手术器械:常规开腹手术器械包、拉钩、电外科设备 杂项物品:冰箱、灌注液	手术敷料:常规腹部手术敷料包 手术器械:常规开腹手术器械包、血管器械及显微器械、拉钩、电外科设备 杂项物品:冰箱、灌注液、B超机、控温毯、超声探头等
2. 皮肤消毒、铺巾	消毒范围:自乳头至耻骨联合平面,两侧到腋后线	消毒范围:自乳头至耻骨联合平面,两侧到腋后线
3. 开腹	腹部十字切口,提供手术刀、腹腔牵开器、组织剪、血管钳,逐层切开,进入腹腔	腹部T字切口或屋顶形切口,提供手术刀、单极电刀、手术镊、血管钳,逐层切开,甲状腺拉钩牵开,打开腹膜
4. 探查肝脏	在肝脏周围放入冰屑	提供自动拉钩,腹腔拉钩,湿盐水纱布、纱布垫。递生理盐水小碗,主刀医生及第一助手湿润双手探查腹腔; 巡回护士协助安装自动拉钩,调节灯光
5. 游离肝脏	切开后腹膜,分离腹主动脉,远端结扎,切开近端前壁,插入20#气囊导尿管,进行冷灌注;在肾下下腔静脉插管,将灌注液引流至腹腔外	提供无损伤组织镊、精细组织剪、电刀切断肝圆韧带、镰状韧带、左、右三角韧带及冠状韧带,分离肝脏

续表

手术步骤		护理配合
6. 解剖肝门	解剖肠系膜上静脉,向门静脉方向插入灌注管,远端结扎阻断,开始灌注4℃的UW溶液	提供B超探头确认肝静脉走向。切除胆囊;提供无损伤组织镊、精细组织剪、结扎线游离肝动脉、门静脉、肝总管及其分支
7. 切取肝脏	剪开膈肌,在右心房水平剪断肝上下腔静脉,剪断胸主动脉,切取肝脏	提超声探头确定肝离断界线,切断肝肾韧带、门静脉分支,巡回护士记录阻断血流时间;进行胆管造影,确定左肝管切断面,电刀、超声刀离断肝脏。巡回护士报告受体手术组,准备灌注和供肝修整用物
8. 肝脏的灌注和保存	剪开胆囊,冲洗胆汁,用4℃的灌注液冲洗胆道,检查门静脉灌注情况,进一步灌腹主动脉。将取下的肝脏放置于盛有4℃的UW灌注液的无菌塑料袋中,外加两层无菌塑料袋,分层扎紧袋口,放于盛有碎冰的冰箱内	提供导管插入门静脉,提供阻闭钳和肝静脉钳或血管夹分别切断左肝动脉和左肝静脉;巡回护士记录冷缺血时间;灌注4℃肝素钠乳酸林格液300~400ml;将供肝移至肝修整台
9. 冲洗创面,止血,检查胆管,处理肝断面		提供血管缝线、精细组织镊、细头持针钳进行缝合、止血,必要时给予止血材料进行创面止血,冲洗
10. 放置引流管,关闭腹腔	清点物品,常规方法缝合腹部切口	清点物品,放置引流管,逐层缝合切口,敷料包扎

（二）供肝的修整

1. 物品准备	手术敷料:常规腹部手术敷料包 手术器械:常规开腹手术器械包 杂项物品:无菌塑料袋、输血器、可吸收缝线、血管缝线等
2. 准备修整灌注台	准备灌注管道和灌注液,槽内盛入碎冰和生理盐水(整个修整过程中保持0~4℃);铺置一次性桌单和无菌巾
3. 将供肝置于修整灌注台,切除胆囊,修整胆管,0~4℃无菌生理盐水冲洗	无菌盆中盛放4℃灌注液,放入供肝,置于盛有碎冰和生理盐水的冰槽内,保持灌注液的温度在4℃左右;提供0~4℃无菌生理盐水
4. 修整肝动脉、门静脉	提供器械和结扎线、血管缝线,结扎动脉分支,检查内膜,修剪吻合口;修剪门静脉,置入灌注管
5. 修整肝下腔静脉	剪去周围组织,提供所需器械和结扎线
6. 供肝称重	提供台秤,协助称重并记录

手术步骤	护理配合
（三）供肝植入	
1. 物品准备	手术敷料：常规腹部手术敷料包 手术器械：常规开腹手术器械包、血管器械及显微器械、自动拉钩、电外科设备 杂项物品：冰箱、灌注液、控温毯、充气式床垫、液体加温箱、超声探头等
2. 皮肤消毒、铺巾	消毒范围：自乳头至耻骨联合平面，两侧到腋后线
3. 开腹，探查腹腔	做屋顶形切口或倒 T 字切口，提供手术刀、单极电刀逐层切开，到达腹腔；提供自动拉钩和湿盐水纱布、纱布垫暴露腹腔，查肝脏和邻近器官。巡回护士遵医嘱静脉注射奥美拉唑 40mg
4. 游离肝脏	提供手术刀、单极电刀、超声刀、立夹锁、无损伤组织镊、血管钳、结扎线切断肝圆韧带、廉状韧带、左右三角韧带和冠状韧带，分离肝脏
5. 解剖肝门	提供单极电刀、无损伤组织镊、精细组织剪、小直角钳、结扎线游离肝固有动脉、门静脉、胆总管及分支，以吊带悬吊；游离肝静脉、下腔静脉，至第三肝门时提供钛夹逐一结扎肝短静脉分支
6. 病肝切除	提供小直角钳、精细组织剪、结扎线、无损伤血管钳或血管夹切断肝固有动脉、门静脉、肝下腔静脉或肝静脉；将病肝切除，移出体腔。巡回护士阻断门静脉后，遵医嘱静脉滴注乙肝免疫球蛋白，及时评估和记录出入量
7. 创面止血	提供无损伤组织镊、细头持针钳、结扎线和血管缝线，缝合止血
8. 肝静脉吻合	与医师一同将供肝放入移植部位，提供所需缝线、长细头持针钳、无损伤组织镊、精细组织剪、皮头钳吻合供肝与受体的下腔静脉或肝静脉；吻合至一半时，巡回护士准备 4℃的 5% 人血白蛋白灌注溶液 400ml，连接好灌注管道，吻合完毕前打开灌注装置，冲出肝内残留的高钾灌洗液
9. 门静脉吻合	撤除灌洗装置，提供器械剪去过长的供肝门静脉残端，与受体门静脉吻合
10. 开放血流，止血	恢复血流前巡回护士遵医嘱静脉注射甲泼尼龙，器械护士提供温盐水，依次开放肝静脉、门静脉，观察肝脏血供，必要时血管线缝合止血门静脉
11. 肝动脉吻合	提供显微外科器械、血管夹、血管缝线、肝素盐水、注射器、套管针，吻合供肝和受体肝动脉
12. 胆道重建	提供所需器械、血管缝线、T 形引流管吻合供肝和受体胆总管。不能进行端端吻合时，行供肝胆总管和受体空肠 Roux-en-Y 式吻合
13. 肝血流测定	提供超声探头
14. 腹腔冲洗，检查创面、止血	提供温盐水，冲洗腹腔，创面止血
15. 放置引流管，关闭腹腔、包扎伤口	关腹前巡回护士遵医嘱静脉推注注射用奥美拉唑；放置引流管，清点物品无误后，逐层缝合切口

（王宇　李莉　徐梅）

第三节　心脏移植术

（一）解剖学基础

心脏是整个血液循环中推动血液流动的泵。心脏的位置位于胸骨体和第 2~6 肋软骨后方、胸椎第 5~8 椎体前方的胸腔中纵隔内，2/3 部分居左侧胸腔，1/3 部分在右侧（图 20-3-1）。

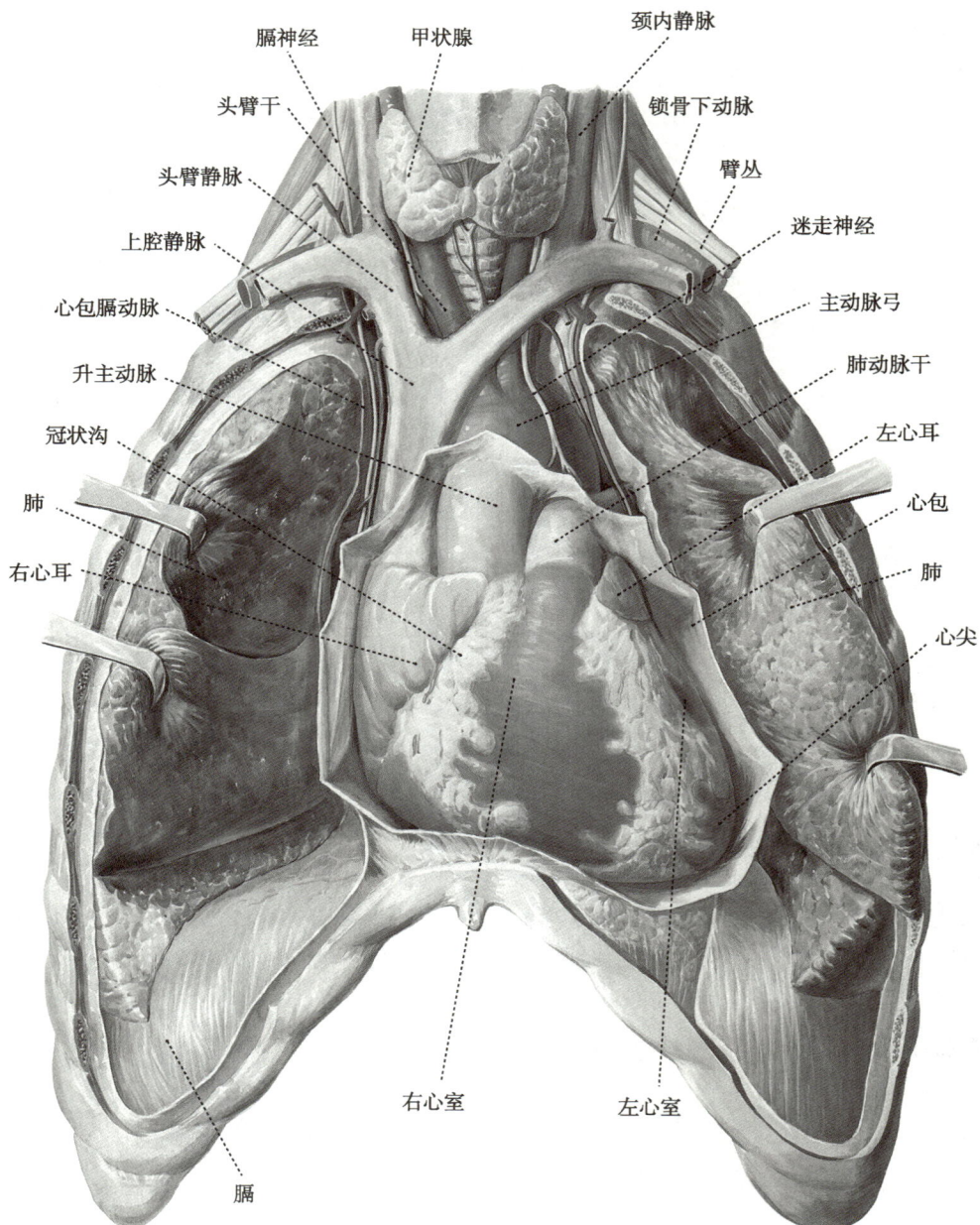

膈神经　甲状腺　颈内静脉

头臂干　锁骨下动脉

头臂静脉　臂丛

上腔静脉　迷走神经

心包膈动脉　主动脉弓

升主动脉　肺动脉干

冠状沟　左心耳

肺　心包

右心耳　肺

心尖

右心室　左心室

膈

图 20-3-1　心脏的位置

心脏由心肌细胞构成,有瓣膜及四个腔。心尖部主要由左心室构成,心底部由大动脉、静脉组成。心脏的四个腔包括:左心房、左心室、右心房、右心室。右心房室之间的瓣膜称三尖瓣,左心房室之间的瓣膜是二尖瓣。右心室与肺动脉之间的瓣膜称肺动脉瓣,左心室与主动脉之间的瓣膜称主动脉瓣。瓣膜的功能是防止心房和心室在收缩或舒张时出现血液反流。在左右心房及心室间有肌性房间隔和室间隔,使左右心之间互不相通。右心房血液的流入口有上、下静脉;右心房的血液出口为肺动脉;左心房血液的流入口为肺静脉;左心室的血液流出口为主动脉。

(二)适应证

1. 心肌病。
2. 冠心病。
3. 先天性心脏病。
4. 心肌炎。
5. 特殊类型的心肌病　如肌营养不良性心肌病、药物中毒性心肌病或者放射性心肌病等。

(三)麻醉方式及手术体位

1. 麻醉方法　全身麻醉。
2. 手术体位　仰卧位,胸骨正中切口,胸部垫高。

(四)手术配合

1. 供体心脏切除的手术配合

手术步骤	护理配合
1. 物品准备	手术敷料:常规心外手术敷料包
	手术器械:常规心脏手术器械、电外科设备
	杂项物品:胸骨锯、亚克线、无菌塑料袋、阻断带、制冰机
2. 消毒铺巾	消毒范围:上至喉结,两侧至腋中线,下至脐部
3. 常规开胸	胸骨正中切口,切开心包,充分暴露心脏
4. 游离血管	游离出上下腔静脉,肺动脉和主动脉。静脉注射肝素 2mg/kg
5. 灌注	主动脉灌注冷心肌麻痹液
6. 切除	将上腔静脉在右心房以上 4cm 处切断
	下腔静脉于其根部切断,并由此向上剪开右心房
	肺静脉开口处切下左心房后壁,使其成为方形开口
	自无名动脉起始部横断主动脉。肺动脉在其分叉处切断

2. 受体心脏切除及供体心脏植入的手术配合

手术步骤	护理配合
1. 物品准备	手术敷料:常规心脏手术敷料包
	手术器械:常规心脏手术器械、电外科设备
	杂项物品:精细血管器械、胸骨锯、除颤仪、变温毯、血管线、亚克线、
	起搏导线、无菌塑料袋、阻断带、涤纶片、制冰机
2. 消毒铺巾	消毒范围:上至喉结,两侧至腋中线,下至脐部

续表

手术步骤	护理配合
3. 常规开胸	切开心包,充分暴露心脏
4. 缝升主动脉插管荷包	在主动脉外膜缝双层荷包并套管蚊式钳固定
5. 缝上腔静脉荷包	上腔静脉插管为直角上腔引流管,血管缝线双头针带垫片在上腔静脉缝荷包并套管蚊式钳固定
6. 缝下腔静脉荷包	右心房缝荷包并套管蚊式钳固定
7. 上腔静脉阻断带	递组织剪和直角钳游离上腔静脉并套阻断带血管钳固定
8. 下腔静脉阻断带	递组织剪和肾蒂钳游离下腔静脉并套阻断带血管钳固定
9. 建立体外循环	升主动脉远端和上、下腔静脉处分别插管
10. 右上肺静脉根部置入左房引流管	缝线双头针带垫片反针缝左心引流荷包并套管蚊式钳固定
11. 阻断升主动脉	收紧上下腔静脉阻断带
12. 切除受体心脏	递电刀,长剪刀和长镊子,切除心脏并装入无菌塑料袋
13. 供体心脏的修剪	将供体心脏放在无菌不锈钢容器内进行修剪,容器内准备大量无菌冰屑,并用湿沙垫将心脏与冰屑隔离开,避免直接接触。递长剪刀长镊子
14. 供体心脏的保护,缝合前的准备工作	供体心脏修剪完毕后将放于正常心脏的解剖位,心包腔内放入大量无菌冰屑,并用湿沙垫隔离心脏和冰屑
15. 行左房吻合	血管缝线连续吻合
16. 下腔静脉吻合	血管缝线连续吻合
17. 上腔静脉吻合	血管缝线连续吻合
18. 肺动脉吻合	血管缝线连续吻合
19. 主动脉吻合	血管缝线两针连续吻合
20. 主动脉缝根部缝灌注荷包	单针缝合并套管蚊式钳固定
21. 开放升主动脉	左心及升主动脉排气,开放升主动脉
22. 右心耳缝上腔荷包	右心耳缝荷包并套管蚊式钳固定
23. 将直角上腔静脉插管更换为直上腔静脉插管。	递管道阻断钳和 11 号刀,拔出直角上腔静脉插管,插入普通上腔静脉插管,线绳固定
24. 缝起搏导线心跳有力跳动后逐渐停止体外循环,常规配合关胸	

心脏移植的历史发展

心脏移植是终末期心脏病治疗的有效方法。也是评价心脏外科综合实力的重要指标。所谓的心脏移植就是取出人的心脏,然后移植到患者体内。

1967 年 12 月 3 日,南非的 Christiaan Barnard,在开普敦 Groote Schuur 医院完成了他的惊世之举,成功的施行了人类第一例同种异体原位心脏移植术,患者术后存活了 18 天。这次手术的成功极大地推动了心脏移植的发展。使心脏移植的临床开展进入了第一次高潮。世界各地的医疗中心先后建立心脏移植实验室,仅仅在二三年间就完成了心脏移植 150 多例。但由于供心保存,排异反应等问题未能解决,大多数病人术后短期内死亡,存活率极低,导致心脏移植热很快消失,陷入了心脏移植的低潮期,大部分医学中心纷纷停止了这项工作。

我国心脏移植起步较晚,发展较慢。1978 年,上海张世泽施行了我国也是亚洲第一例原位心脏移植术,病人存活了 109 天。1987 年中国台湾完成该省第一例心脏移植,1992 年香港大学完成该地的首例心脏移植。自 1992 年以来,全国各地先后开展了心脏移植手术,都有长期存活的病例报道。至 2016 年 1 月,中国大陆每年完成心脏移植手术 150 余例,我国心脏移植已进入快速发展期。随着我国国民经济的快速发展,人民生活水平不断提高及对器官捐献认可度的提升,心脏移植将为我国更多的终末期心脏病患者带来新生。

（马 艳　李 莉　徐 梅）

第四节　角膜移植手术

（一）解剖学基础

角膜位于眼球前极中央,呈略向前凸的透明横椭圆形组织结构,横径约为 11.5~12.0mm,垂直径为 10.5~11.0mm,角膜厚度中央部为 0.50~0.55mm,周边部约为 1mm。角膜为无血管的组织,具有坚韧性和透明性。角膜的组织结构由浅入深可分为五层。

1. 上皮细胞层　由 5~6 层细胞组成,约占角膜厚度的 10%。此层再生能力强,角膜移植时,此层可刮去。

2. 前弹力膜　厚 10~14μm,此层无再生能力,角膜的神经贯穿此层而达上皮层。

3. 基质层　最厚,约占角膜厚度的 90%,由 100~200 层胶原纤维束的薄板构成,板层排列规则。手术时易于沿板层结构剖出。

4. 后弹力层　比前弹力层薄,易于分离,在做板层角膜移植术时,可将角膜基质层切除干净,直至此层,留下光滑的移植床。

5. 内皮细胞层　为单层椭圆形细胞,整齐地排列于后弹力层之后,是阻止房水渗入角膜基质层的主要屏障。

（二）适应证

1. 板层角膜移植术

（1）未累及角膜内皮的中浅层角膜白斑。

（2）各种基质层的角膜营养不良及变性。

（3）未累及角膜内皮层的进行性角膜炎或溃疡。

（4）角膜肿瘤。

2. 穿透性角膜移植术

（1）圆锥角膜。

（2）感染性角膜炎或角膜溃疡。

（3）各种原因所致的角膜瘢痕。

（4）角膜营养不良或变性。

（5）严重的角膜外伤。

（三）麻醉方式及手术体位

1. 麻醉方式　成人一般采用 2% 盐酸利多卡因与 0.75% 盐酸罗哌卡因注射液 3：1 配制后，球后、眼轮匝肌局部麻醉。对于儿童及不能耐受手术者采取全身麻醉。

2. 手术体位　患者采取仰卧位。

（四）手术配合

手术步骤	护理配合
1. 物品准备	手术敷料：常规眼科手术敷料包 手术器械：常规角膜移植手术器械包 特殊用品：角膜环钻、供体角膜切割枕、一次性负压环钻
2. 消毒铺巾	消毒眼部周围皮肤
3. 开睑，直肌缝一针牵引线，牵引上下直肌，固定眼球	递开睑器撑开，3/8 小圆针、0# 丝线
4. 烧灼角膜缘新生血管	递烧灼器
5. 钻切病变区角膜　根据病变范围，选择合适的环钻，环钻需垂直角膜面向一个方向旋转，切进角膜一定深度，使用角膜剪分离并切除病变角膜，形成植床	递角膜镊提起环钻切口边缘，递尖剃须刀片分离并切除病变角膜组织
6. 充分冲洗供取角膜之眼球	含有硫酸妥布霉素生理氯化钠溶液冲洗
7. 根据所需厚度切取供体角膜片	角膜环钻、医用透明质酸钠、15°侧切刀
8. 固定缝合移植片　将切取下的角膜浸泡于硫酸妥布霉素溶液中，移植片与角膜缘对边固定缝合	
9. 缝合移植角膜	
10. 调整角膜缝线	递尼龙线进行间断或连续缝合
11. 结膜下注射抗生素	递 2ml 注射器，4.5 号注射针头
12. 术眼轻度加压包扎	

知识拓展

角膜移植手术注意事项

1. 术中密切观察病人生命体征,发现异常及时处理,整个手术过程中紧紧围绕每个步骤,密切配合医生,在关键时刻,速度要快而准确。

2. 术前结膜囊滴入盐酸奥布卡因滴眼液时注意应该滴入结膜囊内,勿直接滴到角膜上,避免刺激眼睛和引起角膜上皮损伤。

3. 如患者咳嗽可教其用舌抵住上颚,同时提醒手术医生保护好切口。

4. 病理标本取下来立即送病理科检查,并做好相关登记。

（王　薇　徐　梅）

第二十一章　麻醉病人的护理

第一节　概　述

一、概念

（一）麻醉

"麻醉"（anesthesia）一词源于希腊语 an 和 esthesis，前者意思为"没有"，后者意思为"知觉"，其含义是失去知觉或感觉，特别是痛觉，使病人能接受外科手术或其他有创操作。

（二）麻醉学

麻醉学（anesthesiology）是研究消除病人手术疼痛，保证病人安全，为手术创造良好条件的一门科学。

（三）现代麻醉学

现代麻醉学（modern anesthesiology）是研究麻醉、镇痛，急救复苏及危重症医学的综合性学科。它包含有基础医学各学科中有关麻醉的基础理论，广泛的临床知识和熟练的技术操作。分为临床麻醉学、复苏学、重症监测治疗学及疼痛诊疗学。

（四）镇痛

镇痛（analgesia）是用药物或其他方法可逆性的使病人整个机体或机体的某一个部分消失痛觉的技术，多用于手术或疼痛的治疗。

（五）麻醉恢复室

麻醉恢复室（recovery room）又称麻醉后监护治疗室（post anesthesia care unit，PACU），是对手术麻醉后病人进行集中严密观察和监测，继续治疗直至病人的生命体征恢复稳定的部门。麻醉后恢复的目的是使患者生理状态趋于稳定，重点在于监护和治疗在麻醉恢复过程中出现的生理功能紊乱，以便早期诊断和预防并发症。

（六）全身麻醉

指麻醉药通过呼吸道吸入、静脉注射等方法进入体内，抑制中枢神经系统功能，使病人意识消失而无疼痛感觉的病理生理状态的麻醉方法。

（七）局部麻醉

指在患者神志清醒状态下，将局麻药应用于身体局部（如脊神经、神经丛、神经干或周围神经末梢），使机体某一部分的神经传导功能暂时可逆性阻断的麻醉方法。

二、麻醉方法的分类

临床麻醉工作中将麻醉按照麻醉方法进行分类。主要分为全身麻醉和局部麻醉（图 21-1-1）。

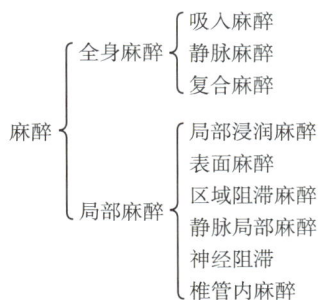

图 21-1-1　麻醉方法分类

（一）全身麻醉

1. 吸入麻醉（inhalation anesthesia）　麻醉药经呼吸道吸入，产生中枢神经系统抑制，使病人意识消失而不感到疼痛，称吸入全身麻醉，简称吸入麻醉。其麻醉深浅与药物在脑组织中的分压有关，麻醉药从体内排出或在体内代谢后，病人逐步恢复清醒。

2. 静脉麻醉　将静脉全麻药注入静脉，通过血液循环作用于中枢神经系统而产生全身麻醉作用的方法。

3. 复合麻醉　曾经称平衡麻醉（balanced anesthesia），指在麻醉过程中同时或先后使用两种或两种以上麻醉药物的麻醉方法。

（二）局部麻醉

1. 局部浸润麻醉　将局麻药注射入手术区的组织内，阻滞神经末梢而达到麻醉作用。

2. 表面麻醉　局麻药施用于黏膜表面，使其透过黏膜而阻滞位于黏膜下的神经末梢，使黏膜产生麻醉现象。

3. 区域阻滞麻醉　围绕手术区在其四周和底部注射局麻药，以阻滞进入手术区的神经干和神经末梢。

4. 静脉局部麻醉　是指在肢体上结扎止血带后，于肢体远端静脉内注入局麻药，使止血带以下部位产生麻醉作用的麻醉方法。

5. 神经阻滞　在神经干、丛、节的周围部位注射局麻药，阻滞神经的冲动传导，使其所支配的区域产生麻醉作用。

6. 椎管内麻醉　是指将局麻药注入蛛网膜下隙而产生的蛛网膜下隙阻滞或注入硬脊膜外隙而产生的硬脊膜外隙阻滞的麻醉方法。椎管内麻醉在理论上应属于局部麻醉，但由于其在临床应用上及理论基础上均有其特点，我国习惯上将两者合称为椎管内麻醉，成为一类独立的麻醉方法。

第二节　麻醉前准备

麻醉前准备是提高围术期病人安全性的一个重要环节，是制订麻醉方案的基础。通过麻醉前的准备能够充分了解病人的全身状况和重要器官生理功能，并做出正确的评估，有利于减轻和消除病人的紧张及恐惧心理，建立良好的护患关系，配合和完成手术，减少并发症的发生，加快病人的康复。

一、麻醉前评估

麻醉与手术的风险程度主要与疾病的严重程度、手术创伤的大小、手术时间长短、失血多少等因素有关。完善的麻醉前评估、制订最适合病人的麻醉和围术期管理方案可降低麻醉和手术风险。美国麻醉医师协会（American Society of Anesthesiologists, ASA）将病情分为5级（表 21-2-1）。

表 21-2-1　ASA 体格状态分级

分级	标　　准
1 级	正常健康
2 级	轻度系统性疾病，无功能受损
3 级	重度系统性疾病，功能部分受损
4 级	重度系统性疾病，已丧失生活能力，随时面临生命危险
5 级	濒死患者，如不接受手术，不大可能存活
E	如为急诊手术，则在相应的体格情况分级之后加上 "E"

注：急症病例注 "急" 或 "E" 表示风险较择期手术增加

二、麻醉前用药

用药目的是通过镇静安定药、催眠药、麻醉性镇痛药物、抗胆碱药、H_2 组胺受体拮抗药等使麻醉过程舒适平稳，所用药物具有以下作用：

（一）镇静

消除病人紧张、焦虑及恐惧心理，使其情绪稳定、合作，产生必要的遗忘。

（二）镇痛

提高病人痛域，增强麻醉效果，减少麻醉药物用量，缓解手术前和麻醉前操作引起的疼痛。

（三）预防和减少某些麻醉药的副作用

如呼吸道分泌物增加，局麻药的毒性作用等。

（四）降低基础代谢和神经反射的应激性

调整自主神经功能，消除或避免不利的神经反射活动，如不良迷走神经反射。

（五）其他

预防或对抗过敏反应。

第三节　全身麻醉病人护理

一、常用全身麻醉药物

（一）吸入麻醉药

经呼吸道吸入，进入体内产生全身麻醉作用的药物。一般用于全身麻醉的维持，有时也用于麻醉诱导。常用的吸入麻醉药有氧化亚氮（笑气）、安氟醚、异氟醚、地氟醚等。

（二）静脉麻醉药

麻醉药物注入静脉，经血液循环作用于中枢神经系统产生全身麻醉。特点是作用快，苏醒迅速，对呼吸道无刺激，病人舒适。常用的静脉麻醉药有硫喷妥钠、氯胺酮、丙泊酚（异丙酚、普鲁泊福）等。

（三）肌肉松弛药

诱导时使用能减少气管插管时的反射以利于气管内插管，术时使用可产生理想的肌肉松弛作用，以利手术顺利进行。肌松药无镇静、镇痛作用，不能单独应用，应在全麻药作用下应用。临床上常使用的有去极化（琥珀胆碱）和非去极化肌肉松弛剂（阿曲库铵、维库溴铵等）两类。

（四）麻醉性镇痛药

具有镇痛作用的药物，常用的药物有吗啡、哌替啶、芬太尼等。

二、全身麻醉实施与护理

（一）全身麻醉诱导

病人接受全身麻醉药后，由清醒状态到神志消失，并进入全麻状态后可进行气管内插管的阶段称为全麻诱导期。麻醉诱导是麻醉过程中最危险的阶段之一。此期病人从清醒转入麻醉状态，机体各器官功能因麻醉药的作用而表现出亢进或抑制，可引起一系列的并发症而威胁病人生命。麻醉诱导的目的是尽快缩短诱导期，使病人平稳地转入麻醉状态。全麻诱导方法主要有以下两种：

1. 吸入麻醉诱导

（1）慢诱导法：通常用左手将面罩固定于病人的口鼻部，右手轻握气囊（或点滴吸入麻醉药），吸氧去氮后打开挥发罐，让病人稍深呼吸，逐渐增加麻醉药浓度至外科麻醉期。这种浓度递增的慢诱导方法可以使麻醉诱导较平稳，但诱导时间的延长增加兴奋期出现意外的可能。

（2）高浓度快诱导法：面罩吸纯氧，之后吸入高浓度麻醉药，让病人深呼吸 1~2 次后改为吸入中等浓度麻醉药，直至外科麻醉期。

2. 静脉诱导　开始诱导时，先以面罩去氮给氧，根据病情选择合适的静脉麻醉药及剂量，从静脉缓慢注入并严密监测病人的意识、循环和呼吸的变化。待病人神志消失后再注入肌松药，全身骨骼肌及下颌逐渐松弛，呼吸由浅到完全停止。以面罩加压辅助或控制呼吸，协助气管插管或其他方法建立人工气道。

（二）全身麻醉维持

1. 吸入麻醉的维持　经呼吸道吸入一定浓度的吸入麻醉药，以维持适当的麻醉深度。目前吸入的气体麻醉药为氧化亚氮，挥发性麻醉药为氟化类麻醉药，临床上常将笑气 - 氧气 - 挥发性麻醉药合用维持麻醉，必要时可加用肌松药。使用氧化亚氮时，应监测吸入氧浓度或血氧饱和度，吸入氧浓度不低于 30% 为安全。挥发性麻醉药应采用专用蒸发器以控制其吸入浓度。有条件者可连续监测吸入麻醉药浓度，使麻醉深度更容易控制。

2. 静脉麻醉的维持　为全麻诱导后经静脉给药维持适当麻醉深度的方法。静脉给药方法有单次、分次和连续注入法三种，根据手术需要和不同静脉全麻药的药理特点来选择给药方法。单一的静脉全麻药仅适用于全麻诱导和短小手术，而对复杂或时间较长的手术，多选择复合全身麻醉。

3. 复合麻醉　指两种或两种以上的全麻药或（和）麻醉方法复合应用，彼此取长补短，以达到最佳临床麻醉效果。根据给药途径的不同，复合麻醉大致分为全静脉麻醉和吸入麻醉药复合的静吸复合麻醉两种。全静脉麻醉指完全采用多种短效静脉麻醉药复合应用，以间断或连续静脉注射法维持麻醉。静吸复合麻醉则是指将静脉全身麻醉和吸入麻醉同时或先后应用于同一次麻醉过程。

（三）全身麻醉苏醒及恢复

1. 吸入麻醉的苏醒及恢复　吸入麻醉病人的苏醒过程与诱导过程相反，整个手术操作结束后，用高流量纯氧来快速排出病人呼吸道及回路里的残余麻醉药。吸入麻醉药排出越彻底越有利于苏醒过程的平稳和麻醉的恢复。

2. 静脉麻醉的苏醒及恢复　在停止麻醉药输注后，病人逐渐恢复清醒，恢复对时间、地点的定向力及正常精神运动行为，这一过程应尽量缩短，以尽快恢复病人内环境稳定机制。

（四）全身麻醉病人并发症观察与护理

1. 恶心、呕吐　向病人及家属解释麻醉、手术后出现恶心和呕吐的原因，嘱病人放松情绪、深呼吸，以减轻紧张感。对呕吐频繁者，除保持胃肠减压通畅、及时吸除胃内潴留物外，按医嘱给予止吐药物，以缓解症状。

2. 呼吸道梗阻　以声门为界，呼吸道梗阻分为上呼吸道梗阻和下呼吸道梗阻。

（1）上呼吸道梗阻：常为因舌后坠、口腔分泌物或异物、喉头水肿等引起的机械性梗阻；喉头水肿可因气管插管、手术牵拉或刺激喉头所致。病人主要表现为呼吸困难。不全梗阻者表现为呼吸困难及鼾声；完全梗阻者则有鼻翼扇动和三凹征。护理时应注意：①密切观察病人有无发绀或呼吸困难征象；②对舌后坠者应托起其下颌、将其头后仰；置入口咽或鼻咽通气道；③清除咽喉部分泌物和异物，解除梗阻；④对轻度喉头水肿者，可按医嘱经静脉注射皮质激素或雾化吸入肾上腺素；对重症者，应配合医师立即行气管切开并给予气管切开护理。

（2）下呼吸道梗阻：常见原因为气管导管扭折、导管斜面过长致其紧贴于气管壁、分泌物或呕吐物误吸后阻塞气管及支气管。轻者无明显症状，仅能在肺部听到啰音。重者可表现为呼吸困难、潮气量降低、气道阻力增高、缺氧发绀、心率增快和血压降低，处理不及时可危及病人生命。护理应注意：①及时清除呼吸道分泌物和吸入物；②注意观察病人有无呼吸困难、发绀等下呼吸道梗阻的症状。③注意避免病人因变换体位而引起气管导管扭折。

3. 低氧血症（hypoxemia）　通常当病人吸入空气时，其氧饱和度低于90%、氧分压低于8kPa（60mmHg）即为低氧血症。病人表现为呼吸急促、发绀、烦躁不安、心动过速、心律失常和血压升高等。常见原因包括麻醉机故障、氧气供应不足；气管导管插入一侧支气管或脱出气管外；呼吸道梗阻；吸入性麻醉药（如氧化亚氮）所致弥散性缺血；误吸、肺不张、肺水肿等。应及时处理，密切监测生命体征和血气分析结果。

4. 低血压　当病人的收缩压下降超过基础值的30%或绝对值<80mmHg时，即为低血压。主要原因有麻醉过深引起血管扩张、术中脏器牵拉引起迷走神经反射、术中失血过多以及术中长时间容量补充不足或不及时等。长时间低血压可致心脑及其他重要脏器的低灌

注,并发代谢性酸中毒,严重者可出现心肌缺血、中枢神经功能障碍等。

5. 高血压　是全身麻醉中最常见的并发症。常见原因包括合并原发病变,如原发性高血压、颅内压增高等;手术、麻醉操作,如气管插管等刺激引起心血管反应;麻醉浅、镇痛药用量不足;药物,如氯胺酮应用后也可引起高血压。对术前已存在高血压的病人,应完善其术前准备并有效控制高血压;当其舒张压高于 100mmHg 或收缩压高于基础值的 30% 时,即应根据原因进行针对性处理,避免发生高血压危象。

6. 心律失常和心搏骤停　麻醉过浅可致窦性心动过速。低血容量、贫血及缺氧可引起心率增快。手术牵拉内脏可刺激迷走神经反射引起心动过缓,严重者可出现心搏骤停,此为全身麻醉中最严重的并发症。房性期前收缩多与并发心、肺疾病有关,频发房性期前收缩者有发生心房纤颤的可能。

7. 吸入性肺炎　因吸入酸性物质、胃内容物及其他刺激性液体和挥发性碳氢化合物后,引起的化学性肺炎。常见的原因主要是由于呕吐、反流误吸造成。手术前应禁食,对刚进食的病人,应推迟手术时间。对急诊手术应放置胃管,并检查吸引效果。

8. 恶性高热(malignant hyperthermia,MH)　一种可由常规用药引起围术期死亡的遗传性疾病。它是一种亚临床肌肉病,即病人平时无异常表现,在全麻过程中接触挥发性麻醉药和去极化肌松药后出现骨骼肌强直性收缩产生大量能量,导致体温持续快速增高,在没有特异性治疗药物的情况下,一般的临床降温措施难以控制体温的升高,最终导致患者的死亡。

第四节　椎管内麻醉病人护理

椎管内麻醉并非是某一种麻醉方法的名称,从解剖学角度看,椎管内含有蛛网膜下隙和硬脊膜外间隙,因此便将这两种麻醉方法归于椎管内麻醉。将局麻药注入蛛网膜下隙,暂时使脊神经前后根阻滞的麻醉方法为蛛网膜下隙阻滞;将局麻药注入硬脊膜外间隙,暂时使脊神经根阻滞的麻醉方法为硬脊膜外间隙阻滞。

一、分类

(一)蛛网膜下隙阻滞麻醉

1. 适应证　适用于下腹部、盆腔、下肢、肛门会阴部手术和分娩镇痛。

2. 禁忌证　包括:①中枢神经系统疾病,如脊髓前角灰白质炎、颅内压增高等。②休克。③穿刺部位皮肤及邻近组织有炎症或全身严重感染。④脊柱外伤或结核。⑤冠心病高血压合并冠状动脉病变。⑥严重腰背疼痛史、凝血机制障碍、明显腹内压增高。对精神病或小儿等不合作的病人,一般也不采用蛛网膜下隙阻滞麻醉。

3. 常用麻醉药　选择麻醉药时应根据患者脊柱情况(如脊柱长短)、手术种类、手术时间长短来决定。通常采用布比卡因或丁卡因应用于长时间手术的麻醉,如膝关节、髋关节置换或下肢血管手术等。

4. 影响麻醉平面的因素　麻醉平面是麻醉操作中重要的环节。麻醉平面的调节不仅关系到麻醉成败,而且与病人的安危密切相关。麻醉药注入蛛网膜下隙后,可短时间内调节和控制麻醉平面以达到手术所需范围。蛛网膜下隙阻滞麻醉平面是皮肤感觉消失的分界线，临床常用针刺或捏皮肤来判断痛觉、触觉消失情况。麻醉平面过低会导致麻醉失败，过高则对病人生理功能影响较大，甚至危及病人生命安全。对老年人、心脏病、高血压等病人应严格控制用药量和麻醉平面。

（二）硬膜外阻滞麻醉

1. 适应证　主要适用于腹部手术。颈部、上肢及胸部手术也可应用，但在管理上稍复杂，凡适用于蛛网膜下隙麻醉的下腹及下肢手术，均可采用硬膜外麻醉。

2. 禁忌证　严重贫血、高血压病及心脏代偿功能不良者应慎用，严重休克病人禁用。穿刺部位有炎症或感染病灶者，也视为禁忌。对呼吸困难的病人也不宜选用颈、胸段硬膜外麻醉。

3. 常用局麻药　利多卡因、罗哌卡因等。

二、椎管内麻醉常见并发症预防及处理

（一）血压下降

因脊神经阻滞后麻醉区域血管扩张，引起回心血量减少、心排出量减少所致。其发生频率和严重程度与麻醉平面密切相关；平面越高，阻滞范围越广，发生血管扩张的范围也越大，故而血压下降越明显。发生血压下降时应快速静脉补充液体；调整体位，制止麻醉平面过度升高；同时给予血管收缩药；抬高下肢增加回心血量。

（二）呼吸抑制

常见于胸段脊神经阻滞者。由于肋间肌麻痹，病人常感到胸闷气短、呼吸无力、说话费力、胸式呼吸减弱、甚至发绀。若全脊髓神经均被阻滞，则可发生全脊髓麻醉，病人出现呼吸停止、血压下降、意识模糊或意识不清、甚至心脏停搏。

（三）全脊髓麻醉

硬膜外麻醉最危险的并发症，系因穿刺针或导管误入蛛网膜下隙，将全部或大部分局麻药误注入蛛网膜下隙而引起的全脊髓神经阻滞现象。此外，麻醉平面过高亦可导致呼吸中枢缺血缺氧而引起呼吸抑制，应立即抬高床头；给予吸氧，如通气量不足应以面罩进行辅助呼吸，必要时给予气管插管机械通气。

（四）恶心、呕吐

主要原因包括：①麻醉平面过高，引起低血压和呼吸抑制，导致脑缺血缺氧而兴奋呕吐中枢；②迷走神经功能亢进，使胃肠蠕动增强；③手术牵拉腹腔内脏，反射性引起恶心呕吐；④病人对术中辅助用药较敏感，麻醉前使用阿托品可降低迷走神经的兴奋性。麻醉过程中观察病人的情况，一旦发生，应首先检查是否有麻醉平面过高及血压下降，采取相应治疗措施。

（五）头痛

发生率为3%~30%，典型头痛，穿刺后6~12小时发生，多数导致颅内压降低和颅内血管扩张而引起血管性疼痛。蛛网膜下隙阻滞麻醉后头痛的特点是抬头或坐起时头痛加重，平卧后减轻或消失。约半数病人在四天内症状消失，多数不超过一周，但个别病人的病程可长达半年以上。头痛发生与否与穿刺针粗细和穿刺次数有关，穿刺针较粗或反复穿刺者发生率较高。围术期可通过足量补液、调节体位、适当应用镇静药或肌注小剂量镇痛药等方式

缓解。

（六）尿潴留

由于骶 2~4 神经的阻滞,使膀胱张力丧失,膀胱可发生过度充盈。术后应鼓励病人及时床上排尿,排尿困难时采取诱导排尿;上述措施无效时可留置导尿管。

（七）脊神经损伤

主要原因有穿刺针直接损伤神经、导管质硬而损伤脊神经根或脊髓、局麻药神经毒性等。病人表现为局部感觉或（和）运动障碍,并与神经分布有关。穿刺时如病人有电击感并向肢体放射,说明已触及神经,立即停止进针,调整进针方向。

（八）硬膜外血肿

多因硬膜外穿刺和置管时损伤血管而致硬膜外出血,如血肿压迫脊髓可致截瘫;多见于凝血功能障碍或应用抗凝药物者。病人表现为麻醉后麻醉作用持久不退,短时间内出现肌无力及括约肌障碍。一旦发生,应尽早行硬膜外穿刺抽出血液,必要时切开椎板,清除血肿。

（九）感染

硬膜外间隙及蛛网膜下隙感染是最严重的并发症。

1. 硬膜外间隙感染　病原菌以葡萄球菌最多见,细菌侵入途径有污染的麻醉用具、穿刺针经过感染组织、身体其他部位的感染灶细菌经血行播散感染硬膜外间隙等。

2. 蛛网膜下隙感染　多在麻醉后 4 小时左右出现脑脊膜炎症状,即寒战、头痛、发热及颈项强直;脑脊液浑浊,白细胞增多,应根据细菌类型,给予抗生素治疗。

第五节　局部麻醉病人的护理

局部麻醉（regional anesthesia）是使用局部麻醉药物暂时阻断某些周围神经的冲动传导,使这些神经所支配的区域产生感觉麻痹的状态。局麻是一种简便易行,安全有效,可保持病人意识清醒,且并发症较少的麻醉方法,适用于部位较表浅、局限的手术。

一、分类

根据麻醉药物作用部位不同分为:表面麻醉、局部浸润麻醉、静脉局部麻醉、神经阻滞（包括臂丛阻滞和颈丛阻滞等）。

二、常用局麻药

按局部麻醉药的化学结构不同,可分为两大类:酯类局麻药（如普鲁卡因、丁卡因等）和酰胺类局麻药（如利多卡因、布比卡因和罗哌卡因等）。

（一）普鲁卡因

一种弱效、短时效但却较为安全的常用局麻药。因其毒性小,适用于局部浸润麻醉,但因其麻醉效能较弱,黏膜穿透力很差,故不用于表面麻醉和硬膜外麻醉。成人一次限量 1g。

（二）丁卡因

又称地卡因,是一种强效、长时效局麻药。因其黏膜穿透力强,故适用于麻醉表面、神经阻滞、腰麻和硬膜外阻滞,但不用于局部浸润麻醉。成人一次表面麻醉限量 40mg,神经阻滞

80mg。

（三）利多卡因

一种中效、中时效局麻药。因其组织弥散性能和黏膜穿透均很强,故可用于各种局麻方法,但使用浓度各不相同。最适用于神经阻滞和硬膜外阻滞,反复用药可快速产生耐药性。成人一次表面麻醉限量 100mg,局部浸润麻醉和神经阻滞 400mg。

（四）布比卡因

一种强效、长时效局麻药。多用于神经阻滞、腰麻及硬膜外阻滞,很少用于局部浸润麻醉。因其与血浆蛋白结合律高,透过胎盘量小,故适用于产科的分娩镇痛。该药有心脏毒性,作用时间 4~6 小时,成人一次限量 150mg。

（五）罗哌卡因

作用强度类似布比卡因,但其心脏毒性较低。多用于神经阻滞和硬膜外阻滞,因其与血浆蛋白结合律高,故特别适用于分娩镇痛和硬膜外镇痛。成人一次限量 150mg。

三、局部麻醉方法

（一）表面麻醉

是将穿透力强的局麻药施用于黏膜表面,使之透过黏膜而阻滞位于黏膜下的神经末梢,使黏膜产生麻醉现象的麻醉方法。常用于眼、鼻、咽喉、气管或尿道等部位的表浅手术或内镜检查。

（二）局部浸润麻醉

指将局麻药注射入手术区的组织内,阻滞神经末梢而达到麻醉作用的麻醉方法。其基本方法为沿手术切口线,自浅入深进针,分层注射局麻药,逐层阻滞组织中的神经末梢。常用药物为利多卡因。麻醉过程应注意;每次注药前应回抽,以防药液注入血管。

（三）静脉局部麻醉

是指在肢体上结扎止血带后,于肢体远端静脉内注入局麻药,使止血带以下部位产生麻醉作用的麻醉方法。适用于能放置止血带的远端肢体手术。

（四）神经阻滞

指将局麻药注入神经干、神经丛、神经节的周围,暂时阻断神经的传导功能,使该神经支配的区域产生麻醉作用的麻醉方法。常用的神经阻滞有臂神经丛和颈神经丛阻滞等。

四、局部麻醉并发症及处理

（一）局麻术后一般护理

局麻药对机体影响小,一般无需特殊护理。若术中用药剂量较大,手术时间较长,应嘱病人在术后休息片刻,经观察无异常后方能出院。病人离院前,告之若有不适,即刻就诊。

（二）并发症观察及处理

1. 毒性反应　局麻药吸收入血后,当血药浓度超过一定阈值时,会引起局麻药全身毒性反应。其反应程度取决于血药浓度。使用小剂量局麻药后即出现毒性反应症状者,称为高敏反应。导致毒性反应的常见原因有:①一次用量超过病人耐受量;②局麻药误注入血管内;③病人体质衰弱,对局麻药耐受性差等。

2. 过敏反应　多见于酯类局麻药过敏,酰胺类极为罕见。病人表现为在使用很少量局麻药后即出现荨麻疹、咽喉水肿、支气管痉挛、低血压和血管神经性水肿等,严重者可危及生命。

第六节　麻醉恢复室病人护理

一、概述

麻醉恢复室(recover room)又称麻醉后监测治疗室(post anesthesia care unit, PACU),是对手术麻醉后病人进行严密的观察和监测、继续治疗直至病人的生理趋于稳定的独立医疗护理单元。PACU 应具备以下特性:①邻近手术室或其他实施麻醉或镇痛的医疗场所,以便麻醉医生及手术医生了解病情并处理病人,或当患者出现紧急情况时能及时转运回手术室进行处理,以减少病情不稳定患者的转运时间。②需要配备相关医疗仪器设备及专业人员。③为刚结束麻醉和手术需转入普通病房、重症监护病房及直接出院的病人提供治疗与监测。

二、麻醉恢复室的设置原则

(一)位置

为了减少患者的转运时间,麻醉恢复室应设置在与手术区域紧密相邻的位置。如有多个独立的手术室或其他需要麻醉医生参与工作的诊疗区域,可能需要设置多个 PACU 并配备设备和适合的医护人员。

(二)规模

麻醉恢复室床位与手术房间的配比应为 1:(1.5~2),同时 PACU 的床位数还应与平均手术时间相关,如果以短小手术和日间手术为主则需要床位较多,若以时间较长手术为主、患者周转缓慢则应需要较少床位。

(三)医护人员配备

麻醉恢复室可设立专职麻醉医生进行管理,也可在原手术间麻醉医生指导下进行麻醉后常规工作。麻醉护士应有丰富的麻醉经验,具有循环及麻醉药理的基本知识,有心肺复苏的知识与技能,能熟练使用监护仪。护士与病床的比例可根据病人的严重程度配备,可以参考 1:(1~4)的比例。

(四)监护设备

监护设备应具备如下功能:能测量心电、脉搏、氧饱和度,能间断测量无创血压、有创血压,能监测呼吸末二氧化碳、体温;条件允许,至少配有一台麻醉机或呼吸机。此外,根据个体化评估原则,可能需要特殊监测设备,如直接动脉压、中心静脉压、心排血量测定、颅内压监测以及某些生化指标监测等。中心监护站可实现资料的记录和保存。

(五)其他设施和设备

尽可能应用可移动的转运床,并且能调节体位的变化,有可升降的输液架及护栏。床与床之间间距至少达 1.2 米,以方便抢救及工作人员进行操作。床头应配备一定数量的气源、电源,包括中心负压吸引等。开放床位虽方便观察患者病情变化,但应配备床帘,用来保护患者隐私。

同时,PACU应备有空气净化装置、消毒装置、心电除颤仪、困难气道车、抢救车、加温毯、超声仪及纤维支气管镜等辅助设备。

(六)药品配备

麻醉恢复室内应备有各种抢救药品,分别放置于抢救车或药品车内,并注有明显标识。

三、麻醉恢复室病人的护理

(一)患者转入

1. 转入PACU的标准

(1)所有麻醉后患者未清醒时,其自主呼吸并没有完全恢复、肌肉张力差或因某些原因未拔除气管导管等。

(2)各种神经阻滞发生意外情况、手术后需要继续治疗的患者。

(3)术后有通气不足及氧合不全的体征和症状的患者。

2. 转运注意事项　在病人转入麻醉恢复室之前,应先通知PACU护士,使护士大致了解患者的情况并准备好必要的监护仪器或呼吸机,合理分配人力资源。患者应保持血流动力学稳定,并给予充分的通气和氧合,方可离开术间前往PACU。应由麻醉医生、外科医生及手术室护士同时转运至PACU,由麻醉医生指导转运,确保患者安全。在转运过程中密切观察患者,并注意保暖,防止躁动、以防坠床,防止各种管路移位及意外脱出,同时要注意患者有无呼吸道梗阻。

3. PACU病人交接　病人入PACU后,护士应立即进行生命体征测量,同时将患者妥善安置,待患者平稳后,方可进行交接,交接内容包括:①提供完善的麻醉记录;②重要病史、合并症的处理及处理结果、有无困难气道、留置导尿、术中输血及输液量、特殊用药等情况;③外科医生需提供重要的手术细节、开出术后早期医嘱,对外科相关观察内容如引流量等进行交班;④PACU医护人员确定安全接管患者后,手术组麻醉医生方能离开。

4. 气管插管拔管处理及注意事项

(1)拔管的指征:没有单一的指征能保证可以成功地拔除气管导管。下列指征有助于评估术后患者是否可以拔管:患者意识清醒;咳嗽反射、吞咽反射恢复;呼吸方式正常;病人能自主呼吸,呼吸不费力,呼吸频率<30次/分钟,潮气量>300ml;能睁眼、肌力完全恢复;无严重酸碱失衡,无缺氧症状(PaO_2 80~100mmHg 或 SpO_2 92%~99%);无需要紧急处理的心律不齐,无需要紧急处理的高血压或低血压;确定拔管后,不会因手术部位(如头颈部手术、颅颜手术、喉部、咽部手术)而发生上呼吸道阻塞。

(2)拔管操作:拔管前应做好可能需要再次气管内插管的准备,拔管动作迅速、轻柔,尽可能减轻患者不适。记录拔管前患者的意识状态、血压、心率、体温及氧饱和度、动脉血气分析等;拔管前必须先吸尽残留于鼻腔、口腔、咽喉和气管内分泌物,拔出导管前预充氧;抽尽套囊内气体,准备好吸引器,患者头偏向一侧,拔出气管导管,保留牙垫,既可防止拔管后牙关紧闭,又便于吸出口腔内分泌物;拔出气管导管后应观察氧饱和度并注意是否有呼吸困难的发生,继续面罩吸氧。

5. 患者转出　转出麻醉恢复室的标准可参照Steward苏醒评分表(表21-6-1)或Aldrete评分表(表21-6-2)。

表 21-6-1　Steward 苏醒评估

评估指标	患者状况	分值
清醒程度	完全清醒	2
	对刺激有反应	1
	对刺激无反应	0
呼吸通畅程度	可按医生吩咐咳嗽	2
	可自主维持呼吸通畅	1
	呼吸道需予以支持	0
肢体活动程度	肢体能做有意识的活动	2
	肢体无意识活动	1
	肢体无活动	0

注:上述三项总分为 6 分,当患者评分 > 4 分,可考虑转出 PACU

表 21-6-2　PACU 转出评分标准 (Aldrete) 评分

评估指标	患者状况	分值
活动力	按指令移动四肢	2
	按指令移动两个肢体	1
	无法按指令移动肢体	0
呼吸	能深呼吸和随意咳嗽	2
	呼吸困难	1
	呼吸暂停	0
循环	全身血压波动幅度不超过麻醉前水平的20%	2
	全身血压波动幅度为麻醉前水平的20%~49%	1
	全身血压波动幅度为麻醉前水平的50%	0
意识	完全清醒	2
	可唤醒	1
	无反应	0
经皮肤脉搏血氧饱和度	呼吸室内空气下氧饱和度 > 92%	2
	需辅助给氧下维持饱和度 > 90%	1
	即使辅助给氧下饱和度 <90%	0

注:上述五项总分为 10 分,当患者评分 > 9 分,可考虑转出 PACU

当病人达到转出恢复室标准后,记录恢复指标和生命体征,准备好监护仪器等转运设备,通知病房或 ICU 做好接收病人的准备。

（二）PACU病人并发症观察与护理

1. 呼吸系统并发症

（1）低氧血症：可以通过鼻咽管、气管插管、通气道、麻醉面罩等途径给氧。若低氧血症通过吸氧得不到改善，并有二氧化碳分压升高，则应进行呼吸支持，使用呼吸机进行机械通气。

（2）通气不足：导致通气不足的主要原因有肌肉松弛剂、麻醉性镇痛剂残余作用常需通气支持；苏醒期伤口疼痛；腹部术后加压包扎力度过大等。处理时应首先对上述原因对症处理，并及时清除颈面部手术口内分泌物、血块淤留等。

（3）上呼吸道梗阻：上呼吸道梗阻临床表现包括打鼾、吸气困难，可看见胸骨上、肋间由于肌肉收缩而凹陷，护士要及时发现病人有无舌后坠、喉痉挛、气道水肿、手术切口血肿、声带麻痹等症状并对症处理，同时密切观察病情，防止病人发生误吸。

2. 循环系统并发症

（1）术后心律失常：常见原因有低氧血症、高碳酸血症、电解质或酸碱失衡、交感神经兴奋、心肌缺血、颅内压增高、低体位等。

（2）血压异常：低血压是手术后常见并发症。主要原因有术中失血失液过多未能及时补充导致有效血容量的不足；术后出血；术后疼痛；低氧和高碳酸血症；低体温；膀胱、胃肠道的扩张性刺激等。

3. 神经系统并发症　目前对全麻后苏醒延迟时间概念没有明确的结论，但大都认同"全身麻醉后超过2小时意识仍然不恢复，即可以认为麻醉苏醒延迟"的观点。

（1）苏醒延迟的主要原因：麻醉药物的作用时间过长：麻醉前用药，尤其是长效苯二氮䓬类药（地西泮或咪达唑仑）应用于老年病人时；麻醉性镇痛药、镇静药、肌松药等的联合应用；吸入麻醉药的时间超过3小时，或联合应用其他药物；呼吸功能不全、心血管功能障碍、体温调节功能障碍等。

（2）苏醒延迟护理：需给予恰当通气和氧合治疗，常规监测心电、血压、血氧饱和度、呼气末二氧化碳、体温，可做动脉血气分析、血清电解质和血糖检查，遵医嘱予以病因治疗；及时纠正糖代谢及水电解质紊乱；部分病人术后继续呼吸支持至苏醒，及时清除呼吸道分泌物，维持呼吸道通畅；合理使用拮抗剂，观察患者用药后的反应。

（3）神经系统损伤：中枢神经系统的损伤多见于脑卒中。脑卒中多发生于颅内手术、颈动脉内膜剥脱术和多发外伤术后，严密观察意识、瞳孔、生命体征、神经系统体征等，同时要避免造成颅内压骤然增高的因素，如呼吸道梗阻、剧烈咳嗽、癫痫发生等。外周神经损伤多由于手术直接损害和术中体位安置不当。应严密观察肢体活动情况，早期发现潜在神经损伤、神经部位受压等。

4. 谵妄和躁动　谵妄和躁动是指病人的清醒状态受到极度的干扰，其注意力、定向力、感知能力及智力均受到影响并伴随恐惧和焦躁。苏醒期谵妄和躁动是全麻手术患者进入麻醉恢复室（PACU）护理工作中经常遇到的问题。谵妄与躁动都是神经系统功能改变的结果，只是程度不同而已。麻醉、手术用药以及病人自身的因素都与谵妄和躁动的发生和发展相关。

（1）临床表现：患者表现为麻醉未苏醒突然开始出现烦躁、尖叫等躁动的表现，四肢和躯体肌张力增高，颤抖和扭动，发作后恢复平静，也有可能再次发作。谵妄状态的持续时间长短不一,短则 10~13 分钟,长则可达 40~45 分钟。

（2）监护和护理:气管插管全麻病人应密切观察病人生命体征、血氧饱和度,注意观察病人意识状态、瞳孔、尿量,必要时可以做动脉血气分析以防低氧血症或二氧化碳潴留。若不符合拔管要求病人可遵医嘱给予静脉注射小剂量咪达唑仑或少量的丙泊酚镇静,继续以呼吸机辅助通气,防止因躁动导致气管导管脱出造成患者窒息。若病人发生躁动时,应给予约束与镇静。对于躁动或谵妄的患者需提供安全环境保护措施,使用床旁护栏及约束带,要定时观察受压、约束部位、末端肢体皮肤颜色,防止意外发生。同时也要关注病人骶尾部、足跟部等压疮易发部位皮肤情况,必要时采取特殊预防措施。

5. 低体温　详见第三篇　第二十五章　第八节　手术患者术中体温的管理。

（李　莉　徐　梅）

第二十二章 灾害护理

第一节 灾 害 概 述

全球灾害频频发生,成为当今世界面临的重大问题之一,严重威胁着人类的生命和财产安全,影响着社会和经济的发展。人类不能完全预防和杜绝灾害的发生,但可以通过努力将其造成的危害减小到最低限度。认识灾害、增强防灾减灾意识,提升应对灾害威胁的战略能力,这是灾害救援留给人们的深刻启示。

一、灾害的定义

世界卫生组织(World Health Organization,WHO)对灾害的定义为:一切可能导致设施破坏、经济受损、人员伤亡及健康与卫生服务状况恶化的事件,当其规模超出发生地的承受能力,必须向外寻求专门救援时,即可称为灾害。泛美卫生组织(Pan American Health Organization,PAHO)于1980年将灾害定义为:"一种势不可挡的生态崩溃,达到需要外部援助的程度。"世界红十字会给灾害的定义是:"灾害是一种异常事件,突然导致大量的人员伤亡。"联合国"国际减灾十年"专家组对灾害的定义:"灾害是一种超过受影响地区现有资源承受能力的人类生态环境的破坏。"

二、灾害的分类

(一)根据灾害的原因分类

1. 自然灾害(natural disaster) 就是人力不能或难以支配和操纵的各种自然物质和自然力聚集、爆发所致的灾害。如天文灾害、气象灾害、地质灾害等,其中水灾、台风、地震、海啸、环境污染等最为常见,对人类危害大。

2. 人为灾害(man-made disaster) 指那些在社会经济建设和生活活动中各种不合理、失误或故意破坏性行为所造成的灾害。如火灾灾害、爆炸灾害、交通事故灾害、建筑物事故灾害、工伤事故灾害、卫生灾害、矿山灾害、科技事故灾害、战争及恐怖爆炸灾害等。

（二）根据灾害发生的先后顺序分类

1. 原生灾害（primary disaster）　是指最早发生、起主导作用的灾害。如地震、滑坡、台风等。

2. 次生灾害（secondary hazards，secondary disaster）　为由原生灾害直接诱发或连锁引起的灾害，如地震造成倒房引起的火灾、滑坡、海啸等。

3. 衍生灾害（derive disaster）　由原生或次生灾害演变衍生形成的灾害，造成生态或社会结构、功能破坏。如一些自然灾害引发的人群的疫病，或造成生产、金融、交通、信息等流程的受损、中断或破坏，经济计划的改动，社会心理危机、家庭结构破坏等。

有时为了简便，也有学者将衍生灾害并入次生灾害，还有学者将次生灾害或衍生灾害称为次期灾害。

（三）根据灾害形成过程长短不同分类

灾害在形成过程中，致灾因子逐渐作用于承灾体，使其朝着灾害方向发展，当致灾因子的作用强度超过一定强度时，就表现出灾害行为。不同的灾害，其形成过程长短不同，在很短时间内就表现出灾害行为的灾害称为突发性灾害，如地震、洪水、飓风、冰雹等。致灾因子变化较慢，需要较长时间才表现出灾害行为的灾害称为缓发性灾害，如土地沙漠化、水土流失等。

（四）根据灾害行业分类

在不同行业范围内发生的灾害，将由不同的行业部门进行灾害管理。按照行业管理范围，灾害可以划分为农业灾害、林业灾害、工业灾害、海洋灾害等。其中农业林业灾害包括农业林业气象灾害、农业林业生物灾害、森林火灾等，工业灾害包括工业污染、工业火灾、事故等，海洋灾害包括赤潮、海啸等。

三、灾害对人类环境安全发展的影响

由于灾害的种类繁多，发生率高，不但导致广大人员、物资或环境的严重损失，而且引发社会功能的严重破坏，对人类健康和生存造成深远影响，对生产力造成严重的破坏，消耗大量的医疗卫生资源。

（一）灾害对人类社会安全的威胁

1. 危及人类的生命和健康，是灾害对人类社会最重要的影响。灾害特别是重大或突发性灾害，可以造成人员大批伤亡。灾害引发的次生灾害，尤其是传染病的流行，对人类生命和健康的危害甚至超过原生灾害。同时，灾害还使得受灾人群的心理受到严重创伤，引起人们产生恐惧、悲哀、绝望等心理障碍，导致健康状况恶化，社会功能受损。

2. 破坏资源和环境，威胁国民经济可持续发展。灾害所造成的对资源和环境的破坏是难以在短期内恢复的，有的甚至永远无法恢复。生物资源虽然种类繁多，在总体上属于不可再生资源，一个物种灭绝后在地球上就永远不会再生。水资源受污染，恢复也需要很长时间。因此，灾害不仅破坏先进社会经济发展，也危及子孙后代的生存发展条件。

（二）灾害对国家政治安全的影响

灾害对人类生命安全的影响及环境、资源的破坏严重影响着灾区人民的健康、生活乃至生存，可能导致政局不稳，甚至引发国家内部的危机，进而影响国家政权安危，乃至改朝换代。几千年来，我国一直以农业生产为主，抗御自然灾害的能力较差，各种常发的自然灾害造成严重及饥荒，人口大量死亡，社会矛盾激化，从而引起社会动荡和农民起义。

灾害引发的政治危机

1970 年孟加拉国飓风导致近百万人死亡,当时孟加拉与巴基斯坦是一个国家,由于国家救灾不利,引发孟加拉民众不满,再加上外来势力的干预,最后导致孟加拉从巴基斯坦独立出来。

1637—1642 年明朝发生严重旱灾,持续时间长达 6 年,受灾范围涉及北方 15 个省,统治者横征暴敛,民无生路,激发了李自成、张献忠等率领农民起义,最终导致明王朝的灭亡。

(三)灾害与经济发展的相互影响

从灾害与经济发展的相互影响来看,一方面,随着经济发展,人类抵御灾害的能力不断提高,从而在一定程度上减轻了灾害;20 世纪 90 年代以来,灾害事件的发生数和受灾人数呈不断上升的趋势,但其死亡人数和经济损失却在减少。另一方面,经济发展又可能影响或导致某些灾害的发生,工业化、科学技术的进步往往可能引发新的灾害。

知识拓展

灾害影响的地区差异

灾害的发生和影响在不同受灾地区之间存在巨大差异。在 2002 年因灾害死亡人数中,只有 6% 是发生在高度发达国家,欠发达国家每起灾害的平均死亡人数为 555 人,中度发达国家每起灾害的平均死亡人数为 133 人,而高度发达国家仅为 18 人;然而经济损失的情况则刚好相反,欠发达国家每起灾害的平均经济损失为 6100 万美元,中度发达国家每起灾害的平均经济损失为 14 900 万美元,而高度发达国家却高达 47 700 万美元。

第二节　灾害护理概述

国际灾害护理协会将灾害护理定义为系统灵活应用灾害护理相关的知识与技能,并与其他专业人员合作,以减轻灾害带来的健康危害和生命威胁而展开的一系列活动。

一、灾害护理的发展

(一)灾害护理的起源

在灾害护理活动中,最早尝试研究并应用研究成果让现实发生转变的是弗罗伦斯·南丁格尔。在克里米亚战争期间,她通过应用改善伤病员的疗伤环境和增强伤病员营养等基础护理手段配合治疗,使伤病员的死亡率从 42% 降低到 2%,奠定了灾害护理的基础。国际红十字会创始人之一亨利·杜安是救援活动的最早倡导者。在 1859 年意大利索弗利诺战争救护经历的基础上,他出版了《索弗利诺回忆录》并提出救援活动应该不分敌我,同时他还倡议有必要建立国际性救援团体。

（二）世界灾害护理的发展

近年来意外灾害在世界范围内有进一步上升的趋势,护理人员虽然一直参与各类灾害的救援活动,但护理在医学救援中的作用并未得到应有的重视。直到 1995 年日本阪神·淡路大地震后,灾害护理逐渐受到了日本以及世界各国的重视并得以发展。1998 年日本率先创建了日本灾害护理学会,同时在护理教育中开设了灾害护理学课程。"9·11"事件后,美国的灾害护理学完成了其概念的阐述和理论的形成,并在各种灾害救援中得到修正和完善。2008 年 1 月 22 日,由日本、美国、中国、韩国、英国、泰国、印尼西亚等 7 国 40 余家教育机构、职能团体和学术团体共同发起并成立了世界灾害护理学会（World Society of Disaster Nursing, WSDN）成立。学会的成立及其科研学术会议的召开,成为各国分享灾害护理经验与知识的重要契机及分享世界灾害护理发展成果的交流平台。

（三）我国灾害护理的发展

我国的灾害护理学起步较晚,2004 年的印度洋海啸后,我国护理人员第一次参加了国际灾害救援;在那之后,我国护理人员又参与了 2005 年巴基斯坦和 2006 年印尼地震的灾害救援。汶川地震以后,我国灾害护理研究迅速发展起来,2008 年"中国灾害护理学会"成立,并于 2009 年"5·12"在四川成都成功举办"全国灾害护理学交流暨专题讲座",成为了我国灾害护理发展史上的重要标志之一。此外,中国卫生部和世界卫生组织在中国山东济南联合主办了"2008 年亚太地区卫生突发事件及灾害护理协作网会议",来自中国、日本、美国、英国、瑞士等 20 余个国家和地区 130 多名代表参加了会议。2012 年 7 月,在世界灾害护理学会第二届学术交流会议上,中华护理学会正式加入世界灾害护理学会,成为理事单位。

二、灾害护理的特点

（一）灾害护理隶属于灾害医学范畴,是一门新兴的交叉性学科

灾害护理是灾害医学救援工作的重要组成部分,是系统、灵活地应用有关灾害护理学独特的知识和技能,同时与其他专业领域开展合作,为减轻灾害对人类的生命、健康所构成的危害而开展的活动。由于灾害造成的是社会多方面的损害,所以灾害护理学救护不单纯是医学意义上的救护,还是一项复杂的社会系统工程。灾害护理学是有关灾害的预防、救援与管理的综合科学,内容非常广泛,涉及灾害学、临床医学、临床护理学、野战护理学、预防医学、心理学、管理学、社会学、伦理学等。

（二）灾害护理具有突发性、紧急性

由于灾害发生的突然性以及灾害预测的局限性,通常在灾害发生后才集中各方救援力量,临时组成高效的救援机构,在极短时间内开展救援、救护工作。护理人员首先要面对灾后恶劣的自然环境和严重毁损的生活设施;其次,灾害所致的大批伤员需要救治,病情危急,所以灾害护理较一般护理工作更为复杂繁重。

（三）灾害护理具有特殊性

1. 护理重心的特殊性　灾害早期,主要以挽救生命、救治躯体疾病为主,护士的工作主

要集中于各种具体的护理操作尤其是处理外伤和创伤急救患者,包括骨折病人的固定搬运、烧伤病人的清创包扎、导尿、气管切开术、心肺复苏术等。灾害后期,护理人员的主要职责为对危重症病人的护理或重症监护等医疗操作,预防、制止流行病的传播,关注弱势群体,对人群展开心理干预及人文关怀等。

2. 护理对象需求的特殊性　灾害带来的生命威胁、生存条件恶劣,甚至严重的精神创伤,决定了灾害时护理需求的特殊性,包括:①正确的施救意识,在遵照快抢、快救、快送的伤员救治基本要求下,针对伤者的伤因和伤情使用合理的救助方式及工具,防止造成新的创伤或造成次生灾害。②熟练的紧急验伤分类处理流程:包括抢救生命、判断伤情、现场初步处理。③搬运与救护结合,转运途中掌握搬运技巧,做好病情观察并配合简单治疗。④保证护理连续性,在灾害救护中做到前后衔接,不中断不重复。⑤评估并满足灾害护理需求,针对不同灾害的特点,选派恰当的专业护理人员,并强调一人多岗、一专多能。

（四）灾害护理具有组织管理统一性

灾害护理的组织管理具有统一的特点:①护理人员比例合理。通常情况下,灾害救援队伍中,护士数量应该为医生的 2 倍左右。②救护药材和卫生装备配置合理。应根据灾害救援任务的特点和要求配置药材及卫生装备,在储备灾害救援物资时,应采购便于运行、机动性强、展收迅速、使用方便的中小型医疗仪器。③科学统筹,合理分工。应根据工作任务、伤员情况、护理人员专业技能情况等,合理进行岗位分工,合理利用有限的护理资源,保证各项救治工作顺利进行。

（五）灾害护理具有实践技能统一性

灾害护理具有统一的实践技能:①快速判断伤情,依据快速检伤分类原则迅速对伤病员进行简单分类,尽一切努力确保Ⅰ类伤病员得到优先抢救,伤情稳定后按照轻重缓急进行运送。②掌握基本急救技能,坚持"有效救命第一"的救援原则。建立和保持呼吸道通畅是复苏抢救的最重要环节。

三、护理人员在灾害救援中的角色及素质要求

（一）护理人员在灾害救援中的角色

1. 护理人员在灾害救援中的重要性　由于灾害现场的复杂性,多变性和紧急性,护士作为救援队伍中不可或缺的一部分,无论在灾前备灾、受伤人员检伤分类、现场急救与转运、远期康复等方面都发挥着重要的作用,护士在紧急救援工作中发挥的作用不容忽视,其灾害护理能力（disaster nursing competencies, DNC）对灾时应对和受害人员灾后恢复影响巨大。

2. 护理人员在灾害救援中的基本角色　①是灾前备灾、减灾的教育者,可深入社区,通过宣传栏、讲座、画册等方式宣传灾难中的自救、互救的方法。②是灾害发生时的紧急救援者,在灾害发生后参与伤情判断、急救及转运等工作,还要承担疾病预防知识的宣教,传染病防治及心理疏导等工作。③是受灾人员的一线照护者,在各医院的各个科室承担转运而至的受灾人员的一线照护工作。④在灾害社区康复中扮演多重角色,如:护理者、教育者、管理者、联络员和家访者等。

（二）灾害救援队护理人员的素质要求

1. 身体素质　灾害现场的环境通常都是很艰苦的,物质匮乏,工作时间长,强度大且没有规律,交通不便利,要求护士有健康的身体素质。

2. 心理素质　在面对惨烈的灾害现场甚至对自身的生命安全的可能威胁,要求护士必须具有积极而稳定的情绪,乐观向上的精神面貌,具备良好的应对挫折的能力时避免出现负面情绪。还要具有高尚的护德和良好的沟通技巧,发扬人道主义精神,全力救助和关怀伤病员。

3. 文化素质　要求护士知识广博,学习与沟通能力强。了解多民族习俗,善于使用手势、表情等非语言交流;尊重受灾者的地域风俗习惯及宗教信仰、饮食文化等。

4. 专业素质　灾害救援护士应当具备必要的计划、交流、管理、检伤分类、庇护护理、恢复公众健康等能力,应当能够应对各种灾害事件,包括自然灾害和人为灾害,早期识别各种危险因素。护士应当知晓如何进行应急搜救、应急救援、应急医疗救助,具有独立思考和解决常见医疗护理问题的能力,能够在各种野外条件下生存和工作。

四、灾害护理救援中的伦理问题

当灾害瞬间导致大批伤员出现时,灾害护理救援活动是在一个临时的、艰苦的、物资缺乏的甚至是冒着生命危险的环境中对大批伤病员进行的,要获得最佳的救护效果必然存在种种矛盾,其中就包括救护行为本身和救护过程中所结成的关系在非常态下引发的护理学伦理问题。解决这些伦理问题,对于引导灾害护理救援活动中护理人员树立正确的伦理观念,规范护理人员的救治行为,提高灾害护理救治效率具有重要的意义。

(一)灾害护理救援中的人际关系

1. 护患关系　指在护理实践中产生和发展的护理人员与患者之间确立的一种人际关系,是灾害护理救援中人际关系的核心。较之临床活动中的护患关系,灾害护理学救援活动中的护患关系有其自身的特点:

(1)护患比例严重失调:由于灾害突然发生,在瞬间便可能造成大量伤员同时出现。灾害也可能摧毁当地医疗机构,致使医疗资源严重不足,护患比例严重失调。

(2)护患关系缺乏稳定性:在灾害护理救援中检伤分类、疏散治疗是唯一能缓解灾区医疗压力,提高抢救效率的方法。因此,大量的伤员通过医护人员分类实施初救后便被分送到各级医院。所以,灾区救护活动中护患关系多变,缺乏稳定性。

(3)护理人员自主性增强,伤病员自主性相对淡化:灾害后特定的环境使伤病员的自主选择的空间极度缩小,护理人员的自主权和特殊干涉权得到强化。上述情况可以促使护理人员强化道德责任感,充分行使自主权,最大限度地对灾民实施救护,也容易忽略伤病员的自主愿望和自主选择,给长远疗效和生命质量埋下隐患。因此,参与救灾的护理人员对此应有清醒的认识,对伤病员的自主权更加尊重,千方百计予以保护。

2. 护际关系　指护理学活动中主体内在的关系,主要包括医生、护士、医技人员等之间的相互关系,且主要局限在同一医疗机构之内。面对突发灾害,减少伤残已不只是一个医疗机构的责任和义务,需要政府各部门乃至国际间的广泛协作,其护际关系已被大大扩展且更加复杂,呈现出独有的特点:

(1)护际关系泛化:在灾害护理救援中,护际关系范围十分宽泛,包容了承担救灾任务的各级相关部门,突破本区域而延伸到其他地区、甚至国际社会。

(2)护际关系的临时性:灾害护理救援中的护际关系由来自各个地方和部门的救护人员组成,随着灾害抢救的工作结束而解除。

（3）目的的统一性：灾害护理救援中结成的护际关系之间追求的目标都是为了抢救受灾伤员的生命并促使其恢复健康。

（4）运作的协同性：救援过程中需要各部门与有关机构的密切配合,统一指挥,协同作战;需要真诚合作和广泛协调的精神;需要各救援人员具有良好的协作意识才能共同完成救灾任务。

3. 患际关系　指灾区伤病员之间的相互关系,较之平常临床实践活动中人际关系存在以下特点：

（1）竞争性：灾害发生后大批伤病员同时出现,他们对有限的医疗资源构成一种竞争关系。在医疗资源不足,护患比例失调的情况下,求生的本能使受灾伤员都希望能得到最先救治,体现出患际关系的竞争性一面。

（2）合作性：处于特定、艰险、痛苦环境之中的患际关系既有潜在的相互争夺资源的竞争关系,又有患际之间的相互关怀、支持的互助关系。

（二）灾害护理救援中的伦理矛盾

1. 优先救治与人人享有平等的医疗救护权的矛盾　在灾害医学救援中,伤员分类、分级治疗是合理利用有限的医疗资源,降低伤死率和伤残率最有效的方法。伤员的分类只对那些经过处理才能存活的伤员给予最优先的处理,而对不经过处理也可存活的伤员或即使处理也会死亡的伤员则不给予优先处理。这种分类客观上排定了获得医疗权的先后顺序,将那些无法救治的伤员排除在外,剥夺了他们的医疗权,这一做法与人人享有平等的医疗权相矛盾。这虽然不符合公平公正原则,但能有效降低由于救护资源限制所致的伤残率和伤死率。

2. 医疗需求过大与医疗资源不足的矛盾　平常应对创伤救治的策略是最好的医疗资源用于最严重的病员,而在灾区的救援过程中,伤员救治的应对策略应是利用可用的医疗资源尽最大努力去抢救最多伤员,并尽可能减少伤死率和伤残率。因此,优化医疗资源的使用至关重要,合理的检伤分类首先是要明确需紧急处理的高危伤员,其次是避免非重伤伤员的过度后送。

3. 紧急救护与知情同意原则的矛盾　知情同意是指在医学实践中,医护人员为病人提供足够信息,病人在权衡利弊后作出肯定或否定的决定,是对病人的尊重和保护。但在灾害救援时,如果遵照告知获得"同意后实施治疗"的伦理进行救治活动,有可能会延误救治的最佳时机。在时间就是生命的紧急状态下,正确的选择只能是本着生命第一的信念,以简洁、高效、科学、严谨的态度去实施抢救工作,尽可能多地抢救生命,减少伤残。

4. 挽救生命与改善生命质量的矛盾　在大量伤病员面临死亡威胁的情况下,首先应遵循"生命第一、先救后治"的原则,尽早、尽量、尽快救治生命,减少伤死率与伤残率;其次才是考虑如何提高伤者的生存质量。至于伤者生命质量观基础上的价值论,则要从两个方面来考虑：一方面应考虑生命体本身的内在质量,并把其作为生命神圣的一个附加条件;另一方面,应通过个体生命与他人和社会关系来判断生命的外在价值。前者是判断生命价值的前提,后者是生命价值的目的和归宿。生命的质量越高,实现的社会价值就越大;反之,不具备一定质量的生命,不仅不能实现自身的价值,还会给家庭和社会带来负担。因此,在灾害医学救治中,如何将抢救生命与改善生命质量结合起来,将理想与现实统一起来是医务人员面临的一个难题。

五、灾害护理的救护原则

（一）坚持公益性无偿救护原则

公益性无偿救治原则几乎是当今世界灾害救援的共同准则，它视灾害医学救治为社会公益活动，动员全社会共同参与，强调不得向被救治者索取报酬，并力求使受灾人员获得正当的权益。在这个问题上，我们医学护理战线有光荣的传统，我国也有既定的政策，即提供无偿的公益性救灾医学护理服务。所谓公益性无偿救护，一是灾害护理救援为社会公益活动；二是不能向受灾者索取报酬；三是尽量使受灾人员获得可能得到的益处。

（二）坚持争取健康效益最大化的原则

灾害护理救援人道主义精神的集中体现就是能够最大限度地减少死亡和伤残，从而最大限度地促进和恢复社会劳动力的健康，使灾区的生产与生活得以较快恢复，提高重建灾区的能力。要求救护工作必须从全局出发，从救灾的全过程进行统筹，加强信息沟通，科学地组织安排，使护理救治的人、财、物动态地合理配置，充分发挥效能，尤其是要充分地发挥每个护理人员的主观能动性，创造性地工作，化不利条件为有利条件；也要求护理人员在救护工作中把对病人的责任与对社会、对他人、对后代的责任统一起来。

（三）主动适应特殊环境原则

灾害普遍具有突发性和破坏性，灾区环境的危险性、工作的艰苦性、复杂多变性与护理临床工作所要求的环境条件之反差巨大。为此要求护理人员必须具有：第一，顽强的斗志和坚毅的精神。灾害护理紧急救援大多在灾害的风险中进行，甚至在自身安全没有保障的情况下展开救死扶伤的职责，在这样的条件下从事紧急救护不仅会遇到各种艰难险阻，而且随时面临自身生死伤病的考验，这就要求医人员必须具有顽强的斗志。第二，良好的应变能力和适应能力。在各种突发事件和紧急情况之下，护理人员应沉着冷静、及时果断地制订应急对策，全力以赴投入紧急救护。第三，开展创造性工作的精神。在特殊的救援环境中，发挥护理人员的创造精神，因陋就简，就地取材，千方百计弥补物质条件的不足。第四，良好的自我控制和调节能力。研究表明，灾区环境下医护人员心理稳定性在很大程度上取决于其立场信念和理想，取决于心理素质、自我调控能力及身体条件，这要求医护人员平时就应该加强自身的理想和信念培养，同时要注重心理素质和自我调控能力的提高，以适应灾区环境的强烈冲击，胜任紧张艰险的紧急救治任务。

（四）强化组织与协调原则

实施与完成灾害护理救援任务的过程，是一项社会系统工程，需要全社会多方面的投入与参与，必要时还应取得国际救援机构的支持与援助。这就必须要遵循强化组织与协调的原则。在组织指挥上，必须全面掌握灾区情况，合理分配医疗救援力量，努力克服灾情严重、救灾难度大、救援力量薄弱，以及灾害损失小、人员易到达、救援力量扎堆的局面；在救援设备、救灾物资的分配上，也要统筹考虑灾区情况，合理分配，防止发生不够用和严重浪费的情况。

六、灾害护理的教育培训原则

（一）安全意识培养

1. 树立灾前意识和防灾意识　通过灾害护理学教育，使护理人员树立起"未来灾难将仍可能发生"这样的灾前意识,树立起防灾、减灾、救灾的意识。

2. 科学制订灾害救援预案　结合不同地域、不同灾情以及灾情的不同阶段等情况,科学制订相应的处置方案,并组织经常性的训练演练,熟悉并调整处置预案。

(二)救灾技能培训

1. 加大教育培训力度　通过对灾害医学救援理论、急救知识技能、自我保护方法以及公共卫生学知识和技能等方面的教育和培训,为胜任灾害救援打下坚实基础。

2. 加强急救知识和技能培训　如心肺复苏、止血、包扎、固定及伤员分类的知识和技能。

3. 重视自我保护知识的培训　如地震发生的余震、暴露的电线、煤气管泄漏及毒物渗漏等都会带来很大的危险,救助者应掌握必要的自我防护知识。

4. 完善公共卫生学知识和技能的培训　如食品卫生、环境卫生、妇幼卫生、传染病预防等方面的知识和技能。

5. 补充特殊知识的培训　如对不同化学品事故的特殊救护,放射性污染的防护和救护等。

(三)职业道德培养

1. 培养慎独与高度负责的精神　由于灾害紧急救援具有的特殊性,护理人员常常要冒一定风险,承担很大的责任。作为参与灾害医学救援的人员一定要有强烈的责任感,具备珍爱生命,不畏艰险,顽强救援的决心,怀着对伤病员高度负责的精神和勇气施行救治。抢救既要慎重又要大胆,不能优柔寡断,要果断地进行抢救。

2. 培养团结协作的精神　在灾害救援第一线,来自不同单位的救援队伍,为了共同的目的而汇集在一起,临时组建为一个救援共同体,要求救护人员必须正确地对待自己,正确地对待他人和集体,发扬积极主动的团结协作精神,互相尊重、坦诚相待、齐心协力,用科学的手段帮助群众摆脱伤病和疫情的威胁。

3. 培养服从指挥,严守纪律的精神　一场重大突发性灾害后,可能有很多医学卫生救援机构同时或先后涌向灾区,他们必须在一个严密的医学卫生组织机构的统一指挥下行动,才能有序、高效地开展医学救灾活动。每名护理人员都应随时听从调遣,服从安排,尽职尽责,正确处理个人与集体、局部与整体的关系,为成功救援贡献自己的一份力量。

第三节　汶川地震护理救援

汶川地震发生于北京时间 2008 年 5 月 12 日 14 时 28 分 04 秒,震中位于中华人民共和国四川省阿坝藏族羌族自治州汶川县映秀镇与漩口镇交界处。根据中国地震局的数据,此次地震的面波震级达 8.0Ms、矩震级达 8.3Mw,地震烈度达到 11 度。地震波及大半个中国及亚洲多个国家和地区,北至辽宁,东至上海,南至香港、澳门、泰国、越南,西至巴基斯坦均有震感。

汶川地震震源深度为 10~20 千米,为浅源地震,因此破坏性巨大,严重破坏地区超过10 万平方千米,其中,极重灾区共 10 个县(市),较重灾区共 41 个县(市),一般灾区共 186 个县(市)。截至 2008 年 9 月 18 日 12 时,汶川地震共造成 69 227 人死亡,374 643 人受伤,

17 923 人失踪,是中华人民共和国成立以来破坏力最大的地震,也是唐山大地震后伤亡最严重的一次地震。

地　震　震　级

震级是地震大小的一种度量,根据地震释放能量的多少来划分,用"级"来表示,是以地震仪测定的每次地震活动释放量多少来确定的。国际上通用的里克特震级表来衡量震级标准,简称里氏震级表。按震感不同,地震可以分为以下几种:

（1）超微震:<1 级的地震。
（2）微震:1 级≤震级<3 级。
（3）弱震:3 级≤震级<4.5 级。
（4）中强震:4.5 级≤震级<6 级。
（5）强震:6 级≤震级<7 级。
（6）大地震:7 级≤震级<8 级。
（7）巨大地震:震级≥8 级。

一、汶川地震救援概况

2008 年 5 月 12 日 14 时 42 分,地震发生 14 分钟之后,军方第一支救援队——中国国家地震灾害紧急救援队即开始集结,踏上征程。国家地震局立即启动国家地震一级应急预案;民政部启动了自然灾害救助一级应急预案。地震发生后总参谋部立即命令有关部队迅速展开抗震救灾工作,总参谋部指示有关抗震救灾部队,紧急灾情和有关情况可直接向设置在北京的指挥部报告,以减少指挥环节。据总参谋部报告,截至 2008 年 9 月 25 日,抢险救灾人员已累计解救和转移 1 486 407 人。据卫生部报告,截至 2008 年 9 月 22 日 12 时,因地震受伤住院治疗累计 96 544 人(不包括灾区病员人数),已出院 93 518 人,仍有 352 人住院,其中四川转外省市伤员仍住院 153 人,共救治伤病员 4 273 551 人次。

二、地震灾害救护

（一）地震致伤分析

1. 地震致伤影响因素

（1）地震致伤与地震发生时间的关系:地震造成的灾害与地震发生时人们的活动状态有密切关系,如地震发生时在深夜,绝大多数人在熟睡中,对地震毫无防备,来不及躲避,则人员伤亡惨重。而汶川地震发生在下午 2 点 28 分,人们多在室外活动,室内的人们也可躲避,因此人员伤亡相对要轻一些。

（2）地震致伤与人口密度的关系:地震如果发生在人口稠密的城市,可造成大量伤亡。如 2008 年汶川地震导致 8 余万人员伤亡。相反,地震发生在人口稀少的地区则伤亡人数大为减少。

（3）地震致伤与建筑物的关系：地震致伤的一个重要原因就是建筑物的倒塌，地震导致建筑物破坏的情况受很多因素的影响，地震时房屋破坏与致伤可分为三类：①土墙房屋：这类住房倒塌引起两种伤情较多：一是窒息，房屋倒塌，人员被大量泥土掩盖，易发生窒息而死亡；二是压砸伤，但伤情相对较轻。②木骨架房屋：由于建筑材料、构造方法和质量的差别极大，所以抗震能力悬殊。③砖块、混凝土房屋：多见于城市的楼房，一旦坍塌，其作用力大，造成伤情严重，死亡率高，挖掘困难，容易出现挤压综合征和长期饥饿。

（4）地震致伤与地理环境的关系：沿海地区强烈地震，可发生海啸，造成巨大损失；地下水位高的地区发生地震，可出现喷沙、冒水等现象，这对于正常人不会造成伤害，但对于被压在房屋空隙中的伤员，则有呛溺危险。当水坝或湖泊附近出现强烈地震时，水坝倒塌，湖水泛滥可引起水灾性质的损害。

（5）地震致伤与季节的关系：地震本身造成的灾害与季节关系并不明显，但其继发性灾害却与季节有明显关系。严冬季节地震后因无房住，无足够的被服御寒而引发的烧伤、冻伤比较常见。夏季地震后，水源污染，蚊蝇繁殖迅速，所以胃肠道传染病流行广泛。

2. 地震致伤特点

（1）灾情突然发生，预报困难：作为一种突发事件，地震伤害的发生是非常突然的，尽管现代科技可以在个别情况下对其发生的时间和震级强度做大体上的预测和预报，但更多时候只是可能性推断，人们至今还不能完全掌握地震发生的规律，更无法作出准确的预报。

（2）大量伤员，伤亡人数众多：由于地震的突然性和现代社会中人口居住密集，建筑物高大等特点，决定了地震灾害时伤亡人数众多。2008年汶川地震即属于典型的重大突发事件，因其具有事发突然、难以预料、危害大、影响范围广等特点，直接死亡人数达8余万。短时间在某一地区发生如此大量的伤亡人员，这时的紧急医学救护是一个非常严峻的问题。

（3）伤情重而复杂：地震灾害所造成的伤害多为创伤和挤压伤，受伤部位常涉及全身多器官、多系统、多部位。①骨折伤多，地震灾害中骨折伤病员达50%以上。②闭合伤多，诊断比较困难，易造成漏诊和延误治疗。③挤压综合征和多发性损伤多。挖掘不能及时进行，四肢软组织长时间受压，挤压综合征明显增高，死亡率也增高。以2008年汶川地震中的一组伤员为例，病人主要为颅脑伤、软组织伤、骨折和内脏损伤及多发伤。并发症中最常见的是休克和挤压综合征。

（4）救护条件恶劣，救护困难：地震灾害发生区域，因道路、桥梁的破坏，建筑物倒塌的障碍，会造成救治所需的人员、物资缺乏；通信联络的中断会导致各方面救治工作不能有效地协调进行；水、电、气的中断会严重妨碍医学抢救工作的开展；余震的发生会时时威胁到伤病员和救治人员的安全等，所有这些困难都需要在平时做充分物质、组织准备，做好各种情况的应急预案。

（5）地震继发伤害严重而复杂：地震灾害的常见继发性伤害有以下几种：①火灾伤害：现代生活中，电、气的应用范围广，数量大，地震时电气设备的破坏可造成大火而引起后续性伤害。②地震引发的地缝、山崩、泥石流、海啸都可造成非常严重的危害。③地震灾害后传染病流行：地震对人畜造成的伤亡、环境的破坏是造成震后传染病流行的主要原因，大量烈性传染病的流行所造成的伤害甚至比地震本身所带来的损失更大。在地震的紧急救护中，防止传染病的发生和流行，给灾后紧急救护工作增加了负担和难度。④余震伤害：地震发生后的不同时间内常发生一些大小不等的余震，它可使已受到破坏的建筑物倒塌，大大地增加伤亡人员,也威胁救治人员的安全,妨碍救治工作的进行。

（6）受害人群的应激损害和心理障碍:灾难给人类造成的心理伤害是无形的和巨大的。突发地震灾害时,打击突如其来,幸存者面临大量亲朋好友伤亡、房屋倒塌、财产损失等一系列伤害,这些伤害会给灾民带来巨大的精神打击,会产生焦虑、恐惧、悲伤、抑郁等心理障碍。有文献报道,汶川地震后对北川中学幸存的 813 名师生筛查结果表明,这类从地震现场逃、救出来的幸存者,因灾受伤的伤病员,灾难的目睹者,其震后 1 个月的创伤后应激障碍发生率高达 43%。

（二）地震灾害的紧急救护

地震救治强调的是抢救生命,治疗伤痛,需要严密有序的指挥,快速有效的工作,切实可行的措施。重大地震发生后,应有护理救援机构的组织迅速在当地或上级政府的领导下,建立救灾领导机构和医学队,救灾领导机构负责指挥协调救灾工作,医院护理部应全面配合组织施救。

1. 现场救护 现场救护工作应在地震发生后尽快开展,特点是条件艰苦,危险性大,任务艰巨。

（1）现场救护的目的:①组织群众自救互救,转送危重伤员。②尽快挖掘被埋压的伤病员,并尽量减少继发性损伤。③对于救出的伤病员迅速处理,重点是维持伤病员的生命。④对伤病员进行分类,并根据伤情轻重组织转送。

（2）现场救护原则:①兼顾局部与全局:现场救护强调的是局部救灾成效与全局救援利益的协调,保证全局利益得到最大限度的保护。灾害救护团队必须通过一定的策略优化有限资源的使用,使尽可能多的伤病员获得及时优质的救治,使整体人员伤亡控制到最低水平。②兼顾灾情与社会问题的处理:灾害给受灾群众带来了巨大的经济损失、严重的人身伤害,并对现场环境带来巨大的破坏。现场救护人员除了通过专业知识和技能救助伤病员外,可能还需要参与一些其他救灾工作,处理不恰当可能产生其他的社会问题。这也体现出现场救护工作的困难和复杂性。③先排险后施救:灾害救援现场现存的或潜在的危险,对受灾群众和救援人员的安全都是巨大的威胁,应该在现场其他救援团队专业人员的配合下,排除现场的险情,做好必要的职业防护。只有救援人员的安全得到保障,受灾群众才有机会得到救援。因此,先排险后施救是一项非常重要的现场救护原则。④检伤分类,分级救护:为了能够兼顾全局,将有限的资源合理使用,通过一定的方法对伤病员进行分类、分级,根据轻重缓急以及对资源的占用情况安排救治的顺序,这就是"检伤分类,分级救护",这是在灾害救援中不变的核心。⑤救护与转运并重:在对有需伤病员在第一时间采取必要的处理措施,待病情平稳后,应安排合理的转运方案,救护工作应该在转运过程中延续,确保伤病员转运途中安全。⑥后送与前接相结合:在灾害救护中伤病员的转运可以概括为后送与前接两种方式。单纯依靠灾害现场仅有的医疗资源负责现场救护和转运任务往往不能满足灾害救护的需求,后方医院应该在有指挥调度的前提下,有组织地积极前接是对现场救援的巨大技术和资源支持的重要补充。

（3）现场紧急救护注意事项:①伤员搬运中防止再损伤:在搬运地震伤员时,应针对不同部位损伤采取不同的搬运方式,并借助必要的辅助工具防止再损伤。如:颈部损伤伤员,应由四人负责搬运,一人专管头部牵引固定,使头部与躯干成直线位置,维持颈部不动,其他三人蹲在伤员一侧,一人抱下肢,两人抱躯干,四人动作一致协调,避免偶然弯曲,将伤员放在担架上取仰卧位,在伤员枕后垫一棉布圈,颈两侧放沙袋固定。②止痛药物的应用:疼痛可诱发和加重休克,给伤员精神上造成很大的痛苦,对无昏迷和瘫痪的病人应注射止痛药。对颅脑、胸部外伤,颈部脊髓伤,腹腔脏器伤禁止应用止痛剂。③早期防治感染:地震灾害中伤员的伤口暴露污染严重,极易受到各种细菌的侵袭,早期使用抗生素,对防止地震伤员伤口感染有着十分重要的作用。2 小时内使用抗生素效果最好,故现场有条件应及早使用。破伤风抗毒素或类毒素也应早期使用,防止破伤风发生。

（4）现场救护实践:①地震灾害现场的急救技能:灾害护理救援中应具备5项"三个技能":三个最基本急救技能(静脉输液、病情观察和监测、检伤分类);三个使用最频繁的技能(缝合和换药、病情观察和监测、静脉输液);三个最需要熟练掌握的技能(静脉输液、病情观察和监测、留置导尿);三个最需要培训的技能(多发伤的转运、急救管理、止血、包扎和固定);三个最重要的技能(心肺复苏、止血、包扎和固定、急救管理)。地震现场创伤类的伤病员占大部分,因此创伤生命支持技能使用的频率就更高。②地震灾害现场伤病员的转运:经过检伤分类并对伤病员进行必要的急救治疗和护理后,伤病员应该及时脱离出危险地带并转运到适当的医疗点／移动医院接受进一步的检查和治疗护理。伤病员的转运必须基于检伤分类的结果做出其救治及转运的先后顺序计划,同时在评估的基础上为伤病员选择恰当的搬运工具和转运方式。在条件许可的情况下,应该根据准备齐转运中可能需要的急救药品、设备,在转运过程中要持续的监护,保持治疗、护理的持续性,保证伤病员安全,减少伤残率、死亡率。③地震灾害现场心理干预:灾害中各种各样的负性刺激广泛影响到与灾害直接相关或是间接相关的人群,包括受灾人群、受灾人群陪护人员及现场救援人员,这些人群都可能产生各种心理问题。早期心理干预是目前学术界较为提倡的救援理念。在灾害现场救援阶段就积极展开心理干预,对灾害救援的最终成效有着重要作用。

在各种灾害环境下,受波及的人群常常出现恐惧与焦虑、孤独与无助、悲伤与内疚以及其他一些可能的严重心理应急反应等,需要心理救援人员针对性地进行心理问题评估、制订针对性的干预方案、并实施治疗性的心理干预。

> **知识拓展**
>
> ### 关注灾害救援者自身身心健康
>
> 国际灾害医学和护理对灾害所致救援者负面精神心理影响有大量的研究报道指出,几乎所有参与救援的护士都会经历急性压力失调(ASD),少数护士会经历创伤后应激障碍(PTSD)。地震中的死亡场景、艰难的救援环境、超负荷的工作、缺乏心理支持等都是导致护士出现 ASD 和 PTSD 的诱因。众多研究者指出,灾害救援护士在照顾灾民的同时应关注自身的身心健康。灾害救援的管理者应在灾前做好培训,灾时关注救援队员是身心健康需要,提供充足的休息、营养和情绪支持,灾后长期关注参与救援护士的心理问题,建立有效的心理干预机制。

2. 移动医院内救护　其救护原则是对危重伤病员进行必要的紧急手术、完成分级治疗中的初级处理、保障各类伤病员安全后送。其救护职责为:

（1）接收现场救护处理后送来的伤病员，或未经处理直接送来的伤病员。

（2）对收治的伤病员首先按轻重分类，分别处理，同时对各类伤病员填写完整的医学文书。

（3）开展紧急手术，如开颅减压术、清创术、气管切开术、胸腔闭式引流术等。

（4）抗休克治疗，及时输液，有条件的输血。

（5）尽早使用抗生素，对开放伤伤病员注射破伤风抗毒素。

（6）检查并纠正现场救护中不正确的包扎和固定。

（7）留治 2 周内能治愈的轻伤员或不能转送的危重伤病员。

（8）转送伤病员到抗震医院接受确定性治疗。

（9）参加灾区的卫生防疫工作。

3. 灾区医院的紧急救护

（1）发生地震后，医院护理人员应坚守岗位，镇静守护和安全转运病人是对病房救护人员的考验。护理部应规定转移病人的原则：①危重病人原则上不离开病房，便于治疗和抢救。②轻病人转移到空旷地带由多病区派护士集中照护。

（2）立即组建急诊医疗救护团队。护理部启动应急预案，快速组建急诊救护团队，分组处置，配合医生对每位伤员进行预检分诊检查，判断伤情，转运后送病人。

（3）制订并优化接收伤员流程。快速建立伤员基本信息并登记，快速预检分诊流程，尽量节约时间，院前急救小组可以在转运途中完成基本信息工作。

（4）组建以外科护士为主的护理机动小组。分析地震地点、大小等原因，根据伤员多少、伤情情况组建由骨科、胸外、脑外科护士为组长的应急护理组。

（三）地震次生灾害所致伤员的救护和预防

1. 余震伤的救护和预防　在首次地震后的不同时间可发生多次余震，大小也不一样，据中国地震局报告，截止 9 月 25 日 12 时，汶川地震主震区已累计监测到余震 31 222 次。余震伤员的救护原则同前所述的现场救护，重点是防止余震所造成的伤害。

> **知识拓展**
>
> ### 余震的预防与观察
>
> 对于余震可根据地震部门发布的预报进行预防，也可采用一些简便易行的方法观察。如倒置的酒瓶发生微小运动可作为预报地震即将发生的预兆等。各类救援指挥工作系统应在条件允许的前提下远离可能倒塌的建筑物，救援场所、医院工作间使用轻质防震材料或大型帐篷，避免余震造成的伤害。

2. 地震后火灾伤害的救护和预防　地震后救援时首先要切断可能遭受破坏的电源和气体管道，开通消防车辆通道和消防水源，遇有消防水源被地震破坏而无法使用时，主要依靠消防车辆或就地取材。如发生火灾要尽快扑灭火灾，寻找救治伤员。

3. 地缝、山崩、泥石流、海啸所致伤员的救护　地缝发生于地震中心地带，震后救援时，要沿地缝进行寻找，并通过喊话、灯光等给地缝中的幸存者传递信息，并注意收听地缝中的反应,发现伤员后,根据地缝的深度、伤员的伤情制订救援方案。地震时,地缝发生的位置、范围难以预测,预防地缝所致伤亡也比较困难。预防措施是在远离建筑物的同时,不要盲目慌乱奔跑,发现地缝时迅速卧倒趴在地面上并远离地缝,以免在地壳的震动摇摆中掉入地缝。山崩、泥石流常发生于山体附近,造成伤亡的原因主要是山石泥土和泥石流的掩埋,救护原则仍以快速抢救为主。

三、地震后的卫生防疫

大灾之后常有疫病流行,2008 年汶川大地震时,由于高度重视,措施得当,灾后没有发生大的传染病流行。

(一)地震后传染病容易流行的原因

1. 地震往往导致灾区的水电供应出现问题,灾区群众往往选择没有进行处理的井水、泉水、水库的积水等。

2. 居住环境差,灾区群众集中的避难场所,生活垃圾、粪便没有及时处理,容易污染水源,也容易孳生苍蝇等,造成细菌传播。

3. 人口密度突然加大,人员之间接触频繁,造成传染病迅速在人群中传播。

4. 食物污染。灾区地震后往往没有充足的食物供应,一些灾区群众,取食过期、被水泡过的食物等,餐具消毒不及时,避险地区食物保管不当等。

5. 积水可能带来蚊虫的孳生。

6. 一些动物在地震中死亡,尸体得不到及时处理,腐败后容易带来污染,特别是气温较高,雨水又很充分时,应特别关注。

(二)地震后传染病的预防

1. 平时应注意饮水和饮食的卫生,及时消除生活垃圾,做好生活环境的消毒,处理好排泄物、垃圾。

2. 预防疟疾、流行性乙肝脑炎、黑热病等虫媒传染病,应采取灭蚊、防蚊和预防接种的综合措施。

3. 对伤口及时进行消毒缝合,各种原因引起的皮肤外伤应注射破伤风疫苗,有效抗炎对症治疗。

（白晓霞　刘淑玲）

第三篇

专科技能与操作

第二十三章 无菌技术

学 习 目 标

1. 复述无菌技术的各项内容。
2. 列出无菌技术各项操作的流程。
3. 描述无菌技术各项操作的注意事项。
4. 应用无菌技术进行手术室护理配合。

第一节 外科手消毒

一、外科手消毒目的

清除或者杀灭手表面暂居菌,减少常居菌,抑制手术过程中手表面微生物的生长,减少手部皮肤细菌的释放,防止病原微生物在医务人员和患者之间的传播,有效预防手术部位感染发生。

二、外科手消毒设施

(一)洗手池

1. 设在手术间附近,2~4 个手术间宜配置 1 个。
2. 大小、高低适宜;池壁光滑无死角,可防溅;管道不应裸露。
3. 应每日清洁和消毒。

(二)水龙头

1. 数量与手术间数量匹配,应不少于手术间数量。
2. 开关应采用非手触式。

(三)洗手用水

1. 水质应符合 GB 5749《生活饮用水卫生标准》要求;不宜使用储箱水。
2. 水温建议控制在 32~38℃。

(四)外科手清洁剂

1. 术前外科洗手可用皂液。
2. 盛装皂液的容器应为一次性,如需重复使用应每次用完后清洁、消毒。
3. 皂液有混浊或变色时及时更换,并清洁、消毒容器。

（五）干手物品

常用无菌巾，一人一用。

（六）外科手消毒剂

1. 要符合国家管理要求，在有效期内使用。

2. 主要有氯己定醇复合消毒液、碘伏和 2%~4% 氯己定消毒液等。

3. 使用注意事项

（1）外科手消毒剂能显著降低完整皮肤上的微生物，有广谱抗菌、快速、持久活性、无刺激性等特点，即刻杀菌和持久活性被认为是最重要的。

（2）应考虑产品的触觉、气味和皮肤的耐受性。

（3）应向厂家咨询手消毒剂、凝胶或酒精类揉搓剂与医院使用的抗菌皂液相互作用的简明信息。

（4）外科手消毒剂建议应采用一次性包装、出液器非手触式。重复使用的消毒剂容器应每次用完后清洁与消毒、出液器应每周清洁与消毒。

（5）外科手消毒剂开启后应标明日期、时间。按产品说明书的使用期内使用。易挥发的醇类产品开瓶后的使用期不得超过 30 天，不易挥发的产品开瓶后使用期不得超过 60 天。

（七）手刷

手刷应柔软、包装完好，重复使用时应一用一灭菌。

（八）计时装置

应配备计时装置，便于观察洗手与手消毒时间。

（九）洗手流程及说明图示

洗手池上方应配有外科洗手流程图，规范医务人员手消毒流程。

（十）镜子

洗手池正前方应配有镜子，用于整理着装。

三、外科手消毒方法

（一）外科手消毒原则

1. 先洗手清洁，后消毒。

2. 接台手术或手术过程中手被污染时，应重新进行外科手消毒。

（二）外科手消毒前准备

1. 着装符合手术室要求，摘除首饰（戒指、手表、手镯、耳环、珠状项链等）。洗手衣置于洗手裤内、袖口卷至肘上 2/3 以上。

2. 指甲长度不应超过指尖，不应佩戴人工指甲或涂指甲油。

3. 检查用物　是否齐全及有效期、置于备用状态。

（三）清洁洗手方法

1. 取适量的皂液按顺序揉搓清洁　双手、前臂和上臂下 1/3。注意指甲下的污垢和手部皮肤皱褶处的清洁。

2. 流动水冲洗　双手、前臂和上臂下 1/3。从手指到肘部，沿一个方向用流动水冲洗手和手臂,不要在水中来回移动手臂。

3. 干手物品擦干(1分钟) 双手、前臂和上臂下 1/3。

（四）手消毒方法

1. 常用方法包括 免刷手消毒方法和刷手消毒方法。

2. 免刷手消毒方法 包括冲洗和免冲洗手消毒 2 种方法。

（1）冲洗手消毒方法:①取适量的手消毒剂按顺序揉搓:双手、前臂和上臂下 1/3;手消毒剂的取液量、揉搓时间及使用方法应遵循产品的使用说明。②用流动水冲净:双手、前臂和上臂下 1/3;流动水应达到 GB 5749 的规定。水质达不到要求时,手术医生在戴手套前,应用醇类消毒剂再消毒双手后戴手套。③用无菌巾彻底擦干。

（2）免冲洗手消毒方法

1）取适量手消毒剂按顺序揉搓:双手、前臂和上臂下 1/3,直至消毒剂干燥。

2）手消毒剂的取液量、揉搓时间及使用方法应遵循产品的使用说明。

3）涂抹外科手消毒液

a. 取免冲洗手消毒剂于一侧手心,揉搓另侧指尖、手背、手腕后,环转揉搓至前臂、上臂下 1/3。

b. 取免冲洗手消毒剂于另一侧手心,步骤同上。

c. 再取手消毒剂,按照六部洗手法揉搓双手至手腕部,揉搓至干燥。

（3）刷手消毒方法（不建议常规使用）

1）清洁洗手:具体方法参照本节"清洁洗手方法"。

2）刷手

a. 取无菌手刷,取适量洗手液或外科手消毒液刷洗:双手、前臂、至上臂下 1/3,时间约 3 分钟（根据洗手液说明）。刷时稍用力,先刷甲缘、甲沟、指蹼,再由拇指桡侧开始,渐次到指背、尺侧、掌侧,依次刷完双手手指。然后再分段交替刷左右手掌、手背、前臂至肘上。刷手时要注意勿漏刷指间、腕部尺侧和肘窝部。

b. 用流动水自指尖至肘部冲洗,不要在水中来回移动手臂。

c. 用无菌巾从手至肘上依次擦干,不可再向手部回擦。拿无菌巾的手不要触碰已擦过皮肤的巾面。要注意无菌巾不要擦拭未经刷过的皮肤。同法擦干另一手臂。

d. 手消毒剂的取液量、揉搓时间及使用方法应遵循产品的使用说明。

（五）外科手消毒的注意事项

1. 手部皮肤应无破损。双手应始终位于胸前并高于肘部,手尖朝上。

2. 冲洗双手时避免溅湿衣裤。

3. 摘除外科手套后应清洁洗手。

4. 外科手消毒剂开启后应标明日期、时间,易挥发的醇类产品开瓶后的使用期不得超过 30 天,不易挥发的产品开瓶后使用期不得超过 60 天。

四、外科手消毒效果监测

1. 医疗机构应定期对手术室、产房、导管室等外科相关科室进行外科手消毒效果的监测。

2. 当怀疑医院感染暴发与医务人员手卫生相关时,应及时进行监测,并进行相应致病性微生物的监测。

3. 监测方法及判断标准参考 WS/T 313—2009《医务人员手卫生规范》8.2 及 8.3 部分。

第二节 穿无菌手术衣

一、穿无菌手术衣目的

避免和预防手术过程中医护人员衣物上的细菌污染手术切口,同时保障手术人员安全,预防职业暴露。

二、穿无菌手术衣方法

(一)穿无菌手术衣(图 23-2-1)

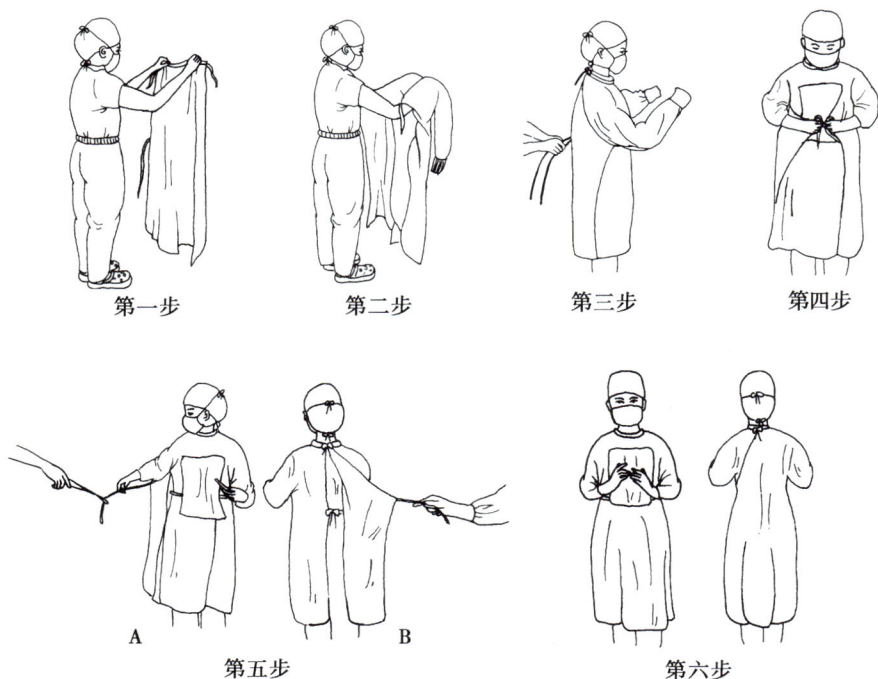

第一步　　　　第二步　　　　第三步　　　　第四步

A　　　B　　　　第六步

第五步

图 23-2-1　穿无菌手术衣

1. 拿取无菌手术衣,选择宽敞处面向无菌台站立;手提衣领抖开,使无菌手术衣的另一端下垂。

2. 两手提住衣领两角,衣袖向前位将手术衣展开,举至与肩同齐水平,使手术衣的内侧面面对自己,顺势将双手和前臂伸入衣袖内,并向前平行伸展。

3. 巡回护士在穿衣者背后抓住衣领内面,协助将袖口后拉,并系好领口的一对系带及左叶背部与右侧腋下的一对系带。

4. 应采用无接触式戴无菌手套。

5. 解开腰间活结,将右叶腰带递给台上其他手术人员或交由巡回护士用无菌持物钳夹取,旋转后与左手腰带系于胸前,使手术衣右叶遮盖左叶。

（二）协助穿无菌手术衣

1. 洗手护士持无菌手术衣,选择无菌区域较宽敞的地方协助医生穿衣。

2. 双手持号码适中的手术衣衣领,内面朝向医生打开,护士的双手套入手术衣肩部的外面并举至与肩同齐水平。

3. 医生面对护士跨前一步,将双手同时伸入袖管至上臂中部,巡回护士协助系衣领及腰带。

4. 洗手护士协助医生戴手套并将腰带协助打开拽住,医生自转后自行系带。

（三）脱无菌手术衣方法

脱无菌手术衣原则是由巡回护士协助解开衣领系带,先脱手术衣,再脱手套,确保不污染刷手衣裤。

三、穿无菌手术衣注意事项

1. 穿无菌手术衣必须在相应手术间进行。

2. 无菌手术衣不可触及非无菌区域,如有质疑立即更换。

3. 有破损的无菌衣或可疑污染时立即更换。

4. 巡回护士向后拉衣领时,不可触及手术衣外面。

5. 穿无菌手术衣人员必须戴好手套,方可解开腰间活结或接取腰带,未戴手套的手不可拉衣袖或触及其他部位。

6. 无菌手术衣的无菌区范围为肩以下、腰以上及两侧腋前线之间。

第三节　无接触式戴无菌手套

一、自戴无菌手套方法

1. 穿无菌手术衣时双手不露出袖口。

2. 隔衣袖取手套置于同侧的掌侧面,指端朝向前臂,拇指相对,反折边与袖口平齐,隔衣袖抓住手套边缘并将之翻转包裹手及袖口（图 23-3-1）。

步骤1　　　　　　　　　步骤2　　　　　　　　　步骤3

步骤4　　　　　　　　步骤5　　　　　　　　步骤6

步骤7　　　　　　　　步骤8　　　　　　　　步骤9

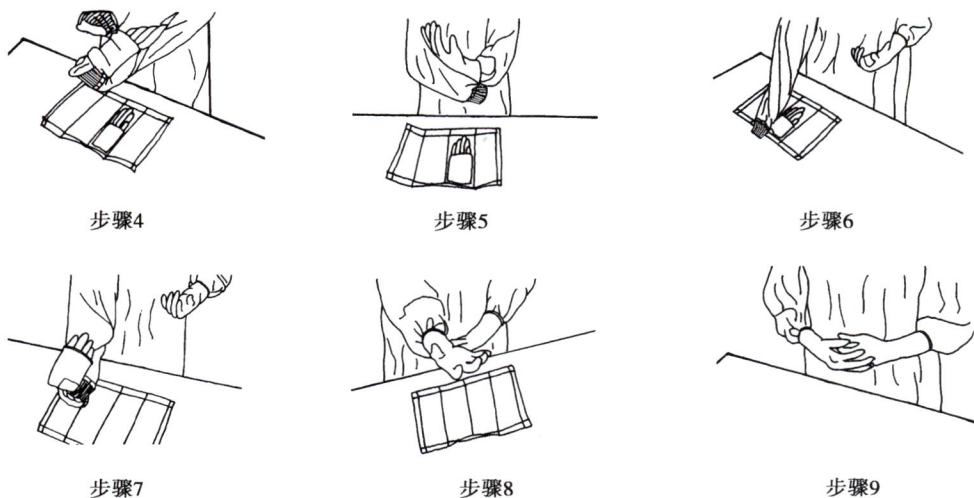

图 23-3-1　自戴无菌手套方法

二、协助戴无菌手套方法

协助者将手套撑开,被戴者手直接插入手套中（图 23-3-2）。

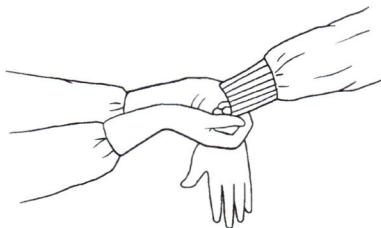

三、摘除手套方法

1. 用戴手套的手抓取另一手的手套外面翻转摘除。

图 23-3-2　协助戴无菌手套方法

2. 用已摘除手套的手伸入另一手套的内侧面翻转摘除。注意清洁手不被手套外侧面所污染。

四、无接触式戴无菌手套注意事项

1. 向近心端拉衣袖时用力不可过猛,袖口拉到拇指关节处即可。

2. 双手始终不能露于衣袖外,所有操作双手均在衣袖内。

3. 戴手套时,将反折边的手套口翻转过来包裹住袖口,不可将腕部裸露。

4. 感染、骨科等手术时手术人员应戴双层手套（穿孔指示系统）,有条件内层为彩色手套。

第四节　铺置无菌器械台

一、铺置无菌器械台目的

使用无菌单建立无菌区域、建立无菌屏障,防止无菌手术器械及敷料再污染,最大限度地减少微生物由非无菌区域转移至无菌区域;同时可以加强手术器械管理。正确的手术器械传递方法,可以准确、迅速地配合手术医生,缩短手术时间,降低手术部位感染,预防职业暴露。

二、铺置无菌器械台方法

1. 规范更衣,戴帽子、口罩。

2. 根据手术的性质及范围,选择适宜的器械车,备齐所需无菌物品。

3. 选择近手术区较宽敞区域铺置无菌器械台。

4. 将无菌包放置于器械车中央,检查无菌包名称、灭菌日期和包外化学指示物,包装是否完整、干燥,有无破损。

5. 打开无菌包及无菌物品

（1）方法一:打开无菌包外层包布后,洗手护士进行外科手消毒,由巡回护士用无菌持物钳打开内层无菌单:顺序为先打开近侧,检查包内灭菌化学指示物合格后再走到对侧打开对侧,无菌器械台的铺巾保证4~6层,四周无菌单垂于车缘下30cm以上,并保证无菌单下缘在回风口以上。协助洗手护士穿无菌手术衣、戴无菌手套。再由巡回护士与洗手护士一对一打开无菌敷料、无菌物品。

（2）方法二:打开无菌包外层包布后,洗手护士用无菌持物钳打开内层无菌单（同方法一巡回护士打开方法）,并自行使用无菌持物钳将无菌物品打至无菌器械台内,再将无菌器械台置于无人走动的位置后进行外科手消毒,巡回护士协助洗手护士穿无菌手术衣,无接触式戴无菌手套。

6. 将无菌器械台面按器械物品使用顺序、频率、分类进行摆放,方便拿取物品。

三、铺置无菌器械台注意事项

1. 洗手护士穿无菌手术衣、戴无菌手套后,方可进行器械台整理。未穿无菌手术衣及未戴无菌手套者,手不得跨越无菌区及接触无菌台内的一切物品。

2. 铺置好的无菌器械台原则上不应进行覆盖。

3. 无菌器械台的台面为无菌区,无菌单应下垂台缘下30cm以上,手术器械、物品不可超出台缘。

4. 保持无菌器械台及手术区整洁、干燥。无菌巾如果浸湿,应及时更换或重新加盖无菌单。

5. 移动无菌器械台时,洗手护士不能接触台缘平面以下区域。巡回护士不可触及下垂的手术布单。

6. 洁净手术室建议使用一次性无菌敷料,防止污染洁净系统。

7. 无菌包的规格、尺寸应遵循《医疗机构消毒技术规范》（WS/T 367—2012）C.1.4.5 的规定。

第五节　手术器械传递

一、锐利器械传递方法

（一）手术刀安装、拆卸及传递方法

1. 安装、拆卸刀片方法　安装刀片时,用持针器夹持刀片前段背侧,轻轻用力将刀片与

刀柄槽相对合（图 23-5-1）；拆卸刀片时，用持针器夹住刀片的尾端背侧，向上轻抬，推出刀柄槽（图 23-5-2）。

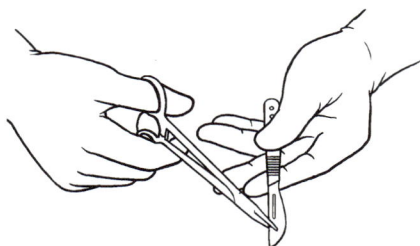

图 23-5-1 安装刀片　　　　　　图 23-5-2 拆卸刀片

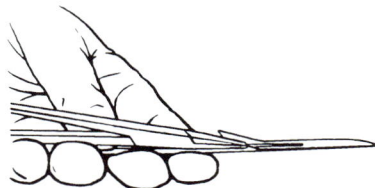

2. 传递手术刀的方法　采用弯盘进行无触式传递方法，水平传递给术者，防止职业暴露（图 23-5-3）。

（二）剪刀传递方法

洗手护士右手握住剪刀的中部，利用手腕部运动，适力将柄环部拍打在术者掌心上（图 23-5-4）。

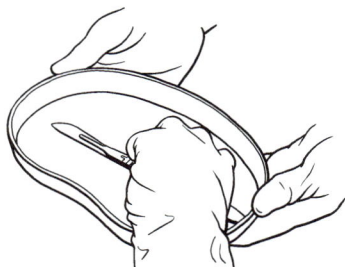

图 23-5-3 无触式传递手术刀　　　　图 23-5-4 传递剪刀

（三）持针器传递方法

1. 持针器夹针方法　右手拿持针器，用持针器开口处的前 1/3 夹住缝针的后 1/3；缝线卡入持针器的前 1/3。

2. 传递持针器的方法　洗手护士右手捏住持针器的中部，针尖端向手心，针弧朝背，缝线搭在手背上或握在手心中，利用手腕部适当力度将柄环部拍打在术者掌心上（图 23-5-5）。

图 23-5-5 传递持针器

二、钝性器械传递方法

（一）止血钳传递方法

1. 单手传递法　洗手护士右手握住止血钳前 1/3 处，弯侧向掌心，利用腕部运动，将环柄部拍打在术者掌心上（图 23-5-6）。

2. 双手传递法　同时传递两把器械时，双手交叉同时传递止血钳，注意传递对侧器械的手在上，同侧手在下，不可从术者肩或背后传递，其余同单手法。

（二）镊子传递方法

洗手护士右手握住镊子夹端,并闭合开口,水平式或直立式传递,让术者握住镊子中上部(图 23-5-7)。

图 23-5-6　传递弯钳

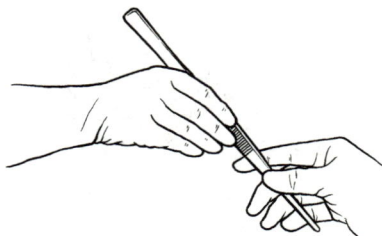

图 23-5-7　传递镊子

（三）拉钩传递法

洗手护士右手握住拉钩前端,将柄端水平传递给术者(图 23-5-8)。

（四）骨刀（凿）、骨锤传递法

洗手护士左手递骨刀,右手递骨锤,左手捏刀（凿）端、右手握锤,水平递给术者。

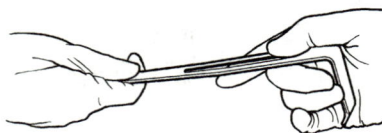

图 23-5-8　传递拉钩

三、缝线传递法

（一）徒手传递法

洗手护士左手拇指与示指捏住缝线的前 1/3 处并拉出缝线,右手持线的中后 1/3 处,水平递给术者;术者的手在缝线的中后 1/3 交界处接线。当术者接线时,双手稍用力绷紧缝线,以增加术者的手感。

（二）血管钳带线传递法

洗手护士用止血钳纵向夹紧结扎线一端 2mm,传递时手持轴部,弯曲向上,用柄轻击术者手掌传递。

四、传递手术器械的注意事项

1. 传递器械前、后应检查器械的完整性,防止缺失部分遗留在手术部位。
2. 传递器械应做到稳、准、轻、快,用力适度以达到提醒术者注意力为限。
3. 传递器械的方式应准确,以术者接过后无需调整方向即可使用为宜。
4. 传递拉钩前应用盐水浸湿。
5. 安装、拆卸刀片时应注意避开人员,尖端向下,对向无菌器械台面。
6. 传递锐利器械时,建议采用无触式传递,预防职业暴露。
7. 向对侧或跨越式传递器械,禁止从医生肩后或背后传递。

第六节　手术区皮肤消毒

一、目的

为医院医务人员正确进行患者手术区消毒提供指导建议。清除手术切口处及其周围皮肤上的暂居菌,并抑制常居菌的移动,最大限度减少手术部位相关感染。

二、消毒方式

1. 环形或螺旋形消毒　用于小手术野的消毒。
2. 平行形或叠瓦形消毒　用于大手术野的消毒。
3. 离心形消毒　清洁切口皮肤消毒应从手术野中心部开始向周围涂擦。
4. 向心形消毒　污染手术、感染伤口或肛门、会阴部消毒,应从手术区外周清洁部向感染伤口或肛门、会阴部涂擦。以原切口为中心,自上而下,自外而内进行消毒。

三、消毒原则

（一）消毒范围

由清洁区向相对不清洁区稍用力消毒。如清洁手术,一般以拟定的切口区为中心向周围涂擦。消毒范围应超过手术切口周围 15cm 的区域。关节手术消毒范围,超过上或下一个关节。如为污染手术或肛门、会阴处手术,则涂擦顺序相反,由手术区周围向切口中心涂擦。

（二）消毒顺序

无论消毒顺序由中心向四周或由四周向中心,已接触污染部位的消毒纱球,不得再返擦清洁处。如切口有延长的可能,应事先相应扩大皮肤消毒范围。每一次的消毒均不超过前一遍的范围;至少使用两把消毒钳。

（三）消毒剂选择

婴儿、碘过敏者以及面部、会阴、生殖器等处的消毒,可选 0.1% 洗必泰、75% 酒精、0.1% 硫柳汞酊、0.5% 水溶性碘剂等。

（四）特殊部位消毒

消毒腹部皮肤时,可先将消毒液滴入脐部,待皮肤涂擦完毕后,再将脐部消毒液蘸净。

四、常见皮肤、黏膜消毒剂

1. 碘类消毒剂　0.5%~1% 碘伏;2%~3% 碘酊。
2. 醇类消毒剂　75% 医用酒精。
3. 胍类　0.1%~0.5% 洗必泰(氯己定)。
4. 过氧化氢类　3% 过氧化氢溶液。

五、消毒注意事项

1. 消毒剂

（1）根据手术部位、患者年龄、医生需求，参照使用说明书选择、使用。

（2）专人负责、定基数、专柜存放（手术量大的单位可采用专用库房存放）。

（3）易燃消毒剂属于危化品类，按照国家危化品管理规范。

2. 常用皮肤消毒　用 2%~3% 碘酊涂擦手术区，待其干燥后以 75% 医用酒精涂擦 2~3 遍。或使用 0.5%~1% 碘伏直接涂擦手术区至少 2 遍。

3. 消毒前

（1）检查消毒区皮肤：是否清洁，有破口或疖肿者应立即告知手术医生。

（2）检查消毒剂：名称、有效期、浓度、质量、开启时间。

（3）防止损伤皮肤：消毒剂使用量适度，不滴为宜；应注意相关部位的垫巾保护。

4. 消毒时机　应在麻醉完成（除局部麻醉）、体位安置妥当后进行。

5. 确认消毒质量　范围符合手术部位要求、涂擦均匀无遗漏、皮肤皱褶、脐、腋下处的消毒规范、消毒液未渗漏床面。

6. 结肠造瘘口患者　皮肤消毒前应先将造瘘部位用无菌纱布覆盖，使之与手术切口及周围区域相隔离，再进行常规皮肤消毒，最后再消毒造口处。

7. 烧伤、腐蚀或皮肤受创伤患者　应先用生理盐水进行皮肤冲洗准备。

8. 注意观察　消毒后的皮肤有无不良反应。

六、常见手术野皮肤消毒范围和示意图

（一）头颈部手术——头部、颈部、耳部、眼部、面部

1. 头部手术　头部及前额（图 23-6-1）。

2. 颈部手术（图 23-6-2）

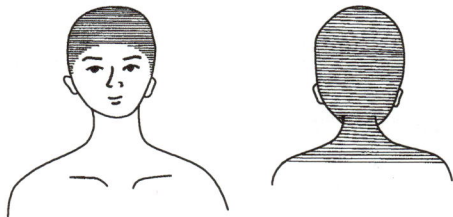

图 23-6-1　头部手术消毒范围

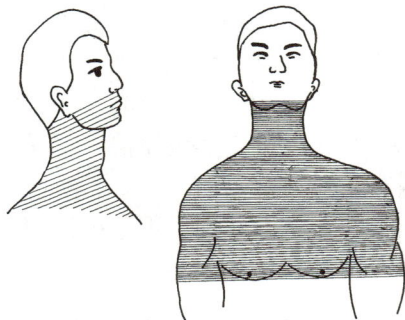

图 23-6-2　颈部手术消毒范围

（1）颈前部手术：上至下唇、下至乳头，两侧至斜方肌前缘。

（2）颈椎手术：上至颅顶、下至两腋窝连线。

（3）锁骨手术：上至颈部上缘，下至上臂上 1/3 处和乳头上缘、两侧过腋中线（图 23-6-3）。

（二）胸部手术——食管、肺、心脏、乳腺

1. 侧卧位　食管、肺手术（图 23-6-4）。前后过正中线，上肩及上臂上 1/3，下过肋缘；包括同侧腋窝。

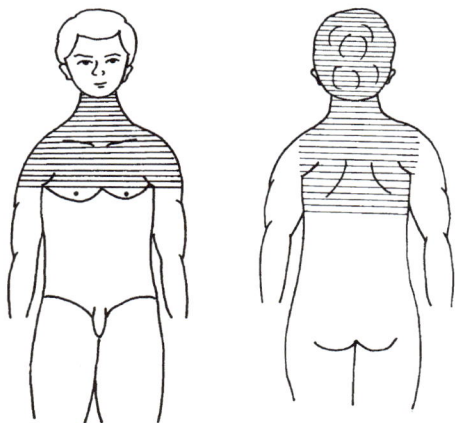

图 23-6-3　锁骨手术消毒范围　　　　　图 23-6-4　胸部侧卧位手术消毒范围

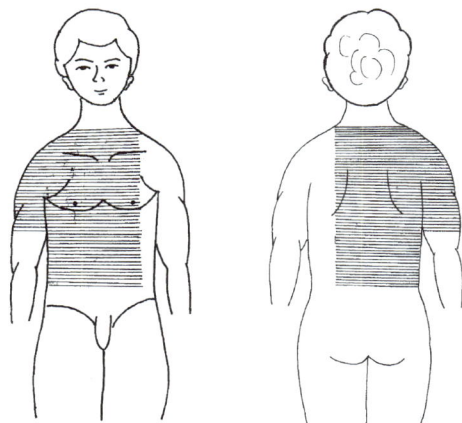

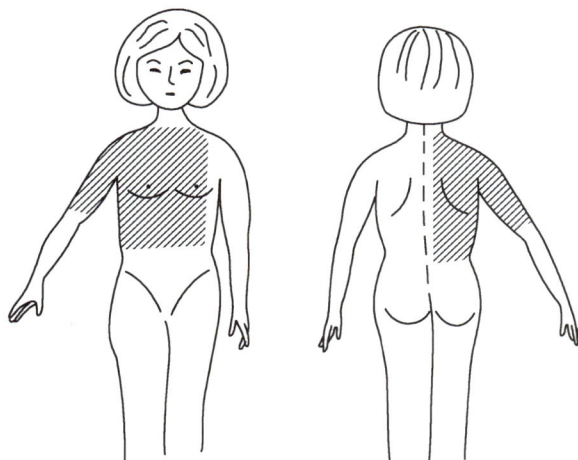

2. 仰卧位　前后过腋中线，上至锁骨及上臂，下过脐平行线（图 23-6-5）。
3. 乳房手术　前至对侧锁骨中线，后至腋后线、上过锁骨及上臂、下过脐平行线（图 23-6-6）。

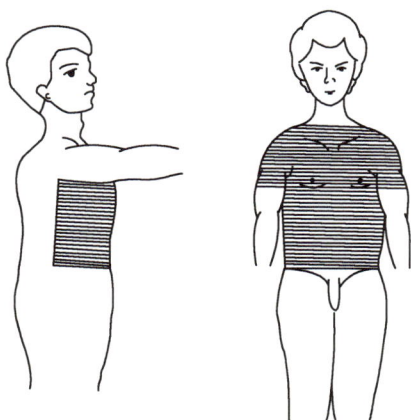

图 23-6-5　胸部仰卧位手术消毒范围　　　图 23-6-6　乳房手术消毒范围

（三）腹部手术——胃肠、腹股沟和阴囊

1. 上腹部　自乳头至耻骨联合平面，两侧到腋后线（图 23-6-7）。
2. 腹股沟和阴囊手术　上到脐平行线、下至大腿上 1/3，两侧至腋中线（图 23-6-8）。

（四）肾部手术

肾部手术：前后过正中线、上至腋窝、下至腹股沟（图 23-6-9）。

（五）背部手术——脊柱

1. 胸椎手术　上至肩，下至髂嵴连线，两侧至腋中线（图 23-6-10）。
2. 腰椎手术　上至两腋窝连线，下过臀部，两侧至腋中线（图 23-6-11）。

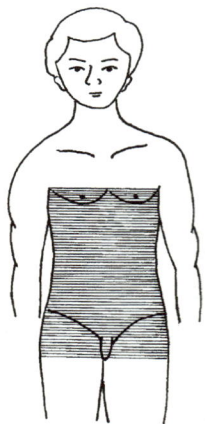

图 23-6-7 腹部手术消毒范围

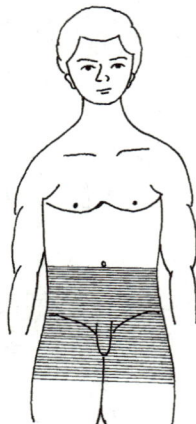

图 23-6-8 腹股沟和阴囊手术消毒范围

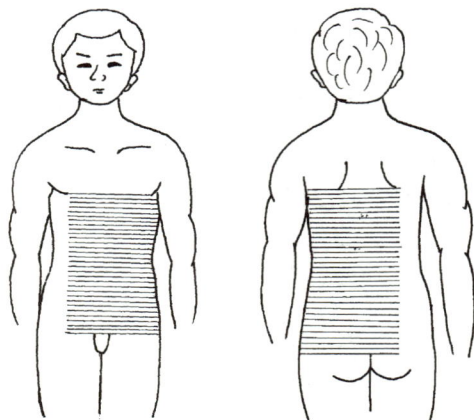

图 23-6-9 肾部手术消毒范围

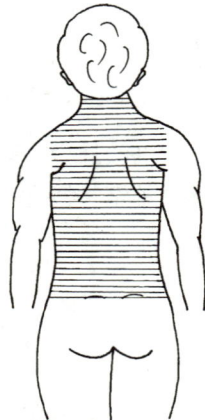

图 23-6-10 胸椎手术消毒范围

（六）四肢、髋关节手术

1. 四肢手术 手术区周围消毒、上下各超过一个关节（图 23-6-12、图 23-6-13）。

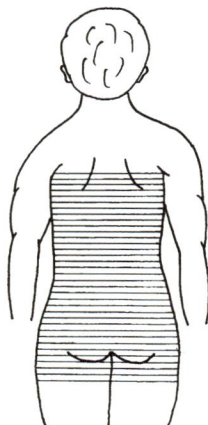

图 23-6-11 腰椎手术消毒范围

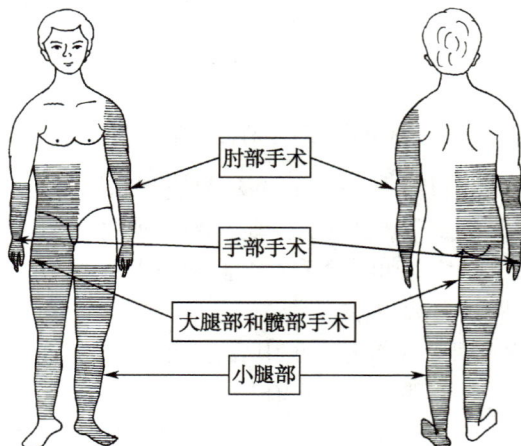

图 23-6-12 四肢手术消毒范围（一）

肘部手术

手部手术

大腿部和髋部手术

小腿部

2. 髋关节　前后过正中线、上至剑突,患肢远端至踝关节上方,健肢远端至膝关节(图 23-6-14)。

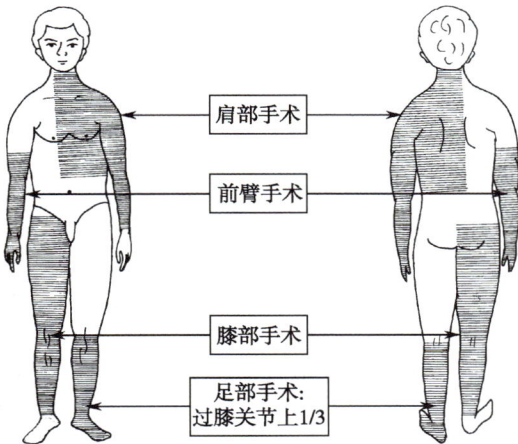

图 23-6-13　四肢手术消毒范围(二)

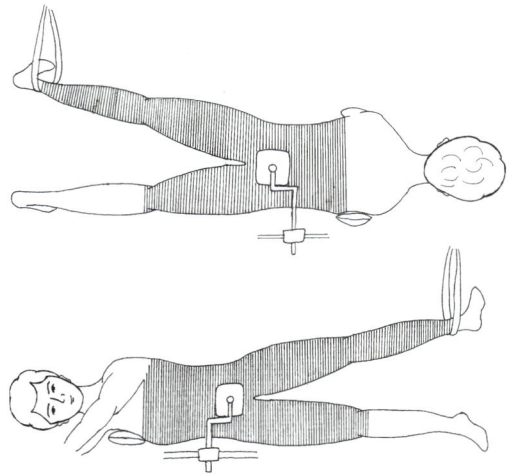

图 23-6-14　髋关节手术消毒范围

(七)会阴手术——子宫、肛肠手术

耻骨联合、肛门周围及臀、大腿上 1/3 内侧(图 23-6-15)。

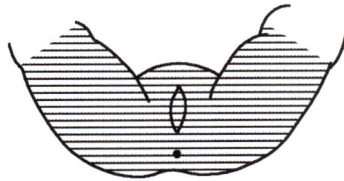

图 23-6-15　会阴手术消毒范围

(第 26 届中华护理学会手术室护理专业委员会)

第二十四章 手术体位护理

第一节 概 述

为围术期患者的体位安置提供指导性意见,规范体位护理操作,最大限度避免手术体位损伤。

一、常见体位

(一)仰卧位

主要包括标准仰卧位、头(颈)后仰卧位、头高脚低仰卧位、头低脚高仰卧位、人字分腿仰卧位。

(二)侧卧位

主要包括标准侧卧位、腰部手术侧卧位、45°侧卧位。

(三)俯卧位

主要包括标准俯卧位、膝胸卧位。

(四)截石位

主要指标准截石位。

二、名词术语

(一)标准手术体位

标准手术体位(standardized patient position)是由手术医生、麻醉医生、手术室护士共同确认和执行,根据手术和生理学和解剖学知识,选择正确的体位设备和用品,充分显露手术野,确保患者安全与舒适。标准手术体位包括:仰卧位、侧卧位、俯卧位,其他手术体位都在标准体位基础上演变而来。

(二)体位设备与用品

体位设备与用品(positioning equipment)指用于患者体位安置的用物,包括体位设备和体位用品。

1. 体位设备　包括手术床及手术床配件。

手术床（procedure bed）是一种在手术室或操作室内使用的、带有相关附属配件、可根据手术需要调节患者体位，以适应各种手术操作的床。

手术床配件（procedure bed accessories）包括各种固定设备、支撑设备及安全带等，如托手板、腿架、各式固定挡板、肩托、头托与及上下肢约束带等。

2. 体位用品（positioning pad）　是用于保护压力点的一系列不同尺寸、外形的衬垫，如头枕、膝枕、肩垫、胸垫、足跟垫等。

（三）骨筋膜室综合征

骨筋膜室综合征（osteofascial compartment syndrome）因动脉受压，继而血供进行性减少而导致的一种病理状态。临床表现为肿胀、运动受限、血管损伤和严重疼痛、感觉丧失。

（四）仰卧位低血压综合征

仰卧位低血压综合征（supine hypotension syndrome）是由于妊娠晚期孕妇在仰卧时，增大的子宫压迫下腔静脉及腹主动脉，下腔静脉受压后导致全身静脉血回流不畅，回心血量减少，心排血量也就随之减少，而出现头晕、恶心、呕吐、胸闷、面色苍白、出冷汗、心跳加快及不同程度血压下降，当改变卧姿（左侧卧位）时，患者腹腔大血管受压减轻，回心血量增加，上述症状即减轻或消失的一组综合症状。

（五）甲状腺手术体位综合征

甲状腺手术体位综合征（position of thyroid operation syndrome）在颈部极度后仰的情况下，使椎间孔周围韧带变形、内凸而压迫颈神经根及椎动脉，而引起的一系列临床症状，表现为术中不适、烦躁不安甚至呼吸困难，术后头痛、头晕、恶心、呕吐等症状。

第二节　手术体位安置原则

一、总则

在减少对患者生理功能影响的前提下，充分显露手术野，保护患者隐私。

1. 保持人体正常的生理弯曲及生理轴线，维持各肢体、关节的生理功能体位，防止过度牵拉、扭曲及血管神经损伤。

2. 保持患者呼吸通畅、循环稳定。

3. 注意分散压力，防止局部长时间受压，保护患者皮肤完整性。

4. 正确约束患者，松紧度适宜（以能容纳一指为宜），维持体位稳定，防止术中移位、坠床。

二、建议

1. 根据手术类型、手术需求、产品更新的情况，选择适宜的体位设备和用品。

（1）选择手术床时应注意手术床承载的人体重量参数，床垫宜具有防压疮功能。

（2）体位用品材料宜耐用、防潮、阻燃、透气性好，便于清洁、消毒。

2. 定期对体位设备和用品进行检查、维修、保养、清洁和消毒，使其保持在正常功能状态。

3. 安置体位前　根据患者和手术准备合适的手术体位设备和用品。

4. 安置体位时

（1）确保安置正确患者安全：手术医生、麻醉医生、巡回护士应确认患者体位、相互沟通、确保各类管路安全、固定安全、保护患者隐私、保暖。

（2）在转运、移动、升降宜借助工具。

（3）防止电灼伤：避免患者接触金属；避免患者皮肤之间直接接触。

（4）重点部位实施保护措施：颈部、眼睛、乳房、会阴部、受压部位。

5. 安置体位后或变换体位后

（1）检查患者体位、皮肤受压情况、重点部位、安全固定及支撑物的放置情况。

（2）术中应尽量避免手术设备、器械和手术人员对患者造成的外部压力。

（3）压疮高风险患者，对非手术部位，在不影响手术的情况下，至少应当每隔 2 小时调整受压部位一次。

（4）对于高凝状态患者，遵医嘱使用防血栓设备（如弹力袜、弹力绷带或间歇充气设备等）。

第三节　常见手术体位摆放

一、仰卧位

仰卧位是指患者仰卧于手术床、头部置于枕上，双上肢置于身体两侧或自然伸开，双下肢自然伸直的一种体位。

特殊仰卧位包括：头（颈）后仰卧位、头高脚低仰卧位、头低脚高仰卧位、人字分腿仰卧位等。根据手术部位及方式不同，在标准仰卧位基础上演变而来。

（一）适用手术
头颈部、颜面部、胸腹部、四肢等手术。

（二）用物准备
头枕、上下肢约束带。根据评估另备肩垫、膝枕、足跟垫等。

（三）摆放方法（图 24-3-1）
1. 头部置头枕并处于中立位置，颈部不可悬空。头枕高度适宜。

2. 上肢掌心朝向身体两侧，肘部微屈用布单固定。远端关节略高于近端关节，有利于肌肉韧带放松和静脉回流。上肢外展不超过 90°，以免损伤臂丛神经。

3. 膝下宜垫膝枕，足下宜垫足跟垫。

4. 距离膝关节上 5cm 处用约束带固定，松紧适宜，以能容纳一指为宜，防腓总神经损伤。

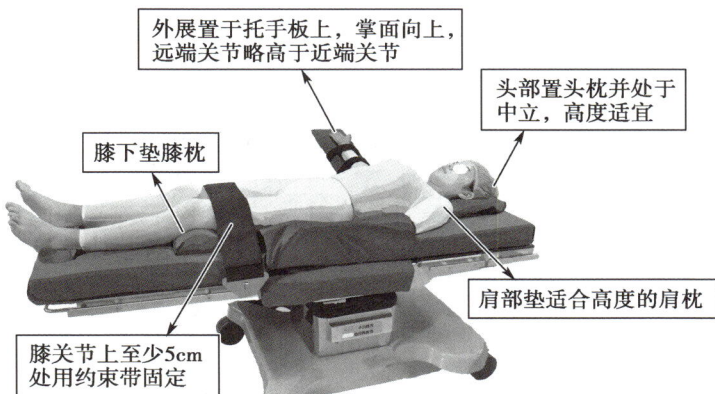

外展置于托手板上，掌面向上，远端关节略高于近端关节

头部置头枕并处于中立，高度适宜

膝下垫膝枕

肩部垫适合高度的肩枕

膝关节上至少5cm处用约束带固定

图 24-3-1　仰卧位

（四）注意事项

1. 根据需要在骨突处（枕后、肩胛、骶尾、肘部、足跟等）垫保护垫，以防局部组织受压。骶尾部要注意抬起、扒开臀沟、分散局部压力，预防挤压。

2. 上肢固定不宜过紧，预防骨筋膜室综合征。

3. 防止颈部过度扭曲，牵拉臂丛神经引起损伤。

4. 妊娠晚期孕妇在仰卧时需适当左侧卧，以预防仰卧位低血压综合征的发生。

二、特殊仰卧位

（一）头（颈）后仰卧位

1. 适用手术　口腔、颈前入路等手术。
2. 用物准备　肩垫、颈垫、头枕。
3. 摆放方法

（1）方法一：利用体位垫摆放（图 24-3-2）

肩下置肩垫（平肩峰），按需抬高肩部。颈下置颈垫、使头后仰，保持头颈中立位，充分显露手术部位。

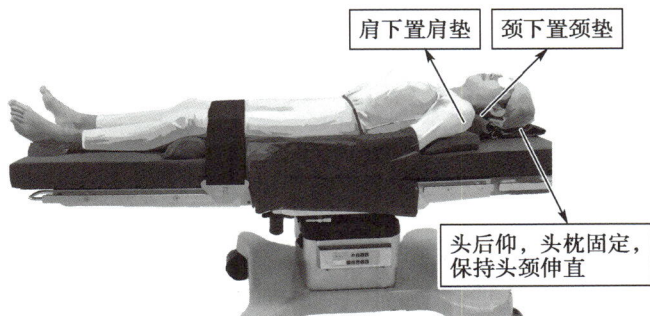

肩下置肩垫

颈下置颈垫

头后仰，头枕固定，保持头颈伸直

图 24-3-2　头（颈）后仰卧位（方法一）

（2）方法二：利用手术床调节（图 24-3-3）

头部置头枕，先将手术床调至头高脚低位，再按需降低头板形成颈伸位。

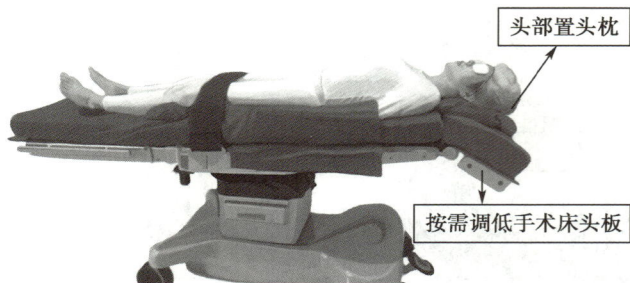

头部置头枕

按需调低手术床头板

图 24-3-3　头（颈）后仰卧位（方法二）

4. 注意事项

（1）防止颈部过伸,引起甲状腺手术体位综合征。

（2）注意保护眼睛。

（3）有颈椎病的患者,应在患者能承受的限度之内摆放体位。

（二）头高脚低仰卧位

1. 适用手术　上腹部手术。

2. 用物准备　另加脚挡。

3. 摆放方法（图 24-3-4）　根据手术部位调节手术床至适宜的倾斜角度,保持手术部位处于高位。

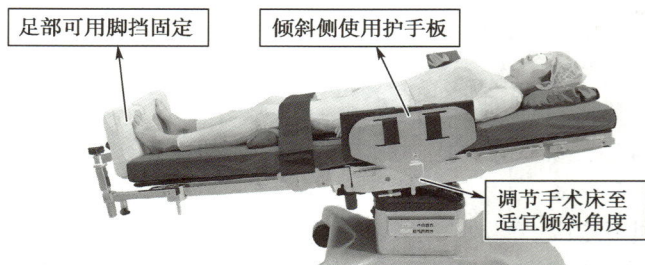

足部可用脚挡固定

倾斜侧使用护手板

调节手术床至适宜倾斜角度

图 24-3-4　头高脚低仰卧位

4. 注意事项

（1）妥善固定患者,防止坠床。

（2）手术床头高脚低不宜超过 30°,防止下肢深静脉血栓的形成。

（三）头低脚高仰卧位

1. 适用手术　下腹部手术。

2. 用物准备　另加肩挡。

3. 摆放方法（图 24-3-5）　肩部可用肩挡固定,防止躯体下滑。根据手术部位调节手术床至适宜的倾斜角度。一般头低脚高（约 15°~30°）,头板调高约 15°；左倾或右倾（约 15°~20°）。

4. 注意事项

（1）评估患者术前视力和心脏功能情况。

（2）手术床头低脚高一般不超过 30°,防止眼部水肿、眼压过高及影响呼吸循环功能。

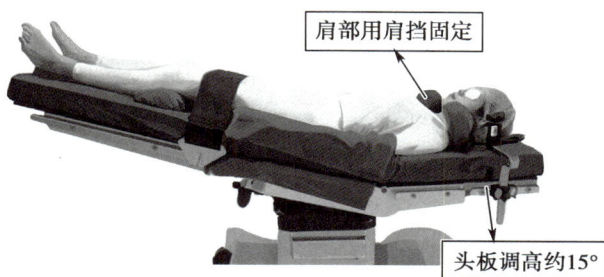

图 24-3-5　头低脚高仰卧位

（3）肩挡距离颈侧以能侧向放入一手为宜，避免臂丛神经损伤。

（四）人字分腿仰卧位

1. 适用手术　单纯人字分腿仰卧位：如开腹 Dixon 手术等；头低脚高人字分腿仰卧位：如腹腔镜下结直肠手术等；头高脚低人字分腿仰卧位：如腹腔镜下胃、肝脏、脾、胰等器官手术等。

2. 用物准备　另加肩挡或脚挡。

3. 摆放方法（图 24-3-6）　麻醉前让患者移至合适位置，使骶尾部超出手术床背板与腿板折叠处适合位置。调节腿板，使双下肢分开。根据手术部位调节手术床至头低脚高或头高脚低位。

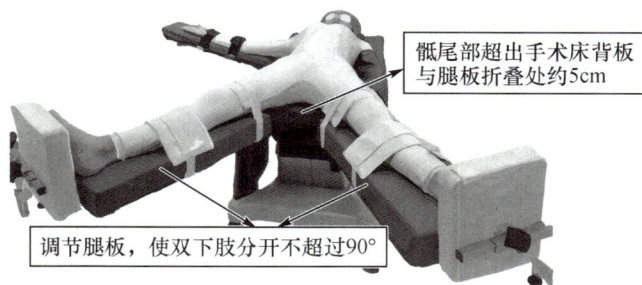

图 24-3-6　人字分腿仰卧位

4. 注意事项　评估双侧髋关节功能状态，是否实施过髋关节手术。防止腿板折叠处夹伤患者。两腿分开不宜超过 90°，以站立一人为宜，避免会阴部组织过度牵拉。

三、侧卧位

将患者向一侧自然侧卧，头部侧向健侧方向，双下肢自然屈曲，前后分开放置。双臂自然向前伸展，患者脊柱处于水平线上，保持生理弯曲的一种手术体位。在此基础上，根据手术部位及手术方式的不同，摆放各种特殊侧卧位。

（一）适用手术

颞部、肺、食管、侧胸壁、髋关节等部位的手术。

（二）用物准备

头枕、胸垫、固定挡板、下肢支撑垫、托手板及可调节托手架、约束带。

（三）摆放方法（图 24-3-7、图 24-3-8）

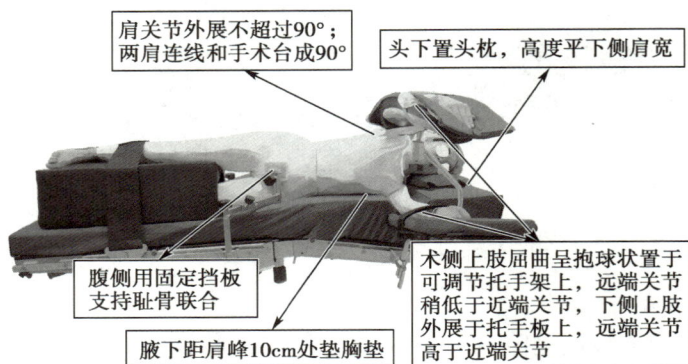

肩关节外展不超过90°；
两肩连线和手术台成90°

头下置头枕，高度平下侧肩宽

腹侧用固定挡板
支持耻骨联合

术侧上肢屈曲呈抱球状置于
可调节托手架上，远端关节
稍低于近端关节，下侧上肢
外展于托手板上，远端关节
高于近端关节

腋下距肩峰10cm处垫胸垫

图 24-3-7　侧卧位（一）

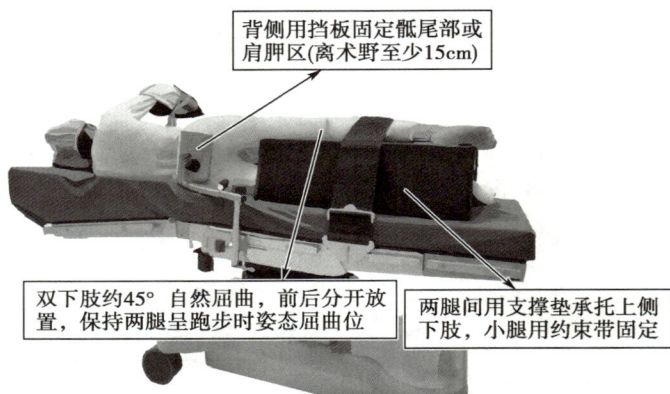

背侧用挡板固定骶尾部或
肩胛区(离术野至少15cm)

双下肢约45°自然屈曲，前后分开放
置，保持两腿呈跑步时姿态屈曲位

两腿间用支撑垫承托上侧
下肢，小腿用约束带固定

图 24-3-8　侧卧位（二）

1. 向健侧卧，头下置头枕，高度平下侧肩高，使颈椎处于水平位置。腋下距肩峰 10cm 处垫胸垫。

2. 术（患）侧上肢屈曲呈抱球状置于可调节托手架上，远端关节稍低于近端关节；下侧上肢外展于托手板上，远端关节高于近端关节，共同维持胸廓自然舒展。肩关节外展或上举不超过 90°；两肩连线和手术台成 90°。

3. 腹侧用固定挡板支持耻骨联合，背侧用挡板固定骶尾部或肩胛区（离手术野至少 15cm），共同维持患者 90° 侧卧位。

4. 双下肢约 45° 自然屈曲，前后分开放置，保持两腿呈跑步时姿态屈曲位。两腿间用支撑垫承托上侧下肢。小腿及双上肢用约束带固定。

（四）注意事项

1. 注意患者心肺功能的保护。

2. 注意保护骨突部（肩部、健侧胸部、髋部、膝外侧及踝部）等，预防手术压疮。

3. 安置后评估

（1）患者脊椎是否在一条水平线上，脊椎生理弯曲是否变形。

（2）下侧肢体及腋窝处是否悬空。下肢固定带需避开膝外侧，距膝关节上方或下方

5cm处,防止损伤腓总神经。

（3）健侧眼睛、耳廓及男性患者外生殖器是否受压。固定挡板是否压迫腹股沟。

（4）颅脑手术侧卧位时肩部肌肉牵拉是否过紧。肩带部位应用软垫保护。

（5）髋部手术侧卧位,评估患者胸部及下侧髋部固定的稳定性,避免手术中体位移动,影响术后两侧肢体长度对比。

4. 术中调节手术床时需密切观察,防止体位移位。

5. 体位安置完毕及拆除挡板时妥善固定患者,防止坠床。

6. 安置肾脏、输尿管等腰部手术侧卧位时,手术部位对准手术床背板与腿板折叠处,腰下置腰垫,调节手术床呈"︿"形,使患者凹陷的腰区逐渐变平,腰部肌肉拉伸,肾区显露充分。双下肢屈曲约45°错开放置,下侧在前,上侧在后,两腿间垫一大软枕,约束带固定肢体。缝合切口前及时将腰桥复位（图24-3-9、图24-3-10）。

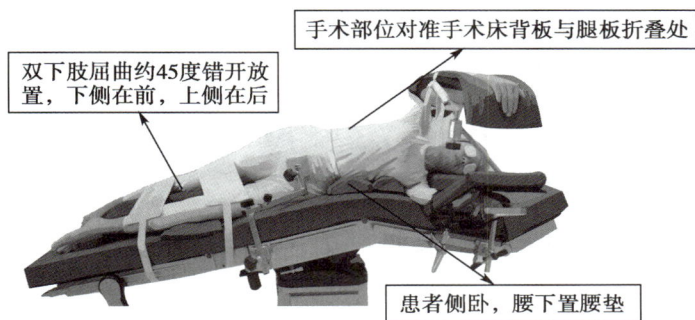

图 24-3-9　腰部手术侧卧位（一）

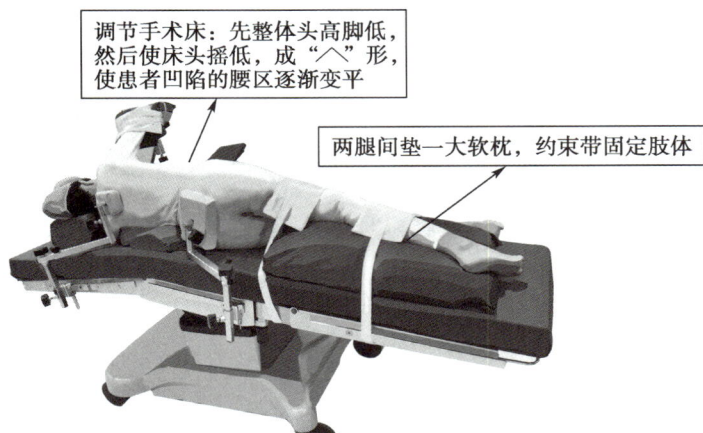

图 24-3-10　腰部手术侧卧位（二）

7. 安置45°侧卧位时,患者仰卧,手术部位下沿手术床纵轴平行垫胸垫,使术侧胸部垫高约45°;健侧手臂外展置于托手板上,术侧手臂用棉垫保护后屈肘呈功能位固定于麻醉头架上;患侧下肢用大软枕支撑,健侧大腿上端用挡板固定。注意患侧上肢必须包好,避免肢体直接接触麻醉头架,导致电烧伤;手指外露以观察血运;保持前臂稍微抬高,避免肘关节过度屈曲或上举,防止损伤桡、尺神经（图24-3-11、图24-3-12）。

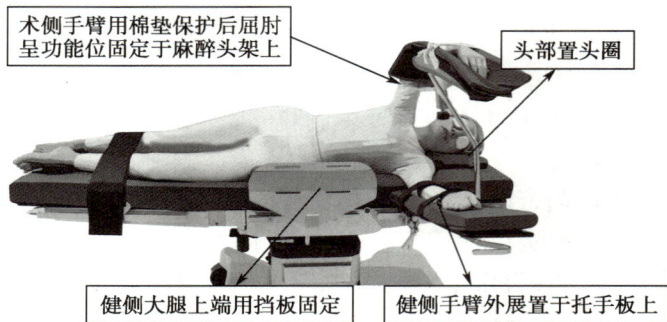

术侧手臂用棉垫保护后屈肘呈功能位固定于麻醉头架上

头部置头圈

健侧大腿上端用挡板固定

健侧手臂外展置于托手板上

图 24-3-11　45°侧卧位（一）

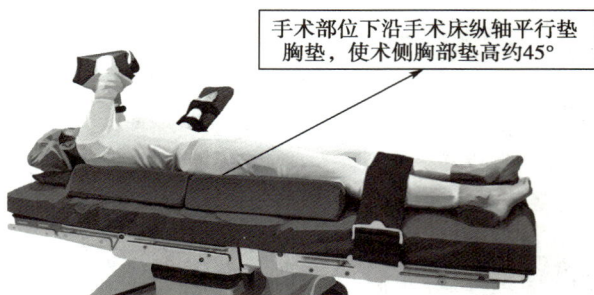

手术部位下沿手术床纵轴平行垫胸垫，使术侧胸部垫高约45°

图 24-3-12　45°侧卧位（二）

四、俯卧位

患者俯卧于床面、面部朝下、背部朝上、保证胸腹部最大范围不受压、双下肢自然屈曲的手术体位。

（一）适用手术

头颈部、背部、脊柱后路、盆腔后路、四肢背侧等部位手术。

（二）用物准备

根据手术部位、种类以及患者情况准备不同类型和形状的体位用具。如：俯卧位支架或弓形体位架或俯卧位体位垫、外科头托、头架、托手架、腿架、会阴保护垫、约束带、各种贴膜等。

（三）摆放方法（图 24-3-13、图 24-3-14）

1. 根据手术方式和患者体型，选择适宜的体位支撑用物，并置于手术床上相应位置。

2. 麻醉完成后，麻醉医生保护麻醉管路，手术室护士保护液体，医护人员共同配合，采用轴线翻身法将患者安置于俯卧位支撑用物上，妥善约束，避免坠床。

3. 检查头面部　根据患者脸型调整头部支撑物的宽度，将头部置于头托上，保持颈椎呈中立位，维持人体正常的生理弯曲；选择前额、两颊及下颌作为支撑点，避免压迫眼部眶上神经、眶上动脉、眼球、颧骨、鼻及口唇等。

4. 将前胸、肋骨两侧、髂前上棘、耻骨联合作为支撑点，胸腹部悬空，避免受压，避开腋窝。保护男性患者会阴部以及女性患者乳房部。

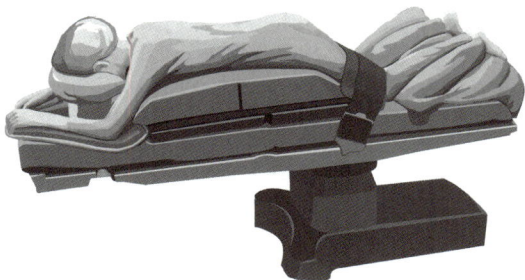

图 24-3-13　胸段手术俯卧位体位摆放

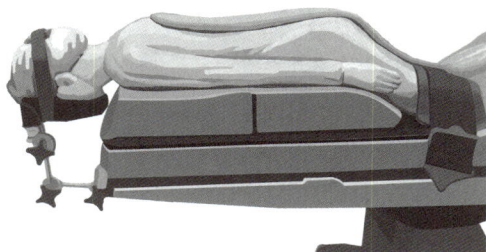

图 24-3-14　颈椎手术俯卧位体位摆放

5. 将双腿置于腿架或软枕上,保持功能位,避免双膝部悬空,给予体位垫保护,双下肢略分开,足踝部垫软枕,踝关节自然弯曲,足尖自然下垂,约束带置于膝关节上 5cm 处。

6. 将双上肢沿关节生理旋转方向,自然向前放于头部两侧或置于托手架上,高度适中,避免指端下垂,用约束带固定。肘关节处垫防压疮体位垫,避免尺神经损伤;或根据手术需要双上肢自然紧靠身体两侧,掌心向内,用布巾包裹固定。

（四）注意事项

1. 轴线翻身时需要至少四名医护人员配合完成,步调一致。麻醉医生位于患者头部,负责保护头颈部及气管导管;一名手术医生位于患者转运床一侧,负责翻转患者;另一名手术医生位于患者手术床一侧,负责接住被翻转患者;巡回护士位于患者足部,负责翻转患者双下肢。

2. 眼部保护时应确保双眼眼睑闭合,避免角膜损伤,受压部位避开眼眶、眼球。

3. 患者头部摆放合适后,应处于中立位,避免颈部过伸或过屈;下颌部支撑应避开口唇部,并防止舌外伸后造成舌损伤,头面部支撑应避开两侧颧骨。

4. 摆放双上肢时,应遵循远端关节低于近端关节的原则;约束腿部时应避开腘窝部。

5. 妥善固定各类管道,粘贴心电监护电极片的位置应避开俯卧时的受压部位。

6. 摆放体位后,应逐一检查各受压部位及各重要器官,尽量分散各部位承受的压力,并妥善固定。

7. 术中应定时检查患者眼睛、面部等受压部位情况,检查气管插管的位置,各管道是否通畅。

8. 若术中唤醒或体位发生变化时,应检查体位有无改变,支撑物有无移动,并按上述要求重新检查患者体位保护及受压情况。

9. 肛门、直肠手术时,双腿分别置于左右腿板上,腿下垫体位垫,双腿分开,中间以可站一人为宜,角度 <90°。

10. 枕部入路手术、后颅凹手术可选用专用头架固定头部,各关节固定牢靠,避免松动（图 24-3-15）。

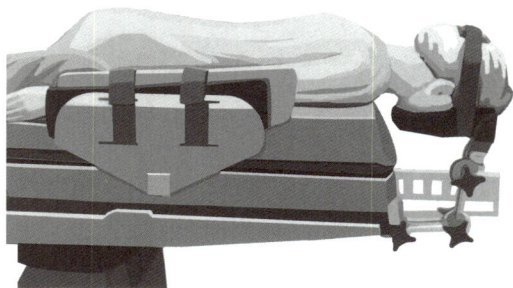

图 24-3-15　后颅凹及脊髓手术俯卧位体位摆放

五、截石位

患者仰卧,双腿放置于腿架上,臀部移至床边,最大限度的暴露会阴部,多用于肛肠手术和妇科手术。

（一）适用手术

会阴部及腹会阴联合手术。

（二）用物准备

体位垫，约束带，截石位腿架、托手板等。

（三）摆放方法（图 24-3-16）

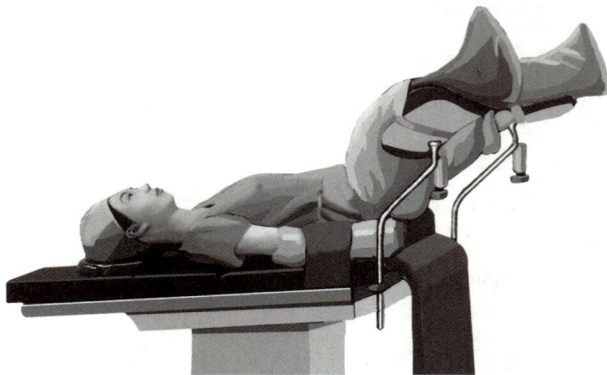

图 24-3-16 截石位

1. 患者取仰卧位，在近髋关节平面放置截石位腿架。

2. 如果手臂需外展，同仰卧位。用约束带固定下肢。

3. 放下手术床腿板，必要时，臀部下方垫体位垫，以减轻局部压迫，同时臀部也得到相应抬高，便于手术操作。双下肢外展<90°，大腿前屈的角度应根据手术需要而改变。

4. 当需要头低脚高位时，可加用肩托，以防止患者向头端滑动。

（四）注意事项

1. 腿架托住小腿及膝部，必要时腘窝处垫体位垫，防止损伤腘窝血管、神经及腓肠肌。

2. 手术中防止重力压迫膝部。

3. 手术结束复位时，双下肢应单独、慢慢放下，并通知麻醉医师，防止因回心血量减少，引起低血压。

（第26届中华护理学会手术室护理专业委员会）

第二十五章　围术期安全护理

学习目标

1. 复述手术安全核查制度及手术风险评估制度的内容。
2. 列出手术安全核查的内容和流程。
3. 描述手术切口的分类及手术风险分级标准。
4. 应用《手术安全核查表》和《手术风险评估单》进行手术核查和风险评估。

第一节　手术安全核查和风险评估

　　2008年，我国卫生部"以病人为中心，以提高医疗服务质量为主题"的医院管理年活动方案文件中，将"病人安全目标"列为重点工作。其中"病人安全目标"之五："严格防止手术患者、手术部位及术式发生错误"。2009年中国医院协会在国家卫计委卫生部医政司指导下，根据多年来开展医疗质量与安全工作评价的实践经验，参考世界卫生组织（WHO）相关资料，组织专家认真讨论提出"手术安全核查表与手术风险评估表"，以减少手术失误。

知识拓展

中国患者安全目标（2017版）

目标一　正确识别患者身份
目标二　强化手术安全核查
目标三　确保用药安全
目标四　减少医院相关感染
目标五　落实临床"危急值"管理制度
目标六　加强医务人员有效沟通
目标七　防范与减少意外伤害
目标八　鼓励患者参与患者安全
目标九　主动报告患者安全事件
目标十　加强医学装备及信息系统安全管理

一、手术安全核查

规范手术患者安全核查、认真执行手术安全核查制度是手术成功的第一步。手术患者安全核查是一项多部门，多人员，多环节的工作过程，涉及手术患者、病房护士、手术室护士、麻醉医生、手术医生，各个部门相互协调，相互配合才能完成不同时段的正确核查，促进手术安全。

（一）手术安全核查制度

1. 手术安全核查由具有执业资质的手术医师、麻醉医师和手术室护士三方（以下简称三方），分别在麻醉实施前、手术开始前和患者离开手术室前，共同对患者身份和手术部位等内容进行核查的工作。

2. 本制度适用于各级各类手术，其他有创操作可参照执行。

3. 手术患者均应佩戴标示有患者身份识别信息的标识以便核查。

4. 手术安全核查由手术医师或麻醉医师主持，三方共同执行并逐项填写《手术安全核查表》（表 25-1-1）。

5. 实施手术安全核查的内容及流程

（1）麻醉实施前：三方按《手术安全核查表》依次核对患者身份（姓名、性别、年龄、病案号）、手术方式、知情同意情况、手术部位与标识、麻醉安全检查、皮肤是否完整、术野皮肤准备、静脉通道建立情况、患者过敏史、抗菌药物皮试结果、术前备血情况、假体、体内植入物、影像学资料等内容。

（2）手术开始前：三方共同二次核查患者身份（姓名、性别、年龄）、手术方式、手术部位与标识，并确认风险预警等内容。手术物品准备情况的核查由手术室护士执行并向手术医师和麻醉医师报告。

（3）患者离开手术间前：三方三次核查患者身份（姓名、性别、年龄）、实际手术名称，术中用药、输血的核查，清点手术用物，确认手术离体组织，检查皮肤完整性、动静脉通路、引流管，确认患者去向等内容。

（4）三方确认后分别在《手术安全核查表》上签名。

6. 手术安全核查必须按照上述步骤依次进行，每一步核查无误后方可进行下一步操作，不得提前填写表格。

7. 术中用药、输血的核查　由麻醉医师或手术医师根据情况需要下达医嘱并做好相应记录，由手术室护士与麻醉医师共同核查。

8. 住院患者《手术安全核查表》应归入病历中保管，非住院患者《手术安全核查表》由手术室负责保存一年。

9. 手术科室、麻醉科与手术室的负责人是本科室实施手术安全核查制度的第一责任人。

10. 医疗机构相关职能部门应加强对本机构手术安全核查制度实施情况的监督与管理，提出持续改进的措施并加以落实。

（二）手术安全核查的注意事项

1. 有手术部位识别标示制度与工作流程。

（1）对涉及有双侧、多重结构（手指、脚趾、病灶部位）、多平面部位（脊柱）的手术时，手术侧或部位有统一规范的标记。

（2）对标记方法、标记颜色、标记实施者及患者参与有统一明确的规定。

（3）患者送达术前准备室或手术室前，已标记手术部位。

（4）涉及双侧、多重结构、多平面手术者手术标记执行率 100%。

2. 建立与实施手术前确认制度与程序，有交接核查表，以确认手术必需的文件资料和物品（如病历、影像学资料、术中特殊用药等）均已备妥。

3. 强调多学科参与，围术期相关人员应了解患者病情并参与相应核查。

4. 强调手术团队成员间的有效沟通，分享关键信息，排除隐患。

> **知识拓展**
>
> # Time-Out
>
> Time-Out（术前暂停）：是指手术小组为了消除错误的手术部位、错误的手术病人、错误的手术操作而推出的，其目的是为了确信针对正确的病人和正确的部位施行手术。当病人躺在手术床上准备摆放手术体位或皮肤消毒前，手术医生、麻醉医生、巡回护士核对病人腕带，核对病历并大声读出病人的所有资料，包括病人姓名、住院号、手术名称、手术部位、病人的体位等，要听到并回答"YES"确认无误之后才能开始手术。

二、手术风险评估

2008 年，世界卫生组织推出《关于安全手术的 10 个事实》，并发布《全球患者安全第二大挑战：安全手术拯救生命》。为减少手术失误，在全球推行严格规范外科手术各阶段的标准，并推出了一份外科手术安全指南——手术安全核查表。2009 年 2 月卫生部组织专家认真讨论并提出了"手术安全核查表（表 25-1-1）与手术风险评估表"作为一项医疗核心制度推行手术风险评估，采用国际上通用的"手术风险分级"方法，不但可以了解手术风险程度外，还可以准确地比较各医院之间"手术部位感染率"的差距，与国际水平作横向比较。

（一）手术风险分级标准（NNIS）

在国际医疗质量指标体系中是按照美国"医院感染监测手册"中的"手术风险分级标准（NNIS）"将手术分为四级：NNIS0 级、NNIS1 级、NNIS2 级、NNIS3 级。然后分别对各级手术的手术切口感染率进行比较，从而提高了该指标在进行比较时的准确性和可比性。

1. 手术风险标准依据　根据手术切口清洁程度、麻醉分级、手术持续时间这三个关键变量进行计算的。定义如下：

（1）手术切口清洁程度：手术风险分级标准中将手术切口按照其清洁程度分为四类：

Ⅰ类（清洁）切口（clean incision）：指手术未进入感染炎症区，未进入呼吸道、消化道、泌尿生殖道及口咽部位，如颅脑、视觉器官、四肢躯干及不切开空腔脏器的胸、腹部手术切口，以及闭合性创伤手术符合上述条件者。

Ⅱ类（清洁-污染）切口（clean-pollution incision）：指手术进入呼吸道、消化道、泌尿生殖道及口咽部位，但不伴有明显污染。例如无感染且顺利完成的胆道、胃肠道、阴道、口咽部手术。

表 25-1-1　手术安全核查表

科别：　　　　　　患者姓名：　　　　　　性别：　　　　　　年龄：

病案号：　　　　　　麻醉方式：　　　　　　手术方式：

术者：　　　　　　　　　　　　　　　　　手术日期：

麻醉实施前	手术开始前	患者离开手术间前
患者姓名、性别、年龄正确： 是□否□ 手术方式确认：是□否□ 手术部位与标识正确： 是□否□ 手术知情同意：是□否□ 麻醉知情同意：是□否□ 麻醉方式确认：是□否□ 麻醉设备安全检查完成： 是□否□ 皮肤是否完整：是□否□ 术野皮肤准备正确： 是□否□ 静脉通道建立完成： 是□否□ 患者是否有过敏史： 是□否□ 抗菌药物皮试结果： 有□无□ 术前备血：有□无□ 假体□/体内植入物□/影像学资料□ 其他：	患者姓名、性别、年龄正确： 是□否□ 手术方式确认：是□否□ 手术部位与标识确认： 是□否□ 手术、麻醉风险预警： 手术医师陈述： 预计手术时间□ 预计失血量□ 手术关注点□ 其他□ 麻醉医师陈述： 麻醉关注点□ 其他□ 手术护士陈述： 物品灭菌合格□ 仪器设备□ 术前术中特殊用药情况□ 其他□ 是否需要相关影像资料：是 □否□ 其他：	患者姓名、性别、年龄正确：是□否□ 实际手术方式确认：是□否□ 手术用药、输血的核查 是□否□ 手术用物清点正确：是□否□ 手术标本确认：是□否□ 皮肤是否完整：是□否□ 各种管路： 中心静脉通路□ 动脉通路□ 气管插管□ 伤口引流□ 胃管□ 尿管□ 其他□ 患者去向： 恢复室□ 病房□ ICU 病房□ 急诊□ 离院□ 其他：
手术医师签名：＿＿＿＿＿＿	麻醉医师签名：＿＿＿＿＿＿	手术室护士签名：＿＿＿＿＿＿

Ⅲ类（污染）切口（pollution incision）：指手术进入急性炎症但未化脓区域；开放性创伤手术；胃肠道内容有明显溢出污染；术中有明显污染者，如开胸心脏按压。

Ⅳ类（污秽－感染）切口（pollution-infection incision）：指有失活组织的陈旧创伤手术；已有临床感染或脏器穿孔的手术，如各个系统或部位的脓肿切开引流，化脓性腹膜炎等手术切口均属此类。

（2）患者年龄：手术风险分级标准根据患者的年龄将患者分为两组：≤70 岁；>70 岁。

（3）基础疾病：手术风险分级标准根据患者有无基础疾病分为两组：即为"无基础疾病及一般基础疾病（无脏器功能障碍）组"；"有严重基础疾病组"。

严重基础疾病：3 级高血压、冠心病、高血压心脏病、风心病、心功能衰竭、有并发症的糖尿病、COPD、呼吸衰竭、肾功能衰竭、脑卒中、恶性肿瘤、尿崩症（注：有多种严重基础疾病者则累计计分）。

（4）麻醉分级（ASA 分级）：手术风险分级标准中根据患者的临床症状将麻醉分为六级（ASA 分级）。

P1：正常的患者。

P2：患者有轻微的临床症状。

P3：患者有明显的系统临床症状。

P4：患者有明显的系统临床症状，且危及生命。

P5：如果不手术患者将不能存活。

P6：脑死亡的患者。

（5）手术持续时间：手术风险分级标准根据手术的持续时间将患者分为两组：即为"手术在标准时间内完成组"；"手术超过标准时间完成组"。

（6）手术类别由经管医师在相应"□"打"√"。

（7）随访：切口愈合与感染情况在患者出院后 24 小时内由经管医生在相应"□"打"√"。

2. 手术风险分级的计算　手术风险分为四级。具体计算方法是将手术切口清洁程度、麻醉分级和手术持续时间的分值相加，总分 0 分为 NNIS-0 级，1 分为 NNIS-1 级、2 分为 NNIS-2 级，3 分为 NNIS-3 级。

（二）手术风险评估制度

1. 手术风险评估由具有执业资质的手术医师、麻醉医师和手术室护士三方（以下简称三方），分别在拟定手术前、拟定麻醉前、患者离开手术室前和患者死亡或出院前，分别对患者手术切口感染风险、麻醉风险等内容进行评估的工作。

2. 本制度适用于各级各类手术，其他有创操作可参照执行。

3.《手术风险评估表》（表 25-1-2）由手术医师、麻醉医师、手术室巡回护士三者分别逐项填写。

4. 实施手术风险评估的内容及流程

（1）拟定手术前：手术医师结合患者各项术前检查结果，综合评估后确定手术方式及日期，填写"手术切口清洁程度"相关内容，并签字确认。

（2）拟定麻醉前：麻醉医师于术前访视时，审核手术医师评估内容，结合患者各项术前检查结果进行该患者的麻醉风险评估，并填写"麻醉分级（ASA 分级）"及"手术类别"相关内容，并签字确认。

（3）患者离开手术室前：手术室巡回护士审核手术医师及麻醉医师评估内容，于手术开始前、患者离开手术室前根据手术情况据实填写"手术持续时间"及"是否急诊、进、出手术室时间"内容，并签字确认、填写 NNIS 分级评分，由麻醉手术科负责人安排的相对固定人员，根据"手术风险评估表"及"手术通知单"的内容逐项填写"手术质量管理数据库（麻醉手术科）"，手术风险评估表入病历，"数据库"由麻醉手术科负责人按月存档，以备统计、汇总、分析。

（4）患者死亡或出院前，主管医生根据患者术后病情进展填写"切口愈合、感染情况"及"非预期再手术时间"、"手术后死亡时间"等内容，完成表格，存入病历。

表 25-1-2　CHA 手术风险评估表（试行）

日期：_____　科别：_____　住院号：_____　实施手术名称：_____

1. 手术切口清洁程度		2. 麻醉分级（ASA 分级）		3. 手术持续时间	
Ⅰ类手术切口（清洁手术）	0	P1：正常的患者；除局部病变外，无系统性疾病	0	T1：手术在 3 小时内完成	0
手术野无污染；手术切口周边无炎症；患者没有进行气道、食管和（或）尿道插管；患者没有意识障碍		P2：患者有轻微的临床症状；有轻度或中度系统性疾病	0	T2：完成手术，超过 3 小时	1
Ⅱ类手术切口（相对清洁手术）	0	P3：有严重系统性疾病，日常活动受限，但未丧失工作能力	1	随访：切口愈合与感染情况	
上、下呼吸道，上、下消化道，泌尿生殖道或经以上器官的手术；患者进行气道、食管和（或）尿道插管；患者病情稳定；行胆囊、阴道、阑尾、耳鼻手术的患者		P4：有严重系统性疾病，已丧失工作能力，威胁生命安全	1	切口甲级愈合□ 　切口感染—浅层感染□ 　　　深层感染□	
		P5：病情危重，生命难以维持的濒死病人	1	在与评价项目相应的框内"□"打钩"√"后，分值相加即可完成	
Ⅲ类手术切口（清洁 - 污染手术）	1	P6：脑死亡的患者	1		
开放、新鲜且不干净的伤口；前次手术后感染的切口；手术中需采取消毒措施的切口		4. 手术类别			
		1. 浅层组织手术	□		
Ⅳ类手术切口（污染手术）	1	2. 深部组织手术	□		
严重的外伤，手术切口有炎症、组织坏死，或有内脏引流管		3. 器官手术	□		
		4. 腔隙手术	□	急诊手术	
手术医生签名：		麻醉医师签名：		巡回护士签名：	
手术风险评估：手术切口清洁程度（　分）+ 麻醉 ASA 分级（　分）+ 手术持续时间（　分）=　分，NNIS 分级：0-□　1-□　2-□　3-□					

5. 手术风险评估必须按照上述步骤依次进行，不得提前、补充填写表格或有空缺项。

6. 住院患者《手术风险评估表》应归入病历中保管，非住院患者《手术风险评估表》由手术室负责保存一年。

7. 手术科室、麻醉手术科的负责人是本科室实施手术风险评估制度的第一责任人。

8. 各时段评估责任人在填写相应内容前，必须审核前一阶段评估内容，如发现评估内容有缺陷，不得执行手术、麻醉。

（常后婵　李胜云）

第二节　手术患者转运交接

1. 复述手术患者转运交接的原则。
2. 明确手术患者入手术室、出手术室的转运交接重点内容。
3. 掌握手术患者转运交接的注意事项。
4. 应用《手术患者交接单》安全转运患者。

手术患者交接（patient handover）是指因手术患者发生转运，医务人员对手术患者情况的交接过程。《三级综合医院评审实施细则》（2011 年版）中指出要完善关键流程（急诊、病房、手术室、ICU、产房、新生儿室之间流程）的患者识别措施，健全转科交接登记制度。中华医学会麻醉学分会在 2015 年 2 月发布的《围术期患者转运专家共识》（2014 版）明确指出手术患者的围术期转运对患者安全至关重要，必要的监测和规范的交接是安全转运的关键。

知识拓展

患者身份确认：病人在院期间应被正确识别身份，包括门、急诊病人和住院病人。

1. 住院病人均应佩带腕带作为身份识别标识。
2. 腕带佩戴规范　目的如下：
病人流动过程中能被正确识别（如加床、转床、手术、外出检查等）；
有过敏史者有醒目标记，随时提醒，方便核对；
意识模糊或不清者能被正确识别；
确保母婴的唯一性，防止相互混淆；
医生查房室准确快速的确认病人，读取病人信息。

①手术病人（包括微创手术）、危重病人以及过敏性体质病人必须佩戴腕带，作为病人识别标志。

②腕带填入的识别信息必须经两人核对后方可使用。若有损坏，及时更新，同样需要经两人核对。

③按操作规范给病人佩戴腕带，垫 1~2 指按紧搭扣，松紧适宜，防止扭曲、勒伤。病人出院时去除腕带（在医院死亡病人需经家属确认尸体后才去除）。

④执行各项治疗、护理操作时均应核对腕带。

一、手术患者转运交接原则

1. 转运人员应为有资质的医院工作人员。转运交接过程中应确保患者身份正确。依据患者坠床风险评估情况,选择合适的运送工具,用轮椅或车床运送。

2. 转运前应确认患者的病情适合且能耐受转运。

3. 转运前应确认转运需要携带的医疗急救设备及物品,并确认功能完好。

4. 转运中应确保患者安全、固定稳妥,转运人员应在患者头侧,如有坡道应保持头部处于高位。注意患者的身体不可伸出轮椅或推车外,避免推车速度过快、转弯过急,以防意外伤害。并注意隐私保护和保暖。

5. 交接过程中应明确交接内容及职责,并按《手术患者交接单》记录。

二、手术患者的转运交接

(一)手术患者入手术室的转运交接

1. 转运前,手术室巡回护士确认手术患者信息,并通知病房。病房护士认真查对,做好手术前准备;病房护士与转运人员交接,应共同确认患者信息,交接需带入手术室的物品。危重患者由主治医生和责任护师护送。

2. 患者进入术前准备室或手术间,护士应确认手术患者信息及携带物品,并记录。

(二)手术患者出手术室的转运交接

离开手术室前,护士应确认管路通畅、妥善固定及携带物品,准确填写《手术患者交接单》。根据患者去向准备转运用物。通知接收科室及患者家属。

三、转运交接注意事项

1. 应至少同时使用两种及以上的方法确认患者身份,鼓励患者及家属参与,以确保患者正确。

2. 确保手术患者安全

(1)根据手术患者病情,确定转运人员、适宜时间、目的地、医疗设备、药物及物品等。

(2)防止意外伤害的发生,如坠床、非计划性拔管、肢体挤压等。

(3)转运前确保输注液体的剩余量可维持至目的地,密切监测各项生命指征。

3. 交接双方应共同确认患者信息、病情和携带用物无误后签字,完成交接。

4. 转运设备应保持清洁,定期维护保养。转运被单应一人一换,注意保暖。

5. 特殊感染手术患者转运应遵循《医疗机构消毒技术规范》WS/T 367—2012做好各项防护。

6. 做好突发应急预案的相应措施。如突遇设备意外故障、电梯故障,备好相应的急救用物和紧急呼叫措施。

（第26届中华护理学会手术室护理专业委员会）

第三节　手术物品清点

一、名词术语

（一）手术清点物品

手术清点物品（surgical count items）包括手术敷料、手术器械、手术特殊物品。

（二）手术敷料

手术敷料（dressing）指用于吸收液体、保护组织，压迫止血或牵引组织的纺织物品。包括纱布、纱垫、纱条、宫纱、消毒垫、脑棉片、棉签等。

（三）手术器械

手术器械（instruments）指用于执行切割、剥离、抓取、牵拉、缝合等特定功能的手术工具或器械。如血管钳、组织剪、牵开器、持针器等。

（四）杂项物品

杂项物品（miscellaneous items）指无菌区域内所需要清点的各种物品。包括一切有可能遗留在手术切口内的物品，如阻断带、悬吊带、尿管等。

（五）体腔

体腔（cavity）指人体内容纳组织及脏器的腔隙。通常包括颅腔（含鼻腔）、胸腔、腹腔（含盆腔）及关节腔。

（六）手术物品遗留

手术物品遗留（retained surgical items）指手术结束后手术物品意外地遗留在患者体内。

二、物品清点要求和原则

（一）手术物品清点时机

1. 第一次清点，即手术开始前；第二次清点，即关闭体腔前；第三次清点，即关闭体腔后；第四次清点，即缝合皮肤后。

2. 增加清点次数时机　如术中需交接班、手术切口涉及两个及以上部位或腔隙，关闭每个部位或腔隙时均应清点，如关闭膈肌、子宫、心包、后腹膜等。

（二）不同类型手术需清点的物品

1. 体腔或深部组织手术应包括手术台上所有物品。如手术器械、缝针、手术敷料及杂项物品等。

2. 浅表组织手术应包括但不仅限于手术敷料、缝针、刀片、针头等杂项物品。

3. 经尿道、阴道、鼻腔等内镜手术应包括但不仅限于敷料、缝针，并检查器械的完整性。

（三）手术物品清点原则

1. 双人逐项清点原则　清点物品时洗手护士与巡回护士应遵循一定的规律，共同按顺序逐项清点。没有洗手护士时由巡回护士与手术医生负责清点。

2. 同步唱点原则　洗手护士与巡回护士应同时清晰说出清点物品的名称、数目及完整性。

3. 逐项即刻记录原则　每清点一项物品,巡回护士应即刻将物品的名称和数目准确记录于物品清点记录单上。

4. 原位清点原则　第一次清点及术中追加需清点的无菌物品时,洗手护士应与巡回护士即刻清点,无误后方可使用。

（四）关闭体腔前需二次清点的手术,要分别登记清楚

1. 关膈肌　食管手术关膈肌时清点缝针、小方纱、纱布、纱垫。

2. 双切口手术　一侧手术结束后常规清点,做另一侧手术时同样需要清点。但前一侧手术用的物品不可拿出手术间。

3. 直肠癌根治　肛门部器械单独清点登记。缝针、纱布、纱垫与腹部手术一起清点。

4. 取髂骨　术后点缝针、纱布、纱垫、与主手术一起登记。

5. 肾、输尿管切除　2 次清点（同双切口手术）。

三、物品清点的注意事项

1. 医疗机构应有物品清点制度和相关的应急预案,明确规定清点的责任人、要求、方法及注意事项等,所有相关医务人员应遵照执行。

2. 手术室应规范器械台上物品摆放的位置,保持器械台的整洁有序。

3. 手术前

（1）巡回护士需检查手术间环境,不得遗留上一台手术患者的任何物品。

（2）洗手护士应提前 15~30 分钟洗手,保证有充足的时间进行物品的检查和清点。在手术的全过程中,应始终知晓各项物品的数目、位置及使用情况。

（3）清点时,洗手护士与巡回护士须双人查对手术物品的数目及完整性。巡回护士进行记录并复述,洗手护士确认。

4. 手术中

（1）应减少交接环节,手术进行期间若患者病情不稳定、抢救或手术处于紧急时刻物品交接不清时,不得交接班。

（2）严禁用器械或敷料等物品作他用,术中送冰冻切片、病理标本时,严禁用纱布等包裹标本。

（3）手术物品未经巡回护士允许,任何人不应拿进或拿出手术间。

（4）医生不应自行拿取台上用物,暂不用的物品应及时交还洗手护士,不得乱丢或堆在手术区。

（5）洗手护士应及时收回暂时不用的器械;监督术者及时将钢丝、克氏针等残端、剪出的引流管碎片等物品归还,丢弃时应与巡回护士确认。

（6）台上人员发现物品从手术区域掉落或被污染,应立刻告知巡回护士妥善处理。

（7）关闭体腔前,手术医生应配合洗手护士进行清点,确认清点无误后方可关闭体腔。

（8）每台手术结束后应将清点物品清理出手术间,更换垃圾袋。

（9）术前怀疑或术中发现患者体内有手术遗留异物,取出的物品应由主刀医生、洗手护士和巡回护士共同清点,详细记录,按医院规定上报。

四、手术敷料清点

1. 手术切口内应使用带显影标记的敷料。

2. 清点纱布、纱条、纱垫时应展开,并检查完整性及显影标记。

3. 手术中所使用的敷料应保留其原始规格,不得切割或做其他任何改型。特殊情况必须剪开时,应及时准确记录。

4. 体腔或深部组织手术中使用有带子的敷料时,带子应暴露在切口外面。

5. 当切口内需要填充治疗性敷料并带离手术室时,主刀医生、洗手护士、巡回护士应共同确认置入敷料的名称和数目,并记录在病历中。

五、清点意外情况的处理

1. 物品数目及完整性清点有误时,立即告知手术医生共同寻找缺失的部分或物品,必要时根据物品的性质采取相应辅助手段查找,确保不遗留于患者体内。

2. 若找到缺失的部分和物品时,洗手护士与巡回护士应确认其完整性,并放于指定位置,妥善保存,以备清点时核查。

3. 如采取各种手段仍未找到,应立即报告主刀医生及护士长,X线辅助确认物品不在患者体内,需主刀医生、巡回护士和洗手护士签字、存档,按清点意外处理流程报告,填写清点意外报告表,并向上级领导汇报。

> **知识拓展**
>
> ### AORN"预防手术物品遗留"指南
>
> 围术期注册护士协会(AORN)关于预防手术用品遗留(RSI)的实践指南指出:
>
> 1. 在外科手术和侵入性操作期间应采用一致的跨学科方法预防 RSI。
>
> 2. 在所有使用毛纺织品的手术过程中,在无菌区域内打开的不透射线手术用毛纺织品(例如海绵,毛巾,纺织品)都应说明去向。
>
> 3. 在无菌区域内打开的尖锐物或其他杂项用品都应说明去向。
>
> 4. 所有可能存在器械遗留风险的手术中都应清点器械。
>
> 5. 应采取措施找出并降低与未收回的器械碎件相关的风险。
>
> 6. 在最终清点和手术结束时,应采取标准的检查和核对程序。如果在清点过程中发生账物不相符,则手术团队应进行相关步骤来定位遗失的物件。
>
> 7. 围手术工作团队成员可考虑使用辅助技术以辅助人工清点操作。
>
> 8. 工作人员应接受初次和继续教育,并且应该证明其有能力执行标准化的 RSI 预防程序。
>
> 9. 所采取的预防 RSI 措施应记录在患者的病历中。
>
> 10. 应制订预防 RSI 和未收回器械碎件事件的策略和操作程序,并定期进行审核,如果有必要的话,还需要进行修订,并且需要放在实际操作现场中供医护人员取阅。
>
> 11. 应制订质量保证/表现改进规程,评估 RSI 的发生率和风险,改善患者的安全性。

第四节　手术室输血操作规程

一、名词术语

（一）输血

输血（blood transfusion）指将血液制剂通过静脉输注给患者的一种治疗方法。

（二）术中输血

术中输血（intraoperative blood transfusion）指于患者手术过程中将血液制剂通过静脉输注给患者的一种治疗方法。

（三）血液制剂

血液制剂（blood produce）指经严格体检合格的献血者的血液与保存液形成的制剂。

（四）全血

全血（whole blood，WB）指血液的全部成分，包括血细胞和血浆中的所有成分。将血液采入含有保存液的血袋中，不做任何加工，即为全血。

（五）成分输血

成分输血（component blood transfusion）指血液由不同血细胞和血浆组成。将供者血液的不同成分应用科学方法分开，依据患者病情的实际需要，分别输注相关血液成分，称为成分输血。

（六）自体输血

自体输血（autologous blood transfusion）指采集或收集患者自体的血液或血液成分，经适当的保存或处理后回输给患者本人，以满足手术或紧急情况时需要的一种临床输血治疗技术。目前常用的自体输血有储存式自体输血、稀释式自体输血和回收式自体输血三种方式。

1. 贮存式自体输血（preoperative autologous blood donation，PABD）　指在手术前预先采集患者的自身血液（全血或血液成分）予以保存，以备手术失血较多时使用的一种临床输血治疗技术。

2. 稀释式自体输血（hemodilutional autotransfusion，HAT）　又称急性正常血容量血液稀释，是指在患者麻醉后手术前为患者采血并短暂储存，同时输注胶体液及晶体液维持正常血容量，手术过程中利用稀释血液进行循环，术后或术中回输存储的自体血液的一种临床输血治疗技术。

3. 回收式自体输血（salvaged blood autotransfusion，SBA）　指用血液回收装置，将患者体腔积血、手术失血及术后引流血液进行回收、抗凝、滤过、洗涤等处理，再回输给患者的一种临床输血治疗技术。

（七）输血不良反应

输血不良反应（blood transfusion adverse response）指在输血过程中或输血后，受血者发生了用原来疾病不能解释的新的症状或体征，发生率约 10%。

1. 发热性非溶血性输血反应（febrile non-hemolytic transfusionreaction）　指通常受血者在输全血或输血液成分期间，一般在输血开始 15 分钟至 2 小时，或输血后 1~2 小时内，体温升高1℃或以上,并排除其他可以导致体温升高的原因后,即可诊断。

2. 过敏性输血反应(allergic transfusion reaction)　包括单纯性荨麻疹、血管神经性水肿,喉头水肿,严重者出现呼吸障碍、休克甚至死亡。

(八)溶血性输血反应

溶血性输血反应(hemolytic transfusion reaction)指由于免疫的或非免疫的原因,使输入的红细胞在受血者体内发生异常破坏而引起的输血不良反应。

(九)大量输血

大量输血(massive transfusion)指12~24小时内快速输入相当于受血者本身全部血容量或更多的血液,常见于快速失血超过机体代偿机制所致的失血性/低血容量性休克、外伤、肝移植等。除了输入红细胞外,患者往往还输入了其他类型的血液制品。对婴儿的血液置换也被认为是大量输血。

(十)加压输血

加压输血指如果术中输血不具备建立更多通道或已建立的通道输液、输血速度不能满足抢救需要时,可以进行加压输血,但应采用专门设计的加压输血器或血泵。

(十一)加温输血

加温输血指冷藏血不可随意加温,若确需对血液进行加温,只能使用专用加温装置。

知识拓展

输血理念的转变

1818年英国生理学家兼妇产科医生Blundell第一次将人的血液输给严重出血的产妇获得成功。传统的输血理念是输全血。随着人们对血液成分的物理和化学特性的认识,血库血液检验和保存技术的改进,血液免疫学的深入研究及大量的临床验证,全血输注已经逐渐被摒弃,成分输血已被广泛接受。

二、输血的目的

(一)维持血容量

补给血量,维持血容量,提高血压以抗休克和防止出血性休克。

(二)纠正红细胞减少

可供给具有携氧能力的红细胞以纠正因红细胞减少或其携氧能力降低所导致的急性缺氧血症。

(三)纠正凝血功能

补充各种凝血因子以纠正患者的凝血功能障碍。

三、术中输血操作要点

(一)取血流程

1. 医护人员凭取血单,携带取血专用箱到输血科(血库)取血。

2. 取血与发血的双方必须共同查对患者姓名、性别、病案号、门急诊 / 病室、血型有效期及配血试验结果，血袋编号、血液种类、规格及采血日期，以及保存血的外观（检查血袋有无破损渗漏，血液颜色、形态是否正常）等，核对准确无误后，双方共同签字后方可发出。

（二）输血流程

1. 取回的血液制剂应由麻醉医生和巡回护士核对，首先，双方确认取回的血液制剂是否为此手术间患者的血液制剂，然后，参照取血流程，核对相关信息。

2. 输血前再次由麻醉医生和巡回护士共同核对（核对内容参照取血流程），准确无误后方可输血。

3. 输血时应使用符合标准的输血器进行输血。

4. 输血前后用静脉注射生理盐水冲洗输血管道。

5. 术中输血应遵循先慢后快的原则，但同时根据病情和年龄遵医嘱调节输血速度。婴幼儿患者输血宜采用注射泵输注。

6. 静脉通道观察　保持血液输注通畅，防止输血管道扭曲、受压；当出现针头脱落、移位或阻塞时应及时处理。

7. 严密观察受血者有无输血不良反应，如出现异常情况应及时处理。

8. 输血完毕后，医护人员应对血液输注进行记录和签字，并将输血记录单（交叉配血报告单）放在病历中。将空血袋低温保存 24 小时。手术结束后血袋带回病房，认真交接记录。

9. 未输入的血液带回病房，与病房护士交班，并双方签字确认。

四、术中输血注意事项

1. 严禁一名医护人员同时为两名患者取血。输血时必须实施两人核查流程。

2. 血液制品不应加热，不应随意加入其他药物。血小板输注前应保持震荡，取出即用。

3. 全血、成分血和其他血液制剂应从血库取出后 30 分钟内输注，4 小时内输完。

4. 用于输注全血、成分血或生物制剂的输血器宜 4 小时更换一次。手术中输入不同组交叉配穴的血制品，应更换输血器。

5. 术中大量输血时，建议使用输血输液加温仪，确保输血安全。

6. 术中加压输血时，要确保输血通道的通畅，避免压力过大破坏血液的有形成分。

7. 使用输血加温仪或加压仪器时，遵照使用仪器设备使用说明。

五、常见术中输血不良反应及护理措施

（一）不良反应

发热性非溶血性输血反应、过敏性输血反应、溶血性输血反应。

（二）护理措施

1. 发生输血反应，立即告知医生，停止输血，更换输血器，用静脉注射生理盐水维持静脉通路。

2. 准备好检查、治疗和抢救的物品，做好相应记录。

3. 遵医嘱给予药物治疗及配合抢救。

4. 加强体温管理，采取适当的保温措施。

5. 低温保存余血及输血器，并上报输血科及相关部门。

六、自体输血

自体输血（autologous blood transfusion）属于无血手术方法之一，主要有三种方法：贮存式自体输血、稀释式自体输血、回收式自体输血。目前回收式自体输血是术中应用最简单、最广泛的自身输血方式。

（一）回收式自体输血的适应证

1. 心胸血管外科　手术野污染最少，且全身施行了抗凝疗法，是稀释式和回收式自身输血最好的适应证。如风湿性瓣膜病、动脉瘤、先天性心脏病、冠心病等。

2. 矫形外科　如脊椎侧弯矫正术、椎体融合术、髋关节置换术；整形外科的大面积植皮等。

3. 创伤外科　严重创伤的大量失血。

4. 妇产科　如异位妊娠破裂等。

5. 器官移植手术。

6. 特殊宗教信仰人群　如耶和华见证会教友。

（二）回收式自体输血禁忌证

1. 血液离体时间超过 6 小时。

2. 怀疑流出的血液被细菌、粪便、羊水或毒液污染。

3. 怀疑流出的血液含有癌细胞。

4. 流出的血液严重溶血。

（三）回收式自体输血的操作要点

1. 按照生产厂家的使用说明进行操作。血液回收前准备：术前提前准备好设备、耗材和相关药品。

2. 检查血液回收机，安装一次性耗材。

3. 按血液回收机的要求准备血液抗凝剂，如 ACD 或肝素。

4. 将 Y 形吸引管一端置于手术野并与吸引头连接，吸引管剩下的一端与抗凝剂袋连接，无菌空袋与引流瓶连接，引流瓶与负压吸引器连接。

5. 回收的血液达到一定量后将血液转至无菌空袋，按洗涤红细胞制备操作对回收的血液进行洗涤并浓缩。

6. 需要输注时按输血常规进行输注。

7. 输注过程中严密观察患者有无不良反应（出血倾向、血红蛋白血症、肾功能不全、肺功能障碍、DIC、细菌感染、败血症），出现异常情况及时处理。

（四）回收式自体输血的注意事项

1. 术中回收处理的血液不得转让给其他患者使用。

2. 术中常规回收处理的血液应经洗涤操作，其血小板、凝血因子、血浆蛋白等基本丢失，故应根据回收血量补充血小板和凝血因子。

3. 术中快速回收处理的血液未做洗涤时，含大量抗凝剂，应给予相应的拮抗剂。

4. 对回收处理的血液回输时必须使用符合标准的输血器。

（五）自体输血的优越性

1. 避免因输注同种异体血液或血液成分而导致感染性疾病的危险性。

2. 防止因抗红细胞、白细胞和血小板或蛋白抗原产生同种异体免疫作用引起的溶血、发热、过敏反应和移植物抗宿主病（GVHD）等免疫性输血反应。

3. 减少有创操作不需同种异体输血前的多项检测试验，节约患者的费用。

4. 避免异体输血配型失误造成的医疗事故。

5. 解决了稀有血型患者、特殊宗教信仰患者的输血问题。

6. 在一定程度上缓解了血液供应的紧张状态。

七、加压输血

（一）操作要点

1. 为确保静脉通道通畅，静脉注射针头成人不少于 20G（儿童不少于 22G），以便血液顺利、快速输入。

2. 将已接上静脉通道的血袋小心装入加压血液输送器中。

3. 拧紧充气塞，手握皮球缓慢充气，加压血液输送器开始加压，可根据病情需要施加压力，加压输血速度可达 50~100ml/min。

4. 血液输注完毕，拧松充气塞、放气，输血管换接静脉注射用生理盐水冲洗输血管道。

（二）注意事项

1. 加压输血过程中应缓慢加压，压力不能超过 300mmHg，以防加压皮囊破裂。

2. 确保静脉通道通畅，防止输血管和针头衔接处脱落、针头脱出血管、穿刺部位肿胀等，确保血液顺利注入血管。

3. 术中加压输血时，巡回护士应全程监护，密切观察受血者病情变化，如有异常立即停止输血，换输静脉注射用生理盐水保持静脉通路，并立即报告医生处理。

知识拓展

无血外科手术

无血外科手术（bloodless surgery）概念是 20 世纪 70 年代提出的，它是一种赋有一定理念的外科医学技术。无血手术是为了避免输血，在围术期所采取的一系列对策和措施，最大限度减少血液丢失，在不输血情况下保证手术安全。

无血外科可分为 3 个时间段，即手术前期、手术中及手术后期。手术前期主要是纠正患者的贫血状态。手术中只要是无血操作技术的应用。手术后期大体同手术前期。

临床实践证明，无血外科技术的应用能明显改善患者预后，避免了输血并发症，缩短了患者住院时间。它需多学科（multidisciplinary team）包括外科、麻醉科、内科、输血科、血库、病理科、内镜学科、影像等进行合作以及术后 ICU 护士的共同参与。

（第 26 届中华护理学会手术室护理专业委员会）

第五节　围术期抗菌药物的应用

一、概述

围术期合理应用抗菌药物是医院药事管理的重要组成部分,是医院抗感染药物合理使用监测的重要内容之一,贯穿于围术期的全过程。围术期正确、合理应用抗生素,能够提高药物的临床合理应用水平,保障患者用药安全及减少细菌耐药性,减少手术部位感染。但是近年来,抗生素的滥用导致外科手术后感染事件明显上升,滥用抗生素不仅可以导致双重感染,同时也使医院环境的耐药菌明显增加,继而导致院内耐药菌感染增加,因此我们应在围术期按规范合理应用抗生素,使其达到有效、安全、经济和实用。

（一）手术切口分类（见第三篇　第二十五章　第一节　手术安全核查和风险评估）

1. Ⅰ类（清洁）切口　清洁手术切口一般为Ⅰ类切口。
2. Ⅱ类（清洁 – 污染）切口　清洁 – 污染手术切口一般为Ⅱ类切口。
3. Ⅲ类（污染）切口　污染手术切口一般为Ⅲ类切口。
4. Ⅳ类（严重污染 – 污染）切口　严重污染 – 污染手术切口一般为Ⅳ类切口。

（二）围术期预防性应用抗生素

一般的Ⅰ类即清洁切口手术,如头、颈、躯干、四肢的体表手术,无人工植入物的腹股沟疝修补术、甲状腺腺瘤切除术、乳腺纤维腺瘤切除术等,大多无须使用抗生素。

二、目的

围术期预防应用抗生素主要是为了防治手术部位感染,包括在切口、手术深部器官及腔隙的感染等,但不包括与手术无直接关系的、术后可能发生的其他部位感染。药物的选择主要以药效为基础,预防性用药应保证手术切口暴露时局部组织中已达到足以杀灭手术过程中入侵切口细菌的药物浓度,且治疗水平应维持在整个手术期间。

三、基本依据

选择抗生素时要根据手术种类的常见病原菌、切口类别和病人有无易感因素等综合考虑。原则上应选择相对广谱,效果肯定（杀菌剂而非抑菌剂）、安全及价格相对低廉的抗菌药物。

四、适应证

1. Ⅱ类清洁 – 污染切口及部分Ⅲ类（污染）切口手术,主要是进入胃肠道（从口咽部开始）、呼吸道、女性生殖道的手术。

2. 使用人工材料或人工装置的手术,如心脏人工瓣膜置换术、人工血管移植术、人工关节置换术、腹壁切口疝大块人工材料修补术。

3. 清洁大手术,手术时间长,创伤较大,或涉及重要器官、一旦感染后果严重者,如开颅手术、心脏和大血管手术、门体静脉分流术或断流术、脾切除术、眼内手术等。

4. 有感染高危因素如高龄（>70 岁）、糖尿病、免疫功能低下（尤其是接受器官移植者）、营养不良等。

5. 经监测认定在病区内某种致病菌所致 SSI 发病率异常增高时,除追究原因外应针对性预防用药。

五、用药原则

选择抗生素时要根据手术种类的常见病原菌、切口类别、手术创伤程度、可能的污染菌种类、手术持续时间、感染发生机会、对细菌耐药性的影响和经济学评估等因素综合考虑是否预防应用抗生素。原则上应选择相对广谱,效果肯定（杀菌剂而非抑菌剂）、安全及价格相对低廉的抗菌药物。

六、给药方法

1. 给药的时机极为关键,应在切开皮肤（黏膜）前 0.5~1 小时（麻醉诱导时）开始给药,以保证在发生细菌污染之前血清及组织中的药物已达到有效浓度（>MIC 90）。

2. 给药途径大部分为静脉输注,仅有少数为口服给药。溶媒体积不超过 100ml,一般在 30 分钟内滴完,以保证药物的有效浓度,不宜放在大瓶液体内慢慢滴入,否则达不到有效浓度。对于特殊药物比如万古霉素或去甲万古霉素、克林霉素等按照药物说明书有关规定执行。

3. 预防性用药维持时间,清洁手术预防用药多数术前一剂即可,不超过 24 小时,预防用药超过 48 小时只会增加耐药菌感染。血清和组织内抗菌药物有效浓度必须能够覆盖手术全过程。常用的头孢菌素血清半衰期为 1~2 小时,因此,如手术延长到 3 小时以上,或失血量超过 1500ml,应补充一个剂量,必要时还可用第三次。如果选用半衰期长达 7~8 小时的头孢曲松,则无须追加剂量。

4. 一般应短程使用,择期手术结束后不必再用。若病人有明显感染高危因素,或应用人工植入物,或术前已发生细菌污染（如开放性创伤）时,可再用一次或数次到 24 小时,特殊情况可以延长到 48 小时。连续用药多日甚至用到拆线是没有必要的,并不能进一步降低 SSI 发生率。手术中发现已存在细菌性感染,手术后应继续用药直至感染消除。

> **知识拓展**
>
> ### 手术部位感染
>
> SSI:来自于皮肤,身体其他部位和周围环境中的微生物进入手术切口,并在组织中繁殖就引发了外科部位感染,藏匿大量细菌的手术部位更容易发生术后感染,如肠道。
>
> 机体和感染做战时,会表现出具体的生理症状,如脓、炎症、红肿、疼痛和发热等。

（王玉玲　李水云）

第六节　手术患者电外科安全管理

一、名词术语

（一）回路负极板

回路负极板（return electrode）在电外科手术中与单极电刀主机配套使用，可为电外科电流提供安全的返回路径。回路负极板的使用能有效降低电流密度，增加散热，分散电流，防止热损伤。

（二）耦合效应

耦合效应（coupling effect）是指两个或两个以上的电路原件或电网络的输入与输出之间存在紧密配合与相互影响，并通过相互作用从一侧向另一侧传输能量的现象。在电外科应用中表现为工作电缆（电刀笔或电钩）向相邻近（靠近）的电缆或金属器械传输能量的现象。

二、单极电刀

（一）评估

1. 环境　避免潜在的富氧环境，同时避免可燃、易燃消毒液在手术野集聚或浸湿布类敷料，床单位保持干燥。

2. 患者

（1）评估患者体重、皮肤：如温度、完整性、干燥程度、毛发、文身等。

（2）佩戴金属饰品情况：如戒指、项链、耳环、义齿等。

（3）体内各类医疗设备及其他植入物：如永久性心脏起搏器、植入式机械泵、植入式耳蜗、助听器、齿科器具、内置式的心脏复律除颤器（ICD、骨科金属内固定器材等）。

（4）患者身体与导电金属物品接触情况：如手术床、器械托盘等，避免直接接触。

3. 设备

（1）检查主机功能状态，调节的模式、参数符合手术需求，禁止使用破损、断裂、有缺损的附件。

（2）评估回路负极板及其粘贴部位与手术切口的距离。

（3）评估电刀笔、腔镜电凝器械、电刀连接导线绝缘层的完整性。

（二）操作要点

1. 准备单极电刀和电刀连线，将连接线端口插入单极电刀相应插口。

2. 按照生产厂家的使用说明开机自检。

3. 连接电刀回路负极板并选择合适的粘贴部位。

4. 根据手术类型和使用的电刀笔，选择合适的输出模式及最低有效输出功率。电刀功率选择的原则为达到效果的情况下，尽量降低输出功率。

5. 将单极电刀笔与主机相连，电刀连线固定时不能与其他导线盘绕，防止发生耦合效应；电刀笔不使用时将其置于绝缘的保护套内；为避免设备漏电或短路，勿将电线缠绕在金属物品上;有地线装置者应妥善连接。

6. 利用手控或脚控方式测试电刀笔输出功率。

7. 及时清除电刀笔上的焦痂;发现电刀头功能不良应及时更换。

8. 手术结束

（1）将输出功率调至最低后,关闭主机电源,再拔出单极电刀连线,揭除回路负极板,拔出电源线。

（2）使用登记,清洁整理电刀设备。

（三）观察要点

1. 观察设备运转情况。

2. 观察操作者规范操作。

3. 观察回路负极板粘贴处皮肤有无热损伤或电灼伤。

（四）回路负极板使用

1. 严格遵从生产厂家提供的使用说明　若使用通用电外科手术设备,应配备回路负极板接触质量监测仪或电外科设备本身配有的自检功能。

2. 选择合适的回路负极板

（1）宜选用高质量带双箔回路的软质回路负极板,一次性回路负极板严禁复用、禁止裁剪。

（2）选择大小合适的回路负极板,成人和儿童均有专用回路负极板。

（3）对于烧伤、新生儿等无法粘贴回路负极板及有金属植入物等患者宜选择双极电凝,也可选择电容式回路板垫。

（4）婴幼儿或小儿应根据体重选择合适的回路负极板,禁止裁剪负极板,且要求负极板黏性强并容易撕脱。

（5）使用前检查其有效期、完整性、有无瑕疵、变色、附着物以及干燥程度;过期、损坏或水基凝胶变干的回路负极板禁止使用;回路负极板不得叠放,打开包装后宜立即使用。

3. 粘贴部位　选择易于观察、肌肉血管丰富、皮肤清洁、干燥的区域（毛发丰富的区域不易粘贴）。靠近手术切口部位,距离手术切口 >15cm;距离心电图电极 >15cm,避免电流环路中近距离通过心电图电极和心脏。

4. 回路负极板粘贴与揭除　粘贴前先清洁粘贴部位皮肤,以减少阻抗。粘贴时,将回路负极板的长边与高频电流流向垂直（回路负极板粘贴方向与身体纵轴垂直）,并与皮肤粘贴紧密。术毕,从边缘沿皮纹方向缓慢地将负极板整片水平自患者身体上揭除,揭除后观察并清洁局部皮肤。

5. 报警提示　使用过程中若出现报警,应及时停止使用,检查回路负极板是否移位、脱落、粘贴是否均匀和牢固,必要时关机更换或重新粘贴。

（五）注意事项

1. 安装心脏起搏器或有金属植入物的患者,禁用或慎用单极电刀（可在厂家或心内科医生指导下使用）,或改用双极电凝。

（1）如需用单极电刀,应采用最低有效功率、最短的时间。

（2）回路负极板粘贴位置应靠近手术部位;选择回路负极板粘贴位置时,让电流主回路避开金属植入物。

（3）加强监护,严密观察患者病情。对安装心脏起搏器的患者,应在专业人员指导下优先使用双极电凝并低功率操作,避免回路电流通过心脏和起搏器,尽量使导线远离心脏起搏器及其导线。

2. 每次使用单极电刀时,原则上应避免长时间连续操作,因回路负极板不能及时分散电流,易致皮肤灼伤。

3. 输出功率大小应根据切割或凝固组织类型进行选择,以满足手术效果为宜,应从小到大逐渐调试。

4. 使用含酒精的消毒液消毒皮肤时,应避免消毒液积聚于手术床,消毒后应待酒精挥发后再启用单极电刀,以免因电火花遇易燃液体而致患者皮肤烧伤。气道内手术使用电刀或电凝时应防止气道烧伤。肠道手术禁忌使用甘露醇灌肠,肠梗阻的患者慎用电刀。

5. 电刀笔连线不能缠绕金属物体,会导致漏电的发生,引发意外。

6. 应将工作提示音调到工作人员清晰听到的音量。

7. 负极板尽量靠近手术切口部位（但不 <15cm）,避免越过身体的交叉线路,以便使电流通过的路径最短。

8. 腔镜手术使用带电凝功能的器械前,应检查绝缘层的完整性,防止漏电发生,损伤邻近脏器。

9. 仪器应定期检测及保养。

三、双极电凝

（一）评估
根据手术需求设定双极电凝参数,选择适合的双极电凝器械,确保功能状态良好。
（二）操作要点
1. 准备单极电刀设备及双极电凝线。

2. 连接电源和脚控开关,将脚控开关放于术者脚下（若有手控功能,也可选择手控模式）,开机自检。

3. 选择双极电凝模式,并根据手术部位及医生需求选择合适的输出功率。

4. 连接双极电凝线。

5. 使用过程中应及时去除双极镊或钳上的焦痂。

6. 关闭主机电源,拔出双极电凝线和电源线。

7. 术毕,使用登记,清洁整理电刀设备。
（三）观察要点
术前检查设备的功能状态,评估双极电凝操作是否规范,双极电凝线插入位置是否正确,功率选择是否合适。
（四）注意事项
1. 根据手术部位和组织性质选用适合的电凝器械和输出功率。

2. 双极电凝使用时应用生理盐水间断冲洗或滴注,保持组织湿润、无张力及术野清洁,避免高温影响电凝周围的重要组织和结构,减少组织焦痂与双极镊或钳的黏附。

3. 推荐使用间断电凝,每次电凝时间约 0.5 秒,可重复多次,直至达到电凝效果,避免电凝过度。

4. 双极电凝器械或镊尖的保护　电凝时,用湿纱布或专业无损伤布及时擦除双极电凝器械或镊的焦痂,不可用锐器刮除,以免损伤头端或镊尖的合金材质。双极电凝器械操作时应动作轻柔,在固定双极镊尖时,两尖端保持一定距离,避免互相接触而形成电流短路或外力导致镊尖对合不良,影响电凝效果。双极电凝器械清洁后应在头端或镊尖套上保护套。

5. 设备维护保养　注意双极电凝器械品牌与主机兼容性,脚踏控制板在使用前应套上防水保护套,便于清洁,避免电路故障或短路。

四、超声刀

(一)评估

使用前检查设备功能状态,根据组织类型、血管的粗细选择合适的超声器械和输出功率。

(二)操作要点

1. 连接电源和脚踏。

2. 按照生产厂家说明安装超声刀头。

3. 将手柄线与主机相连,并固定。

4. 开机自检,并调节默认功率。

5. 术中清洗超声刀刀头　将刀头张开完全浸没于生理盐水中,利用脚控或手控开关启动超声刀清洁刀头,避免与容器边缘接触。

6. 按照生产厂家说明卸除超声刀刀头。

7. 关闭电源开关,拔出手柄线接口,拔出电源。

8. 清洁整理超声刀设备并做好使用登记。

(三)观察要点

超声刀使用是否规范;超声刀头是否完整,避免松动。

(四)注意事项

1. 严格按照生产厂家说明使用,选择合适的配件规范安装。

2. 超声刀报警　超声刀开机自检出现故障时主机屏幕将显示故障代码,需请专职设备技术人员及时维修或更换部件;使用中同时踩到两个脚踏开关,主机会有报警,但没有故障代码显示;超声刀持续工作时间过长、温度过高时,机器会自动报警,应将超声刀头浸泡于生理盐水中,待刀头降温后再使用。

3. 超声刀使用时禁用手触摸,并避免长时间连续过载操作;不能闭合刀头空踩脚踏板或用超声刀头夹持金属物品及骨组织;由于超声刀闭合管腔是永久性闭合,需确认闭合的组织类型是否适合。

4. 超声刀头应轻拿轻放,避免重压、不要碰撞硬物或落地。

5. 使用后手柄线用湿布擦拭干净,不宜用水冲洗,并顺其弧度保持 15~20cm 直径线圈盘绕存放。血液、体液隔离或特殊感染患者,按特殊感染术后处理处理。

6. 手柄线须根据生产厂家说明选择适宜的灭菌方法或使用一次性无菌保护套。

(第 26 届中华护理学会手术室护理专业委员会)

第七节　手术标本的管理

手术标本是指从患者身体可疑病变部位取出的组织（可采用钳取、穿刺吸取等方法）、手术切除的组织或与患者疾病有关的物品（如结石、异物），并需进行病理学检测，以便明确病变性质、获得病理诊断。活体组织病理诊断是手术患者下一步治疗方案的重要依据。手术标本的保管及送检质量会直接影响对患者疾病的诊断及治疗，是手术室工作的一项重要内容。

一、手术标本管理

1. 医疗机构应有手术标本管理制度、交接制度及意外事件应急预案，明确责任人、要求、方法及注意事项等，所有相关医务人员应遵照执行。

2. 管理原则

（1）即刻核对原则：标本产生后洗手护士应立即与主刀医生核对标本来源。

（2）即刻记录原则：标本取出并核对无误后，巡回护士或其他病理处理者应即刻记录标本的来源、名称及数量。

（3）及时处理原则：标本产生后应尽快固定或送至病理科处理。

3. 洗手护士的工作职责

（1）应遵循即刻核对原则

（2）手术台上暂存标本时，应妥善保管，根据标本的体积、数量，选择合适的容器盛装，防止标本干燥、丢失或污染无菌台。

4. 主管医生负责填写病理单上各项内容，标本来源应与洗手护士核对后签字确认。

5. 标本处理者负责核对病理单上各项内容与病历一致，并遵循及时处理原则。

6. 应有标本登记交接记录，记录内容包括患者的姓名、病案号、手术日期、送检日期及送检标本的名称、数量、交接双方人员签字。

二、术中冰冻标本送检

1. 术前预计送冰冻标本时，主管医生应在术前填好病理单，注明冰冻。

2. 标本切除后应即刻送检，不应用固定液固定。

3. 送冰冻标本前，洗手护士、巡回护士应与主刀医生核对送检标本的来源、数量，无误后方可送检。

4. 术中冰冻标本病理诊断报告必须采用书面形式（可传真或网络传输），以避免误听或误传，严禁仅采用口头或电话报告的方式。

三、手术标本留检注意事项

1. 手术标本不得与清点物品混放。

2. 任何人不得将手术标本随意取走，如有特殊原因，需经主管医生和洗手护士同意，并做好记录。

3. 若需固定标本时,应使用 10% 中性甲醛缓冲液,固定液的量不少于病理标本体积的 3~5 倍,并确保标本全部置于固定液之中。特殊情况如标本巨大时,建议及时送新鲜标本,以防止标本自溶、腐败、干涸等。

4. 标本送检时,应将标本放在密闭、不渗漏的容器内,与病理单一同送检。

5. 标本送检人员应经过专门培训,送检时应与病理科接收人员进行核对,双方签字确认。

> **知识拓展**
>
> ## 手术标本检查
>
> 1. **活体组织标本检查**　指对所有活体组织标本进行病理诊断的方式。
> 2. **术中冰冻标本检查**　指通过冰冻切片的方法,在短时间内(30 分钟)做出初步病理诊断的方式。主要用于手术中的快速诊断参考,为临床手术治疗提供及时的依据。

（第 26 届中华护理学会手术室护理专业委员会）

第八节　手术患者术中体温的管理

正常的体温是机体进行新陈代谢和正常生命活动的必要条件。人体通过自主性和行为性体温调节功能维持体温的恒定。手术患者在麻醉期间行为性体温调节能力丧失,单纯依赖体温调节中枢调控机体的产热和散热不足以维持体温的恒定,所以围术期普遍存在体温失衡的现象。无论体温升高还是体温降低都会对人体的内环境、正常的生理功能和药物的代谢速率造成影响,从而影响机体正常的生理活动。因此,对手术患者加强体温管理、维持体温恒定具有十分重要的意义。

一、名词术语

（一）体核温度

体核温度（core temperature）指人体内部——胸腹腔和中枢神经的温度,因受到神经、内分泌系统的精细调节,通常比较稳定。一般不超过 37℃±0.5℃。核心体温可在肺动脉、鼓膜、食管远端、鼻咽部、膀胱和直肠测得。

（二）正常体温

正常体温（normal body temperature）指临床上常用口腔、直肠、腋窝等处的温度代表体温。不同部位的正常体温有所不同,腋温为 36.0~37.0℃；口腔温度为 36.3~37.2℃；肛温为 36.5~37.7℃。

（三）低体温

低体温（hypothermia）指核心体温 <36.0℃ 即定义为低体温。是最常见的手术综合并发

症之一。

（四）室温

室温（indoor temperature）指手术间的直接环境温度,通常在 22~25℃。

（五）强制空气加热

强制空气加热（forced-air warming）指利用对流加热学方法,用可控的方式将暖流空气分配到患者肌肤,如充气式加温仪,是一项常见的皮肤表面加温方法。

二、围术期低体温预防

（一）目的

为手术室护士提供手术患者体温护理管理的实践指导原则,以维持患者正常体温,防止围术期（尤其是术中）低体温的发生。该指导原则针对计划外低体温的预防,计划内或治疗性低体温不在该指南范围内。

（二）导致低体温的原因

1. 麻醉药物导致的体温调节障碍　麻醉药抑制血管收缩,抑制了机体对温度改变的调节反应,病人只能通过自主防御反应调节温度的变化,核心体温变动范围约在 4℃以内。

2. 手术操作导致的固有热量流失　长时间手术,使病人体腔与冷环境接触时间延长,机体辐射散热增加。

3. 手术间的低温环境　有研究显示室温 <21℃ 则体温 <36℃;小儿更为明显,保持适当的室内温度有助于维持病人体温。但由于外科医师要求较低的室温以求舒适,而造成室温过低,使病人体温下降。

4. 静脉输注未加温的液体、血制品　通常输入 1L 室温晶体液体或一个单位 4℃库血可使体温下降 0.25℃。当大量快速输血,以每分钟 100ml 的 4℃库血连续输注 20 分钟,体温可降至 32~34℃,对病人相当不利。

5. 手术中使用未加温的冲洗液。

6. 其他　术前禁饮禁食、皮肤消毒、患者紧张等因素的影响。术前外科手术区皮肤用冷消毒液擦洗,如裸露皮肤的面积大,时间长,通过皮肤的蒸发、辐射丢失热量。

7. 新生儿、婴儿、严重创伤、大面积烧伤、虚弱、老年患者等为发生低体温的高危人群。老年病人因肌肉变薄、静息的肌张力较低、皮肤血管收缩反应能力降低等造成体温调节功能较差。危重病人失去控制热丢失和产生热量的能力,极度衰弱的病人,往往体温过低导致病死率增加。

（三）低体温对机体的影响

1. 手术部位感染风险　降低机体免疫功能,引起外周血管收缩致血流量减少,从而增加外科手术部位感染的风险,导致住院时间延长。

2. 心血管系统并发症　如室性心律失常、房室传导阻滞、血压下降,严重时可引起室颤、心搏骤停等。

3. 对于创伤患者,低体温与死亡发生率的升高相关。

4. 凝血功能　使患者机体循环血流减慢,血小板数量和功能减弱,凝血物质的活性降低,抑制凝血功能,增加手术出血量。

5. 改变药物代谢周期 增加肌肉松弛药的作用时间,延长麻醉后苏醒时间。

6. 导致患者寒战,耗氧量增加。

7. 中枢神经系统 降低中枢神经系统的氧耗和氧需,减少脑血流量,降低颅内压,核心温度在33℃以上不影响脑功能,28℃以下意识丧失。

8. 内分泌系统 抑制胰岛素分泌,甲状腺素和促甲状腺素分泌增加,肾上腺素、多巴胺等儿茶酚胺水平随低温而增加,麻醉中易发生高血糖。

知识拓展

恶 性 高 热

恶性高热(malignant hyperthermia,MH)是指由某些麻醉药激发的全身肌肉强烈收缩,伴体温急剧上升及进行性循环衰竭的代谢亢进危象。病情的发展迅速且致命性高,病死率高达73%。已报告的发病率差异极大(1∶1.6万~1∶10万),迅速而有效的处理可使死亡率降至20%以下。

(四)预防体温降低的综合保温措施

1. 设定适宜的环境温度 应维持在21~25℃。根据手术不同时段及时调节温度。

2. 注意覆盖,尽可能减少皮肤暴露。

3. 使用加温设备,可采用充气式加温仪等加温设备。

4. 用于静脉输注及体腔冲洗的液体宜给予加温至37℃。

5. 高危患者(婴儿、新生儿、严重创伤、大面积烧伤患者等)除采取上述保温措施外还需要额外预防措施防止计划外低体温,如可在手术开始前适当调高室温,设定个性化的室温。

(五)注意事项

1. 应采用综合保温措施。

2. 在使用加温冲洗液前需再次确认温度。

3. 应使用安全的加温设备,并按照生产商的书面说明书进行操作,尽量减少对患者造成可能的损伤。

4. 装有加温后液体的静脉输液袋或灌洗瓶不应用于患者皮肤取暖。

5. 使用加温毯时,软管末端空气温度极高,容易造成患者热损伤。不能在没有加温毯的情况下直接加温或使用中软管与加温毯分离。

6. 加温后的静脉输液袋或灌洗瓶的保存时间应遵循静脉输液原则及产品使用说明。

7. 对使用电外科设备需要粘贴负极板时,应注意观察负极板局部温度,防止负极板局部过热性状改变对患者皮肤造成影响。

8. 使用加温设备需做好病情观察及交接班工作。

9. 加强护士培训,掌握预防低体温及加温设备使用的相关知识。

> **知识拓展**
>
> ### 术中使用加温设备注意事项
>
> 应使用安全的加温设备,并按照生产商的书面说明书进行操作,尽量减少对患者造成可能的损伤;装有加温后液体的静脉输液袋或灌洗瓶不应用于患者皮肤取暖;加温后的静脉输液袋或灌洗瓶的保存时间应遵循静脉输液原则及产品使用说明;对使用电外科设备需要粘贴负极板时,应注意观察负极板局部温度,防止负极板局部过热性状改变对患者皮肤造成影响。

（第 26 届中华护理学会手术室护理专业委员会）

第九节　抢救配合技术

手术室作为外科手术和抢救患者的重要场所。在抢救中需要手术医生、麻醉医生和手术室护士等团队人员的紧密配合。手术室护士作为抢救团队的重要成员,不仅需具备高度的责任心、良好的心理素质、快速的应急反应能力,而且还应熟练地掌握各种术中抢救配合技术,才能确保术中患者的安全,提高抢救成功率。

一、名词术语

（一）心搏骤停

心搏骤停（cardiac arrest，CA）指心脏泵血功能机械活动的突然停止,造成全身血液循环中断、呼吸停止和意识丧失。

（二）心肺复苏术

心肺复苏术（cardiopulmonary resuscitation，CPR）是应对心搏骤停,能形成暂时的人工循环与人工呼吸,以求达到心脏自主循环恢复、自主呼吸和自主意识的挽救生命技术。

（三）室颤

室颤（ventricular fibrillation，VF）指心室肌发生极不规则的快速而又不协调的颤动。心电图上 QRS 波群消失,代之以不规则的连续的室颤波。

（四）电除颤术

电除颤术是以一定量的电流冲击心脏使室颤终止的方法。如果已开胸,可将电极板直接放在心室壁上进行电击,称胸内除颤。将电极板置于胸壁进行电击者为胸外除颤。

二、心肺复苏技术

基础生命支持操作流程

基础生命支持操作流程（basic life support，BLS）又称初步急救或现场急救，目的是在心脏骤停后，立即以徒手方法争分夺秒地进行复苏抢救。BLS 的基础包括突发心脏骤停（sudden cardiac arrest，SCA）的识别、紧急反应系统的启动、早期心肺复苏（CPR）、迅速使用自动体外除颤仪（automatic external defibrillator，AED）除颤。对于心脏病发作和脑卒中的早期识别和反应也被列为 BLS 的其中部分。BLS 步骤由一系列连续评估和动作组成。

1. 评估和现场安全　急救者在确认现场安全的情况下轻拍患者的肩膀，并大声呼喊"你还好吗？"检查患者是否有呼吸。如果没有呼吸或者没有正常呼吸（即只有喘息），立刻启动应急反应系统。

2. 启动紧急医疗服务（emergency medical service，EMS）并获取 AED。

3. 脉搏和呼吸的检查　对于非专业急救人员，不再强调训练其检查脉搏，只要发现无反应的患者没有自主呼吸就应按心搏骤停处理。对于医务人员，应同时检查患者呼吸和脉搏，然后再启动应急反应系统（请求支援）。检查脉搏的时间一般不能超过 10 秒，如 10 秒内仍不能确定有无脉搏，应立即实施胸外按压。

4. 胸外按压（circulation，C）

（1）按压部位：成年于胸骨的下半段，儿童可将双手或者一只手放在胸骨的下半段，婴儿若施救者只有一名，可将 2 根手指放在婴儿胸部中央，乳腺正下方，若施救者有两名，可将双手拇指环绕放在婴儿胸部中央，乳腺正下方。

（2）按压手势：双手重叠，十指交叉、相互紧扣；掌根部不能离开胸壁，以免按压点移位。按压时双肘须伸直，垂直向下用力按压。

（3）按压频率：100~120 次/分持续按压，中断时间限制在 10 秒以内。按压时间与放松时间各占 50% 左右，对于成人，按压–通气比为 30:2。对于婴儿和儿童，双人 CPR 时可采用 15:2 的比率。

（4）按压深度：成年人至少 5cm，儿童（1 岁至青春期）至少为胸廓前后径的 1/3，大约 5cm，婴儿（不足 1 岁，除新生儿以外）至少为胸廓前后径的 1/3，大约 4cm。

5. 开放气道（airway，A）　采用仰头抬颏法（图 25-9-1）开放气道提供人工呼吸：注意在开放气道同时应该清理患者口中异物或呕吐物，有义齿者应取出义齿。

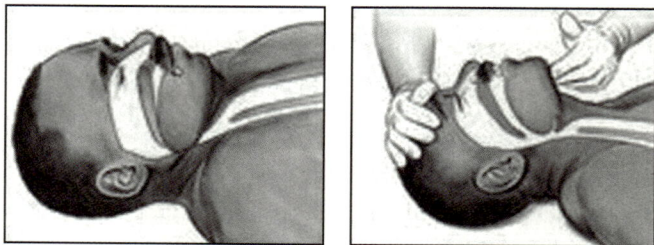

图 25-9-1　仰头抬颏法

6. 人工呼吸（breathing, B）　所有人工呼吸（口对口、口对面罩、球囊－面罩或球囊对高级气道）均应该持续吹气 1 秒以上，保证有足够量的气体进入并使胸廓起伏；在建立了高级气道后，医护人员可以以 6 秒进行一次人工呼吸（即呼吸频率 10 次 / 分）。同时进行胸外按压。

7. 判断复苏是否有效　听患者是否有呼吸音，同时触摸是否用颈动脉搏动。

三、除颤术

（一）同步电复律的原理

由心电图 R 波的触发复律器放电，使电击脉冲落在 R 波下降支，也就是在心室绝对不应期放电，称为同步电复律。适用于大多数快速性心律失常，如室性心动过速、室上性心动过速，心房纤颤和心房扑动。

（二）非同步电复律的原理

如果电击脉冲的发放与 R 波无关，也就是复律器放电发生在心动周期的任何时期，则称为非同步电复律。非同步电复律只适用于心室纤颤和心室扑动。

（三）设定电能电除颤分胸外、胸内两种方法。

1. 胸外放电　电除颤用 300~360J，电复律转房颤用 100~200J，转室上速用 75~150J，转房扑、室速用 50~100J。

2. 胸内放电　胸内放电因电流避开了阻抗较大的心外组织，故所需电能可降至胸外放电时的 1/10 以下。

（四）除颤步骤

1. 电极板涂导电糊或垫盐水纱布。

2. 接通电源，确定选择正确模式。

3. 选择能量及充电

（1）非同步除颤：胸外除颤首次选用 200J，胸内电除颤选择 50~100J。

（2）同步电除颤：室性心动过速一般用 100J，最大不超过 250J；心房颤动用 100~150J，如用 200~250J 三次未能转复，则最好放弃此法；心房扑动用 50~100J；室上性心动过速用 50~100J，一般不超过 250J。

4. 按要求正确放置电极板

（1）胸外除颤：将两个电极板各放在左前胸、后壁；或 1 个放心尖区，另 1 个放于右侧第 2 肋间。并用力紧压，按照医嘱调好除颤器所需的能量，然后电击。

（2）胸内除颤：两电极板蘸盐水后，分别置于心脏前、后壁，紧贴心脏，按照医嘱调好除颤器上所需的能量，进行电击除颤。

5. 经再次核对监测心律，明确所有人员均未接触病人（或病床）后，按压放电钮。

（1）按"充电"钮，待显示屏上显示数字后，按"放电"钮。

（2）观察心电波形，如须再次除颤，可重复以上步骤。

（3）使用完毕，先关闭电源开关，再拔除电源。

6. 电击后即进行心电监测与记录。

（五）除颤的注意事项

1. 除颤前　病人不能接触金属，关闭电刀、去除负极板、固定好病人、液体；电极板应涂抹导电糊或生理盐水。

2. 除颤时 遵医嘱调节输出量,由小到大;所有人员要远离病人。

3. 除颤后 记录除颤开始时间、除颤方式、能量、血压、心率情况、除颤次数、转安(复跳)时间。

4. 建立仪器档案,设立仪器适用登记本和维修本,专人管理,每天交接班。

四、手术室急救护理原则

手术室各级人员应熟练掌握心肺复苏抢救流程、急救仪器使用、药品使用和护理记录等相关抢救内容,保证急救物品 100% 完好率,定专人负责、定物品种类、定基数、定位置。

1. 迅速评估判断、同时呼叫。

2. 积极调配人员,确保及时到位。

3. 快速建立安全可靠的静脉通道,根据医嘱及时应用抢救药物、快速输液输血,必要时加压输血。

4. 立即准备抢救设备、抢救器械、急救物品和药品等。

5. 严格执行手术物品清点制度,预防手术异物遗留;严格查对,保留各种药物安瓿及血袋等。

6. 采取预防压疮措施,手术体位安置规范。

7. 预防手术患者低体温,可采取主动被动加温的方法。

8. 患者皮肤不能接触金属物品,预防电灼伤。

9. 保持静脉通路的通畅,预防液体外渗、渗出。

10. 心脏骤停和休克患者实施头部降温,预防冻伤。

11. 注意手术切口的保护,预防手术部位感染。

12. 密切观察病情,积极协助手术医师和麻醉医师的抢救。

13. 抢救过程中医护人员做好自身防护。

14. 保持室内环境的清洁安静,与抢救无关人员不得在抢救现场。

15. 妥善保管处理标本。

16. 抢救结束做好各项整理和交接班工作。

(何 丽 陈云超)

第十节 手术患者深静脉血栓的预防

深静脉血栓形成(DVT)是常见的围术期并发症,可导致肢体功能不全,如果发生血栓脱落后造成肺栓塞甚至可危及生命。根据 Virchow 理论,静脉血液淤滞、静脉内膜损伤、血液高凝状态是导致 DVT 的三大危险因素,而这三大危险因素在手术患者中都普遍存在,因此,为了提高手术患者手术成功率、减少由于 DVT 引起的致残率和肺栓塞的发生,下肢深静脉血栓的术中预防护理措施显得尤为重要。护理人员应该正确识别深静脉血栓高危手术患者,根据不同情况采取相应的防范措施,防患于未然,真正做好下肢深静脉血栓形成的预防性护理。

一、概述

(一)静脉血栓栓塞症

静脉血栓栓塞症(venous thrombo-embolism,VTE)指血液在静脉腔内不正常的凝结,使血管完全或不完全阻塞,属静脉回流障碍性疾病。包括下肢深静脉血栓(DVT)肺栓塞(PE)。

(二)深静脉血栓

深静脉血栓(deep vein thrombosis,DVT)指血流在深静脉内不正常的凝结形成血凝块,阻塞静脉管腔,导致静脉回流障碍,是临床常见的周围血管疾病。肢体深静脉血栓多发于下肢,如髂静脉、股静脉、腘静脉、肌间静脉等。以局部疼痛、压痛和水肿为特征,约占VTE的2/3。除少数自行消融或局限于发生部位外,大部分扩展至整个肢体深静脉主干,若未及时诊断和处理,多演变为血栓形成后遗症,长期影响患者生活质量,严重者甚至可发展为肺栓塞(PE),造成严重后果。发生于腘静脉以上部位的近端DVT是肺栓塞栓子的重要来源。手术患者由于手术制动、出血、高凝状态等原因,容易发生DVT而影响手术的预后。

(三)肺血栓栓塞症

肺血栓栓塞症(pulmonary embolism,PE)指来自静脉系统或右心的血栓阻塞肺动脉或其分支致肺循环和呼吸功能障碍,常表现为呼吸困难、胸痛、咳嗽、胸闷。大面积PE可发生咯血、低血压、休克甚至猝死。

二、病因与机制

(一)高危因素

1. 血管内皮损伤　创伤、手术、化学性损伤、感染性损伤等对血管壁的直接损伤破坏的结果。

2. 静脉血液滞留　患者截瘫、长期卧床、肢体活动受限、长时间处于被动体位、压迫下肢静脉以及失血过多、微循环灌注不足、术中血管阻断、长时间固定体位、低血容量等都是静脉血液滞留的高危因素。

3. 血液高凝状态　创伤、手术、体外循环、全身麻醉、中心静脉置管、人工血管或血管腔内移植物、肿瘤等均可引发机体凝血功能的改变。

(二)手术诱发因素

手术时间长及长时间被动体位等会导致血流缓慢或淤滞和高凝状态。术前禁食、术中和术后失血、失液及止血药物的使用等均可造成血液黏稠度的增加。麻醉、体外循环及术后创伤导致凝血功能紊乱,出现血液高凝状态。血小板聚集增加、血浆蛋白S、抗凝血酶降低,可导致成血液高凝状态。

(三)特殊手术诱发因素

1. 骨科手术　骨折术后的病人,因疼痛以及处于被动体位等原因,造成肌肉收缩功能障碍,减少了静脉血流的驱动力,使血流减缓、血液淤滞诱发DVT形成和PE的发生,而PE是髋部骨折术后最常见的死亡原因。

2. 肿瘤手术　肿瘤细胞可以直接激活凝血通路，诱使促凝物质产生，抑制血管内皮细胞、血小板、单核细胞的抗凝活性，导致血液处于高凝状态；受到肿瘤细胞侵犯，血管壁受到破坏，引发下肢 DVT 的形成和 PE 的发生。

3. 妇科手术　手术大多在盆腔（盆腔静脉密集、静脉壁薄、缺少筋膜外鞘）操作，术中较易导致血管的损伤。经阴道手术、腹腔镜手术建立的气腹都将影响静脉血液的回流，进一步使静脉血流减缓或淤滞。

4. 产科手术　妊娠期的女性血容量增加 20%~100%，妊娠期增大的子宫能压迫腹腔及盆腔的静脉，影响静脉血液回流。妊娠期女性血液中凝血因子和纤维蛋白原的增加、血小板聚集、对活化的血浆蛋白 C 抵抗力增加等因素可导致血液处于高凝状态，剖宫产或阴道分娩时造成的血管内皮损伤，易诱发 DVT 的形成。

5. 神经外科手术　神经外科患者较多昏迷、意识不清，造成肢体肌肉收缩功能障碍，活动能力丧失；由于特殊体位的要求，容易导致血液淤滞，容易诱发形成血栓。

6. 泌尿外科手术　手术大多在盆腔操作或经尿道行腔镜手术中易引起血管壁损伤；术后长期卧床休息及止血药物的作用、休克、脱水等因素可导致下肢静脉血流滞缓，血液处于高凝状态，极易诱发 DVT。

7. 烧伤科手术　烧伤患者机体缺少皮肤保护，体液丢失较快，肢体长期处于被动体位、创伤导致局部肢体肿胀、肌肉收缩功能完全丧失，进而导致静脉血流的滞缓；烧伤或手术时（包括静脉置管等其他治疗）造成血管内膜损伤、启动外源性凝血途径，促进血栓形成。

三、临床评估与诊断

（一）症状

深静脉血栓可在病人无任何症状的情况下发生，有症状的深静脉血栓一般表现为急性的患肢肿胀、疼痛，活动后加重。皮肤多正常或轻度淤青，重者可青紫色，皮温降低。小腿肌肉静脉丛血栓时，可出现压痛（Homans 征和 Neuhof 征阳性），血栓机化，可引起静脉功能不全，引起静脉血栓后综合征（post-thrombotic syndrome, PTS），深静脉血栓形成后综合征（post-thrombotic syndrome, PTS）是急性下肢深静脉血栓形成最严重的远期并发症，患者主要表现为明显的肢体肿胀、浅静脉曲张，足靴区因皮肤营养障碍出现慢性湿疹、色素沉着、甚至淤积性溃疡。

（二）诊断

1. 彩色多普勒超声检查　敏感性、准确性均较高，临床应用广泛，是 DVT 诊断的首选方法，可应用于术中。

2. CT 静脉成像　术中不可及。

3. 核磁静脉成像　术中不可及。

4. 静脉造影　准确率高，不仅可以有效判断有无血栓、血栓的部位、大小、范围、形成时间和侧支循环情况，而且常被用来评估其他方法的诊断价值，目前仍是诊断下肢 DVT 的金标准。可在导管室或复合手术室进行，超急性期使用须谨慎。

（三）评估

收集病史及术前相关化验结果，进行深静脉血栓风险评估，识别 DVT 高危患者。建议参照 Caprini 血栓风险因素评估表。

Caprini 血栓风险因素评估表

A1 每个危险因素 1 分	B 每个危险因素 2 分	C 每个危险因素 3 分	D 每个危险因素 5 分
□年龄 40~59 岁	□年龄 60~74 岁	□年龄≥75 岁	□大手术（超过 3 小时）*
□肥胖（BMI>30kg/m²）	□肥胖（BMI>40kg/m²）	□肥胖（BMI>50 kg/m²）	□选择性下肢关节置换术
□计划小手术	□大手术（>60 分钟）*	□大手术持续 2~3 小时*	□髋、骨盆或下肢骨折（1 个月内）
□大手术史	□关节镜手术（>60 分钟）*	□浅静脉、深静脉血栓或肺栓塞病史	□中风（1 个月内）
□静脉曲张	□腹腔镜手术（>60 分钟）*	□深静脉血栓或肺栓塞家族史	□多发性创伤（1 个月内）
□炎症性肠病史	□既往恶性肿瘤	□现患恶性肿瘤或进行化疗	□急性脊髓损伤（瘫痪）（1 个月内）
□目前有下肢水肿		□因子 V leiden 阳性	
□急性心肌梗死（1 个月内）	A2 仅针对女性（每项 1 分）	□凝血酶原 20210A 阳性	
□充血性心力衰竭（1 个月内）	□口服避孕药或激素替代治疗	□血清同型半胱氨酸酶升高	
□败血症（1 个月内）	□妊娠期或产后 1 个月内	□狼疮抗凝物阳性	
□严重肺部疾病，含肺炎（1 个月内）	□原因不明的死胎史，复发性自然流产（≥3 次），由于毒血症或发育受限原因早产	□抗心磷脂抗体阳性	
□ COPD		□肝素引起的血小板减少	
□目前卧床的内科患者		□其他类型血栓形成	
□下肢石膏或支具固定			
□中心静脉置管			
□其他风险			
危险因素总分			

注:1. 每个危险因素的权重取决于引起血栓事件的可能性。如癌症的评分是 3 分,卧床的评分是 1 分,前者比后者更易引起血栓。2. * 只能选择 1 个手术因素

低危:0~1 分,早期活动

中危:2 分,药物预防或物理预防

高危:3~4 分,药物预防和（或）物理预防

极高危:≥5 分,药物预防和物理预防

四、预防与护理干预措施

（一）基本预防

四肢手术规范使用止血带；适当补液，避免脱水造成血液黏稠度增加；避免在膝下垫硬枕、过度屈髋、用过紧的腰带和紧身衣物而影响静脉回；避免在同一部位反复穿刺；避免在高危患者下肢静脉穿刺；避免在运动障碍肢体输液等。

（二）药物预防

1. 遵医嘱用药，了解药理作用。

2. 低分子肝素　可降低 DVT 发生率，在用药过程中护士应注意观察伤口渗血量、引流量有无增多等症状。

3. 术前口服抗凝药、抗血小板药对预防血栓有意义，但术中会增加出血风险。

（三）术中护理干预

根据手术需求选择不同护理方式进行护理干预。

1. 间歇式充气压力装置

（1）使用方法：术中为患者使用间歇充气压力装置设备，可以通过改善下肢的静脉回流来减轻静脉血液滞留。此类设备通常由加压带（大腿或小腿及足部三种规格），连接管道以及气泵 3 部分组成。加压带含有多个气室，可以逐个也可以依次循环充放气，给足部、整个小腿及大腿充气，以产生挤压作用。足部充气装置通过挤压足底静脉丛可以用来模拟正常走路时的状态。腓肠肌和大腿设备则以产生挤压动作来工作，有助于提高静脉回流的速度、增强纤维蛋白溶解，从而预防 DVT 的发生。

（2）注意事项：遵医嘱使用间歇充气压力装置，使用时应注意气囊加压袋松紧度适宜，以能容纳一横指为宜，材料接触皮肤时应当保证无折皱，避免皮肤损伤的风险，并注意管道合理放置，避免受压。如果患者术中变换体位，护士应当重新评估加压带及管路的位置，设备是否正常运行。术后与下一护理单元进行交接，高危患者建议继续使用。

（3）禁忌证：充血性心力衰竭；下肢严重畸形、下肢骨折、小腿严重变形；严重动脉粥样硬化下肢缺血；急性期、亚急性期下肢深静脉血栓形成；下肢创伤或近期接受过植入手术；下肢皮炎、坏疽、水肿、溃疡、下肢蜂窝织炎、感染性创口；严重外周神经疾病以及材料过敏体质等。

2. 弹力袜　有助于预防下肢深静脉血栓的形成，其工作原理是利用外界机械力与肌肉收缩的相互挤压作用，但术中患者处于静止状态，特别是使用肌松药物时，不建议使用，反而会增加血栓形成的概率。

3. 体位摆放（参照《手术室护理实践指南》第二篇：手术体位）

（1）仰卧位：在不影响手术的前提下将患者的腿部适当抬高，利于双下肢静脉血回流。

（2）截石位：应避免双下肢过度外展、下垂及腘窝受压。

（3）俯卧位：注意避免腹部受压。

（4）侧卧位：避免腋窝受压。同时，腹侧用挡板支撑耻骨联合处，避免股静脉受压。患者转运过程中搬动不宜过快、幅度不宜过大，建议使用转运工具。

4. 预防患者低体温　温度保持在 21~25℃，湿度保持在 30%~60%，注意保暖，尤其是患肢的保暖，防止冷刺激引起静脉淤滞。使用充气式加温仪防止热量的散失，维持正常体温，避免静脉血液滞留、高凝状态,从而减少静脉血栓的形成机会。

（第 26 届中华护理学会手术室护理专业委员会）

第十一节　手术室医用气体管理

一、概述

手术室医用气体是指在手术医疗过程中根据气体的物理功能和物理特性用于人体的治疗诊断,或用于医疗设备的医疗气体。手术室常用的医疗气体包括氧气、二氧化碳、氧化亚氮、氮气、压缩空气和氩气。除此之外,手术室负压吸引和麻醉废气排放也列入本节内容。

（一）氧气

氧气是保障手术患者术中生命安全的供给气体,保持手术患者术中充分的氧气吸入,保持全身麻醉手术患者气管插管后人工呼吸的实施,维持人体正常血氧饱和度。

（二）二氧化碳

二氧化碳是目前微创腹腔镜手术普遍使用的气体,除了支撑腹腔壁充分暴露腹腔脏器手术视野的功能,二氧化碳的阻燃物理特性保障了腹腔镜手术中电外科设备在腹腔内的安全使用。

（三）氧化亚氮

氧化亚氮属麻醉气体,目前使用并不广泛,但在现代洁净手术室的麻醉吊塔上仍有配备,根据麻醉需要使用。

（四）氮气和压缩空气

氮气和压缩空气属于手术室医疗设备用气,主要用于骨科、神经外科等动力设备,如气钻、气锯等,根据设备的要求选择相应的气体。

（五）氩气

氩气使用于氩气刀,具有喷射凝血的功能。

（六）负压吸引

负压吸引是手术麻醉过程中必备的吸引装置。

（七）麻醉废气排放接口

麻醉废气排放接口用于麻醉机使用过程中残存的麻醉气体(如乙醚等)能够及时排出而不弥散在手术间。

二、手术室医用气体的安装与使用安全

（一）洁净手术室中央供气系统
（二）洁净手术室中央供气系统应符合以下要求

1. 手术室的中央供气应按照日用量的要求储备不少于 3 天的备用量,中心站气源必须设双路供给,并具备人工和自动切换功能。

2. 手术间吊塔上的各类气体终端气量必须充足,压力稳定可调节。在墙壁上应安装有

同种气体的备用终端接口,以保障吊塔故障时备用。

3. 手术间各种气体终端接口,应选用插拔式自封快速接头,接头应耐腐蚀、无毒、不燃,安全可靠,使用方便。

4. 各类气体终端接口应保持异样性,不具备互换性。

5. 手术间控制面板应有明显的气体标识,并具有超压、低压报警装置。

6. 负压吸引应具有自封装置,瓶里液体吸满时能自动切断负压气流,以免吸入设备管路。电动吸引装置应保持正常功能状态,及时检查并排除有无吸引瓶漏气压力不足等状况。

(三)瓶装供气

对于没有建立中央供气系统的医院手术室,通常使用瓶装气体(如常用的氧气瓶,二氧化碳气瓶等),使用瓶装气体应注意以下事项:

1. 保证足够的气瓶数量以确保手术中使用。

2. 瓶装气体应保存在温度适中,远离火源以及避免碰撞的区域。

3. 进入手术间使用的瓶装气体应保持瓶身清洁,压力表、流量表在功能状态。

4. 使用完的空气瓶应悬挂空瓶标识,并及时移出手术间。

三、手术室医用气体的日常维护

1. 保持手术间吊塔及墙壁备用气源插口的清洁状态,每日手术结束后与手术间物品表面清洁同时进行。

2. 手术结束后检查气源接口有无漏气。

3. 手术结束后检查麻醉机的氧气应处于完全关闭状态。

4. 手术结束后检查负压吸引器处于关闭状态。

5. 手术间墙壁的备用气源接口应定期检查,确保处于正常功能状态。

(张宁虹　陈青钦)

第十二节　手术患者的心理护理

手术作为一种应激源,使手术患者产生不同程度的生理应激反应(如多汗、脉搏和心率加快、血压升高、血糖升高、睡眠障碍等)和心理应激反应(紧张、焦虑、恐惧等)。患者手术前不良心理状态,不仅影响手术和麻醉等医疗活动的顺利进行,而且增加各种并发症和术后感染概率,因此,对患者术前心理评估和干预,是手术患者术前须重视的一项护理措施。

一、概述

(一)心理护理

心理护理(psychological care)指在护理患者的过程中,护理人员通过各种方式和途径,积极地影响患者的心理状态,帮助患者在其自身条件下获得最适宜的身心状态。

(二)心理评估

心理评估(psychological assessment)指通过运用多种心理学手段获得的评估对象的信

息资料,对某一心理现象进行全面、系统和深入的客观描述。

(三)心理反应

心理反应(psychological reaction)指发生一件事情之后,我们人对于这件事情心里产生的变化。

二、患者术前心理反应与心理需求

(一)患者术前心理反应

1. 在等待接受手术的过程中,患者有过多时间反复思考有关手术和麻醉风险及并发症问题,从而增加了对手术麻醉的恐惧和担忧。

2. 接受手术时间的不确定,易引发患者不满情绪而加重患者焦虑。

3. 长时间禁食禁水导致患者饥饿、口渴、脱水等而产生焦虑,尤其是饥饿感,由于胃内空虚,即使通过静脉补充能量和液体也不能有效缓解。

4. 担心手术医生体力和精力下降而影响自身手术效果。

5. 在等候过程中,因病区患者的病情变化,可引发手术患者紧张、焦虑或恐惧。

6. 家属的情绪变化可引起手术患者的情绪波动。

7. 治疗费用与术后的康复情况令手术患者担忧等。

(二)患者术前心理需求

1. 对疾病及相关治疗信息知识的需求 手术患者疾病及相关治疗信息包含治疗方案、化验结果、用药的目的、疼痛的管理、术后康复、各种护理操作的目的,如胃肠减压、术前禁食、禁水、导尿等。了解疾病及相关治疗信息可促进患者积极主动参与治疗和护理,提高患者安全和护理服务的质量,利于术后康复。患者缺乏相关的用药及治疗方面的信息,因此无法有效地参与到自身的照顾与护理中。

2. 对手术室陌生环境认知的需求 大多数患者是第一次接受手术,缺乏对手术室环境的了解,认为手术室是一个很神秘且肃静的场所。当患者从病区进入一个陌生的环境接受手术治疗时,通常会产生焦虑与恐惧感。因此在术前患者希望了解手术室内的布局、设备仪器、人员组成等信息。护理人员应加强对手术室环境信息方面的介绍,以缓解患者的紧张与焦虑情绪。

3. 对知情权利信息的需求 患者权利是指患者在接受医疗机构诊疗护理期间,在医患关系中,作为特殊主体应该行使的权利和享受的利益。患者权利包含知情同意权,自由选择权,隐私保密权,监督医疗护理行为权利等。手术患者关注患者权利方面的信息,如:进入手术室后如需帮助该向谁求助、脱下的衣物、携带的药品与影像资料该置于何处等,而这方面信息易被护理人员忽略。因此,护理人员应主动提供患者知情权利方面的信息,使患者全面参与到医疗护理中来,利于建立友好和谐的护患关系。

4. 对术后疼痛管理信息的需求 术后疼痛是困扰外科手术患者的一个突出问题。国内研究显示,35%~75%的患者术后经历了中度以上疼痛。术后疼痛不仅使患者遭受痛苦,可造成心肌氧耗增加、肺不张、低氧症、肺炎、恶心呕吐、肠麻痹、深静脉血栓、肺动脉栓塞、水钠潴留与心理情绪和睡眠障碍等。国内针对外科患者围术期健康教育需求的调查显示,患者对疼痛知识的需求位于健康教育需求前3位。因此,术前护士注重对手术患者提供术后疼痛信息,使患者充分了解术后疼痛管理的重要性,消除患者对疼痛的担忧及对术后使用止痛剂的错误认知。

5. 对术前自身准备信息的需求　术前注意事项包括术前禁食禁水时间；术前需要沐浴更衣、排空大小便；摘除义齿、首饰等；贵重物品不准带入手术室；女性患者来月经要及时告知医护人员等信息。在围术期患者对护患沟通体验的质性研究中发现患者缺乏对手术的相关认知，患者希望护士能详解术前注意事项，从而积极地完善术前准备。

6. 对手术过程认知信息的需求　手术过程信息包括解释术前处理的程序、意义、手术治疗的主要目的和主要过程等。有研究显示患者和护理人员在手术过程信息的认知上存在差异。研究显示患者非常注重手术过程中可能看到、听到或者感觉到的情况，表明非常想了解整个手术的过程和程序，而不是仅仅听到"您不要担心"或者"您不要焦虑"等话语。

三、手术患者心理护理措施

（一）术前访视评估患者心理状态

术前访视可了解患者及其家属对手术治疗相关信息的知晓程度和心理状态，充分了解患者的病情相关知识和心理准备，熟悉其家庭背景、社会阅历、个人素质、文化修养等信息，建立良好的护患关系，为围术期沟通奠定认知基础。

根据各医院的访视制度，访视人员通过对患者手术期注意事项和手术室环境介绍，使患者对手术流程有一定的了解和心理准备，缓解患者对手术及相关问题的忧虑。通过对患者手术前心理需求访问，提供切实可行的心理支持，以减轻焦虑和恐惧心理等不良心理反应，使患者以积极、乐观的心态配合麻醉和手术治疗。

（二）手术期心理护理

1. 向患者自我介绍，告知患者及家属你是他（她）手术治疗期间的巡回护士，在手术过程中始终陪伴，减轻其紧张心理。

2. 护理人员与患者交谈时，语气要和蔼、亲切，向患者介绍手术室环境、手术人员组成、手术流程等，减少焦虑。必要时，采用适当肢体语言如：握手、轻抚额头、拍拍患者身体等，嘱患者尽量放松。

3. 鼓励患者讲出进入手术室的感受，巡回护士根据患者的个人需求，结合不同患者的文化程度、心理应对状态、接受程度，采用不同的沟通方式，鼓励患者，让患者及家属树立战胜疾病的信心，使患者以最佳的心理状态接受手术。

4. 患者清醒状态下，实施各项操作时，告知患者，使其知晓，减少不必要的恐慌和紧张。

（三）手术后延续心理护理

术后 1~3 天，巡回护士到病房回访患者，进一步了解患者在手术治疗中就医感受，对患者手术后继续给予心理支持和帮助，同时与患者沟通手术室需要改进的工作内容。

（邵　丽　梁小玲）

第四篇

护理管理与培训

第二十六章 手术室护理质量管理

学习目标

1. 复述手术室护理质量的理论基础。
2. 列出手术室护理三维质量指标内容。
3. 描述手术室护理质量常用的七个质量评价工具。
4. 应用 PDCA 进行手术室护理质量持续改进项目。

质量管理（quality management）是确定质量方针、目标和职责；通过质量体系中的质量策划、控制、保证和改进，实现质量目标的管理性活动。护理质量是指护理人员为患者提供护理技术服务和基础护理服务，能够满足患者对护理服务中合理需要的综合质量。护理质量评价指标是指护理人员在护理患者过程中在某一结构面上数量化的测量，可作为检查、评估及改善护理质量与适宜性依据（源自美国 JCI）。应具有易测性、有效性、客观性、敏感性、特异性等几大特征，对学科发展具有导向和促进作用。一项护理质量评价指标只能反映护理工作的一个或一些侧面，只有当不同来源或用途的指标通过某种方式组合在一起，形成护理质量评价指标体系，才能综合地对护理质量进行评价。

知识拓展

医疗质量管理

美国 Avedis Donabedian 1966 年提出了"结构 – 过程 – 结果三维质量结构"。1969 年正式提出用三个层次对质量评价途径进行分类，并对包含的内容进行了解释。随后对质量评价模式进行了阐述，使得该模式日趋成熟。20 世纪 80 年代 Avedis Donabedian 提出的质量评价模式引入我国。2007 年，Avedis Donabedian《医疗质量评估与监测》的中文版正式出版。

第一节 手术室护理质量指标的构建

一、护理质量指标与评价国内外研究现状

目前世界各国护理质量标准与评价影响较大的是美国学者 Donabedian 提出"要素 – 环节 – 终末"模式。评价内容以"三维质量结构"为理论依据。美国护士协会（ANA）以

Donabedian 的"要素－环节－终末"框架为理论基础。美国护理质量评价中患者意见得到充分重视,终末质量指标中强调了患者满意度、护理质量控制内容包括全方位的护理指标,即以患者的需要为护理宗旨,以护理效率为护理原则,护理质控注重过程质量的控制。从指标的内容看,更强调护理评价指标的敏感性,在结构指标(要素)中,人力资源是被关注最多的方面,包括:护理人员结构、注册护士比例、知识水平、护患比、护理时数、护士流动情况等,结果(终末)指标强调对患者的评价,患者满意度、手术部位感染率、住院期间压疮发生率等,体现了护理临床的意义。

国内学者一般认为,按照管理流程,可将护理质量分为:结构质量、过程质量、结果质量,相应的质量评价可以依据此结构来进行。我国医院现行的护理质量评价指标主要参照:国家卫计委《三级综合医院评审标准中》、国家卫生部《医院分级管理标准》、《全国"百佳"医院评审标准》、《医院护理技术操作常规》以及各省、市、地区卫生部门制定的医疗护理评价指标。手术室护理质量评价指标在《三级综合医院评审标准中》有少部分三维质量评价指标包括结构指标:护理人员比与手术间比例(3:1);过程指标:手术安全核查执行率(100%);结果指标:手术异物遗留率(0)。国内目前的缺乏针对手术室专科护理的护理质量评价体系,因此手术室护理评价指标构建来源与手术室专科特色和临床实践进行制定的临床实用性和敏感性指标,以有目的地评价手术室临床护理效果和质量。

二、手术室护理三维质量指标构建

手术室质量评价指标应根据结构－过程－结果三维架构基础,建立具有手术室专科特色的质量评价体系。

(一)结构指标

结构指标(structure)表示某一结构状况的物理性质参数。或对硬件设施、人力资源、行政管理等评估。包括:医疗设备、组织结构、护理标准建立、质量管理系统、人员素质与培训、床护比、物质配送与供应、建章立制等。结构指标是指手术室护理体系中,手术室护理的提供者提供相对稳定的服务特征,是进行手术室护理的要素条件,包括组织系统、资源、物理环境等。国内学者认为结构指标是指构成护理工作的基本要素,评价要素质量主要着眼于评价护理工作的基本条件,包括组织机构和人员、医疗护理技术、环境、物资和仪器设备、规章制度等。

(二)过程指标

过程指标(process)指基于护理患者和管理的目的,对患者实施护理过程中的行为活动的评价。 执行护理操作过程如:健康教育过程、手术配合、术前准备、安全核查、术中输血等操作流程,临床过程质量控制是保证护理质量结果的重要管理措施,其形式和内容正在不断完善。 当前我国手术室临床护理质量评价中偏重于结果质量,缺乏对过程质量的控制的客观评价指标,因此结果往往没有达到预期效果,使护理工作处于被动状态。

(三)结果指标

结果指标(outcome)指评估患者接受医疗护理后,所发生的预期或非预期的结果。如患病率、现患率、死亡率、满意度、发生率、非计划手术重返率等。手术室护理质量结果指标,受结构指标和过程指标的影响,只有将结构指标进行充分准备和合理配置,通过在质量过程中的关键环节进行有效控制,才能获得手术室护理质量的预期结果目标。

三、手术室常见三维质量评价指标与临床意义

（一）结构指标

包括护士与手术间比例（GB 标准：3∶1）、护理人员工作时长、不同层级护士配置、护士离职率、规章制度、操作流程等。

该指标的临床意义：是手术室质量管理的基础设置,通过护士人力资源匹配、工作环境、能力配比等因素,以预防为主的质量管理原则,是保证手术室护理质量的前提。

（二）过程指标

包括术前物品准备完善率、手术安全核查执行率、术前预防性抗生素使用时机等指标。

该指标的临床意义：是管理者临床护理质量监测和控制的主要环节,通过对过程指标各个环节质量评价和反馈机制,不断改进过程质量,实现过程指标目标值。

（三）结果指标

包括手术过程中异物遗留发生率、术中低体温发生率、手术室压疮现患率或发生率、手卫生依从性、外科手消毒正确率、标本送检合格率、手术部位感染率、意外伤害发生率等。

该指标的临床意义：直接反映手术室护理质量好坏程度,包括预期和非预期的质量结果。是结构指标、过程指标和结果指标相互影响的结果。

第二节　手术室护理质量评价工具

管理是指在特定的环境下,管理者通过执行计划、组织、领导、控制等职能,整合组织的各项资源,实现组织既定目标的活动过程。管理者需要掌握各种质量管理工具使用,利用质量管理工具进行质量三维指标评价,实现组织管理目标,不断提高和持续改进护理质量。常用的七个质量评价工具和使用方法。

一、调查表

调查问题的原因类别和数量关系,为柏拉图、直方图提供数据。以简单的数据,容易理解的方式,制作图表或表格,必要时记上检查记号并加以统计整理,作为进一步分析或检查核对之用的工具（图 26-2-1）。临床使用方法：

1. 明确收集资料的目的（了解问题的实际情况,解析原因,防止遗漏项目,整理原始数据）。
2. 确定希望掌握的项目和所要收集的数据（经验/集思广益）。
3. 设计检查表的格式：设计一种记录与整理都很容易及适合自己使用的格式。
4. 决定记录的符号（正,○,√,×,棒记号等）。
5. 决定收集数据的方法。由谁收集、频率多久、检查方法等,应事先规定。

手术室护士长安全核查督导表

日期	麻醉实施前						手术开始前						手术结束						签名	备注
	医生		麻醉师		护士		医生		麻醉师		护士		医生		麻醉师		护士			
	是	否	是	否	是	否	是	否	是	否	是	否	是	否	是	否	是	否		

图 26-2-1　调查表

6. 如有必要,应评审和修改该调查表格式。调查表的样式多种多样,可根据需要调查的项目灵活设计。

二、柏拉图

分析影响品质的主要因素。为 19 世纪意大利经济学家柏拉图(V. Pareto)调查国民所得分配时发现少部分的人占有大部分财富。提出 80/20 法则:80% 的问题集中于 20% 的项目中,故控制 20% 的项目即可解决 80% 的问题。基本观念是:以有限的人力和时间,有效地解决问题。根据所收集的数据,按不良(原因、状况、项目、发生的位置)等不同区分标准而加以整理、分类,从中寻求占最大比率的原因、状况或位置,按其大小顺序排列,再加上累计值的图形(图 26-2-2)。临床使用方法:

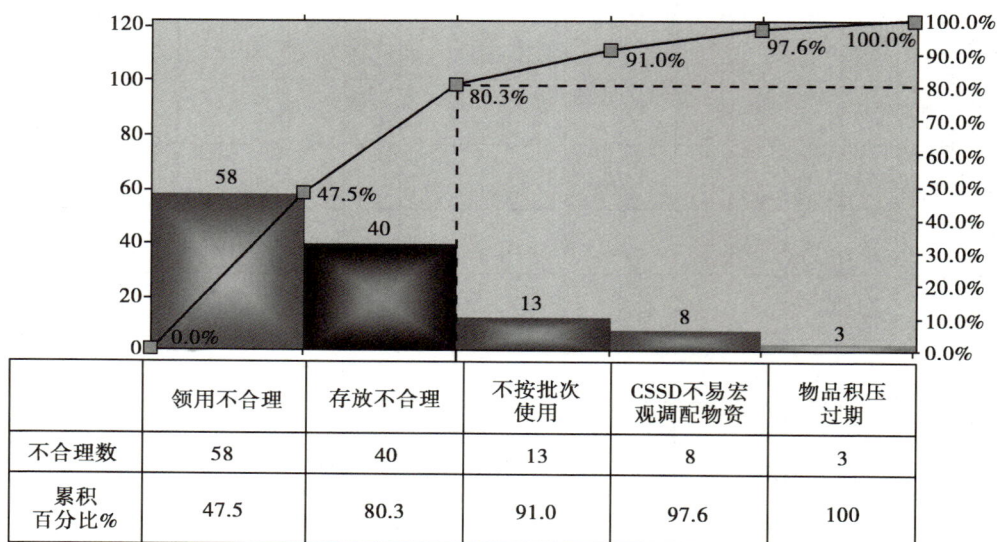

	领用不合理	存放不合理	不按批次使用	CSSD不易宏观调配物资	物品积压过期
不合理数	58	40	13	8	3
累积百分比%	47.5	80.3	91.0	97.6	100

图 26-2-2　柏拉图

1. 确定所要调查的问题以及如何收集数据。

2. 设计一张数据记录表。

3. 将数据填入表中,并合计。

4. 按数量从大到小顺序,将数据填入数据表中。

5. 制作柏拉图用数据表,表中列有各项不合格数据,累计不合格,各项不合格所占百分比以及累计百分比。

6. 画两条纵轴和一条横轴,左边纵轴,标上件数(频数)的刻度;右边纵轴,标上累计百分比,横轴为比较的项目(原因)。

7. 在横轴上按频数大小画出矩形,矩形的高度代表各不合格项频数的大小。

8. 在每个直方柱右侧上方,标出累计值(累计频数和累计频率百分数),描点,用实线连接,画累计频数折线(巴雷特曲线)。

9. 在图上记入有关必要事项,如排列名称、数据、单位、作图人姓名以及采集数据时间、主题、数据合计等。

三、因果图

分析原因与结果的关系,找到问题的原因。是当一个问题的特性(即结果)受到一些要因(原因)的影响时,将这些要因加以整理,成为有相互关系且有系统的图形(图 26-2-3)。许多可能的原因可归纳成原因类别与子原因,画成形似鱼刺的图,所以该工具又称鱼刺图。它可用于分析因果关系;通过识别症状、分析原因、寻找措施,促进问题解决。临床使用方法:

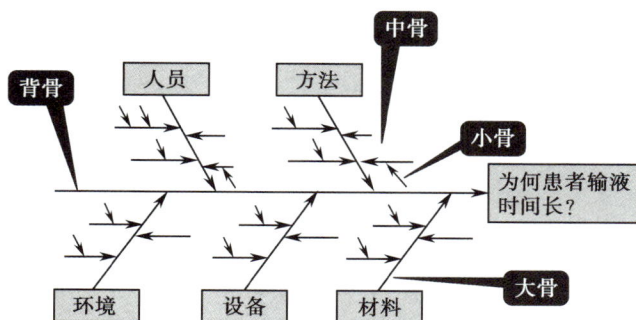

图 26-2-3　因果图

1. 确定需要解决的质量问题。
2. 绘制骨架。把"结果"画在右边的矩形框中,然后自左而右画出一条较粗的干线(背骨),并在与矩形框结合处,画出向右箭头。
3. 大略记载各大要因,可由 4M1E,即人员(man),机械(machine),材料(material),方法(method)及环境(environment)五大类着手寻找。以斜度约 60° 画出大要因(大骨),一般 4~8 根。
4. 依据大要因,再分出中要因,每个中要因 3~5 个为宜,画出中要因的中骨线(同样以60° 画线)。更详细列出小要因,绘出小骨。
5. 圈出最重要的原因;记载所依据的相关内容(目的、日期、制作者、参与人员)。

四、散布图

分析成对变量之间的依存关系。是研究成对出现[如(X,Y),每对为一个点]的两组相关数据之间相关关系的简单图示(图 26-2-4)。在散布图中,成对的数据形成点子群,研究点子群的分布状态便可推断成对数据之间的相关程度。在散布图中:当 X 增加,相应地Y 值也增加,我们就说 X 和 Y 是正相关;当 X 增加,相应地 Y 值却减少,我们就说 X 和 Y 之间是负相关。常见的有六种散布图:

五、分层法

按照不同影响因素,寻找问题真实原因和变化规律,又名层别法、分类法、分组法。将得到的数据资料和调查对象,以设备别、人员别、产品别、方法别等进行分类,通过一层层的对比、分析以发现真正的问题所在(图 26-2-5)(如不同班次的给药差错发生率)。同一层次

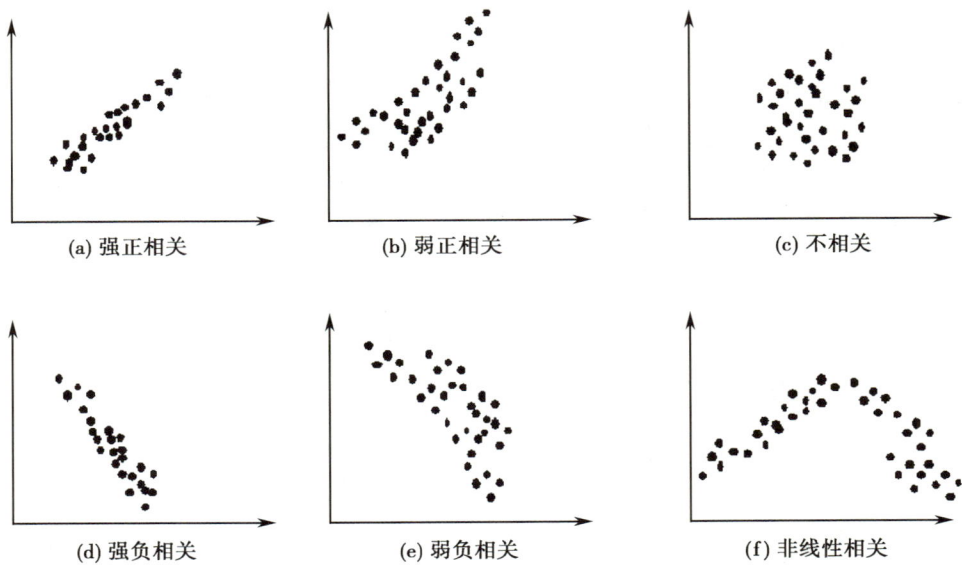

(a) 强正相关　　(b) 弱正相关　　(c) 不相关

(d) 强负相关　　(e) 弱负相关　　(f) 非线性相关

图 26-2-4　散布图

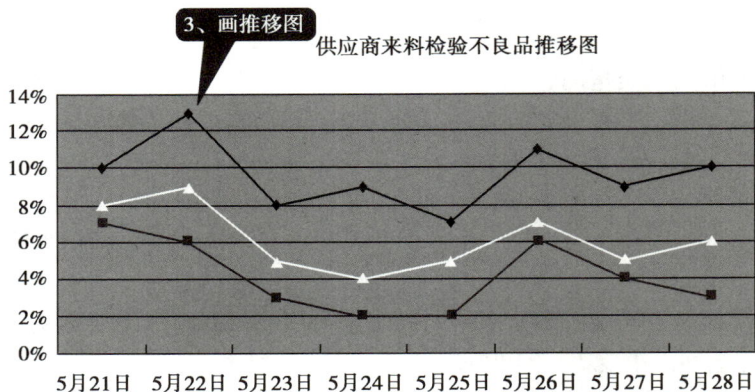

3、画推移图

供应商来料检验不良品推移图

图 26-2-5　推移图的层别

内的数据波动幅度尽可能小,而层与层之间的差别尽可能大,否则就起不到归类、汇总的作用。分层的目的不同,分层的标志也不一样。临床使用方法:

1. 收集数据。

2. 将采集到的数据根据不同目的选择分层标志。

3. 分层。

4. 按层归类。

5. 画分层归类图。

六、直方图

显示质量波动的分布状况,又名分布图。是对定量数据分布情况的一种图形表示,由一系列矩形(直方柱)组成(图 26-2-6)。它将一批数据按取值大小划分为若干组,在横坐标上将各组为底作矩形,以落入该组的数据的频数或频率为矩形的高。通过直方图可以观测并研究这批数据的取值范围、集中及分散等分布情况。临床使用方法:

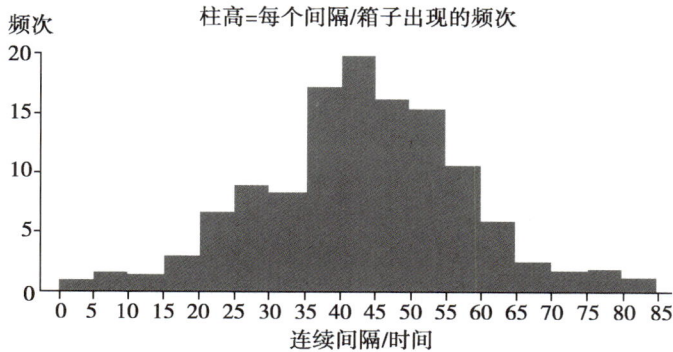

图 26-2-6　直方图

1. 收集数据　作直方图的数据一般应 >50 个。

2. 确定数据的极差(R)　用数据的最大值减去最小值求得。本例 R=155−121=34。

3. 确定组距(h)　先确定直方图的组数(k),然后以极差去除组数,可得直方图每组的宽度,即组距。组数的确定要适当。组数的确定可参考组数选用表。本例分为 7 组,组距为 34/7=4.9≈5。

4. 确定各组段的上下限(每个组段的起点被称为该组的下限,终点被称为上限。上限 = 下限 + 组距。第一组段必须包括最小值,其下限一般取包含最小值的较为整齐的数值。最后一组段必须包括最大值。

5. 绘制直方图　以组距为横坐标,以频数为纵坐标绘图。

6. 填写其他必要事项　如样本数,收集数据的时间,责任人等。

7. 解读直方图。

七、控制图

区分偶因和异因引起的质量波动,监控过程的稳定。在品质管理过程中,如何通过日常的监测及时发现品质问题,并通过相应的调整手段使制程处于稳定状态,或是通过日常的监测来判断制程是否处于稳定的状态所使用的图表(图 26-2-7)。控制图是用来区分由异常原因引起的波动、或是由过程固有的随机原因引起的偶然波动的一种工具。偶然波动一般在预计的界限内随机重复,是一种正常波动;而异常波动则表明需要对其影响因素加以判别、调查,并使之处于受控状态。临床使用方法如下:

1. 决定须控制的特性。

2. 收集多组数据。

3. 使用软件绘制控制图(输入数据)。

4. 检查是否有超出控制界限的点。

5. 将超出控制界限的数据剔除并重复。

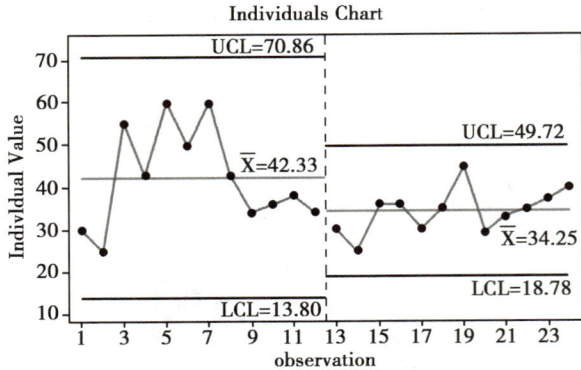

图 26-2-7　控制图

第三节　手术室护理质量评价方法

一、基于三维质量结构为理论框架构建手术室护理质量评价标准

（一）具有科学性、客观性、实用性和可操作性

手术室护理质量评价标准应能够客观反映手术室护理质量评价的内容和要求，体现手术室护理质量的本质特点，评价标准应能够反映手术室护理质量的各个方面；质量评价标准应能切实反映手术室护理质量的核心，能合理解释护理质量客观现象，具有临床实用性和可操作性。

（二）应包括结构指标、过程指标、结果指标三个方面

三方面在评价标准中占比不同，手术室护理质量评价过程中，应保证标准涵盖内容的完整性和全面性。

（三）设定手术室护理各项质量标准目标值

为了不断提高临床手术室护理质量，每项质量评价标准，可根据前 1~3 年管理者在临床检查督导质量结果进行数据分析，设定当年手术室各项护理质量评价指标的目标值。例如：手术安全核查质量评价标准，连续 3 年平均分值在 90 分，当年在设定目标值可上浮 5% 左右，因此目标值可设定 95 分。

二、手术室护理质量持续改进

手术室管理者每日应反馈临床护理质量状态，每月应对手术室护理质量各项评价标准进行实时检查和记录，每年要回顾全年各项护理质量标准完成目标值情况，查找问题，进行统计分析，对未达到目标值的护理质量标准，基于 PDCA 循环或基于证据的护理质量持续改进。

（一）PDCA 循环护理质量持续改进

PDCA 循环又叫质量环，是管理学中的一个通用模型，最早由休哈特（Walter A. Shewhart）于 1930 年构想，后来被美国质量管理专家戴明（Edwards Deming）博士在 1950 年再度提出，并加以广泛宣传和运用于持续改善产品质量的过程中。它是全面质量管理所应遵

循的科学程序。全面质量管理活动的全部过程,就是质量计划的制订和组织实现的过程,这个过程就是按照 PDCA 循环,不停顿地周而复始地运转(图 26-3-1)。PDCA 有以下十个步骤:

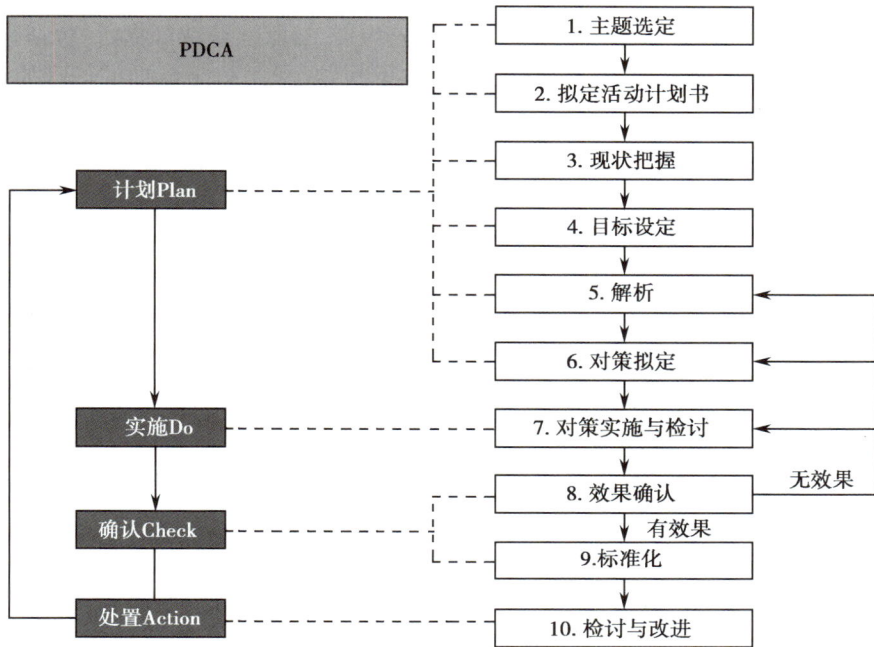

图 26-3-1　PDCA 流程

1. 选出主题　对现状的把握和发现题目的意识、能力,发现题目是解决题目的第一步,是分析题目的条件。

2. 根据分析和现状,拟定活动计划书。

3. 分析产生题目的原因(现状把握)找准题目后分析产生题目的原因至关重要,运用头脑风暴法等多种集思广益的科学方法,把导致题目产生的所有原因统统找出来。

4. 要因确认　区分主因和次因是最有效解决题目的关键。

5. 目标设定　根据现状值、改善重点、圈能力等,计算项目目标值。

6. 拟定措施、制订计划　5W1H 即:为什么制订该措施(Why)? 达到什么目标(What)? 在何处执行(Where)? 由谁负责完成(Who)? 什么时间完成(when)? 如何完成(How)措施和计划是执行力的基础,尽可能使其具有可操作性。

7. 执行措施、执行计划　高效的执行力是组织完成目标的重要一环。

8. 检查验证、评估效果　"下属只做你检查的工作,不做你希看的工作"IBM 的前 CEO 郭士纳的这句话将检查验证、评估效果的重要性一语道破。

9. 标准化　标准化是维持企业治理现状不下滑,积累、沉淀经验的最好方法,也是企业治理水平不断提升的基础。可以这样说,标准化是企业治理系统的动力,没有标准化,企业就不会进步,甚至下滑。

10. 处理遗留题目　所有题目不可能在一个 PDCA 循环中全部解决,遗留的题目会自动转进下一个 PDCA 循环,如此,周而复始,螺旋上升。

（二）基于证据的护理质量持续改进

循证护理（evidence-based nursing, EBN）是护理人员在计划护理活动过程中，审慎地、明确地、明智地将科研结论与临床经验、患者愿望相结合，获取最佳证据，作为临床护理决策依据的过程。在临床证据转化和应用过程中，可分为提出问题、获取证据、评价证据、应用证据四个阶段，手术室护理管理者对临床发现的质量问题，采用基于证据的护理质量持续改进，体现管理的科学性。

三、基于信息技术构建智能手术室质量结果统计分析

随着物联网技术的快速发展和应用领域的不断扩大，医院管理模式也在不断发生变化，传统人工管理模式已经不适应现代医院精细管理发展需要，医院信息化管理已经成为评价我国综合医院等级评审的重要标志之一。手术室是医院为手术患者提供手术诊疗的服务平台科室，也是患者实施手术抢救的重要场所，更是医院业务运营的核心部门，其管理品质直接影响整个医院手术科室和临床医技科室的质量和安全，医院手术室管理可辐射于全院相关业务部门或科室，包括行政职能部门、临床科室、医技科室、后勤物资等，因此，医院手术室信息系统管理模式与评价体系，在手术室高效运营策略与安全管理决策制定起着至关重要的作用。

手术室是医院信息最富集的地方，对手术室信息上数据挖掘与统计有助于管理者做出正确的决策，执行有效的测评标准和价值体系，从医院管理结构层面、过程指标上进行有效控制，达到医疗、护理、服务质量在结果上提升，让患者感同身受医院优质服务与效果，提高手术患者满意度，促使医院的经济效益和社会效益最大化。基于信息手段开发手术室质量评价管理系统，使用移动技术进行临床手术室质量评价活动，数据信息可通过物联网技术自动记录和储存。每月管理者可通过系统汇总统计功能，提供完整质量评价报表。如果质量结果需要进行反馈或 PDCA 持续改进，系统自动提示：PDCA 循环步骤和要求，管理者可根据系统指导进行该项目护理质量持续改进工作。

（高兴莲）

第二十七章 手术室规章制度

学习目标

1. 复述手术室核心制度内容和重要性。
2. 列出手术安全核查制度三个环节内容。
3. 描述物品清点制度的清点原则。
4. 应用《临床输血技术规范》落实手术患者输血操作。

手术室是医院医疗护理风险最高的科室之一,安全隐患存在于临床护理及管理的各个环节,只有建立健全和完善手术室各项规章制度,规范各类人员的行为,才能保障患者手术治疗中的安全和质量。手术室核心制度包括:手术安全核查制度、查对制度、手术物品清点制度、手术标本管理制度、术中输血管理制度、手术室护理文件书写制度、手术患者转运交接制度等。

第一节 手术安全核查制度

详见第三篇 第二十五章 第一节 手术安全核查与风险评估

第二节 查 对 制 度

一、手术患者查对

巡回护士严格核对手术患者信息。在病房接手术患者时,应与病房护士进行核查,做好物品交接与记录。

1. 手术患者核对应采用两种以上方法

(1)患者参与法:让患者主动说出自己的姓名、年龄、手术名称、手术部位等,手术室护士对照病历首页核对。

(2)腕带核对法:手术室护士用病历首页与腕带上的患者信息核对。

2. 特殊患者身份的确认由其合法亲属或病房医护人员共同完成。

3. 麻醉医生、手术医生按相关规定核对手术患者。

4. 手术医生、麻醉医生、巡回护士遵照《手术安全核查制度》,在麻醉开始前、手术开始前、离开手术间前,按照《手术安全核查表》共同核对患者信息。

二、手术部位查对

1. 在病房接患者时,要与病房护士、患者共同核查手术部位,检查是否有手术标识。

2. 患者进入手术间时,巡回护士根据手术患者的病例首页再次与患者核对手术部位。

3. 麻醉医师、手术医师和巡回护士根据《手术安全核对表》中要求,核对患者手术部位。

三、药物查对

1. 用药双人核对,应严格遵守三查八对原则。

2. 抗菌药物应核对临时医嘱,查对皮试结果及过敏史。

3. 抽药后,应在注射器上标识清楚,注明药名、剂量等。

四、手术物品清点制度

1. 物品清点应遵循双人逐项清点、同步唱点、逐项即刻记录及原位清点四项原则。

2. 每台手术须在手术开始前、关闭体腔前、关闭体腔后、缝合皮肤后四个时间点进行物品清点。

3. 如术中需交接班、手术切口涉及两个及以上部位或腔隙,关闭每个部位或腔隙时均应增加清点次数,如关闭膈肌、子宫、心包、后腹膜等。

4. 减少交接环节,手术进行期间若患者病情不稳定、抢救或手术处于紧急时刻物品交接不清时,不得交接班。

5. 不同类型手术清点的物品

（1）体腔或深部组织手术应包括手术台上所有物品。如手术器械、缝针、手术敷料及杂项物品等。

（2）浅表组织手术应包括但不仅限于手术敷料、缝针、刀片、针头等杂项物品。

（3）经尿道、阴道、鼻腔等内镜手术应包括但不仅限于敷料、缝针,并检查器械的完整性。

6. 手术室应规范器械台上物品摆放的位置,保持器械台的整洁有序。

7. 医生不应自行拿取台上用物,暂不用的物品应及时交还洗手护士。手术物品未经巡回护士允许,任何人不应拿进或拿出手术间。

8. 每台手术结束后应将清点物品清理出手术间,更换垃圾袋。

9. 凡术中增加清点范围内的物品,必须由巡回护士给予增加并由洗手、巡回护士共同清点,登记后洗手护士要核对所登数字。

10. 术前怀疑或术中发现患者体内有手术遗留异物,取出的物品应由主刀医生、洗手护士和巡回护士共同清点,详细记录,按医院规定上报。

11. 当切口内需要填充治疗性敷料并带离手术室时,主刀医生、洗手护士、巡回护士应共同确认置入敷料的名称和数目,并记录在病历中。

12. 物品数目及完整性清点有误时,立即告知手术医生共同寻找,确保不遗留于患者体内。如采取各种手段仍未找到,应立即报告主刀医生及护士长,按清点意外处理流程报告,填写清点意外报告表,并向上级领导汇报。

第三节　手术标本管理制度

1. 标本产生后洗手护士应立即与主刀医生核对标本来源,巡回护士或其他病理标本处理者应即刻记录标本的来源、名称及数量。

2. 手术台上暂存标本时,洗手护士应妥善保管,根据标本的体积、数量,选择合适的容器盛装,防止标本干燥、丢失或污染无菌台。

3. 主管医生负责填写病理单上各项内容,并打印病理号签贴于病理容器(袋)上,标本来源应与洗手护士核对后签字确认。如一患者有多个病理离体组织,应逐一分装,一袋一签,并在病理送检单中对应逐项填写,打出病理号签,逐一标示清晰。

4. 标本处理者负责核对病理单上各项内容与病历一致,并遵循及时处理原则。

5. 应有标本登记交接记录,记录内容包括患者的姓名、病案号、手术日期、送检日期、时间及送检标本的名称、数量、交接双方人员签字。

6. 标本切除后应即刻送检或用固定液固定。

7. 术中冰冻标本病理诊断报告必须采用书面形式(可传真或网络传输),以避免误听或误传,严禁仅采用口头或电话报告的方式。

第四节　术中输血管理制度

1. 临床用血应严格执行《医疗机构用血管理办法》和《临床输血技术规范》有关规定。

2. 根据医嘱由麻醉医生填写取血单,写明科室、患者姓名、病案号、性别、年龄、血型、取血量、取血成分,同时在空白处注明手术间号、台号。

3. 凭取血单,携带取血专用箱到输血科(血库)取血。

4. 取血与发血的双方必须共同查对患者姓名、性别、病案号、门急诊/病室、床号、血型、有效期及配血试验结果,血袋编号、血液种类、规格及采血日期,以及保存血的外观(检查血袋有无破损渗漏,血液颜色、形态是否正常)等,核对准确无误后,双方共同签字后方可发出。

5. 取回的血液制剂应由麻醉医生和巡回护士核对,首先,双方确认取回的血液制剂是否为此手术间患者的血液制剂。然后,核对相关信息(内容参照第4条),核对无误后签字。

6. 输血前再次由麻醉医生和巡回护士共同核对(内容参照第4条),准确无误后方可输血。输血必须使用输血器,输血前要用生理盐水冲洗管路。严格无菌操作,遵医嘱调节滴速。严密观察有无输血反应。

7. 输血完毕后,医护人员应对血液输注进行记录和签字,并将输血记录单(交叉配血报告单)放在病历中。将空血袋低温保存24小时,手术后带回病房与病房护士做好交接。未输入的血要做好登记并与病房护士交班。

8. 临床用血严格执行查对制度,输血时发生不良反应,立即根据输血技术规范进行处理并填写《输血不良反应报告单》。

第五节　手术室护理文件书写制度

1. 书写原则为内容应当客观、真实、准确、及时、完整,不得留有空项,应当使用医学术语,需签名处均签全名。

2. 应使用蓝黑签字笔,文字工整,字迹清晰,表述准确,语句通顺,标点正确。书写过程中不得掩盖或去除原始字迹。

3. 手术室护理书写文件包括《手术物品清点记录》《手术安全核查表》等。

第六节　手术患者转运交接制度

1. 接患者前,手术室巡回护士确认手术患者信息,准备合适的转运工具,并通知病房。病房护士应确认手术患者的术前准备已完成。

2. 转运人员应与病房护士共同确认患者信息,交接需带入手术室的物品。病房护士交代重点病情、抗菌药物皮试、术前用药情况及注意事项;交接手术患者的病历、影像学资料、术中带药、腹(胸)带、液体、特殊用物等随带物品;患者的贵重物品及义齿一律不得带入手术室。交接无误后逐项填写《手术患者交接记录单》并双方签字确认。

3. 患者进入手术室后,手术室护士再次核对手术患者的信息及相关交接内容,应至少同时使用两种及以上的方法确认患者身份,确保患者正确。

4. 离开手术室前,护士应确认管路通畅、妥善固定及携带物品,准确填写《手术患者交接单》。根据患者去向准备转运用物。提前通知接收科室及患者家属。

5. 转运设备应保持清洁,定期维护保养。转运被单应一人一换。

6. 手术完毕如送入麻醉恢复室,由手术室护士与麻醉恢复室护士共同交接核对患者情况及特殊物品,并签字确认。

7. 转运中应确保患者安全、固定稳妥,转运人员应在患者头侧,随时观察患者病情,如有坡道应保持头部处于高位。

8. 注意患者的身体不可伸出轮椅或推车外,避免推车速度过快、转弯过急,以防意外伤害。并注意隐私保护和保暖。

(米湘琦　程宗仪)

第二十八章 手术室感染控制与管理

第一节 手术部位感染控制原则

外科手术部位感染的发生,不仅会延长患者住院时间,增加患者痛苦,给个人和家庭带来额外的经济负担,同时也会给医疗机构造成一定的影响。因此,医疗机构和医务人员应加强手术部位感染的预防和控制工作。

一、概述

(一)外科手术切口的分类和手术切口愈合分级(见第三篇 第二十五章 第一节)

(二)外科手术部位感染

手术部位感染(surgical site infection,SSI)指发生在切口或深部器官或腔隙的感染。常分为切口浅部组织感染、切口深部组织感染、器官/腔隙感染。

1. 切口浅部组织感染手术后 30 天以内发生的仅累及切口皮肤或者皮下组织的感染。

2. 切口深部组织感染无植入物者手术后 30 天以内、有植入物者手术后 1 年以内发生的累及深部软组织(如筋膜和肌层)的感染。

3. 器官/腔隙感染无植入物者手术后 30 天以内、有植入物者手术后 1 年以内发生的累及术中解剖部位(如器官或者腔隙)的感染。

二、预防原则

(一)手术前

1. 尽量缩短患者术前住院时间。择期手术患者应尽可能待手术部位以外的感染治愈后再行手术。

2. 正确准备手术部位皮肤,彻底清除手术切口和周围皮肤的污染。

3. 术前洗澡 患者应该在术前洗澡,使用普通肥皂或抗菌肥皂均可。

4. 消毒前要彻底清除手术切口部位和周围皮肤的污染,采用卫生行政部门批准的合适的消毒剂以适当的方式消毒手术部位皮肤。皮肤消毒范围应当符合手术要求,如需延长切口、做新切口或放置引流时,应当扩大消毒范围。

5. 如需要预防用抗菌药物时,手术患者皮肤切开前 0.5~1 小时内或麻醉诱导期给予合理种类和合理剂量的抗菌药物。

6. 有明显皮肤感染或患有感冒、流感等呼吸道疾病,以及携带或感染多重耐药菌的医务人员,在未治愈前不应参加手术。

7. 手术人员严格按照《医务人员手卫生规范》进行外科手消毒。

（二）手术中

1. 保证手术间门处于关闭正压状态,减少手术间开门次数,最大限度减少人员流动。

2. 手术中医务人员应严格遵循无菌技术操作原则和手卫生规范。

3. 若手术时间超过 3 小时,或者手术时间长于所用抗菌药物半衰期,或者失血量 >1500ml,手术中应当对患者追加合理剂量的抗菌药物。

4. 手术操作轻柔,减少组织损伤,去除坏死组织,避免形成无效腔。

5. 需要引流的手术切口,术中应首选密闭式负压引流。

（三）手术后

1. 医务人员接触患者手术部位或更换手术切口敷料前后应进行手卫生。

2. 为患者更换切开敷料时,要严格遵循无菌技术操作原则及换药流程。

3. 外科医师、护士要定时观察患者手术部位切口情况,出现分泌物时应进行微生物培养,结合微生物报告,对外科手术部位感染及时诊断、治疗和监测。

知识拓展

WHO 预防手术感染全球指南

世界卫生组织于 2016 年 11 月 3 日发布了新指南——《全球预防手术部位感染指南》,旨在挽救生命、减少费用并遏制超级细菌蔓延。该指南包含 29 项具体建议清单,它是由 20 位世界知名专家根据 26 个综述的最新证据归纳而成的,并且将这些建议发表在 The Lancet Infectious Diseases 上,意在解决医疗保健相关感染对全世界病人和卫生保健系统带来的日益沉重负担。

（一）术前

1. 免疫抑制剂 对正在接受免疫抑制治疗的患者,围术期不需要停用免疫抑制剂。

2. 加强营养支持 对准备接受大手术的体重过轻患者,考虑使用经口或肠内营养增强配方制剂补充营养。

3. 术前洗澡 患者应该在术前洗澡,使用普通肥皂或抗菌肥皂均可。

4. 鼻内应用莫匹罗星 以去除鼻内金葡菌定植。

5. 机械性肠道准备与口服抗菌药物 术前口服抗菌药物联合机械性肠道准备（mechanical bowel preparation, MBP）。接受择期结直肠手术的成年患者不应仅使用 MBP。

6. 关于去除毛发 不应去除手术部位的毛发,如果有明显需要,只能使用剪刀去除毛发。

7. 外科抗菌药物预防最佳时机　抗菌药物预防（surgical antibiotic prophylaxis, SAP）的最佳时机是手术前。SAP 应在切皮前 120 分钟内进行，根据抗菌药物的半衰期调整具体时间。

8. 术者手部准备　建议在戴无菌手套前，使用合适的抗微生物洗手液或含酒精的洗手擦（alcohol-based hand rub, ABHR）行手部消毒。

9. 手术部位皮肤准备　建议使用含酒精和氯己定（chlorhexidine gluconate, CHG）的抗菌溶液进行术前皮肤消毒准备。

10. 抗菌皮肤密封剂　建议在手术部位皮肤准备完毕后，不要以减少 SSI 为目的使用抗菌密封剂（antimicrobial skin sealants）。

（二）术中及术后

1. 围术期吸氧　建议全麻并气管插管的患者在手术期间接受 80% FiO_2（吸入氧浓度），如果条件允许，可延长到术后 2~6 小时。

2. 保持正常体温　建议对手术患者使用保温措施。

3. 加强围术期血糖控制　无论患者是否伴有糖尿病，均建议采取措施加强围术期血糖监测和管理。

4. 保持充足循环容量　在手术时，应有目的地补液。

5. 一次性无纺布与重复使用的铺巾和手术衣　无菌的一次性或可重复使用的铺巾和手术衣都可以在手术中使用，没有明显差异。

6. 黏性切割洞巾/手术薄膜　无论塑料薄膜产品（adhesive incise drapes）是否具有抗菌特性，都不应使用。

7. 切口保护器材　在清洁-污染切口（Ⅱ类）、污染切口（Ⅲ类）和感染切口（Ⅳ类）的腹部手术时，考虑使用切口保护器材。

8. 聚维酮碘溶液冲洗切口　考虑在关闭切口前，使用水溶性的聚维酮碘溶液冲洗，特别是在清洁切口（Ⅰ类）和清洁-污染切口（Ⅱ类）中。

9. 抗菌药物冲洗　不应在关闭切口前使用抗菌药物冲洗。

10. 预防性应用负压伤口疗法　在高风险的一期缝合切口，建议预防性使用负压伤口疗法。

11. 抗菌缝线　在所有类型的手术中，建议使用有三氯生涂层的缝线。

12. 手术室层流通风系统　在全关节成形术中，不需使用层流通风系统（有低到非常低质量的证据表明，使用层流在髋和膝关节成形术中，与使用自然通风相比，对降低 SSI 没有帮助）。

13. 切口引流与抗菌药物的预防应用　在术后接受切口引流时，不应继续使用抗菌药物以预防 SSI。

14. 引流拔除时机　切口引流移除需要按照临床判断，没有证据可以给出精确的移除时间建议。

15. 切口敷料　对于一期缝合切口，在常规敷料之上不应使用先进类型的敷料。

16. 外科抗菌药物的预防（SAP）时间延长　在手术结束后，不应继续预防性使用抗菌药物。

WHO 的指南,是最新国际通行标准,综合了大量最新研究的成果。这份新指南在国内如何推进,还有待国内指南和各省市、各医院的推进。

（易凤琼）

第二节 消毒与灭菌技术

学习目标

1. 复述名词术语。
2. 列出消毒与灭菌的基本要求和选择原则。
3. 描述常用的消毒灭菌方法和原理。
4. 应用正确的消毒灭菌方法。

一、概述

（一）消毒

消毒（disinfection）指用化学的或者物理的方法清除或杀灭传播媒介上病原微生物,使其达到无害化的处理。处理的重点是病原微生物,以达到暴露人群不受感染的目的。

（二）灭菌

灭菌（sterilization）指杀灭或去除外环境中媒介物携带的一切微生物的处理。包括致病微生物和非致病微生物,也包括细菌芽胞和真菌孢子。

（三）无菌保证水平

无菌保证水平（sterility assurance level, SAL）指灭菌处理后单位产品上存在活微生物的概率。SAL 通常表示为 10^{-n}。医学灭菌一般设定,灭菌过程必须使物品污染微生物的存活概率减少到 10%。即一百万件物品中经灭菌处理后在最多只允许一件物品存在活生物,即灭菌保证水平为 10^{-6}。

（四）高水平消毒

高水平消毒（high level disinfection）指杀灭一切细菌繁殖体包括分枝杆菌、病毒、真菌及其孢子和绝大多数细菌芽胞。达到高水平消毒常用的方法包括采用含氯制剂、二氧化氯、邻苯二甲醛、过氧乙酸、过氧化氢、臭氧、碘酊等以及能达到灭菌效果的化学消毒剂在规定的条件下,以合适的浓度和有效的作用时间进行消毒的方法。

（五）中水平消毒

中水平消毒（middle level disinfection）指杀灭除细菌芽胞以外的各种病原微生物（包括分枝杆菌）。达到中水平消毒常用的方法包括采用碘类消毒剂（碘伏、氯己定碘等）、醇类和氯己定的复方、醇类和季铵盐类化合物的复方、酚类等消毒剂,在规定条件下,以合适的浓度和有效的作用时间进行消毒的方法。

（六）低水平消毒

低水平消毒（low level disinfection）指能杀灭细菌繁殖体（分枝杆菌除外）和亲脂类病毒及部分真菌的化学消毒方法及通风换气、冲洗等机械除菌方法。如采用季铵盐类消毒剂（苯扎溴铵等）、双胍类消毒剂（氯己定）等,在规定条件下,以合适的浓度和有效的作用时间进行消毒的方法。

（七）高度危险性物品

高度危险性物品（critical items）指进入人体无菌组织、器官、脉管系统或有无菌体液从中流过的物品或接触破损皮肤、黏膜的物品,一旦被微生物污染,具有极高感染风险,如手术器械、穿刺针、腹腔镜、心脏导管、植入物等。

（八）中度危险性物品

中度危险性物品（semi-critical items）指与完整黏膜相接触,而不进入人体无菌组织、器官和血流,也不接触破损皮肤、黏膜的物品,如消化道内镜、气管镜、喉镜、呼吸机及麻醉机管道等。

（九）低度危险性物品

低度危险性物品（non-critical items）指只接触完整皮肤而不接触黏膜的物品,如听诊器、血压计袖带、床面、地面、被套、便器等。

（十）化学指示物

化学指示物（chemical indicator）指利用某些化学物质对某一杀菌因子的敏感性,使其发生颜色或形态改变,以指示杀菌因子的强度（或浓度）和（或）作用时间是否符合消毒或灭菌处理要求的制品。

（十一）生物指示剂（biological indicator）

生物指示剂（biological indicator）指将适当载体染以一定量的特定微生物,用于指示消毒或灭菌效果的制品。

二、消毒灭菌方法

（一）消毒与灭菌的基本要求

1. 重复作用的诊疗器械、器具和物品,使用后应先清洗,再进行消毒灭菌。

2. 被阮病毒、气性坏疽及突发不明原因的传染病病原体污染的诊疗器械、器具和物品,应遵循 WS/T 367 的规定进行处理（参考第三篇　第二十八章　第三节）。

3. 了解医用物品哪些属高度危险性物品、中度危险性物品、低度危险性物品,才能采取适宜的方法进行消毒灭菌。

4. 医疗机构消毒工作中使用的消毒产品应经卫生行政部门批准或符合相应标准技术规范,并应遵循批准使用的范围、方法和注意事项。

（二）消毒、灭菌方法的选择原则

1. 根据物品污染后导致感染的风险高低选择相应的消毒或灭菌方法

（1）高度危险性物品：采用灭菌方法处理。

（2）中度危险性物品：采用达到中水平消毒以上效果的消毒方法处理。

（3）低度危险性物品：采用低水平消毒方法处理或做清洁处理。

2. 根据物品上污染微生物的种类、数量选择消毒或灭菌的方法

（1）对受到致病菌芽胞、真菌孢子、分枝杆菌和经血传播病原体（乙型肝炎病毒、丙型肝炎病毒、艾滋病病毒等）污染的物品，采用高水平消毒或灭菌处理。

（2）对受到真菌、亲水病毒、螺旋体、支原体、衣原体等病原微生物污染的物品，采用中水平以上的消毒方法处理。

（3）对受到一般细菌和亲脂病毒等污染的物品，采用中水平或低水平的消毒方法处理。

（4）杀灭被有机物保护的微生物时，应加大消毒药剂的使用剂量和（或）延长消毒时间。

（5）消毒物品上微生物污染特别严重时，应加大消毒药剂的使用剂量和（或）延长消毒时间。

3. 根据消毒物品的性质选择消毒或灭菌方法

（1）耐热、耐湿的诊疗器械、器具和物品，应首选压力蒸汽灭菌；耐热的油剂类和干粉类等应采用干热灭菌。

（2）不耐热、不耐湿的物品，宜采用低温灭菌方法如环氧乙烷、过氧化氢低温等离子体灭菌或低温甲醛蒸汽灭菌等。

（3）物体表面的消毒宜考虑物体表面的性质。光滑表面宜选择合适的消毒剂擦拭或紫外线消毒器近距离照射；多孔材料表面宜采用浸泡或喷雾消毒法。

（三）常用的消毒灭菌方法

1. 压力蒸汽灭菌　压力蒸汽灭菌方法适用于耐热、耐湿诊疗器械、器具和物品的灭菌，不适用于油类和粉剂的灭菌。根据排放冷空气的方式和程度不同，压力蒸汽灭菌分为下排气式压力蒸汽灭菌器和预排气压力蒸汽灭菌器两大类；根据灭菌时间的长短，压力蒸汽灭菌程序包括常规压力蒸汽灭菌程序和快速压力蒸汽灭菌程序。下排气压力蒸汽灭菌还适用于液体的灭菌；快速压力蒸汽灭菌适用于裸露的耐热、耐湿诊疗器械、器具和物品的灭菌；快速灭菌程序不应作为物品的常规灭菌程序。应急情况下使用时，只适用于灭菌裸露物品，使用卡式盒或者专用灭菌容器盛放。灭菌后的物品应尽快使用，不应储存，无有效期。

（1）下排气压力蒸汽灭菌：包括手提式压力蒸汽灭菌器和卧式压力蒸汽灭菌器等，灭菌程序一般包括前排气、灭菌、后排气和干燥等过程，具体操作方法遵循生产厂家的使用说明或指导手册。灭菌器的灭菌参数一般为温度 121℃，压力 102.9kPa，器械灭菌时间 20 分钟，敷料灭菌时间 30 分钟。其灭菌包体积不宜超过 30cm×30cm×25cm。

（2）预排气式压力蒸汽灭菌：灭菌程序一般包括 3 次以上的预真空和充气等脉动排气、灭菌、后排气和干燥等过程，具体操作方法遵循生产厂家的使用说明或指导手册。灭菌器的灭菌参数一般为温度 132~134℃，压力 205.8kPa，灭菌时间 4 分钟。其灭菌包体积不宜超过 30cm×30cm×50cm。器械包重量不宜超过 7kg，敷料包重量不宜超过 5kg。

（3）快速压力蒸汽灭菌包括下排气、正压排气和预排气压力蒸汽灭菌。其灭菌参数如时间和温度由灭菌器性质、灭菌物品材料性质（带孔和不带孔）、是否裸露而定（表 28-2-1）。具体操作方法遵循生产厂家的使用说明或指导手册。

表 28-2-1　快速压力蒸汽灭菌（132~134℃）所需最短时间

物品种类	下排气		正压排气		预排气	
	灭菌温度	灭菌时间	灭菌温度	灭菌时间	灭菌温度	灭菌时间
不带孔物品	132℃	3 分钟	134℃	3.5 分钟	132℃	3 分钟
带孔物品	132℃	10 分钟	134℃	3.5 分钟	132℃	4 分钟
不带孔 + 带孔物品	132℃	10 分钟	134℃	3.5 分钟	132℃	4 分钟

2. 干热灭菌　适用于耐热、不耐湿、蒸汽或气体不能穿透物品的灭菌，如玻璃、金属等医疗用品和油类、粉剂等制品的灭菌。采用干热灭菌器进行灭菌，灭菌参数一般为：150℃，150 分钟；160℃，120 分钟；170℃，60 分钟；180℃，30 分钟。其灭菌物品包体积不应超过 10cm×10cm×30cm，油剂、粉剂的厚度不应超过 0.6cm，凡士林纱布条厚度不应超过 1.3cm，装载高度不应超过灭菌器内腔高度的 2/3，物品间应留有空隙。

3. 环氧乙炔气体灭菌　适用于不耐热、不耐湿的诊疗器械、器具和物品的灭菌，如电子仪器，纸质制品，化纤制品，塑料制品，陶瓷及金属制品等诊疗用品。不适用于食品、液体、油脂类、粉剂类等灭菌。灭菌程序包括预热、预湿、抽真空、通入气体环氧乙烷达到预定浓度、维护灭菌时间、清除灭菌柜内环氧乙烷气体、解析灭菌物品内环氧烷的残留等过程。

4. 过氧化氢低温等离子体灭菌　适用于不耐热、不耐湿的诊疗器械的灭菌，如电子仪器、光学仪器等诊疗器械的灭菌，不适用于布类、纸类、水、油类、粉剂等材质的灭菌。一次灭菌过程包含若干个循环周期，每个循环周期包括抽真空、过氧化氢注入、扩散、等离子化、通风五个步骤。灭菌物品应清洗干净、干燥；灭菌物品的包装材料应符合 YY/T 0698.2 的非织造布和 YY/T 0698.5 复合型组合袋的要求；灭菌包不应叠放，不应接触灭菌腔内壁。

5. 低温甲醛蒸汽灭菌　适用于不耐湿、热的诊疗器械、器具和物品的灭菌，如电子仪器、光学仪器、管腔器械、金属器械、玻璃器皿、合成材料物品等。灭菌参数为：温度 55~80℃，灭菌维持时间为 30~60 分钟。

6. 紫外线消毒　适用于室内空气和物体表面的消毒。在室内无人状态下，采用悬吊式或移动式直接照射消毒时，灯管吊装高度距离地面 1.8~2.2m，安装数量为平均 ≥1.5/m³，照射时间不少于 30 分钟。消毒空气时适宜的温度在 20~40℃，相对湿度低于 80%；若温度低于 20℃或高于 40℃或相对湿度 >60% 时应适当延长照射时间。紫外线消毒灯在电压为 220V、相对湿度为 60%、温度为 20℃时，辐射的 253.7nm 紫外线强度（使用中的强度）应不低于 70μW/cm²。应定期监测消毒紫外线的辐射强度，当辐照强度低到要求值以下时，应及时更换。紫外线消毒灯的使用寿命，即由新灯的强度降低到 70μW/cm² 的时间（功率 ≥30W），或降低到原来新灯强度的 70%（功率 <30W）的时间，应不低于 1000h。紫外线灯生产单位应提供实际使用寿命。

7. 臭氧　适用于无人状态下病房、口腔科等场所的空气消毒和物体表面的消毒。在封闭空间内、无人状态下，采用 20mg/m³ 浓度的臭氧进行空气消毒，作用 30 分钟，对自然菌的杀灭率达到 90% 以上。消毒后应开窗通风 ≥30 分钟，人员方可进入室内。在密闭空间内，相对湿度 ≥70%，采用 20mg/m³ 浓度的臭氧进行物体表面消毒，作用 60~120 分钟。

8. 2% 戊二醛　适用于不耐热诊疗器械、器具与物品的浸泡消毒与灭菌。将洗净、干燥的诊疗器械、器具与物品放入 2% 的碱性戊二醛中完全浸没,并应去除器械表面的气泡,容器加盖,温度 20~25℃,消毒作用到产品使用说明的规定时间,灭菌作用 10 小时。无菌方式取出后用无菌水反复冲洗干净,再用无菌纱布等 擦干后使用。

9. 含氯消毒剂　适用于物品、物体表面、分泌物、排泄物等的消毒。其消毒方法包括浸泡法、擦拭法、喷洒法和干粉消毒法。对细菌繁殖体污染物品的消毒,用含有效氯 500mg/L 的消毒液浸泡 >10 分钟,对经血传播病原体、分枝杆菌和细菌芽胞污染物品的消毒,用含有效氯 2000~5000mg/L 消毒液,浸泡 >30 分钟。对一般污染的物品表面,用含有效氯 400~700mg/L 的消毒液均匀喷洒,作用 10~30 分钟;对经血传播病原体、结核杆菌等污染表面的消毒,用含有效氯 2000mg/L 的消毒液均匀喷洒,作用 >60 分钟。对分泌物、排泄物的消毒,用含氯消毒剂干粉加入分泌物、排泄物中,使有效氯含量达到 10 000mg/L,搅拌后作用 >2 小时;对医院污水的消毒,用干粉按有效氯 50mg/L 用量加入污水中,并搅拌均匀,作用 2 小时后排放。

10. 醇类消毒剂(含乙醇、异丙醇、正丙醇、或两种成分的复方制剂)　适用于手、皮肤、物体表面及诊疗器械的消毒。

11. 含碘类消毒剂　包括碘伏、碘酊、复方碘伏溶液等。

(1)碘伏:适用于皮肤、黏膜、伤口创面及穿刺部位的消毒。碘伏应在阴凉处避光、防潮、密封保存;碘过敏者慎用。

(2)碘酊:适用于注射和手术部位皮肤的消毒。碘酊应在阴凉处避光、防潮、密封保存;碘酊内含乙醇,不宜用于破损皮肤、眼、口腔黏膜的消毒;对碘酊过敏者慎用。

(3)复方碘伏溶液:主要适用于医务人员的手、皮肤消毒,有些可用于黏膜消毒。应严格遵循卫生部消毒产品卫生许可批件规定的使用范围。

12. 氯己定　适用于手、皮肤、黏膜的消毒等。

(易凤琼)

第三节　特殊感染手术的管理

学习目标

1. 复述朊毒体病、气性坏疽、突发不明原因传染病的流行病学特征。
2. 列出特殊感染手术管理的基本要求。
3. 描述朊毒体病、气性坏疽的消毒方法。
4. 应用正确的方法处理特殊感染手术术后的各类物品。

一、概述

(一)朊毒体病

朊毒体病是由朊病毒引起的一大类亚急性、慢性疾病,以中枢系统退行性变性,有传染性、散发性和遗传性发病等特点,人和动物均可成为感染源。目前传播途径还不十分清楚,但已证明的途径主要有医源性传播和消化道传播,主要采取接触隔离方式进行隔离。朊病毒可耐受煮沸、紫外线照射、电离辐射等,但对高压蒸汽灭菌和一些化学剂较敏感。采用压力蒸汽灭菌或一定浓度的氢氧化钠、次氯酸盐、浓甲酸溶液作用一定时间可杀灭或显著降低其传染性。

（二）气性坏疽

气性坏疽又称为梭状芽胞杆菌性肌坏死,是由一群梭状芽胞杆菌引起的一种快速进展的急性严重性特异性感染性疾病。气性坏疽的患者是主要的传染源,病原体主要存在于坏死的组织、渗出液及被组织液污染的敷料、器械物品等表面。气性坏疽主要通过接触传播、可疑气溶胶传播及污染的诊疗器械传播。气性坏疽的致病菌是厌氧菌,对氧化剂敏感。用3% 的过氧化氢、0.5% 的过氧乙酸、臭氧及煮沸 1 小时或压力蒸汽灭菌等,都可抑制其生长繁殖或杀灭病原体。

（三）突发不明原因传染病

主要是由在世界范围内第一次引起疫情的新病原体、在我国范围内第一次引起疫情的新病原体、发生变异的病原体引起的。

二、手术室管理基本要求

（一）手术前

相关科室人员应提前告知手术室感染源;安排负压手术间进行手术,转运患者的推床采用一次性防渗透床单,一人一用,转运患者走专用通道入室;将与本手术无关的物品移至手术间外,必须用物准备充分,手术中除可重复使用的物品外尽量使用一次性用物;参与手术的人员严格做好个人防护;准备两名巡回护士,室内一人,室外一人;接触患者的推床、床单等手术间单元中所有用物放置在处置间。

（二）手术中

手术间门外设置"隔离"标识,禁止参观;术中防止患者血液、体液污染其他清洁物体表面;术中使用非接触式传递器械、物品;术中需要室外其他用物时,由室外巡回护士供给。

（三）手术后

手术后的物品和环境消毒应严格按 WS/T 367—2012 规范执行。

三、朊病毒

（一）消毒方法

1. 宜选用一次性使用手术器械、器具和物品,使用后应进行双层密闭封装焚烧处理。

2. 可重复使用的被感染朊病毒患者或疑似感染朊病毒患者的高度危险组织（大脑、硬脑膜、垂体、眼、脊髓等组织）污染的中度和高度危险性物品,可选以下方法之一进行消毒灭菌,且灭菌的严格程度逐步递增:

（1）将使用后的物品浸泡于 1mol/L 氢氧化钠溶液内作用 60 分钟,然后按 WS 310.2 中的方法进行清洗、消毒与灭菌,压力蒸汽灭菌应采用 134~138℃,18 分钟,或 132℃,30 分钟,或 121℃,60 分钟。

（2）将使用后的物品采用清洗消毒机（宜选用具有杀朊病毒活性的清洗剂）或其他安

全的方法去除可见污染物,然后浸泡于1mol/L氢氧化钠溶液内作用60分钟,并置于压力蒸汽灭菌121℃,30分钟;然后清洗,并按照一般程序灭菌。

(3)将使用后的物品浸泡于1mol/L氢氧化钠溶液内作用60分钟,去除可见污染物,清水漂洗,置于开口盘内,下排气压力蒸汽灭菌器内121℃灭菌60分钟或预排气压力蒸汽灭菌器134℃灭菌60分钟,然后清洗,并按照一般程序灭菌。

3. 被感染朊病毒患者或疑似感染朊病毒患者高度危险组织污染的低度危险物品和一般物体表面应用清洁剂清洗,根据待消毒物品的材质采用10 000mg/L的含氯消毒剂或1mol/L氢氧化钠溶液擦拭或浸泡消毒,至少作用15分钟,并确保所有污染表面均接触到消毒剂。

4. 被朊病毒患者或疑似感染朊病毒患者高度危险组织污染的环境表面应用清洁剂清洗,采用10 000mg/L的含氯消毒剂消毒,至少作用15分钟。为防止环境和一般物体表面污染,宜采用一次性塑料薄膜覆盖操作台,操作完成后按特殊医疗废物焚烧处理。

5. 被感染朊病毒患者或疑似感染朊病毒患者低度危险组织(脑脊液、肾、肝、脾、肺、淋巴结、胎盘等组织)污染的中度和高度危险物品,传播朊病毒的风险还不清楚,可参照上述措施处理。

6. 被感染朊病毒患者或疑似朊病毒患者低度危险组织污染的低度危险物品、一般物体表面和环境表面可只采取相应常规消毒方法处理。

7. 被感染朊病毒患者或疑似感染朊病毒患者其他无危险组织污染的跨度和高度危险物品,采取以下措施处理:

(1)清洗并按常规高水平消毒和灭菌程序处理。

(2)除接触中枢神经系统的神经外科内镜外,其他内镜按照国家有关内镜清洗消毒技术规范处理。

(3)采用标准消毒方法处理低度危险品和环境表面,可采用500~1000mg/L的含氯消毒剂或相当剂量的其他消毒剂处理。

(二)注意事项

1. 当确诊患者感染朊病毒时,应告知医院感染管理及手术涉及的相应临床科室。培训相关人员朊病毒相关医院感染、消毒处理等知识。

2. 感染朊病毒患者或疑似感染朊病毒患者高度危险组织污染的中度和高度危险物品,使用后应立即处理,防止干燥;不应使用快速灭菌程序;没有按正确方法消毒灭菌处理的物品应召回重新按规定处理。

3. 感染朊病毒患者或疑似感染朊病毒患者高度危险组织污染的中度和高度危险物品,不能清洗和只能低温灭菌的,宜按特殊医疗废物处理。

4. 使用的清洁剂、消毒剂应每次更换。

5. 每次处理工作结束后,应立即消毒清洗器具,更换个人防护用品,进行手的清洁与消毒。

四、气体坏疽病原体

(一)消毒方法

1. 伤口的消毒 采用3%过氧化氢溶液冲洗,伤口周围皮肤可选择碘伏原液擦拭消毒。

2. 手术器械的消毒　应先消毒,后清洗,再灭菌。消毒可采用含氯消毒剂 1000~2000mg/L 浸泡消毒 30~45 分钟,有明显污染物时应采用含氯消毒剂 5000~10 000mg/L 浸泡消毒≥60 分钟,然后按规定清洗,灭菌。

3. 物体表面的消毒　每台手术感染患者之间应及时进行物体表面消毒,采用 0.5% 过氧乙酸或 500mg/L 含氯消毒剂擦拭。

4. 环境表面消毒　环境表面有明显污染时,随时消毒,采用 0.5% 过氧乙酸或 1000mg/L 含氯消毒剂擦拭。

5. 终末消毒　手术结束应进行终末消毒。终末消毒可采用 3% 过氧化氢或过氧乙酸熏蒸,3% 过氧化氢按照 20ml/m³ 气溶胶喷雾,过氧乙酸按照 1g/m³ 加热熏蒸,温度 70%~90%,密闭 24 小时;5% 过氧乙酸溶液按照 2.5ml/m³ 气溶胶喷雾,温度为 20%~40%。

6. 织物　患者用过的布类单独收集,需重复使用时应专包密封,标识清晰,压力蒸汽灭菌后再清洗。

(二)注意事项

1. 患者宜使用一次性器械、器具和物品。

2. 手术人员应做好职业防护,防护和隔离应遵循 WS/T 311(医院隔离技术规范)的要求;接触患者时应戴一次性手套,手卫生应遵循 WS/T 313(医务人员手卫生规范)的要求。

3. 接触患者创口分泌物的纱布、布垫等敷料、一次性医疗用品、切除的组织如坏死肢体等双层封装,按医疗废物处理。医疗废物应遵循《医疗废物管理条例》的要求进行处置。

五、突发不明原因传染病

突发不明原因的传染病病原体污染的诊疗器械、器具与物品的处理应符合国家届时发布的规定要求。没有要求时,其消毒的原则为:在传播途径不明时,应按照多种传播途径,确定消毒的范围和物品;按病原体所属微生物类别中抵抗力最强的微生物,确定消毒的剂量(可按杀光芽胞的剂量确定),医务人员应做好职业防护。

(易凤琼)

第四节　手术人员着装

学习目标

1. 复述手术人员着装原则。
2. 列出手术服装基本要求。
3. 描述手术着装的注意事项。
4. 应用正确方法进行着装。

一、基本概念

（一）手术服装

手术服装（surgical attire）指手术区域穿着的专用工作服,包括刷手服、手术衣、外科口罩、帽子、个人防护用品、保暖夹克、外出衣等。

（二）刷手服

刷手服（scrub attire）指进行外科无菌手术前外科手消毒时所穿着的专用洁净服装。

（三）手术衣

手术衣（surgical gown）指针对外科手术无菌要求而设计的专用服装。其性能要求应符合 YY/T 0506.2 的规定。

（四）口罩

口罩（surgical mask）指用于覆盖住使用者的口、鼻及下颌,为防止病原体微生物、体液、颗粒物等的直接透过提供物理屏障,其性能要求应符合 YY/0469 的规定。

（五）个人防护用品

个人防护用品（personal protective equipment, PPE）用于保护医务人员避免接触感染性因子的各种屏障用品。包括手套、护目镜、防护面罩、防水围裙、隔离衣、防护服、防护拖鞋、鞋套等。

二、目的

为医护人员在手术区域内规范穿着手术服装提供指导性意见,有助于保护患者和工作人员安全,降低手术部位感染（SSI）的风险。

三、着装原则

1. 工作人员由专用通道进入手术室,在指定区域内更换消毒的手术服装及拖鞋,帽子应当完全遮盖头发,口罩遮盖口鼻面部。特殊手术,如关节置换等手术建议使用全围手术帽。

2. 保持刷手服清洁干燥,一旦污染应及时更换。

3. 刷手服上衣应系入裤子内。

4. 内穿衣物不能外露于刷手服或参观衣外,如:衣领、衣袖、裤腿等。

5. 不应佩戴不能被刷手服遮盖的首饰（戒指、手表、手镯、耳环、珠状项链）,不应化妆、美甲。

6. 进入手术室洁净区的非手术人员（检查人员、家属、医学工程师）可穿着隔离衣,完全遮盖个人着装,更换手术室拖鞋并规范佩戴口罩、帽子。

7. 手术过程如果可能产生血液、体液或其他感染物飞溅、雾化、喷出等情况,应正确佩戴防护用品,如防护眼镜、防护面罩等。

8. 工作人员出手术室时（送患者回病房等）,应穿着外出衣和鞋。

四、手术服装基本要求

1. 刷手服所使用的面料应具备紧密编织、落絮少、耐磨性强等特点。刷手服也可使用抗菌面料来制作。

2. 面料应符合舒适、透气、防水、薄厚适中、纤维不易脱落、不起静电等要求。

3. 手术室内应穿防护拖鞋，防止足部被患者体液血液污染，或被锐器损伤。拖鞋应具备低跟、防滑、易清洗消毒等特点。

4. 刷手服在每天使用后或污染时，应统一回收并送至医院认证洗涤机构进行洗涤。

5. 洗涤后的刷手服应使用定期清洁、消毒的密闭车或容器进行存放、转运。

6. 无菌手术衣应完好无破损且系带完整，术中穿着应将后背完全遮盖并系好系带。

五、手术着装的注意事项

1. 刷手服及外科口罩一旦被污染物污染或可疑污染时，须立即更换。

2. 外科口罩摘下后应及时丢弃，摘除口罩后应洗手。如需再次使用时，应将口罩内面对折后放在相对清洁的刷手服口袋内。

3. 工作人员穿着保暖夹克为患者进行操作时，应避免保暖夹克污染操作部位。

4. 如工作人员身体被血液、体液大范围污染时，应淋浴或洗澡后更换清洁刷手服。

5. 使用后的刷手服及保暖夹克应每天更换，并统一回收进行清洗、消毒，不应存放在个人物品柜中继续使用。

6. 手术帽应每天更换，污染时应立即更换。

7. 防护拖鞋应"一人一用一消毒"。

8. 外出衣应保持清洁，定期更换、清洗、消毒。

（第 26 届中华护理学会手术室护理专业委员会）

第五节　医疗废物的分类与管理

学习目标

1. 复述医疗废物的概念。
2. 列出医疗废物的分类。
3. 描述各类医疗废物的特征。
4. 应用各类医疗废物的处理方法。

医疗废物（medical waste）是指医疗机构在医疗、预防、保健以及其他相关活动中产生的具有直接或者间接感染性、毒性以及其他危害性的废物。医疗废物含有的病原体具有相当强的传染性，可经口、呼吸道、破损皮肤的接触造成对人体健康的危害，引起疾病流行，如乙肝、流感等，会成为医院和社会环境公害源，更严重可成为疾病流行的源头。因此，做好医疗废物的分类与管理，是控制医源性感染的重要环节，也是做好医疗废物管理工作的关键。

> **知识拓展**
>
> ## 医疗废物管理条例的制定
>
> 根据《中华人民共和国传染病防治法》和《中华人民共和国固体废物污染环境防治法》，2003 年 6 月 16 日中华人民共和国国务院第 380 号令公布了国务院常务会议讨论通过的《医疗废物管理条例》，标志着我国医疗废物的管理至此走上了法制化轨道。医疗废物种类繁多，具有感染性、毒性、危害性三个特点，在国外被视为"顶级危险"和"致命杀手"，我国的《（国家危险废物名录》也将其列为 1 号危险废物。

一、医疗废物的分类

（一）概述

按照《医疗废物分类目录》把医疗废物分为感染性、病理性、损伤性、药物性和化学性 5 类。临床科室产生的医疗废物主要为感染性和损伤性废物两类。

（二）各类医疗废物特征

1. 感染性废物（infectious waste） 携带病原微生物具有引发感染性疾病传播危险的医疗废物。

（1）被病人血液、体液、排泄物污染的物品，包括棉球、棉签、引流棉条、纱布及其他各种敷料一次性使用卫生用品、医疗用品及医疗器械；废弃的被服；其他被病人血液、体液、排泄物污染的物品。

（2）医疗机构收治的隔离传染病病人或者疑似传染病病人产生的生活垃圾。

（3）病原体的培养基、标本和菌种、毒种保存液。

（4）各种废弃的医学标本。

2. 病理性废物（pathological waste） 诊疗过程中产生的人体废弃物和医学实验动物尸体等。

（1）手术及其他诊疗过程中产生的废弃的人体组织、器官等 。

（2）医学实验动物的组织、尸体。

（3）病理切片后废弃的人体组织、病理切片等。

3. 损伤性废物（injury waste） 能够刺伤或者割伤人体的废弃的医用锐器。

（1）各类医用锐器，包括：解剖刀、手术刀、备皮刀、手术锯、医用针头、缝合针。

（2）载玻片、玻璃试管、玻璃安瓿等。

4. 药物性废物（drug waste） 过期、淘汰、变质或者被污染的废弃的药品。

（1）废弃的一般性药品，如抗生素、非处方类药品等。

（2）废弃的细胞毒性药物和遗传毒性药物，包括致癌性药物、可疑致癌性药物、免疫抑制剂。

（3）废弃的疫苗、血液制品等。

5. 化学性废物（chemical waste） 具有毒性、腐蚀性、易燃易爆性的废弃的化学物品。

（1）医学影像室、实验室废弃的化学试剂。

（2）废弃的过氧乙酸、戊二醛等化学消毒剂。

（3）废弃的汞血压计、汞温度计。

二、手术室医疗废物的管理

（一）手术室医疗废物回收处理流程

1. 按照《医疗卫生机构医疗废物管理办法》《医疗废物专用包装物、容器标准和警示标识规定》和《医疗废物转运车技术要求》的规定，应采用专用容器和转运车进行医疗废物收集。全部为黄色，并标有醒目的"医疗废物"标志。

2. 感染性废物　应放在黄色医疗废物专用包装袋内，每日由保洁人员负责收集、分类、包装，若是特殊感染手术应套双层黄色垃圾袋并注明"特殊感染"字样，由医院废物处置部门进行处理。

3. 病理性废物　废弃的手术标本等病理性医疗废物，按要求放在黄色医疗废物专用包装袋内，送相关部门统一处置。残肢、死婴按尸体管理处理流程。

4. 损伤性废物　每个手术间配备锐器盒，使用后的锐器直接丢弃于锐器盒内。

5. 药物性废物　废弃的一般性药品，由药剂部门统一回收、集中处置。

6. 化学性废物　如是化学试剂、消毒剂用密闭容器收集，交医疗废物处理机构进行处理。

（二）手术室医疗废物处理的注意事项

1. 医疗废物不可混入生活垃圾。

2. 医疗废物达到容器的3/4时，应当使用有效的封口方式，使包装物或者容器的封口紧实、严密。垃圾袋封口后若发现包装物或容器外表面被感染性废物污染，应增加一层包装并再次封口。

3. 每个包装袋或容器表面必须附警示标识和标签。

4. 医疗废物交医院废物处置部门回收、登记。登记资料至少保存3年。

5. 及时转运医疗废物，存放地点保持清洁。

6. 运输过程中避免因破损、渗漏污染内外环境。

7. 所有接触医疗废物的人都要做好职业卫生防护措施。

知识拓展

放射性废物管理

1. 概念　放射性核素含量超过国家规定限值的固体、液体和气体废弃物，统称为放射性废物。

2. 分类　从处理和处置的角度，按比活度和半衰期将放射性废物分为高放长寿命、中放长寿命、低放长寿命、中放短寿命和低放短寿命等五类。

3. 固体放射性废物处理　放射性同位素和辐射应用中产生的低放固体废物（包括废放射源），应分类收集在专用的放射性废物容器中，然后集中送往指定的废物库（场）存放或处置。废物容器及其暂存处应有电离辐射标志。

（第26届中华护理学会手术室护理专业委员会）

第六节　手术器械的管理

一、术语

（一）终末漂洗

终末漂洗（final rinsing）指用经纯化的水对漂洗后的器械、器具和物品进行最终的处理过程。

（二）超声波清洗器

超声波清洗器（ultrasonic cleaner）是利用超声波在水中振荡产生"空化效应"进行清洗的设备。

（三）清洗消毒器

清洗消毒器（washer-disinfector）是用于清洗消毒诊疗器械、器具和物品的设备。

（四）闭合

闭合（closure）是用于关闭包装而没有形成密封的方法。例如反复折叠，以形成一弯曲路径。

（五）密封

密封（sealing）是包装层间连接的结果。注：密封可以采用诸如黏合剂或热熔法。

（六）闭合完好性

闭合完好性（closure integrity）指闭合条件能确保该闭合至少与包装上的其他部分具有相同的阻碍微生物进入的程度。

（七）包装完好性

包装完好性（package integrity）指包装未受到物理损坏的状态。

（八）湿热消毒

湿热消毒（moist heat disinfection）是利用湿热使菌体蛋白质变性或凝固，酶失去活性，代谢发生障碍，致使细胞死亡。包括煮沸消毒法、巴斯德消毒法和低温蒸汽消毒法。

（九）A_0 值

A_0 值（A_0 value）是评价湿热消毒效果的指标，指当以 Z 值表示的微生物杀灭效果为 10K 时，温度相当于 80℃的时间（秒）。

（十）湿包

湿包（wet pack）指经灭菌和冷却后，肉眼可见包内或包外存在潮湿、水珠等现象的灭菌包。

（十一）精密器械

精密器械（delicate instruments）指结构精细、复杂、易损，对清洗、消毒、灭菌处理有特殊方法和技术要求的医疗器械。

（十二）管腔器械

管腔器械（hollow device）指含有管腔内直径≥2mm，且其腔体中的任何一点距其与外界相通的开口处的距离≤其内直径的 1500 倍的器械。

二、手术器械处理的基本要求

1. 通常情况下应遵循先清洗后消毒的处理程序。被朊毒体、气性坏疽及突发原因不明的传染病病原体污染的诊疗器械、器具和物品应遵循 WS/T 367（医疗机构消毒技术规范）的规定进行处理（参考第三篇　第二十八章　第三节）。

2. 应根据 WS 310.1（医院消毒供应中心　第 1 部分：管理规范）的规定，选择清洗、消毒或灭菌处理方法。

3. 清洗、消毒、灭菌效果的监测应符合 WS 310.3（医院消毒供应中心　第 3 部分：清洗消毒及灭菌效果监测标准）的规定。

4. 耐湿、耐热的器械、器具和物品，应首选热力消毒或灭菌方法。

5. 应遵循标准预防的原则进行清洗、消毒、灭菌。

6. 使用应遵循生产厂家的使用说明或指导手册。

三、手术器械处理的基本操作流程

（一）回收

1. 使用者应将重复使用的器械与一次性使用物品分开放置；重复使用的器械直接置于封闭的容器中，精密器械应采用保护措施，由专人集中回收处理；被朊病毒、气性坏疽及突发原因不明的传染病病原体污染的诊疗器械、器具和物品，使用者应双层封闭包装并标明感染性疾病名称，单独回收处理。

2. 使用者应在使用后及时去除诊疗器械、器具和物品上的明显污物，根据需要做保湿处理。

（二）分类

1. 应在去污区进行清点、核查。

2. 应根据器械物品材质、精密程度等进行分类处理。

（三）清洗

1. 清洗方法包括机械清洗、手工清洗。

2. 机械清洗适用于大部分常规器械的清洗。手工清洗适用于精密、复杂器械的清洗和有机物污染较重器械的初步处理。

3. 清洗步骤包括冲洗、洗涤、漂洗、终末漂洗。

4. 精密器械的清洗，应遵循生产厂家提供的使用说明或指导手册。

（四）消毒

清洗后的器械、器具和物品应进行消毒处理。方法首选机械湿热消毒，也可采用75%

乙醇、酸性氧化电位水或其他消毒剂进行消毒。

（五）干燥

1. 宜首选干燥设备进行干燥处理。根据器械的材质选择适宜的干燥温度,金属类干燥温度 70~90℃;塑胶类干燥温度 65~75℃。

2. 不耐热器械、器具和物品可使用消毒的低纤维絮擦布、压力气枪或≥95% 乙醇进行干燥处理。

3. 管腔器械内的残留水迹,可用压力气枪等进行干燥处理。

4. 不应使用自然干燥方法进行干燥。

（六）器械检查与保养

1. 应采用目测或使用带光源放大镜对干燥后的每件器械、器具和物品进行检查。器械表面及其关节、齿牙处应光洁,无血渍、污渍、水垢等残留物质和锈斑;功能完好,无损毁。

2. 清洗质量不合格的,应重新处理;器械功能损毁或锈蚀严重,应及时维修或报废。

3. 带电源器械应进行绝缘性能等安全性检查。

4. 应使用医用润滑剂进行器械保养。不应使用石蜡油等非水溶性的产品作为润滑剂。

（七）包装

1. 包装应符合 GB/T 19633(最终灭菌医疗器械的包装)的要求。

2. 包括装配、包装、封包、注明标识等步骤。器械与敷料应分室包装。

3. 包装前应依据器械装配的技术规程或图示,核对器械的种类、规格和数量。

4. 手术器械应摆放在篮筐或有孔的托盘中进行配套包装。

5. 手术所用盘、盆、碗等器皿,宜与手术器械分开包装。

6. 剪刀和血管钳等轴节类器械不应完全锁扣。有盖的器皿应开盖,摆放的器皿间应用吸湿布、纱布或医用吸水纸隔开,包内容器开口朝向一致;管腔类物品应盘绕放置,保持管腔通畅;精细器械、锐器等应采取保护措施。

7. 压力蒸汽灭菌包重量要求　器械包重量不宜超过 7kg,敷料包重量不宜超过 5kg。

8. 压力蒸汽灭菌包体积要求　下排气压力蒸汽灭菌器不宜超过 30cm × 30cm × 25cm;预真空压力蒸汽灭菌器不宜超过 30cm × 30cm × 50cm。

9. 包装方法及要求　灭菌物品包装分为闭合式包装和密封式包装。手术器械若采用闭合式包装方法,应由 2 层包装材料分 2 次包装。

10. 密封式包装方法应采用纸袋、纸塑袋等材料。

11. 硬质容器的使用与操作,应遵循生产厂家的使用说明或指导手册,并符合附录 D 的要求。每次使用后应清洗、消毒和干燥。

12. 普通棉布包装材料应一用一清洗,无污渍,灯光检查无破损。

13. 封包要求　包外应设有灭菌化学指示物。高度危险性物品灭菌包内还应放置包内化学指示物;如果透过包装材料可直接观察包内灭菌化学指示物的颜色变化,则不必放置包外灭菌化学指示物。

14. 灭菌物品包装的标识应注明物品名称、包装者等内容。灭菌前注明灭菌器编号、灭菌批次、灭菌日期和失效日期等相关信息。标识应具有可追溯性。

（八）灭菌

方法和要求(见第三篇　第二十八章　第二节　消毒与灭菌技术)。

（九）储存

方法和要求（见第三篇　第二十八章　第七节　无菌物品的管理）。

四、内镜手术器械的管理

（一）概述

随着医学技术的迅速发展,微创手术技术越来越广泛地应用于临床,由于内镜手术器械的材质特殊、精密度高、结构复杂,其使用后的清洗、消毒、灭菌、维护、保养及管理不同于一般手术器械,需要管理者具有较高的专业知识及管理技巧,既要保证处理效果,又要使其对器械的损耗达到最低程度。因此,科学、有效的清洗、消毒、灭菌规程是预防和控制因器械导致患者发生交叉感染的关键环节,也是确保医疗质量及医疗安全的重要工作。

（二）管理原则

1. 根据《内镜清洗消毒技术操作规范》要求,对内镜器械进行规范的清洗、消毒、灭菌及管理。

2. 内镜器械属于精密器械,应专人管理。

3. 定期对内镜器械的管理和使用人员进行培训,使其熟练掌握器械的原理、性能、使用及维护方法,规范器械操作流程,降低故障率及损坏率。

4. 制定严格的管理制度,建立器械档案,对器械的使用、清洗、消毒、灭菌、储存、领取等进行准确、仔细记录,每次器械用后的清洗、消毒、灭菌方法和执行人,每次手术前领取器械人,均应如实记录,做到器械动态包干到人。

5. 加强器械的维护和管理,按照器械使用说明和保养规范要求,定期对其进行完整性检查及性能检测,记录维护保养和维修内容及日期,为器械普查及性能评定等工作提供原始资料。

（三）处理流程

1. 回收

（1）光学目镜应使用带盖带卡槽的专用盒。

（2）穿刺鞘类器械使用固定架,器械使用带卡槽的专用盒或器械保护盒垫,防运输途中相互碰撞损坏器械。

（3）为避免器械混淆,可设置标识牌。

2. 分类

（1）应根据内镜、器械及附件的污染程度不同进行清洗预处理。

（2）应根据内镜、器械及附件的精密程度及材质是否耐湿耐热进行清洗方法的分类。

（3）应根据器械及附件结构、拆卸情况等特点进行适当分类,使用清洗标识牌。

3. 清洗消毒

（1）光学目镜的手工清洗消毒:①光学目镜单独手工清洗、轻拿轻放,可放置在胶垫上防止滑落,注意防止划伤光学目镜镜面;②先卸下光学目镜的纤维导光束适配器,再用流动水冲洗,重点清洗其纤维导光束接口端、目测端及物镜端的镜面,并用75%乙醇棉签擦拭,避免有残留物。清洗不彻底造成常见的故障现象为光学目镜的通光性变差,用户通常会加大光源亮度来改善图像质量,由于污垢堆积,光线的热能无法散发,易烧坏光导纤维;③使用含医用清洗剂的海绵或软布进行洗涤;④流动水漂洗;⑤软水、纯化水或蒸馏水终末漂洗;

⑥消毒：可采用75%乙醇进行擦拭消毒；⑦禁用超声波清洗机清洗。

（2）导光束及连接线的手工清洗消毒：①清水擦拭导光束及连接线的两端，中间导线部分按标准手工清洗流程进行冲洗；②使用含医用清洗剂的海绵或软布擦拭导光束及连接线的两端，中间导线部分按标准手工清洗流程进行洗涤；③清水漂洗，方法同上；④软水、纯化水或蒸馏水终末漂洗，方法同上；⑤消毒：可采用75%乙醇进行擦拭消毒；⑥严禁用超声波清洗机清洗。

（3）器械及附件的清洗消毒：①预处理：用流动水初步冲洗，除去血液、黏液等污染物，管腔器械应使用高压水枪进行管腔冲洗。在手术量大、清洗人员少的情况下，大量下台器械不能得到及时清洗，应对器械进行预处理及保湿处理。由于内镜器械结构复杂、管腔狭长细小，在手术过程中器械表面及内腔均会沾染组织碎屑、血凝块、黏液、分泌物等，其干结后加大清洗难度，因此，在手术结束后及时行预处理防止污染物干涸而做好保湿，这是保证清洗效果的重要因素。②器械拆卸：器械可拆卸部分必须拆开至最小单位。一般内镜手术器械可拆分为手柄、外套管及内芯三部分。气腹针可拆分为外套管、内芯及进气阀门，清洗不彻底易造成无法穿刺、进气较慢等现象。穿刺器可拆分为多功能阀门、鞘芯及外套管，清洗时需卸下进气阀门及密封帽，若未拆分清洗，灭菌后的多功能阀门与套管粘牢，无法分离，蛮力拆卸易损坏。③冲洗：器械拆卸后进行流动水冲洗，小的精密器械附件应放在专用的密纹清洗筐中防止丢失。④洗涤：多酶洗液的配制和浸泡时间按照产品说明书，将擦干后的器械及各类附件、按钮和阀门置于多酶洗液中浸泡，管腔内应充分注入多酶洗液。各种管腔用多酶洗液反复冲洗。应用医用清洗剂进行器械及附件的洗涤，水面下刷洗。腔镜器械精密、复杂，各种管腔、关节、齿槽、缝隙较多。清洗时务必使手术器械的刃口完全张开，以便能彻底清洗轴节部位。器械的轴节部、弯曲部、管腔内用软毛刷彻底刷洗，刷洗时必须两头见刷头，并洗净刷头上的污物。⑤超声清洗：可超声清洗的器械及附件使用超声波清洗器进行超声清洗，时间宜3~5分钟，可根据器械污染情况适当延长清洗时间，不宜超过10分钟。⑥漂洗：流动水冲洗器械及附件。管腔器械应用高压水枪进行管腔冲洗，以去除管道内的多酶洗液及松脱的污物，管腔器械水流通畅，喷射的水柱成直线、无分叉。⑦终末漂洗：应用软水、纯化水或蒸馏水进行器械、附件及管腔的彻底冲洗。⑧消毒：清洗后的内镜器械及附件应进行消毒。可采用湿热消毒法或采用75%乙醇进行消毒。

（4）机械清洗消毒：人工清洗是清洗精细、贵重及结构复杂手术器械常用的方法。但人工清洗的效果受人为因素影响较大，且人工清洗时产生的飞沫、气溶胶等可能对清洗人员造成一定危害。而机器清洗能在增强清洗效果的同时缩短清洗时间，提高效率，减轻消毒供应中心工作人员的劳动强度，减少繁杂的手工洗刷程序，延长器械使用寿命，同时克服手工清洗效果不均衡的不足。配备专用腔镜器械清洗架才能更好地适应腔镜器械各种不同结构、管腔，达到最好的清洗效果。

1）预处理用流动水初步冲洗，除去血液、黏液等污染物。管腔器械应使用高压水枪进行管腔冲洗。器械可拆卸部分必须拆开至最小单位。

2）根据生产厂家说明指南使用内镜器械支架将器械正确规范装载。

3）附件、小配件使用小型带盖密纹框。

4）选择操作程序，包括：清洗、洗涤、漂洗、终末漂洗、消毒。

5）湿热消毒温度应>90℃，时间>1分钟，或A_0值>600。

4. 干燥

（1）宜首选干燥设施、设备进行干燥处理,确保干燥效果。

（2）根据器械的材质选择适宜的干燥温度。

（3）光学目镜、导光束、连接线应采用擦拭法进行干燥。

（4）管腔器械可采用压力气枪进行彻底干燥。

5. 检查与保养

（1）光学目镜检查:①清洁度检查:包括表面、镜面、目镜端、物镜端、导光束接口处,应符合清洗质量标准。②功能检查:观察镜体是否完整无损坏,镜面是否无裂痕;检查导光束接口处是否有损坏的情况;检查镜头成像质量,将镜头对准参照物缓慢旋转 360° 进行目测,图像应清晰、无变形,为便于查看光学目镜成像质量,参照物距离目镜应在 5cm 之内,若图像不清晰,排除污物残留,重新清洗干燥或用 75% 乙醇清洁镜面,如仍不清晰,用放大镜仔细检查镜面无裂痕、划痕或碎屑,有弧影但视野清晰表明内镜外壳上有凹痕,若盖玻片（物镜）上有雾,表明密封端有泄漏,应联系生产厂家进行维修;检查轴杆有无凹陷或刮伤,轴杆是否平直。

（2）导光束检查:①清洁度检查:对导光束进行表面的清洁度检查,应符合清洗质量标准。②检查导光束表面是否有破损。③功能检查:将导光束的一端对室内光源,在导光束一端上下移动大拇指,检查另一端有无漏光区。光区灰影表明纤维断裂,纤维断裂会使透光减少,若透光减少到影响手术视野,如灰影部分超过 2/3,应进行维修或更换。

（3）器械及附件检查:①清洁度检查:对器械及附件进行全面的清洁度检查,确保器械表面关节、齿牙处及管腔光洁、无血渍、水垢、锈斑等残留物质,符合清洗质量标准。②润滑、保养:功能检查前,对内镜器械的可活动接点、轴节、螺帽螺纹、阀门等处加润滑油,可采用喷雾或浸泡方法进行器械的润滑以保证器械的灵活度。润滑剂的配制和使用方法按生产厂家说明书执行。光学仪器系统、垫圈和带电流的部件不得使用润滑油。③功能检查:器械零件应齐全无缺失,每件器械应结构完整,轴节关节灵活无松动;器械关节及固定处的铆钉、螺丝等应齐全、正常紧固;器械操作钳关闭钳端,应闭合完全。套管、密封圈完整无变形,闭孔盖帽无老化;弹簧张力适度和卡索灵活;剪刀、穿刺器应锋利、无卷刃;穿刺器管腔通畅。带电源器械应行绝缘性能检查,目测检查绝缘层有无裂缝或缺口;手握器械检查绝缘层是否和金属内芯紧实无松动;有条件的建议使用专用检测器进行绝缘性能等安全性检查。

6. 包装

（1）转移光学目镜时应握持目镜端,严禁提拎物镜端,避免折弯镜身。

（2）光学目镜宜放置于专用带盖带卡槽的器械盒内进行单独包装,避免碰撞,如磕碰镜体,可能会造成镜内柱状晶体碎裂。直径 4mm 及以下的内镜在运输、存放及灭菌时应使用专用保护套管。

（3）纤维导光束必须盘成圆圈存放,需正确大弧度盘绕,其直径需 >10cm,无锐角。

（4）操作中轻拿轻放,每件器械不碰撞、叠放。

7. 灭菌

（1）灭菌方式:①可重复使用的手术器械及镜身印有"可耐压力蒸汽灭菌 Autoclave"标识的光学目镜可采用预真空压力蒸汽灭菌,按说明书要求选择温度及时间,但严禁用卡式炉进行高温高压灭菌。禁止使用快速压力蒸汽灭菌程序对硬式内镜、器械及附件进行灭菌。

②环氧乙烷灭菌（ETO）方法适用于各种内镜的灭菌。③可用低温等离子灭菌（plasma）。

（2）灭菌注意事项：①可拆分的手术器械必须拆分至最小单元后再灭菌。②内镜应使用灭菌盒，单独包装灭菌。③勿经常变换灭菌方式，否则会使内镜及手术器械的密封胶老化，造成视野内有异物，图像模糊。④预真空灭菌后的内镜，要自然冷却，严禁快速降温，以防不同材质的部件因热胀冷缩系数不同，导致密封胶或柱状晶体损坏。⑤内镜及器械必须在清洗干净并彻底干燥后，才能用低温等离子灭菌。⑥低温等离子灭菌的有效成分是过氧化氢，它是一种强氧化性物质，灭菌后可能会导致内镜、器械褪色，但这并不影响正常使用。⑦因内镜、器械材质的不同，具体灭菌方式需参考相应的产品说明书。⑧灭菌后的内镜应当每月进行生物学监测并做好监测记录。

使用前的检查与准备：检查手术器械的完整性及功能性。接摄像头前，先用 75% 乙醇纱布擦拭镜头的纤维导光束接口端、目镜端及物镜端的镜面，再用纱布擦干，防止消毒剂的残留影响图像效果。在底部垫有纱布的量筒中倒入 60℃左右的无菌生理盐水，将镜头前端置于其中，浸泡时间在 60 秒以上，防止镜头起雾，第一次浸泡时间越长，防起雾效果越好。

8. 术中使用规范

（1）术中操作时正确握持镜头，纤维导光束与镜头连接处的弯曲度不能太小，避免弯折造成纤维导光束外表皮损坏、断裂。

（2）术中如有起雾，可用碘伏纱布擦拭镜头，也可用热水浸头。术中可打开穿刺器阀门进行快速放气，也可用退镜入鞘方式减少烟雾的影响。

（3）电刀功率的调节应遵循从低到高原则，以保护手术器械及高频导线，手柄的接线电极及钳芯在长时间、大功率工作后易烧断。

（4）手术器械的操作应遵循少量多次原则，每次夹取适量组织，反复多次操作，以保证手术质量，延长器械使用寿命。

（5）手术器械的使用应遵循专职专用原则，如分离钳不能当抓钳使用，不能用于抓取组织。避免用抓钳、分离钳等器械作为杠杆来支撑脏器，防止器械断裂，可选取拨棒、牵开器等专用器械来协助。

（6）术后，冷光源未关闭或亮度未调至最低时，严禁把纤维导光束放在患者身上或铺单上，避免强光产生的热能灼伤患者或烧坏铺单。器械送洗前，先目测镜头功能是否完好，并将其单独摆放。

五、外来手术器械的管理

（一）目的

规范外来手术器械的管理，指导手术室与消毒供应中心工作人员对外来手术器械进行正确的评估接收、清洗消毒、检查包装、灭菌、灭菌监测、存储发放、使用、归还及信息追溯，降低外来手术器械使用的感染风险，确保术中患者及医护人员的安全。

（二）名词术语

1. 外来手术器械（loaner） 指由器械供应商租借给医院可重复使用，主要用于与植入物相关手术的器械。因专业性强（使用局限）、价格昂贵、更新迅速，医院一般不配备，以骨科器械、动力工具等最为多见。

2. 植入物（implant） 是放置于外科操作形成的或者生理存在的体腔中，留存时间为

30 天或者以上的可植入性手术器械。本教材特指非无菌、需要医院进行清洗消毒与灭菌的植入性手术器械。

3. A₀ 值（A₀ value）　是评价湿热消毒效果的指标,指当以 Z 值表示的微生物杀灭效果为 10K 时,温度相当于 80℃的时间（秒）。

4. 可追溯（traceability）　指对外来手术器械的来源、处理、使用等关键要素进行记录,保存备查,实现可追踪。

（三）管理原则

1. 医院应有外来手术器械的管理部门,符合国家卫生部门管理规定。医疗机构应有对外来手术器械接收、清点及质量管理的流程与制度。

2. 符合医疗机构审批备案、允许使用的手术器械。

3. 应急处理,临时采购使用。临时采购使用必须符合国家和医院的采购标准和要求。

4. 科室使用管理内容:使用科室应做好植入物、外来器械使用登记:包括患者信息、手术日期、器械种类、数量、器械经销商、灭菌信息、生物监测结果等。确保信息的准确完整,做好保存,以便追溯。

5. 器械公司人员不得刷手上台,不得参与各项无菌技术操作。

6. 外来手术器械人员需经过培训并考核后,方可进入手术室。

（四）处理流程

外来手术器械使用前应由本院消毒供应中心（或与本院签约的社会化消毒供应服务机构）遵照 WS 310.2 和 WS 310.3 的规定清洗、消毒、灭菌与监测,使用后应经消毒供应中心清洗消毒方可交还。并建立完整的信息追溯管理体系,确保外来手术器械的处理和使用信息完整、可追溯。

1. 评估接收

（1）供应商按要求将外来手术器械和植入物送至医院接收部门:择期手术至少提前 1 天;急诊手术应及时送达。

（2）供应商与专职人员共同核查清点,包括器械的名称、数量、完整性及清洁度。双方确认签名,记录完善保存备查。对于生锈或缺损器械不予清洗和消毒灭菌,严禁手术使用。

（3）器械供应商应提供器械清单及器械说明书（说明书要求提供器械清洗消毒灭菌方法和参数要求）。

（4）应在去污区的指定位置进行外来手术器械的清点、核查。

（5）应根据外来手术器械的材质、精密程度等进行分类清洗、消毒、灭菌处理。

2. 清洗消毒　应遵守 WS 310.2 的规范要求对器械进行清洗消毒处理。

（1）应根据器械制造商的建议和说明书,使用超声波清洗、机械清洗、手工清洗等方法。

（2）机械清洗参照 WS 310.2 中清洗要求。机械清洗中,建议使用精细带盖的篮筐,避免较小的器械丢失。

（3）针对不宜机械清洗的器械（如动力设备）进行手工清洗完成后,也可采用 75% 酒精、酸性氧化电位水或合格的消毒液进行擦拭消毒。

3. 检查包装

（1）采用目测或使用带光源放大镜对干燥后的每件器械进行检查。器械要求干燥、光洁、无血渍、污渍等残留物和锈迹,功能完好。

（2）器械组装和配套时应核对器械名称、数量、规格。

（3）按要求和器械清点单正确固定放置于器械盒内。

（4）包内按要求放置灭菌指示卡。

（5）可使用硬质容器、一次性无纺布、棉布包装。封包胶带长度适宜,闭合严密。

（6）标识应包括器械名称、灭菌器编号、锅次、灭菌日期、失效日期、操作者等信息,严格执行追溯管理要求。

4. 灭菌

（1）首选压力蒸汽灭菌。不可压力蒸汽灭菌的,可根据手术器械厂家提供的建议选用合适的灭菌方式。

（2）如外来手术器械缺乏灭菌参数说明,应严格执行 WS 310.2 的器械灭菌要求,采用压力蒸汽灭菌时,每份器械不得超过 7kg。

（3）正确装载,严格执行操作规程。建议使用重物装载程序或采用分包灭菌。

（4）小型灭菌器管理要求:参照 GB/T 30690—2014《小型压力蒸汽灭菌器灭菌效果监测方法和评价要求》。

5. 灭菌监测

（1）植入物及外来手术器械灭菌,必须进行生物监测。

（2）不同方式灭菌监测方法详见 WS 310.2。

6. 存储发放

（1）外来器械的存储遵循 WS 310.2。

（2）再次核对植入物及外来手术器械生物监测结果,确认生物监测结果合格后方可发放。发放至手术室的植入物和植入型手术器械的监测报告信息应包括:器械名称、数量、灭菌日期、有效期、锅次、锅号、化学 PCD 监测报告、生物监测报告及报告人签名。紧急情况下,化学 PCD 监测合格作为提前放行依据,生物监测结果及时通报使用部门。紧急放行标准符合 WS 310.2 的要求,记录相关信息(植入物名称、患者姓名、术者姓名、提前放行原因、PCD 化学监测报告、生物监测结果、放行者签名、灭菌参数等)并存档。

7. 使用

（1）使用时,应将外来手术器械信息与患者信息相关联,实现可追溯。

（2）使用中,清点外来手术器械时,遵循《手术室护理实践指南》中手术物品清点要求。

（3）正确核对并及时记录植入物的名称、数量及使用情况。

8. 归还

（1）接收部门接收使用后的外来手术器械,由专人进行清点核对。

（2）按操作规程进行清洗消毒后,归还原器械供应商,并双方清点核对、签名。记录存档。

9. 信息追溯

（1）推荐采用无菌物品信息跟踪系统进行外来手术器械的全程信息跟踪和追溯管理。也可采用手工记录的方法进行信息的采集和记录。

（2）记录外来手术器械处理各环节的关键参数,包括回收、清洗、消毒、检查、包装、灭菌、储存、发放、使用等环节的信息。信息包括操作者、操作时间、操作流程、操作内容、清洗消毒灭菌监测参数和结果等。

（3）外来手术器械应有唯一性编码（如条形码），并可追溯客观、真实、及时的处理信息。能关联所有处理过程、使用过程中的人、事、物（包括患者信息、手术房间信息、手术者信息等）。

（4）追溯功能可通过记录监测过程和结果进行判断，提示预警和干预后续相关处理流程。追溯信息至少保留 3 年。

（第 26 届中华护理学会手术室护理专业委员会）

第七节　无菌物品管理

学 习 目 标

1. 复述无菌物品储存的环境要求及无菌物品有效期、质量可追溯的概念。
2. 列出无菌物品不能使用的情况。
3. 描述无菌物品的清点与使用要求。
4. 应用质量追溯的实施方法。

一、无菌物品的使用管理

无菌物品是经过灭菌处理、无存活微生物的物品，手术用器械和物品经灭菌处理后还应注意防止再污染。

（一）环境要求

1. 无菌物品存放室应清洁、明亮、光线充足，温度≤27℃以下，湿度≤60%。空气流通或有空气净化装置；无菌物品应存放在的存放架或存放柜上，存放架或存放柜应便于清洁，不易生锈。

2. 灭菌物品应分类、分架存放。一次性无菌物品应去除外包装后，进入无菌物品存放区。

3. 物品存放架或柜应距地面 20~25cm，离墙 5~10cm，距天花板 50cm。

4. 物品放置应固定位置，标识清晰。

5. 无菌物品保存环境均应每日清洁，物体表面及地面湿式擦拭，避免扬尘。

6. 建立工作记录。

（二）无菌物品有效期

1. 无菌物品保存有效期无季节限制，依据无菌物品存放环境，以及包装材质不同保存有效期限不同，使用时应仔细查看有效期标志。

2. 灭菌物品的包装应整洁不易松散，密封性好，无破损，灭菌日期及失效期标识清晰，按照失效期顺序依次码放在储存架或储存柜内，失效期标识应醒目，便于目测清点。

3. 环境的温度、湿度达到 GB 50333—2013 规定手术室无菌敷料间环境时，使用纺织品材料包装的无菌物品有效期为 14 天，未达到环境标准时，有效期宜为 7 天。

4. 医用一次性纸袋包装的无菌物品有效期宜为 30 天；使用一次性医用皱纹纸、医用无纺布包装的无菌物品有效期宜为 180 天；使用一次性纸塑袋包装的无菌物品，有效期宜为 180 天；硬质密封容器包装的有效期宜为 180 天。

5. 无菌物品保存环境怀疑有污染、受潮或对灭菌包的包装质量产生怀疑时，应停止使用并对包内物品进行重新清洗、包装和灭菌。

6. 开放性储槽、器械盒等不能用于灭菌物品的包装。

（三）无菌物品的清点与使用

1. 无菌物品存放区应有专人负责管理；接触无菌物品前应洗手或手消毒。

2. 清点或取用无菌物品前戴帽子、口罩，卫生洗手或手消毒。

3. 清点无菌物品时宜采用非手触方式，以目测为主，必须手触清点时，应轻拿轻放，重点查看物品保存环境是否清洁、物品有效期、灭菌过程指示标志变色、灭菌包的外观质量等。

4. 摆放无菌物品时应遵循先进先出的原则，失效期标识醒目，临近过期的物品放在方便取用位置；一次性使用无菌用品应一个批次用完再放入下一批次，或将剩余少量未用完批次物品放在上层。

5. 无菌物品必须一人一用一灭菌。一次性使用的无菌医疗器械、用品不得重复使用。

6. 使用无菌物品前必须认真检查无菌包包装的完整性、标识有效性，即无菌包的名称、灭菌时间或失效期、签名等，检查包内外化学指示胶带变色情况等。灭菌包有潮湿，或有明显水渍和水珠，灭菌包掉落在地或误放不洁之处，包装破损或发霉，外包装指示带或包内卡变色没有达到标准或有疑问等情况，应视为污染，不应再使用。

7. 按无菌包的使用顺序依次打开，出现以下情况之一禁止使用：

（1）灭菌物品超过规定有效期限。

（2）灭菌物品包装松散或包布有破损。

（3）灭菌包内化学指示卡不变色或变色不均匀。

（4）包内敷料潮湿、有明显水渍或污渍。

（5）包内器械及容器内有水珠。

（6）对灭菌过程及质量表示怀疑时。

8. 无菌物品使用后应及时清理，器械及包装分类放置在指定位置。传递或清理物品时，小心利器刺伤自己或周围人员，将使用后的利器及时放入利器盒。

9. 任何诊疗操作结束后洗手，摘掉手套后也要洗手。

10. 取用无菌物品时应用无菌持物钳／镊近距离夹取。取放无菌物品时应面对无菌区，手臂必须保持在腰部以上；手臂或非无菌物品不得跨越无菌区。

11. 尽量使用独立包装的无菌持物钳／镊。无菌持物钳应干性保持。干式无菌持物筒每 4 小时更换一次，一旦污染随时更换。使用无菌物品时应认真查看包装质量、有效期及包内物品质量。

二、无菌物品追溯信息系统的应用

（一）无菌物品质量追溯的概念及意义

无菌物品质量可追溯（trace-ability）是指对影响灭菌过程和结果的关键要素进行记录，保存备查，实现可追踪。

　　建立手工或电子化的质量追溯记录是开展质量追溯的基本方法。通过采用手工记录或信息管理系统（条码、二维码或 RFID 芯片标签），实现对无菌物品从回收、清洗、检查、包装、灭菌、储存、发放、使用的全流程质量信息的跟踪过程。

　　记录是重现过程的方式。通过记录能够追踪物品处理、使用全过程，记录内容必须详细、准确、符合真实情况，真正达到追溯的目的。

　　利用条码技术和计算机编程开发无菌物品质量追溯系统，全面控制手术器械包的处理和使用过程，实现无菌物品的质量追溯和信息化管理。

　　通过建立质量追溯，能加强医院对无菌物品质量的管理，规范无菌物品处理与使用操作流程，实现质量持续改进。通过监测的数据和信息，可以客观反映无菌物品的质量水平，综合评价工作流程的稳定性，促进质量持续改进和质量标准的落实。

（二）质量追溯的实施方法

　　1. 建立无菌物品召回制度

　　（1）应制定无菌物品管理召回制度，为无菌物品的安全使用提供保障。避免无菌物品质量问题引发医院内感染。物品召回是无菌物品管理工作的应急处理方案。从召回形式上分为主动召回和被动召回。两者问题性质有所不同。

　　（2）主动召回是消毒供应中心发现灭菌生物监测结果阳性问题后进行的物品召回，此类召回物品的性质属于质量管理和风险控制措施。

　　（3）被动召回是指当患者出现感染问题并怀疑与无菌物品使用有关时，应立即对尚未使用的同批次无菌物品进行回收，查找原因，并对已使用该批次无菌物品的其他患者进行追踪观察。此时进行召回的性质及问题处理与前者有原则性区别。

　　（4）手术室管理者应明确召回物品的程序，在实施召回过程中与相关部门进行沟通，参加问题调查、质量问题分析及总结上报，避免类似情况再次发生。

　　2. 建立无菌物品接收记录

　　（1）建立灭菌物品接收记录（包括植入物），应记录一次性使用无菌物品出库日期、名称、规格、数量、生产厂家、生产批号、灭菌日期、失效日期等，根据记录信息分析查找质量问题。

　　（2）建立一次性使用无菌物品、消毒产品、卫生材料接收质量检查记录。

　　3. 规范灭菌标识及相应记录

　　（1）规范灭菌物品包外标识标识内容包括物品名称、检查打包者姓名或编号、灭菌器编号、批次、灭菌日期和失效期，利于物品的追溯。

　　（2）手术中使用灭菌包使用者除查看包外信息标识外，应检查并确认包内化学指示卡是否合格、器械干燥和洁净度，合格后方可使用。同时将包外标识留存或者记录于手术器械物品清点记录单上。由于带有染料的化学灭菌标识（常常含有 6 项信息），可因保存环境或留存时间发生颜色变化，易造成误判，故不建议粘贴在手术器械物品清点记录单上，如需粘贴时，应注明此标识不作为最后灭菌合格记录依据，并签字。

　　4. 建立信息管理系统　使用无线射频识别（RFID）或条码技术，对无菌物品实施质量追溯管理，可以实时跟踪，信息追溯，提高工作效率。

（刘淑玲）

第八节　手术室环境表面清洁与消毒

学习目标

1. 复述低度、中度、高度环境污染风险区域、高频接触表面的概念；手术室环境表面清洁与消毒的管理要求。
2. 列出清洁与消毒的原则。
3. 描述不同等级的环境污染风险区域的日常清洁与消毒管理；清洁用具的管理。
4. 应用目测法对手术室环境表面进行质量监测。

在医院环境分区管理中，手术室属于高度危险区域，是医院感染控制的重点部门，我国《医疗机构消毒技术规范》（WS/T 367–2012），对手术室环境的清洁与消毒效果有明确的规定：环境表面包括固定表面和移动表面。固定表面指手术室内部建筑装修的表面，如墙面、地面、天花板、手术灯、吊塔、门、壁柜等；移动表面指非固定的设备，如麻醉机、监护仪、手术用的各种仪器、手术床、治疗车、托盘等表面。

一、管理基本要求

应结合手术室的实际工作情况，建立组织管理体系、健全各项规章制度，明确各岗位人员的职责。

（一）医院感染管理部门

应参与手术室环境表面清洁与消毒的质量监督，并定期对环境卫生服务机构人员进行业务指导。

（二）手术室

1. 应将手术室环境表面清洁与消毒的管理纳入手术室质量管理体系中。
2. 设立专人负责，定期进行检查与监测，及时总结分析与反馈，发现问题应及时纠正。

（三）医护人员

1. 应熟悉手术室环境表面清洁与消毒方法，有责任参与、维护和监督管理。
2. 负责使用中设备与仪器的日常清洁与消毒工作。
3. 对手术过程发生的小面积患者体液、血液等污染时，应随时清洁与消毒。
4. 负责监督、指导保洁员对仪器设备等进行清洁与消毒。

（四）环境卫生服务机构（或单位内部承担部门）

1. 保洁队伍稳定，人力配备满足需求。
2. 应对保洁员进行上岗培训和定期继续教育，包括医院感染预防与控制的基本知识与基本技能等。
3. 应制定标准化的清洁与消毒方法操作规程，包括：工作流程、时间和频率；消毒剂名称、配制浓度、监测浓度方法、作用时间以及更换频率等。
4. 保洁人员　负责除诊疗设备与仪器以外的所有环境表面的日常清洁与消毒；在医务

人员指导下对设备与仪器等进行终末清洁和消毒。

二、清洁与消毒原则

1. 应根据不同环境污染风险区域和卫生等级管理要求,选择清洁卫生的方式、强度、频率和制剂(表 28-8-1)。

表 28-8-1　不同等级的环境污染风险区域的日常清洁与消毒管理

环境污染风险分类	区域划分	清洁等级	方式	频率	标准
低度环境污染风险区域	无菌物品储存间、药品间、库房、仪器设备间、办公室、生活区等	清洁级	湿式卫生	1~2 次 / 日	区域内环境干净、干燥、无尘、无污垢、无碎屑、无异味等
中度环境污染风险区域	手术患者出入门口、患者等候区、走廊、术前准备间、复苏室、病理间等	卫生级	湿式卫生,可采用清洁剂辅助清洁	1. 物表 1~2 次 / 日 2. 地面视污染程度制订拖擦频率,不少于 2~3 次 / 日	区域内环境表面细菌菌落总数 $\leq 10cfu/cm^2$,或自然菌减少 1 个对数值以上
高度环境污染风险区域	手术间、污物间等	消毒级	1. 湿式卫生,可采用清洁剂辅助清洁 2. 高频接触的环境表面,实施中、低水平消毒	1. 接台手术结束后 2. 当天手术全部结束后	区域内环境表面菌落总数符合 GB 15982 要求,不得检出目标微生物

注:各类风险区域的环境表面一旦发生患者体液、血液、排泄物、分泌物等污染时应立即实施污点清洁与消毒

2. 应采取湿式清洁方法,遵循先清洁,再消毒的原则。

3. 清洁时应有序进行,遵循由上而下、由周围区到中心区、由清洁区到污染区的原则。

4. 对于少量(<10ml)的溅污,先清洁再消毒;或使用消毒湿巾直接擦拭,实现清洁 – 消毒一步法完成。对于大量(>10ml)的溅污,先采用吸附材料覆盖、消毒清除后,再实施清洁消毒措施。

5. 注意保护地面,避免塑胶地面破损而形成生物膜。碘作为一种经典的消毒成分广泛用于皮肤消毒,但具有强氧化性,易造成塑胶地板黄染、腐蚀、缺损,推荐使用可擦型碘制剂。

6. 对难清洁或不宜频繁擦拭的表面,采用屏障保护,推荐使用铝箔、塑料薄膜等覆盖物,"一用一更换",或一用一清洁 / 消毒,如电脑键盘等。

7. 精密仪器设备表面的清洁与消毒时,应参考仪器设备说明书,关注清洁剂与消毒剂的兼容性,选择适合的清洁与消毒产品。

8. 使用的消毒剂应现用现配。高度环境污染风险区域地面消毒采用 500~1000mg/L 有

效氯的消毒液擦拭,作用 10 分钟。物体表面消毒方法同地面或采用 1000~2000mg/L 季铵盐类消毒液擦拭。

9. 使用后或污染的擦拭布巾、地巾等不应重复浸泡至使用中的清水、清洁剂和消毒剂溶液中。

三、日常清洁与消毒

（一）手术间

1. 每日启用前　宜用清水进行物表清洁。

2. 术中　发生血液、体液污染手术台周边物体表面、地面及设备或疑似污染时应立即对实施污点清洁与消毒。

3. 术后

（1）接台手术之间:应对手术台及周边至少 1~1.5m 范围的高频接触物表进行清洁与消毒。

（2）全天手术结束:应对所有物体表面进行终末清洁 / 消毒(除 2m 以上的墙面、天花板)。

4. 每周　应对手术间所有物面(包括高空处表面)、回风口、送风口进行清洁 / 消毒。

（二）辅助间、走廊、生活区

物体表面每天清洁至少 1~2 次;地面视污染程度制订拖擦频率,每天不少于 2~3 次,保持地面干净、干燥、无尘、无污垢、无碎屑、无异味等。

（三）手术患者出入门口地面

随时保持清洁。进入手术室的推车、医疗用品、设备等应确清洁,不需为控制手术部位感染而进行换车或使用粘垫。

（四）洗手池

有防溅设施,管道不应裸露,池壁光滑无死角,应每日清洁和消毒。

（五）特殊感染手术

朊毒体、气性坏疽、呼吸道传染病及突发原因不明的传染性疾病患者手术结束后,应按《医疗机构消毒技术规范》(WS/T 367—2012)要求进行终末清洁消毒。开放性肺结核患者建议在专科医院集中收治,如需手术应安排在负压手术间进行,包括术后复苏。

四、清洁工具的管理

1. 不同区域的清洁工具应有明确标识,区分使用。

2. 清洁工具的配置数量、复用处置设施应与手术室规模相匹配。

3. 擦拭布巾和地巾应选择不易掉纤维的织物,宜使用细纤维材布和脱卸式地巾。

4. 复用处置方式　包括手工和机械清洗与消毒两种方法。

（1）手工清洗与消毒:①擦拭布巾:清洗干净,在 250mg/L 有效氯消毒剂(或其他有效消毒剂)中浸泡 30 分钟,冲净消毒液,干燥备用。②地巾:清洗干净,在 500mg/L 有效氯消毒剂中浸泡 30 分钟,冲净消毒液,干燥备用。

（2）机械清洗与消毒:有条件的医疗机构宜采用热力型清洗 – 消毒机,将使用后的布巾、地巾等物品放入清洗机内,按照使用说明实施机械清洗、热力消毒、机械干燥、装箱备用。

五、质量监测

环境表面清洁质量审核方法以目测法为主,可根据实际情况选用化学法、微生物法。

(一)目测法

以目测检查环境干净、干燥、无尘、无污垢、无碎屑、无异味等。

(二)化学法

1. 荧光标记法　将荧光标记在邻近患者诊疗区域内高频接触的环境表面。在环境清洁服务人员实施清洁工作前预先标记,清洁后借助紫外线灯检查荧光标记是否被有效清除,计算有效的荧光标记清除率,考核环境清洁工作质量。

2. 荧光粉迹法　将荧光粉撒在工作区域内高频接触的环境表面。在环境清洁服务人员实施清洁工作前预先标记,清洁后借助紫外线灯检查荧光粉是否被扩散,统计荧光粉扩散的处数,考核环境清洁工作"清洁单元"的依从性。

3. ATP 法　应按照 ATP 监测产品的使用说明书执行。记录监测表面的相对光单位值(RLU),考核环境表面清洁工作质量。

(三)微生物法

环境微生物考核方法参考 GB 15982。

知识拓展

名 词 术 语

环境表面清洁(environmental surface cleaning):消除环境表面有机物、无机物和可见污染物的过程。

随时清洁/消毒(concurrent cleaning/disinfection):对手术患者的体液、血液、排泄物、分泌物等造成的环境表面的污染所开展的及时清洁/消毒的过程。

终末清洁/消毒(terminal cleaning/disinfection):每日手术结束后或感染手术结束后进行环境表面的彻底清洁/消毒的过程。

低度环境污染风险区域(low risk of functional area):没有患者到达或只短暂停留的区域。如无菌物品储存间、药品间、日用品库房、仪器设备间、办公室、生活区等。

中度环境污染风险区域(medium risk of functional area):有患者体液、血液、排泄物、分泌物对环境表面存在潜在污染的可能性的区域。如手术患者出入门口、患者等候区、走廊、术前准备间、复苏室、病理间等。

高度环境污染风险区域(high risk of functional area):手术患者长时间停留以及患者体液、血液、排泄物、分泌物随时可能对环境表面造成污染的区域。如手术间、污物间等。

高频接触表面(high-touch surface):手术过程中被患者的身体、手术人员的手频繁接触的环境表面,如手术床、手术床遥控器、约束带、仪器车、仪器设备、输液架、键盘、门开关、踏脚板等。

污点清洁／消毒（spot cleaning/disinfection）：对被患者的体液、血液、排泄物、分泌物等少量（<10ml）、小范围污染的环境表面进行的清洁与消毒处理。

消毒湿巾（disinfection wet wipes）：以无纺布等一次性使用的吸湿清洁材料为载体，含有消毒剂和表面活性剂，对环境表面具有清洁消毒作用的产品。

清洁工具（cleaning products）：用于清洁和消毒的用品，如抹布、地巾、水桶、家政手套、洁具车等工具。

清洁工具的复用处理（reprocessing of cleaning-product）：对可重复使用的清洁工具，在其使用后或污染后进行有效地清洗与消毒的处置过程。

A0值（A0 value）：湿热消毒的物理参数，通过温度－时间窗相互关系达到的热力消毒的指标。A0=600是复用清洁工具消毒的最低要求。

热力型清洗－消毒机（thermal washer-disinfector）：用于清洁工具复用处置、具有温度－时间窗控制的自动洗涤设备。热力消毒要求A0值=600，相当于71℃/25分钟，80℃/10分钟，90℃/1分钟或93℃/30秒。

（第26届中华护理学会手术室护理专业委员会）

第九节　手术室医院感染效果监测

学习目标

1. 复述清洗与清洁效果监测方法与标准。
2. 列出消毒效果监测方法与标准。
3. 描述灭菌效果监测方法与标准。
4. 应用正确的清洁、消毒和灭菌效果监测方法与标准。

一、诊疗器械、器具和物品清洗的效果监测

1. 日常监测　在检查包装时进行，应目测和（或）借助带光源放大镜检查。清洗后的器械表面及其关节、齿牙应光洁，无血渍、污渍、水垢等残留物质和锈斑。

2. 定期抽查　每月应随机至少抽查3~5个待灭菌包内全部物品的清洗效果，检查的方法与内容同日常监测，并记录监测结果。

3. 可采用蛋白残留测定、ATP生物荧光测定等监测清洗与清洁效果的方法及其灵敏度的要求，定期测定诊疗器械、器具和物品的蛋白残留或其清洗与清洁的效果。

4. 器械清洗器的效果监测

（1）日常监测（物理监测）：应每批次监测清洗消毒器的物理参数及运转情况，并记录。

（2）定期监测：①对清洗机的清洗效果可每年采用清洗效果测试指示物进行监测；

②监测方法应遵循生产厂家的使用说明或指导手册；③清洗机新安装、更新、大修、更换清洗剂、消毒方法、改变装载方法等时，应遵循生产厂家的使用说明或指导手册进行检测，清洗消毒效果检测合格后，清洗消毒器方可使用。

二、清洗水质（酸性氧化电位水、纯化水）的质量监测

酸性氧化电位水适用于手工清洗后不锈钢和其他非金属材质器械、器具和物品灭菌前的消毒、物体表面、内镜等的消毒。主要监测指标：有效氯含量 $60 \pm 10mg/L$，pH 值范围 2.0~3.0，氧化还原电位（ORP）$\geqslant 1100mV$，残留氯离子 <1000mg/L。

自来水和纯化水水质应符合 GB 5749 的规定，抽样培养细菌总数 $\leqslant 10CFU/100ml$。器械终末漂洗的水质的电导率应 $\leqslant 15\mu S/cm$（25℃）。

三、消毒效果监测

环境消毒效果监测是通过微生物监测，及时发现传染源，切断传播途径，控制感染途径。

（一）环境表面消毒效果监测

1. 环境表面清洁质量监测方法（详见第三篇　第二十八章　第八节　手术室环境表面清洁与消毒）。

2. 物体表面的消毒效果监测

（1）采样时间

在消毒处理后或怀疑与医院感染暴发有关时进行采样。

（2）采样方法：用 5cm×5cm 灭菌规格板放在被检物体表面，用浸有无菌 0.03mol/L 磷酸盐缓冲液（PBS）或生理盐水采样液的棉拭子 1 支，在规格板内横竖往返各涂抹 5 次，并随之转动棉拭子，连续采样 4 个规格板面积，被采表面 <100cm²，取全部表面；被采表面 $\geqslant 100cm^2$ 取 $100cm^2$。剪去手接触部分，将棉拭子放入装有 10ml 无菌检验用洗脱液的试管中送检。门把手等小型物体则采用，棉拭子直接涂抹物体表面采样。采样物体表面有消毒剂残留时，采样液应含相应中和剂。物体表面消毒监测合格标准：细菌菌落总数（CFU）$\leqslant 5cfu/cm^2$。

（二）空气消毒效果监测

根据洁净房间总数，合理安排每次细菌监测的房间数量，保证每个洁净房间能每年至少做一次细菌监测。Ⅰ类环境（手术室）可选择平板暴露沉降法和空气采样器浮游法，参照 GB 50333—2013《医院洁净手术部建筑技术规范》要求进行检测，根据采样的目的可选择平皿沉降法和空气浮游菌法。日常工作中常用平皿沉降法。

1. 采样时间　采用洁净技术净化空气的房间在洁净系统自净后与从事医疗活动前采样，应在系统至少已运行 30 分钟，并确认风速、换气次数、检漏和静压差的检测无明显问题之后进行，未采用洁净技术净化空气的房间在消毒或规定的通风换气后与从事医疗活动前采样；或怀疑与医院感染暴发有关时采样。

2. 采样方法　洁净手术室及辅助用房的洁净级别的监测，当送风口集中布置时，应对手术区和周边区分别检测，测点数不少于 3 点。当送风口分散布置时，应按全室统一布点检测，测点可均布，但不应布置在送风口正下方。测点布置在距地面 0.8~1.5m 高的平面。

（1）平板暴露沉降法：将普通营养琼脂平皿（Φ90mm）放置各采样采样高度为距地面

0.8~1.5m；采样时将平皿盖打开，扣放于平皿旁，暴露规定时间 30 分钟，后盖上平皿盖及时送检。沉降法具体布点要求如表 28-9-1。

表 28-9-1 沉降菌最小培养皿数

被测区域洁净度级别	每区最小培养皿数（Φ90，以沉降 30 分钟计）
5 级	13（手术区 5 点，周边 8 点）
6 级	4（面积 >30m² 时，手术区 3 点，周边 6 点共 9 点）
7 级	3（面积 >30m² 时，手术区 3 点，周边 6 点共 9 点）
8 级	2（面积 >30m² 时，手术区 3 点，周边 2 点共 5 点）
8.5 级	2

（2）空气采样器浮游法（静态）：可选择 6 级撞击式空气采样器或其他经验证的空气采样器。检测时将采样器置于室内中央 0.8~1.5m 高度，按采样器使用说明书操作，每次采样时间不应超过 30 分钟。房间 >10m² 者，每增加 10m² 增设一个采样点，一个采样器中有 6 个培养皿。

3. 送检与培养 及时送检，时间不超过 4 小时。将送检平皿置（36±1）℃恒温箱培养48 小时，计数菌落数，必要时分离致病性微生物。

4. 效果监测标准 平板暴露法按平均每皿的菌落数报告：cfu/（皿·暴露时间），见表 28-9-2。

表 28-9-2 洁净手术室静态（或空态）的等级监测标准

等级	空气洁净度级别		沉降法（浮游法）细菌最大平均浓度	
	手术区	周围区	手术区	周边区
Ⅰ	5 级	6 级	0.2cfu/30min·φ90 皿（5cfu/m³）	0.4cfu/30min·φ90 皿（10cfu/m³）
Ⅱ	6 级	7 级	0.75cfu/30min·φ90 皿（25cfu/m³）	1.5cfu/30min·φ90 皿（50cfu/m³）
Ⅲ	7 级	8 级	2cfu/30min·φ90 皿（75cfu/m³）	4cfu/30min·φ90 皿（150cfu/m³）
Ⅳ	8.5 级		6cfu/30min·φ90 皿（175cfu/m³）	

空气浮游法结果计算方法：

$$菌落总数（cfu/m^3）= 采样器各平皿菌落数之和（cfu）\times$$
$$1000/ 采样速率（L/min）\times 采样时间（min）$$

（三）手消毒效果监测

1. 采样时间 在接触患者、进行诊疗活动前采样。

2. 采样方法 被检者五指并拢，用浸有含相应中和剂的无菌洗液浸湿的棉拭子在双手指曲面从指端到指端往返涂擦 2 次,涂擦面积约 30cm²,涂擦过程中同时转动棉拭子;放入 10ml 含相应中和剂的无菌洗脱液试管内,及时送检。

3. 一般情况下每月监测一次,监测人员包括手术医生、手术护士、工勤人员等。手卫生后医务人员手表面的菌落总数应 ≤10cfu/cm²;外科手消毒后医务人员手表面的菌落总数应 ≤5cfu/cm²。

（四）使用中消毒液的监测

1. 采样方法　用无菌吸管按无菌操作方法吸取 1.0ml 被检消毒液,加入 9ml 中和剂中混匀。醇类与酚类消毒剂用普通营养肉汤中和,含氯消毒剂、含碘消毒剂和过氧化物消毒剂用含 0.1% 硫代硫酸钠中和剂,氯己定、季铵盐类消毒剂用含 0.3% 吐温 80 和 0.3% 卵磷脂中和剂,醛类消毒剂用含 0.3% 甘氨酸中和剂,含有表面活性剂的各种复方消毒剂可在中和剂中加入吐温 80 至 3%;也可使用该消毒剂消毒效果检测的中和剂鉴定试验确定的中和剂。

2. 使用中灭菌用消毒液无菌生长;使用中皮肤黏膜消毒液染菌量:≤10cfu/ml,其他使用中消毒液染菌量 ≤100cfu/ml。

四、灭菌效果监测

灭菌效果监测是对灭菌全过程的质量控制,包括灭菌前的清洗、消毒、包装要求以及灭菌后物品的存放、管理且可追溯。

（一）基本原则

1. 对灭菌质量采用物理、化学及生物的监测法进行,监测结果应符合规范要求。

2. 物理监测不合格的灭菌物品不得发放;并应分析原因进行改进,直至监测结果符合要求。

3. 包外化学监测不合格的灭菌物品不得发放,包内化学监测不合格的灭菌物品和湿包不得使用。并应分析原因进行改进,直至监测结果符合要求。

4. 生物监测不合格时,应尽快召回上次生物监测合格以来的所有未使用的灭菌物品,重新处理;并应分析不合格的原因,改进后,生物监测连续监测三次合格后方可使用。

5. 植入物的灭菌应每批次进行生物监测。生物监测合格后,方可发放。

6. 按照灭菌装载物品的种类,可选择具有代表性的 PCD 进行灭菌效果的监测。

（二）常见灭菌方法的监测

1. 压力蒸汽灭菌的监测

（1）物理监测法:①每次灭菌应连续监测并记录灭菌的温度、压力和时间等灭菌参数。灭菌温度波动范围在 +3℃内,时间满足最低灭菌时间的要求,同时应记录所有临界点的时间、温度与压力值,结果应符合灭菌的要求。②每年用温度压力检测仪监测温度、压力和时间等参数,将探头放置在最难灭菌的部位。

（2）化学监测法:①应进行包外、包内化学指示物监测。具体要求为灭菌包包外应有化学指示物,高度危险性物品包内应放置化学指示物,应放置于最难灭菌的部位。如果透过包装材料可直接观察包内化学指示物的颜色变化,则不必放置包外化学指示物。根据化学指示物颜色或形态等变化,判定是否达到灭菌合格要求。②采用快速压力蒸汽灭菌程序灭菌时,应直接将一片包内化学指示物置于待灭菌物品旁边进行化学监测,灭菌合格后方可使用。

（3）生物监测法：①每周应进行一次生物监测。标准生物监测包置于灭菌器排气口的上方或生产厂家建议的灭菌器内最难灭菌的部位，并设阳性对照和阴性对照（自含式生物指示物不需采用阴性对照）。如果一天内进行多次生物监测，且生物指示物为同一批号，则只设一次阳性对照即可。②紧急情况灭菌植入型器械时，可在生物 PCD 中加用 5 类化学指示物。5 类化学指示物合格可作为提前放行的标志，生物监测的结果应及时通报使用部门。③采用新的包装材料和方法进行灭菌时应进行生物监测。④小型压力蒸汽灭菌器因一般无标准生物监测包，应选择灭菌器常用的、有代表性的灭菌物品制作生物测试包或生物 PCD，置于灭菌器最难灭菌的部位，且灭菌器应处于满载状态。生物测试包或生物 PCD 应侧放，体积大时可平放。⑤采用快速程序灭菌时，应直接将一支生物指示物，置于空载的灭菌器内，经一个灭菌周期后取出，规定条件下培养，观察结果。⑥生物监测不合格时，应遵循灭菌质量基本原则第 4 点的规定。

（4）B-D 试验：预真空（包括脉动真空）压力蒸汽灭菌器应每日开始灭菌运行前空载进行 B-D 测试，B-D 测试合格后，灭菌器方可使用。B-D 测试失败，应及时查找原因进行改进，监测合格后，灭菌器方可使用。小型压力蒸汽灭菌器的 B-D 试验应参照 GB/T 30690。

（5）灭菌器新安装、移位和大修后的监测：应进行物理监测、化学监测和生物监测。物理监测、化学监测通过后，生物监测应空载连续监测三次，合格后灭菌器方可使用，监测方法应符合 GB/T 18278 的有关要求。对于小型压力蒸汽灭菌器，生物监测应满载连续监测三次，合格后灭菌器方可使用。预真空（包括脉动真空）压力蒸汽灭菌器应进行 B-D 测试并重复三次，连续监测合格后，灭菌器方可使用。

2. 干热灭菌的监测

（1）物理监测法：每灭菌批次应进行物理监测。监测方法为将多点温度检测仪的多个探头分别放于灭菌器各层内、中、外各点，关好柜门，引出导线，由记录仪中观察温度上升与持续时间。温度在设定时间内均达到预置温度，则物理监测合格。

（2）化学监测法：每一灭菌包外应使用包外化学指示物，每一灭菌包内应使用包内化学指示物，并置于最难灭菌的部位。对于未打包的物品，应使用一个或者多个包内化学指示物，放在待灭菌物品附近进行监测。经过一个灭菌周期后取出，据其颜色或形态的改变判断是否达到灭菌要求。

（3）生物监测法应每周监测一次。按照 WS/T 367 的规定，采用枯草杆菌黑色变种芽胞菌片，制成标准生物测试包，置于灭菌器最难灭菌的部位，对灭菌器的灭菌质量进行生物监测，并设阳性对照和阴性对照。阳性对照组培养阳性，阴性对照组培养阴性，若每个指示菌片接种的肉汤管均澄清，判为灭菌合格；若阳性对照组培养阳性，阴性对照组培养阴性，而指示菌片之一接种的肉汤管混浊，判为不合格。

（4）新安装、移位和大修后，应进行物理监测法、化学监测法和生物监测法监测（重复三次），监测合格后，灭菌器方可使用。

3. 低温灭菌的监测　低温灭菌方法包括环氧乙烷灭菌法，过氧化氢等离子灭菌法和低温甲醛蒸汽灭菌法。

（1）环氧乙烷灭菌的监测：①物理监测法：每次灭菌应连续监测并记录灭菌时的温度、压力、时间和相对湿度等灭菌参数。灭菌参数符合灭菌器的使用说明或操作手册的要求。②化学监测法：每个灭菌物品包外应使用包外化学指示物作为灭菌过程的标志，每包内最难灭菌的位置放置包内化学指示物,通过观察其颜色变化,判定其是否达到灭菌合格要求。③生物监测法:每批次的灭菌物品应进行生物监测。常规生物测试包放在灭菌器最难灭菌的部位(整个装载灭菌包的中心部位)。灭菌周期完成后应立即将生物指示物从被灭菌物品中取出,36℃±1℃培养7天(自含式生物指示物应遵循产品说明),观察培养基颜色变化。同时设阳性对照和阴性对照。阳性对照组培养阳性,阴性对照组培养阴性,试验组培养阴性,判定为灭菌合格。阳性对照组培养阳性,阴性对照组培养阴性,试验组培养阳性,则灭菌不合格;同时应进一步鉴定试验组阳性的细菌是否为指示菌或是污染所致。

（2）过氧化氢低温等离子灭菌的监测:①物理监测法:每次的灭菌应连续监测记录每个灭菌周期的临界参数如舱内压、温度、等离子体电源输出功率和灭菌时间等灭菌参数。灭菌参数符合灭菌器的使用说明或操作手册的要求。②化学监测法:每个灭菌物品包外应使用包外化学指示物,作为灭菌过程的标志;每包内最难灭菌位置应放置包内化学指示物,通过观察其颜色变化,判定其是否达到灭菌合格要求。③生物监测法:每天使用时应至少进行一次灭菌循环的生物监测,监测方法应符合国家的有关规定。

（3）低温蒸汽甲醛灭菌的监测:①物理监测法:每灭菌批次应进行物理监测。详细记录灭菌过程的参数,包括灭菌温度、相对湿度、压力与时间。灭菌参数符合灭菌器的使用说明或操作手册的要求。②化学监测法:每个灭菌物品包外应使用包外化学指示物,作为灭菌过程的标志;每包内最难灭菌位置放置包内化学指示物,通过观察其颜色变化,判定其是否达到灭菌合格要求。③灭菌管腔器械时可每天使用相应的 PCD 进行监测。④生物监测法:应每周监测一次,监测方法应符合国家的有关规定。

（易凤琼）

第二十九章 手术室应急管理

第一节　手术室突发事件应急预案

一、概述

突发事件：是指突然发生，造成或者可能造成严重社会危害，需要采取应急处置措施予以应对的自然灾害、事故灾难、公共卫生事件和社会安全事件。

应急预案：又称应急计划或应急救援预案，是针对可能发生的重大事故（件）或灾难，为保证迅速、有序、有效地开展应急与救援行动、降低事故的损失而预先制订的一整套关于应对和从应急事件中恢复的有计划的方案。它是一个过程，该过程需要确定目标，制订发展策略、管理办法和详尽的实施计划。

> **知识拓展**
>
> ### 应急预案分类
>
> 联合国调查显示，预案会使突发事件中人员的死亡率减少 2/3 甚至更多。应急预案源于国际、国家对突发意外事件的处理应对方案。应急预案通常分为国家应急预案和企业应急预案。护理应急预案属企业应急预案。

二、手术室应急预案的组织体系

（一）指挥机构

麻醉科主任、手术室护士长是主要负责人，各区域的组长（高年资的麻醉医生、手术室护士）为第二责任人。

（二）执行机构

麻醉医生、外科医生、手术室护士、PICU 护士、设备工程人员、工勤人员、进修生、学生等。

（三）分工

由麻醉科主任和手术室护士长根据现场情况将人员分为：指挥组、通讯组、事故现场处置组和救助组。

1. 指挥组　在没有外援的情况下，评估现场情况，指挥救助或疏散。

2. 通讯组　随时负责与手术室以外的院内相关部门联系，报告事故现场情况及具体位置。

3. 事件现场处置组　在现场排除事件，为救助组提供有利条件安全转运患者。

4. 救助组　听从指挥组人员命令，迅速救助患者，并根据指挥人员下达的指示，做出相应处理，随时准备与患者一同撤离现场。

5. 救助原则　患者第一、工作人员其次。

第二节　突发事件应急预案

一、火灾应急预案

（一）目的

加强手术室工作人员应对火灾突发事件的应急处置能力，保障生命安全，最大限度地减少火灾事件造成的损失和影响，制订切实可行的火灾应急预案。

（二）手术室常用消防器材与设施

手术室常用消防器材和设备应标注存放位置、种类和数量，便于使用。主要有以下类型：

1. 灭火器（手术室常见的灭火器为二氧化碳灭火器）、手动和自动报警装置、消火栓、烟雾探测器及喷淋装置、防烟面罩（医护人员在火灾发生时抢救手术患者时使用）、应急灯等疏散逃生工具。

2. 火警逃生线路图、消防器具位置和使用示意图、消防通道。

（三）火灾高危因素

1. 设备因素　电源、电线、电刀、激光、光源、取暖灯等。如电刀头没有安插到电刀笔筒内、光源束打开长时间接触到铺巾、仪器设备电源使用不当等。

2. 化学危险品　含酒精的皮肤消毒液、乙醚、过氧化氢溶剂等。

3. 手术室易燃材料　手术铺巾等。

4. 助燃气体　氧气、氧化亚氮等。

（四）火灾时应遵循的原则

在手术室发生的任何火灾，应遵循 R.A.C.E 原则，即救援 R（rescue）、报警 A（alarm）、限制 C（confine）、灭火或疏散 E（evacuate）。

1. 救援（rescue）　终止手术，做好麻醉管理，保护切口，采用手术床、平车、抬、背、抱等方式转移手术患者。

2. 报警（alarm）　即刻拨打火警电话报警，报警时准确表述地址位置、有无危险化学品、火势大小、燃烧物质、有无被困人员和报警人姓名。

3. 限制（confine）　关闭失火区域的可燃、助燃气体开关及电源。关闭防火门。防止火势蔓延。

4. 灭火或疏散（evacuate）　火灾发生时，注意有效沟通。现场人员在烟和气雾之下用面罩或湿毛巾捂住口鼻，尽可能以最低的姿势冲出火场；禁止使用电梯。

（1）初期火灾时，可用灭火工具灭火。

（2）初期灭火失败，立即按照应急预案进行疏散。

（五）火灾应急流程图（图 29-2-1）

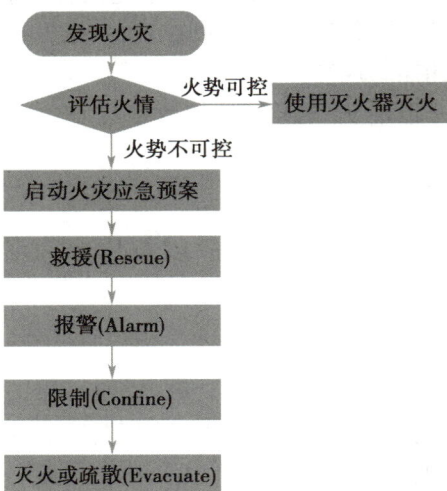

图 29-2-1　火灾应急简版流程图（RACE 版）

（六）火灾应急预案流程说明（图 29-2-2）

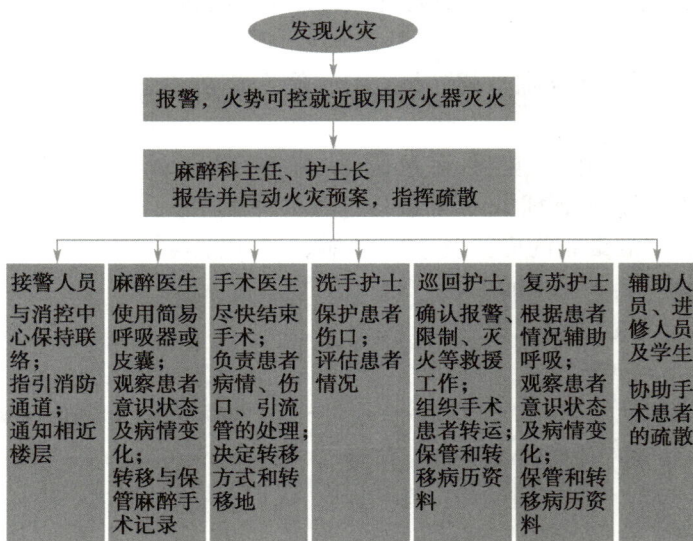

图 29-2-2　手术室火灾应急流程

1. 手术室应制订火灾应急预案和流程图,配备火警逃生线路图和消防器材与设施。

2. 手术室火灾应急预案演练应联合多部门定期完成,主要包括手术室、麻醉科、临床科室、保卫科、后勤部门等。演练应避开患者手术期间举行。对手术室工作人员,包括手术室护士、手术医生、麻醉医生、工友等应每年进行火灾安全教育,熟悉各种灭火设备的地点、类型和使用方法等。

3. 灭火时以确保手术息者和医务人员安全为首要原则,必要时疏散。

4. 首先发现火源的人员,应立即报警,如火势在可控范围内就近取用灭火器灭火。

5. 接警人员职责 与消控中心保持联络;指引消防通道;传达消控中心指挥员意图给现场人员;电话通知相近楼层关闭防火门,随时准备疏散。

6. 麻醉科主任、手术室护士长职责 麻醉科主任、手术室护士长是部门防火负责人和总指挥。报告并指挥火灾预案的启动,安排人员立即切断电源、关闭氧气总阀门,指挥工作人员有秩序地将手术患者从消防通道疏散,并协助重患者疏散;检查确认有无遗留人员。疏散结束,必须清点患者和工作人员数量,向现场总指挥报告。

7. 麻醉医生 停用吸入性麻醉气体,立即脱开麻醉机,使用简易呼吸器或呼吸皮囊;在挤压过程中严密观察患者意识状态及病情变化,并负责患者麻醉手术记录的转移与保管。

8. 手术医生 评估患者情况及手术状态,尽快结束手术或简单处置包扎/覆盖,并进行患者的转运,负责疏散过程中的病情、伤口、引流管的处理,并决定患者的转移方式和转移地点。建议转移地点应结合所转移的手术患者的情况决定。

9. 手术室护士 洗手护士根据疏散患者处理程序,做好手术患者伤口的保护和患者情况的评估。巡回护士确认报警、限制、灭火等救援工作落实的同时,准备转运设备,组织好手术患者的转运如直接用手术末或平车转移患者离开现场;如火势较大,可用床单将患者抬离现场。做好病历资料的保管和转移。

10. 复苏室护士 准备转运设备,组织患者转运,有辅助呼吸和气管插管患者连接简易呼吸器。严密观察患者意识状态及病情变化,及时记录,并负责患者转运病历的转移与保管。

11. 辅助人员、进修人员及学生 共同协助做好手术患者的疏散。

12. 夜间 麻醉值班负责人、手术室夜班组长立即报告消控中心和总值班,指挥火灾预案的启动,安排人员立即切断电源、关闭氧气总阀门,指挥工作人员有秩序将手术患者从消防通道疏散,并协助重患者疏散;检查确认有无遗留人员。

13. 火灾处置结束后,对事件发生原因进行分析和整改,并持续质量改进。

二、停电应急预案

(一)预防措施

1. 应配备急灯、手电,定期检查、充电、脚踏吸引器。

2. 由专人负责定期检查各种仪器、设备的蓄电情况,仪器设备蓄电池应长期保持备用状态。

(二)应急预案

1. 立即报告麻醉科主任、手术室护士长,同时启动应急预案。

2. 麻醉科主任、手术室护士长

（1）立即报告医院后勤保障部，启动 USB 同时请求寻找原因，尽快恢复供电。

（2）同时协助组织完成抢救患者手术。

3. 巡回护士

（1）开启应急照明，每个手术间均应备有应急灯。

（2）关闭所有使用中仪器、设备、净化系统开关，避免突然来电仪器设备的损坏。

（3）准备好脚踏吸引器或 50ml 以上容量注射器、将氧气筒推至麻醉机旁。

（4）备好止血材料和止血药品以备急用。

（5）恢复供电后，仪器、设备进行开机自检通过后，重新调整参数方可使用。开启净化系统之前应用手术巾覆盖手术切口，系统运行正常后，去除手术巾进行手术。

（6）清醒患者做好安抚工作，以免引起恐慌。

4. 麻醉医生

（1）立即查看呼吸机工作状态，若蓄电池未启动，立即断开呼吸机与患者的连接，快速评估患者自主呼吸情况，患者自主呼吸状况良好，可给予鼻导管或面罩吸氧，同时严密观察患者的呼吸、面色、意识等情况；无自主呼吸或自主呼吸微弱、不规律的患者，立即连接简易呼吸器辅助通气。

（2）待有人支援时，联系设备工程师使用替代设备至电力恢复呼吸机正常运转。

5. 手术医生

（1）手术医生视手术情况暂停或尽快结束手术，保护好手术切口。

（2）若有出血采用压迫止血或使用脚踏吸引器，待应急照明启动恢复手术操作。

6. 洗手护士配合手术医生观察患者情况，做紧急切口内止血处理。

三、停气应急预案

（一）预防措施

1. 护士熟悉各种气体装置的使用方法和使用性能。

2. 由专人负责检查与维护各种气体装置，定期检查压力表压力是否在正常范围，显示压力与实际压力大小是否一致。

3. 科室配备电动吸引器或脚踏吸引器、氧气瓶、氧气袋等，定人定期检查维护，确保长期处在功能完好状态。

（二）应急预案（图 29-2-3）

1. 在手术过程中如遇气体压力不足、设备故障等突发情况时，立即启用备用电动吸引器或脚踏吸引器、氧气瓶或氧气枕。

2. 报告手术室护士长、麻醉科主任，请求联系医院后勤保障部门查找原因，尽快恢复通气。

3. 严密观察患者有无缺氧或其他生命体征的变化。

4. 配合医生完成各项抢救措施。

5. 手术结束后在手术间各气体管道外及衔接处查找原因。

6. 在等待维修的气体管道开关处应悬挂"仪器故障"警示牌，并记录故障项目，及时报修，维修过程和结果应及时登记、记录备案。

7. 呈报医疗护理安全不良事件。

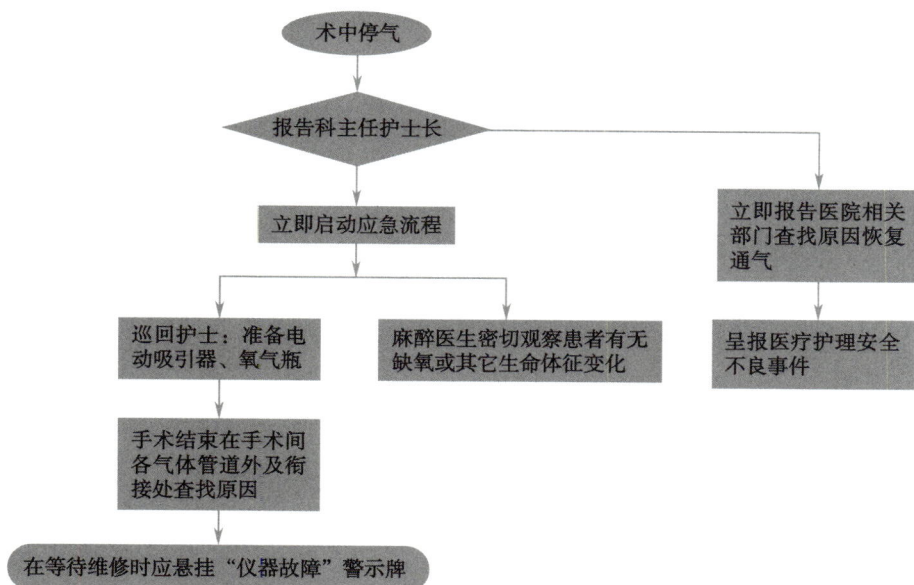

图 29-2-3　停气流程图

四、漏水（泛水）应急预案

（一）预防措施

1. 加强安全意识,定期检查水龙头和进、出水管,发现异常及时更换。
2. 各班人员加强巡视,检查水、电、气管道情况,发现漏水及早处理。
3. 遇到停水,应关闭总阀门,避免突然来水后造成泛水。
4. 发现设备供水系统出现问题应及时报告维修。

（二）应急预案（图 29-2-4）

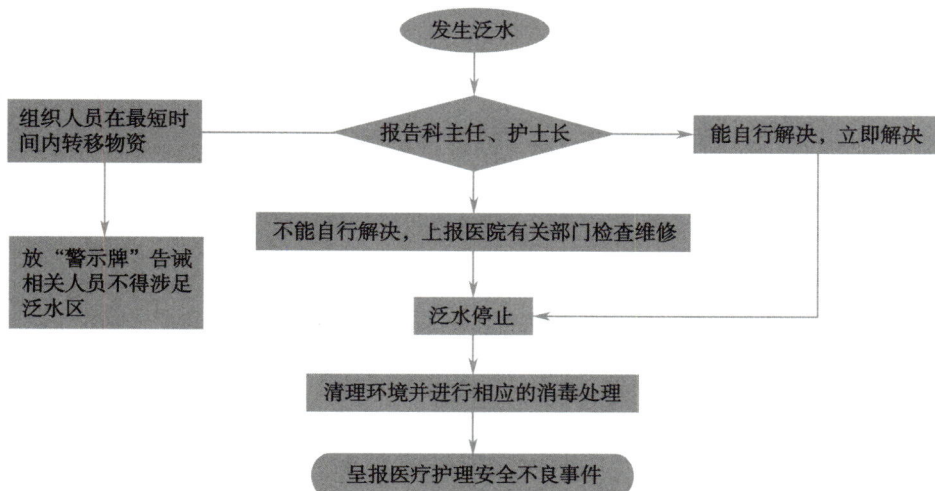

图 29-2-4　漏水（泛水）流程图

1. 发生泛水即刻报告麻醉科主任和手术室护士长。

2. 查找原因,能自行解决的立即解决。

3. 不能自行解决的立即通知后勤保障处人员进行检查、维修。

4. 组织人员在最短时间内转移物资,使损失降低到最小。

5. 放置警示牌或告诫相关人员不可涉足泛水区域或潮湿处,避免发生跌倒。采取相应的断电措施预防短路及火灾的发生。

6. 泛水停止,对环境进行清理和相应的消毒处理

(1)手术间物品及地面用 500mg/L 含氯消毒剂做好清洁消毒,污染或可能被污染的物品重新消毒灭菌,手术间重新开启净化系统并待手术间完全清洁干燥后做空气监测,该手术间暂停使用。

(2)若手术室大面积泛水,应暂停所有手术,并上报院感染科、医务处、护理部及相关领导,处理完毕待空气监测合格后在启用手术室。

(3)手术间工作人员在进行清洁时应做好个人防护,清洁完毕应做好个人及物品如脱鞋等的清洁处理。

7. 根据情况呈报医疗护理安全不良事件。

五、突发批量患者应急预案

(一)预防措施

1. 根据医院规模,手术、抢救的配合能力,手术室应常备各种急诊、抢救物品(敷料、器械、药品、仪器设备等)且定位、定数、处于备用状态,每日清点补充,以保证应急使用。

2. 手术室应有应急联络系统,护士应熟悉流程,定期组织培训、演练。

3. 保持通讯通畅,及时到岗。

> **知识拓展**
>
> #### 突发性群体事件应急预案
>
> 文献报道,伤后 1 小时是挽救生命、减少致残的"黄金时间",对严重创伤患者伤后 30 分钟内给予急救,可多挽救 18%~25% 患者的生命。由于突发性/灾难性事件中往往患者多,伤情重,合并伤多,手术室必须制订科学合理的突发性群体事件的应急预案,才能快速组织、分组管理、专人负责伤员、科学救护,使抢救工作安全、有效,确保护理质量。

(二)应急预案(图 29-2-5)

1. 接到批量伤员救治通知,应立即将救援信息(受伤类型、伤员数量、受伤部位、大致伤情等)报告科主任和护士长。

2. 麻醉科主任和手术室护士长担任现场指挥,负责救援的组织协调。

3. 护士长根据救援信息立即协调手术间、安排手术配合人员、设备管理人员迅速到岗进行抢救工作。

4. 到岗人员按照分工立即准备抢救物品、接待伤员。

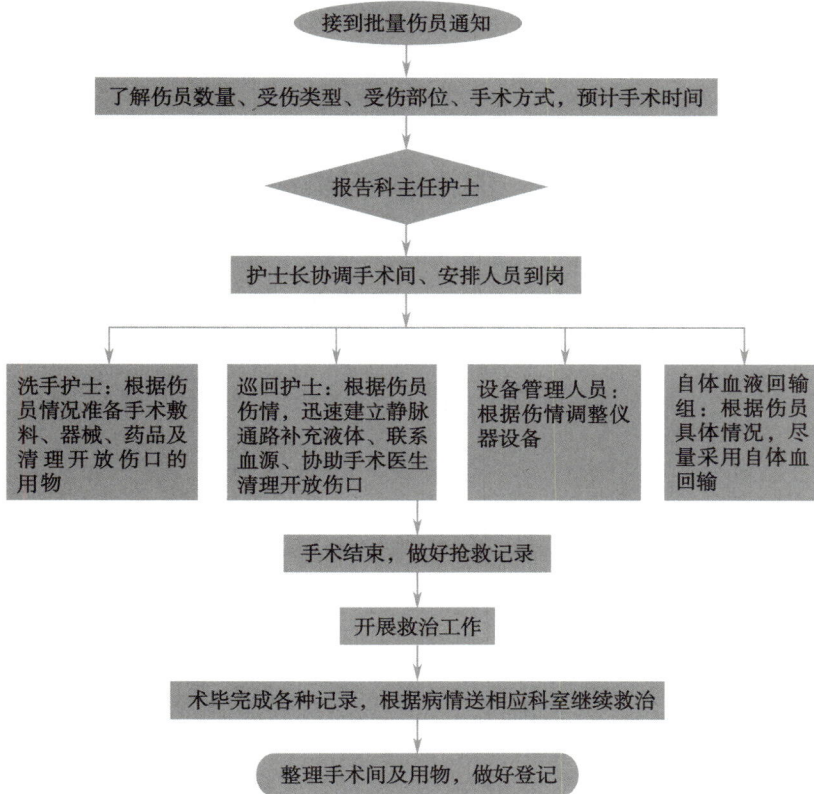

图 29-2-5　突发批量患者流程图

5. 护士长负责增援人员分配（伤员接待组、手术物品准备组、仪器设备准备组、手术配合组、自体血液回输组）及协调工作（将伤员详细信息向科主任、医院总指挥汇报）。

6. 科主任、护士长根据现场情况及时向院有关领导汇报情况，必要时请院领导协调手术科室、供应室、药剂科、后勤相关部门配合提供相应物品，以确保救治工作的顺利。

六、过敏性休克的应急预案

（一）预防措施

1. 术前了解患者病情，尤其是过敏史。术前备好各种抢救药品及物品。

2. 术中巡回护士密切观察患者生命体征的变化及可能看到的皮肤变化，及时与麻醉医生和手术医生沟通。

（二）应急预案（图 29-2-6）

1. 发现患者病情变化，立即报告麻醉医生、手术医生。

2. 报告麻醉科主任、手术室护士长，视情况安排增援人员。

3. 巡回护士遵医嘱给药配合治疗。

4. 洗手护士配合外科医生台上操作。

5. 患者好转后，遵医嘱继续手术操作。

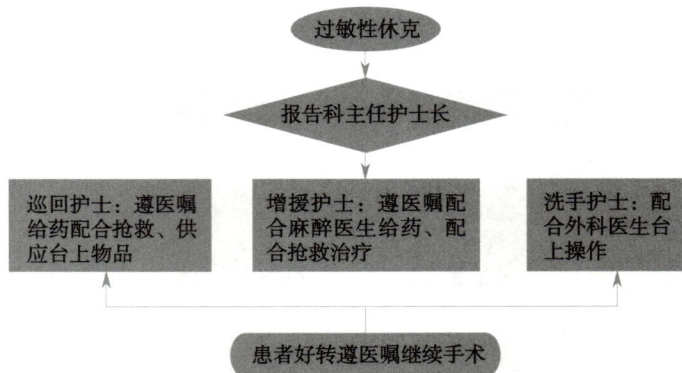

图 29-2-6　过敏性休克抢救流程图

第三节　手术室仪器设备故障的应急措施

一、预防措施

1. 医院应设立重要医疗设备管理机构,并有医疗设备故障报告、反馈和替代(备用)制度。

2. 医院有专人进行定期检测、保养、维修(间隔时间参考设备的使用频次、购置年限)、记录。

3. 定期组织临床操作人员培训、考核。

二、应急预案

1. 有备用设备放在手术区内的固定位置。

2. 由麻醉科主任、手术室护士长或设备管理人员在手术室内部及时调配。

3. 必要时联系医疗设备处,在全院范围内进行协调。

4. 确保手术安全、顺利进行。

5. 术后填写故障报告单,并按设备不良事件上报。

（李国宏　李　萍）

第三十章 手术室职业暴露及防护

学习目标

1. 复述手术室职业暴露的定义。
2. 列出手术室职业暴露的危险因素。
3. 描述手术室常见的几种职业暴露及其防护处理措施。
4. 应用相关职业防护知识预防和避免职业暴露的发生。

第一节 手术室职业暴露与防护原则

职业暴露是指由于职业关系而暴露在危险因素中,从而有可能损害健康或危及生命的一种情况,称之为职业暴露。医务人员职业暴露,是指医务人员在从事诊疗、护理活动过程中接触有毒、有害物质,或传染病病原体,从而损害健康或危及生命的一类职业暴露。

一、手术室职业暴露现状

医院环境致使医务人员经常暴露于各种生物、物理、化学、社会心理以及与卫生工作性质有关的各种危险因素之中,同时又具有复杂性、经常性、多变性和不确定性的特点。因此,易发生职业暴露。

有研究显示,95% 中国护士在工作期间曾发生过针刺伤或锐器伤。国外文献报道医院职工感染乙型病毒性肝炎比一般人群要高很多。有统计显示全世界每 30 秒钟便有一名医护工作者被污染针头刺伤,每年将有近百万次针头扎伤事故发生。手术室护士在手术配合工作中必须与各种手术器械、精密仪器、化学药品及化学试剂、具有传染性患者的体液、分泌物、排泄物等接触,常置身于职业性危害因素之中,职业损伤发生率较高,针刺伤,血液、体液污染,X 线照射的发生率分别为 39.3%、38.7% 及 63.3%。

二、手术室职业暴露的分类

根据暴露途径不同,将手术室职业暴露分为四类:物理性职业暴露、化学性职业暴露、生物性职业暴露、心理性职业暴露。

(一)物理性职业暴露

1. 锐器伤 手术室护士不仅是针刺伤的高危人群,还面临手术刀片及其他锐利器械的损伤,甚至电灼伤的危险(术中常用氩气刀、单极电刀等)。
2. 负重伤 搬运病人,摆手术体位,搬运大型笨重仪器等造成护士负重加大。

3. 辐射伤　术中进行 X 线照射、造影等操作,护理人员易受到损伤。

4. 噪声　吸引器、单极电刀、呼吸机、电钻、麻醉报警器等仪器以及手术器械的相互接触、仪器及椅子、车轮等均可产生不同程度的噪音污染。

(二)化学性职业暴露

1. 化学消毒剂　甲醛、过氧化氢、环氧乙烷、含氯消毒剂和臭氧等均为可挥发性化学消毒剂,对人的皮肤、呼吸系统、消化系统、神经系统造成损害。

2. 麻醉废气　吸入性麻醉剂从麻醉管路或麻醉面罩中小剂量泄漏至空气中,造成室内空气污染,通过氧化成氟化物经皮肤、呼吸道被人体吸收。

(三)生物性职业暴露

手术室护士在工作中不可避免的接触到患者的血液、体液、分泌物、排泄物、癌肿及多种微生物,存在着被病原体感染的高度危险性。

1. 细菌　术中接触患者的脓液、排泄物存在被感染的危险,常见的有金黄色葡萄球菌、链球菌、大肠埃希菌等。

2. 病毒　主要有肝炎、艾滋病及重症急性呼吸道感染。

三、职业防护原则

《职业病防治法》规范了对于职业病的防护,维护和保障劳动者的身体健康和合法权益。健全对职业暴露与感染控制管理监督机制,充分认识职业暴露的危害,建立健全职业暴露报告系统和健康档案,动态观察职业暴露危害事件、数据,定期进行分析,及时调整防护对策,增强职业防护意识,规范各项技术操作。

> **知识拓展**
>
> ### 妊娠期手术室护士职业防护
>
> 近年来由于国家政策的改变,越来越多的人加入到二胎的行列,但是妊娠期手术室护士作为特殊人群,对于职业防护的认知却有待提高。已有研究表明,妊娠期护士对于 X 线危害的知晓率达到 100%,但对其他电离辐射如单极电刀、激光和监视系统等的知晓率仅为 10%。对废弃及噪音的危害,仅有 30% 的受访者了解,手术室妊娠期护士对手术室职业危害知识是欠缺的,仅仅知道常见的职业危害知识,没有全面系统的认识到妊娠期所面临的职业危害,所以应该加强妊娠期手术室护士对职业暴露的规范化培训。

第二节　手术室锐器损伤的预防与处理

一、锐器损伤发生及感染率

美国疾病控制和预防中心(CDC)2010 年的统计报告显示,每年有 60 万 ~80 万被锐器损伤的卫生行业从业人员,其中最主要的受伤群体是护士。据相关调查显示,手术室发生职业暴露的医务人员中,手术医师占 52.63%;护士占 42.11%;麻醉医师占 5.26%。职业暴露方式以锐器伤为主,占 92.98%;通过 1 次针刺伤或其他经皮方式暴露于 HBV、HCV、HIV 的平均感染率分别 6%~30%、3%~10%、0.2%~0.5%;职业暴露血源性病原体居首位的是 HBV,构成比占 73.68%;暴露时的关联操作占首位的为术中缝合,构成比为 54.39%;暴露的部位主要为手部,占 91.23%。

二、手术室护士锐器伤的种类

以手术缝针刺伤最多,构成比占 30.4%,其次是刀、剪、钳刺伤占 28.4%,表明器械护士最易受伤;损伤程度以轻度损伤为主,占 80.4%;在锐器伤的发生原因中,以工作忙乱最多,占 54.7%,其次是操作不规范占 25.7%。常见操作和情形有:①调整针头;②开启安瓿;③打开针帽;④寻找物品;⑤清洗器具;⑥回套针帽;⑦手术中意外受伤;⑧由病人致伤;⑨由同事致伤。

锐器损伤在工作场所频繁发生,有研究表明,在一些国家常出现漏报情况,以既往英国的一项研究为例,有 28% 的医师发生了锐器损伤后未上报。另有来自中国台湾(Steinetal,2013 年)和澳大利亚(deVriesand Cossart,1994 年)研究表明,不报率分别高达 85.2% 和72%。漏报和不报是传染病控制中的一个重要问题。

三、锐器损伤预防措施

遵循"标准防护"原则是预防锐器损伤的关键。基于《血源性病原体职业暴露处理规定》中针对预防锐器损伤的预防措施的相关内容,根据预期可能的暴露采取合适防护用具、安全注射、规范操作等是影响手术室护士防护行为的有效方法。

(一)手套的应用

1. 单层手套 要求医务人员进行有可能接触血液或体液的操作时使用医用手套作为自我保护。有研究表明:如果一个被血液污染的针头刺破一层乳胶手套或聚乙烯手套,医务人员接触的血量比未戴手套时可能减少 50% 以上。

2. 双层手套 由于术中手套破损不易被察觉,双层手套能够预防医务人员的手与病人血液的直接接触。当外层手套被刺破时,内层手套的隔离保护作用仍然存在,双层手套使工作人员沾染病人的血液危险降低 87%;此外,缝合用的实心针在穿过双层手套后其附带的血液量将减少 95%。

(二)口罩或防护眼罩的应用

处理血液、分泌物等有可能溅出液体时,应戴口罩和防护眼罩。这样可以减少病人的血液、体液等传染性物质溅到医务人员眼睛、口腔及鼻腔黏膜上。

(三)穿隔离衣

在执行特殊手术或预料到衣服有可能被血液、体液、分泌物或排泄物污染时,应穿上隔离衣。

(四)针头的使用

1. 注射器针头 若个别针具需复套针帽才能卸下针头时,应单手或使用工具回套,禁止用双手回套针帽,即主张单手套针操作法。

2.手术缝针　美国外科医师协会推荐：不要对缝针进行校正，在可能的情况下尽量使用无针系统，条件许可尽量使用电灼或钉合器。不可用手直接拿取缝针，应使用针持或镊子。

（五）设立传递锐器的中间区域

中间区域是指预先指定的放置锐器的区域，同时外科医师和刷手护士均能十分方便从中拿取锐器，也被称为无接触传递技术。围术期护理学会 AORN 提出防范措施，手术室成员应当在条件允许时尽量使用无接触传递技术代替用手进行针或其他锐器的传递。

（六）尖锐物品的处理

1. 尖锐物品的处理原则

（1）将所有使用过的一次性手术刀、缝针、注射器针头等直接丢弃在利器盒里。

（2）避免双手回套针帽，若个别针具需复套针帽才能卸下针头时，应单手或使用工具回套。

（3）不徒手掰安瓿。

2. 利器盒的要求

（1）材质坚硬，不能被利器刺穿。

（2）开口大小合适，能轻易容纳利器，避免开口过大，防止溅洒。

（3）利器盒安置在适当并容易看见的高度，安置在利器附近。

（4）利器盒装满 3/4 后便及时更换，并盖好利器盒盖。

四、锐器损伤后的紧急处理

1. 立即由近心端向远心端轻轻挤压，避免挤压伤口局部尽可能挤出损伤处的血液，再用肥皂水和流动水冲洗。

2. 用 0.5% 碘伏、2% 碘酊或 70% 乙醇对污染伤口进行消毒。

3. 做进一步检查并向相关部门汇报。

4. 建立锐器损伤报告管理制度　建立"血液暴露防治通报网络系统"，一旦发生锐器损伤，立即报告医院有关部门，评估发生情况，使受伤者得到恰当的治疗及跟踪观察。

知识拓展

双层手套与单层手套对比研究

Tanner 和 Parkinson 对 14 项高质量随机（randomized controlled trials, RCTs）的荟萃分析发现，低风险手术中，戴双层手套时内层手套的穿孔率为 2%；而对照组戴单层手套的穿孔率为 9%。骨科、外伤和胸外科手术中因接触骨、骨碎片或尖锐金属、锯等材料穿孔率最高，为 61%；各类手术中手套的穿孔率平均为 18.3%。且腹腔镜手术中手套穿孔率低于开放性手术。Yinusa 等，研究显示骨科手术中手套穿孔率近一半，文献提示无论何种类型的手术，有手术器械越多，手套破损率越高的趋势。

第三节 血源性传播疾病职业暴露预防和处理的原则及措施

一、血源性职业接触途径

医务人员在从事职业活动时通过眼、口、鼻及其他黏膜、破损皮肤或胃肠道外途径（针刺、人咬伤、擦伤、和割伤等途径穿透皮肤或黏膜屏障）接触血液或其他潜在传染性物质。

二、传播因素

（一）皮肤黏膜破损

人体的皮肤黏膜有破损时天然屏障消失，接触带病毒的血液、体液即有被感染的危险。据美国报告，接触过 HIV 血液的医务人员有 4.2% 的血清 HIV 抗体阳性。

（二）被染有带病毒、血液污染的锐器损伤

医务人员在进行手术、注射、针刺、清洗器械等操作时被损伤，使病毒直接进入血液而被感染。

三、职业暴露的预防

1. 预防重点是避免与病人或携带者的血液和体液直接接触。

2. 加强对医务人员防范意识的宣传教育，树立良好的消毒灭菌观念。有研究表明，血源性职业暴露知识培训能明显减少手术室医护人员血源性职业暴露发生率，提高手术室医护人员血源性职业暴露防范意识。

3. 医务人员应遵守标准预防的原则，视所有病人的血液、体液及被血液和体液污染的物品为具有传染性的物质，在操作过程中，必须严格执行正确的操作程序，并采取适当的防护措施。

4. 医务人员在接触病人前后必须洗手，接触任何含病原体的物质时，应采取适当的防护措施：

（1）进行有可能接触病人的血液、体液的操作时，必须戴手套，操作完毕，脱去手套并立即洗手，必要时进行手消毒。

（2）在操作过程中病人的血液、体液有可能飞溅时，须戴手套、防渗透的口罩、护目镜；在操作时若其血液、体液可能发生大面积飞溅或可能污染医务人员身体时，还必须穿防渗透隔离衣或围裙，以提供有效的防护。

（3）建议工作人员暴露部位如有伤口、皮炎等应避免参与血源性传播疾病如艾滋病、乙肝等感染者的护理工作，也不要接触污染的仪器设备。

（4）医务人员在进行侵袭性操作过程中，应保证充足的光线，注意规范的操作程序，防止发生意外针刺伤事件。

5. 污染的针头和其他一次性锐器用后立即放入耐刺、防渗透的利器盒或进行安全

处置。

6. 禁止双手回套针帽,如需回套,使用单手回套法。禁止用手直接接触使用后的针头、刀片等锐器。禁止拿着污染的锐器在工作场所走动,避免意外刺伤他人或自伤。

四、处理原则及措施

（一）原则

即刻处理伤口,及时上报,根据感染源患者情况定时追踪被感染者。

（二）应急措施

发生血源性病原体意外职业接触后应立即进行局部处理,包括:

1. 用肥皂液和流动水清洗被污染的皮肤,用生理盐水冲洗被污染的黏膜。

2. 如有伤口,应当由近心端向远心端挤压,避免挤压伤口局部,尽可能挤出损伤处的血液,再用肥皂水和流动水冲洗。

3. 受伤部位的伤口冲洗后,应当用消毒液,如用 0.5% 聚维酮碘、2% 碘酊或 75% 乙醇溶液进行消毒并包扎伤口,被接触的黏膜,应当反复用生理盐水冲洗干净。

4. 当事医务人员认真填写本单位的《医疗锐器伤登记表》,同时进行相关检查的处理。

5. 评价源患者

（1）根据现有信息评估被传染的风险,包括源患者是液体类型（例如血液、可见体液、其他潜在的传染性液体或组织和浓缩的病毒）和职业接触类型（经皮伤害、经黏膜或破损皮肤）。

（2）对已知源患者进行乙肝病毒表面抗原、丙肝病毒抗体和艾滋病病毒检测。

（3）对未知源患者,要评估接触者被 HBV、HCV 或 HIV 感染的风险。

6. 按照血源性病原体职业接触防护导则进行处理。

五、血源性职业接触级别

（一）一级接触

接触源为体液、血液或者含有体液、血液的医疗器械、物品;接触类型为接触源沾染了可能有损伤的皮肤或黏膜,接触量小且接触时间短。

（二）二级接触

接触源为体液、血液或者含有体液、血液的医疗器械、物品;接触类型为接触源沾染了有损伤的皮肤或黏膜,接触量大且接触时间长;或接触类型为接触源刺伤或割伤皮肤,但损伤程度较轻,为表皮擦伤或被针刺伤。

（三）三级接触

接触源为体液、血液或者含有体液、血液的医疗器械、物品;接触类型为接触源刺伤或割伤皮肤,但损伤程度较重,为深部伤口或者割伤物有明显可见的血液。

> **知识拓展**
>
> ## 世卫组织多模式手卫生改善策略
>
> 2005 年,世界卫生组织患者安全部门启动了第一个"全球患者安全挑战:更清洁更安全的医疗卫生实践",使全球关注医源性感染(HCAI)所致的严峻的患者安全问题并采取行动,认识到医疗卫生工作者的手卫生依从性在减少 HCAI 中所扮演的核心角色。2009 年,世界卫生组织患者安全部门启动的该项目的延伸项目,拯救生命,清洁你的手,旨在确保全球、区域、国家和地方各级持续关注医疗卫生领域的手卫生问题。尤其是拯救生命,清洁你的手项目将"手卫生 5 时刻"作为保护患者、医务工作者和医疗卫生环境,防止致病原传播,减少 HCAI 的主要方法。这一方法鼓励医务工作者在 5 个时刻清洁双手:①接触患者之前;②在清洁/无菌操作之前;③可能接触患者体液之后;④接触患者之后;⑤接触患者周围环境之后。

血源性疾病的控制应遵循职业病防治的优先等级原则。首先是消除风险,其次是工程控制、管理措施和行为控制,再次是个人防护和接触后预防措施,手术室护理工作为高危险易发生应严格执行操作流程,提高防范意识及安全意识,减少职业接触造成的伤害。

六、HIV 职业暴露后的处理

遵守标准预防原则,综合性防护措施包括:

(一)自我防护

1. 洗手　洗手是预防 HIV 传播最经济、方便、有效的方法。护士在接触病人前后、接触病人的排泄物、伤口分泌物和污染物品后都要洗手。洗手既是任何医疗、护理工作者接触病人前要做的第一件事,也是他们离开病人或隔离区要做的最后一件事。

2. 手的消毒　手的消毒比洗手有更高、更严格的要求。医护人员的手在接触大量高度致病性的微生物后,为了尽快消除污染到手上的细菌,以保证有关人员不受污染,或防止致病菌在病人和工作人员之间扩散,必须进行严格的手消毒。

3. 戴手套　当护士预计到有可能接触到病人的血液、体液、分泌物、排泄物或其他被污染的物品时,应戴手套。因为一个被血液污染的钢针刺穿一层乳胶或聚乙烯手套,医护人员接触到的血液比未戴手套可能接触到的血液低 50% 以上,所以在处理针头或被污染的器械时必须戴手套。在护理每位病人后要更换手套,防止护士变成 HIV 的媒介。手套发生破裂、被针刺破或其他原因破损时应及时更换手套。操作完毕,应尽快脱去受血液或体液污染的手套。脱去手套后,即使手套表面上并无破损,也应马上清洗双手。

4. 戴口罩或防护眼罩　处理血液、分泌物等有可能溅出液体时,应戴口罩和防护眼罩。这样可以减少病人的血液、体液等传染性物质溅到医务人员眼睛、口腔及鼻腔黏膜上。

5. 穿隔离衣　在执行特殊手术或预料到衣服有可能被血液、体液、分泌物或排泄物污染时,应穿上隔离衣。

（二）HIV 病人物品处理

1. 病理标本的处理　标本容器应用双层包装并标记警示"HIV"字样,并放入坚固防漏的密闭容器内以防溅出。

2. 废物的处理　污染的废弃物品,如病人用过的一次性医疗用品及其他各种固体废弃物,应放入双层防水医疗垃圾袋内,密封并贴上"危险"等特殊标记,然后送到指定地点,由专人负责焚烧。没有条件焚烧时,可以先经过消毒后再抛弃。消毒可以用煮沸法,也可用次氯酸钠溶液或 1% 过氧乙酸。排泄物、分泌物等液体废物应倒入专用容器,然后用等量的含氯消毒剂混合均匀搅拌,作用 60 分钟以上,排入污水池。

3. 血液、体液溅出的处理　对溅出的血液和体液的清除方法:戴上手套,用一次性毛巾或其他吸水性能好的物品清除溅出的血液或体液,再用消毒液消毒污染的表面;对大面积的溅出,应先用一次性毛巾盖住,然后用 1% 的漂白粉浸泡 10 分钟,再按上述步骤处理;如有血液溅入嘴内,应用水反复冲洗口腔,用消毒溶液反复漱口;对溅在身上的血液,用吸水纸擦拭,再用去污剂洗涤,最后用消毒剂擦拭。

4. 处理针头和其他尖锐物品　对针头、手术刀片和其他尖锐物品应小心处理,避免针头或其他锐器损伤。用过的针头不要重新回套针帽,不要用手折弯或折断针头,不要从一次性注射器上取下针头。用过的带有针头的注射器、手术刀或其他锐器使用后直接放在坚固的利器盒内,转送到处理部门。巡回护士应记录及报告所有血液、体液接触的情况。

（三）HIV 暴露后应急处理程序

1. 立即在伤口旁挤压,尽可能挤出损伤处的血液,再用肥皂液和流动水冲洗伤口后用 0.5% 碘伏进行消毒,如果是黏膜损伤则用流动水和生理盐水清洗。

2. 当事医务人员认真填写本单位的《医疗锐器伤登记表》,其内容应包括:发生的时间、地点、经过、具体部位和损伤的情况等,同时进行相关检查的处理。

3. 医疗机构应当根据暴露级别和暴露源病毒载量水平对发生 HIV 病毒职业暴露的医务人员实施预防用药方案。预防用药方案分基本用药程序和强化用药程序。

（1）基本用药程序为两种反转录酶抑制剂,使用常规治疗剂量,连续使用 28 天。

（2）强化用药程序是在基本用药的基础上,同时增加一种蛋白酶抑制剂,使用常规治疗剂量,连续使用 28 天。预防性用药应在发生 HIV 病毒职业暴露后尽早开始,最好在 24 小时内实施,最迟不得超过 24 小时,即使超过 24 小时,也应当实施预防性用药。

4. 医务人员发生 HIV 病毒职业暴露后,医疗机构应当给予随访和咨询。内容包括:在暴露后的第 4 周、第 8 周、第 12 周及 6 个月对 HIV 病毒抗体进行检测,对服用药物的毒性进行监控和处理,观察和记录 HIV 病毒感染的早期症状等。

（四）登记和报告

1. 医疗卫生机构应当对 HIV 职业暴露情况进行登记,内容包括:HIV 病毒职业暴露发生的时间、地点和经过;暴露方式;暴露的具体部位及损伤程度;暴露源种类和含有 HIV 病毒的情况;处理方法和处理经过,是否实施预防性用药、首次用药时间、药物毒副作用及用药的依从性情况;定期检测和随访情况。

2. 医疗卫生机构每半年应当将本单位发生 HIV 职业暴露情况汇总,逐级上报至上级疾病预防控制机构。

知识拓展

HSE 管理体系

　　HSE 是健康（health）、安全（safety）和环境（environment）三位一体的管理体系，具有以下最基本的管理思想和理念：领导承诺，以人为本，预防为主，持续改进，全员参与。课题组成员负责护理人员发生血源性传播疾病职业暴露的风险评估，防保科负责建立系统的血源性传播疾病防护知识体系和教育，支持保障部负责提供安全的工作环境，护理部负责制订各科涉及血源性职业暴露操作的标准作业书，院感科负责护理人员涉及血源性职业暴露操作的现场安全监督。

第四节　手术室激光、电离辐射、气体的安全使用与职业防护

一、激光的安全使用及职业防护

（一）概述

　　激光是物质的在原子或分子体系内，因受激辐射得到放大的一种特殊光源，它具有方向性强、亮度高、单色性好和相干行小的特征。激光器可按其发射的波谱，分为红外线、可见光、紫外线激光器及 X、γ 射线激光器等不同分类。医用的激光器类型主要有 CO_2 激光器、半导体激光器、氦氖激光器、宝石激光器、氩离子激光器、准分子激光器等。激光可对生物组织进行凝固、吻合、汽化、切割，或打断生物组织的分子键而无创伤地消除组织，更能选择性地为不同病变组织所吸收达到对病变组织有选择性的破坏而不损伤正常的组织。

（二）激光医学发展及应用

　　1960 年，世界上第一台激光器由美国休斯研究所 Maiman 博士研制成功。1961 年，眼科首次将红宝石激光器用于视网膜凝固术。进入 20 世纪 80 年代以后，"激光医学"成为国际医学领域中新发展起来的一门集激光技术、现代光学、计算机与信息科学、生物医学为一体的、新兴的、多学科交叉的应用学科。激光医学激光医疗设备在 20 世纪 90 年代之后得到了飞速发展，在医学领域的各个学科得到了广泛应用。目前激光治疗仪器在临床应用可将其分为以下几大类：眼科激光治疗仪器、外科激光手术设备、光动力疗法激光治疗机、激光理疗仪器和皮肤病激光治疗机等，广泛应用于各种外科手术治疗，如光学凝固、角膜视力矫正、牙齿治疗、肾结石、肿瘤等。

（三）激光的危害

　　激光对人体组织的伤害及损伤程度主要决定波长、光源类型、发射方式、入射角度、辐射强度、受照时间及受照面积大小，其危害主要为光束危害和非光束危害。光束危害是直接的、意外的激光光束照射，可能导致眼睛和皮肤损伤、火灾或爆炸，而非光束危害则是人体吸入激光产生过程中放出的烟雾、化学物质的影响和电器意外的发生。聚于感光细胞时产生

过热而引起的蛋白质凝固、变性造成不可逆的损伤,一点损伤后就会造成眼睛的永久性失明。对肌肤组织的作用有反射、吸收、散开和传送。受照部位的皮肤将随剂量的增大而依次出现热致红斑、水疱、凝固及热致炭化、沸腾、燃烧及热致汽化。激光还对神经系统有损害,主要表现为失眠、头痛、烦躁或抑郁、精力不集中、记忆力减退、全身疲劳、易怒等;体检时可见血管反应不稳定,多汗,腱和骨膜反应增加、血压波动不稳定等症状和体征。激光其他因素对人体损害包括电的损伤、污染物的危害、噪音危害、低温液体、电离辐射、光泵爆炸、激光管爆炸、电气元件爆炸,以及元器件着火引起火灾等。

(四)激光的防护措施

1. 激光操作的环境要求　激光器操作间内应有吸光材料,不得有反射、折射光束的设备、用具和物品。使用激光仪器的环境周围应配备有效的消防措施。

2. 操作前要求　所有激光操作人员必须经过培训,术者和助手必须详细了解器械的性能和使用方法。无菌手术盖布应为不易燃或阻燃的。行激光操作时不要戴手表、首饰等反射较强的饰物。

3. 操作中要求　激光器在使用时,开关应置于"准备状态",不使用时,开关应置于"待机状态",意外情况时,立即按下"紧急状态"。严禁裸眼直视激光束,佩戴防护镜,瞄准光束应该精确校准,避免激光束射向人员行走频繁的区域。

4. 操作后要求　操作人员应做定期健康检查,特别是眼底视网膜检查。由专职人员定期进行激光仪器、防护装备的安全检查。

知识拓展

术中激光的危害

激光引起组织汽化时可产生烟雾及 $0.3\mu m$($0.1\sim0.8\mu m$)微粒。动物试验发现微粒沉积于肺泡,可引起间质性肺炎、支气管痉挛、肺泡水肿及广泛肺不张,并降低黏膜纤毛清除率,诱发肺炎或病毒感染。CO_2 激光产生雾粒较多,使用中应设有排气装置。医护人员通常用的口罩只能滤除 $0.3\mu m$ 以上的微粒,防护效果差,应采用特制细孔的口罩以策安全。

激光还可引起气栓,多见于宫腔镜与腹腔镜 CO_2 激光手术,与激光刀的冷却光源有关,今主张用 CO_2 气体而不用氮气或空气作为冷却光源。激光引燃气管导管是最棘手的意外,发生率为 $0.5\%\sim1.5\%$,最初旨在导管表面燃烧而致局部灼伤。如果未能察觉,可烧穿导管壁,于通气并在氧助燃下可产生火焰及毒气,可致肺实质损害。

手术单和病人防护覆盖物抗激光性试验系统已通过专家鉴定,未来可以开发专门用于激光手术的手术单和病人防护覆盖物更好的保护病人以及工作人员。

二、电离辐射的安全使用及防护

(一)概述

电离辐射是电磁辐射和离子辐射的总称,电磁波包括 X 线、γ 线等;离子包括电子

（β粒子），质子、中子、α粒子等。X射线诊断是很重要的临床医学检查手段。波长（约为0.008~0.031nm）很短，具有很强的穿透力，能穿透一般可见光不能穿透的各种不同密度的物质，在使用过程中给操作人员、手术医护人员带来不同程度的职业危害。

（二）X线的特性及应用

1. X线的特性

（1）穿透能力强。

（2）电离作用：物质受X线照射时，可使核外电子脱离原子轨道产生电离。

（3）荧光作用：荧光的强弱与X线量成正比，用做透视时观察X线通过人体组织的影像。

（4）热作用：物质所吸收的X线能大部分被转变成热能，使物体温度升高。

（5）生物作用：X线照射到生物机体时，可使生物细胞受到抑制、破坏甚至坏死，致使机体发生不同程度的生理、病理和生化等方面的改变。

（6）其他：X线作为一种电磁波，具有反射、干射、衍射、散射等光的特性。

2. X射线在手术室的应用　随着科技的不断发展，诊疗技术水平的不断攀升，复合手术体现了多种综合优势手术方式特长，越来越多的C形臂、G形臂、O形臂等X线放射机器被应用到手术中。

3. 射线手术室职业危害

（1）X射线的电离辐射激发所引起的生物效应，可诱发癌变，导致脱发、皮肤烧伤、辐射性白内障、白血病等。

（2）X线照射生物体时，与机体细胞、组织、体液等物质相互作用，引起物质的原子或分子电离，因而可以直接破坏机体内某些大分子结构，使机体组织代谢紊乱，功能失调，以及病理形态等方面的改变，严重者可导致死亡。

（3）急性效应表现为皮肤红斑，骨髓、肺、消化道伤害、白细胞减少，不孕，恶心、呕吐、腹泻。慢性效应表现为白内障、白血病，癌症。遗传效应表现为遗传基因突变或染色体变异所发生的各种疾病。不同的人体组织器官对辐射的敏感度也不同，同样剂量的辐射照射到生殖器官上的危害远大于对四肢的照射，对胎儿也会造成严重的影响，如胎儿宫内致死和致畸效应。

4. 手术室X射线职业防护

（1）术中防护三原则：即放射实践的正当化、放射防护的最优化以及个人剂量和危险限值，所使用的剂量是可以达到的最低水平并且已考虑个人剂量的危险限值的情况下，才达到真正辐射防护。

（2）安装前屏蔽：安装使用C臂机前应根据机器的需要做好屏蔽工作，如四周墙壁和感应门使用防X射线的含铅板材，门上的玻璃也使用含铅玻璃或防辐射的有机玻璃。尽量把X射线局限在手术间，避免对室外人员和其他房间的人员造成不必要的影响。

（3）手术中人员防护：包括医务人员防护和患者防护，避免一切不必要的照射。医务人员防护运用C臂机时操作者应穿戴铅含量不 <0.25mmpb 的铅衣、铅帽、铅颈套及铅眼镜等个人防护用品，尽量减少射线照射量。有研究显示铅衣和铅颈套能有效阻隔射线。铅屏风：手术床侧面可使用铅屏风，操作者在曝光时，无关人员暂离室内，手术人员可用铅屏风防护。

（4）时间防护：医务人员与患者的受照剂量与曝光时间成正比，尽量缩短X射线曝光的时间与次数。

（5）距离防护：郑德先等研究发现，X射线量随着距离的增加而迅速衰减，如果远离照射野，可有效降低X射线的辐射量，减少射线损伤。工作人员所受辐射的强度与辐射源距离的平方成反比，对于β和低能光子，空气也有一定的屏蔽作用，在保证效果的前提下，应尽可能远离辐射源。

知识拓展

X射线危害的评估方式

1. ICRP（国际辐射防护委员会）建议，有效剂量限制为50mSv/年。在放射线剂量达到200~500mSv，肯定会对人体健康产生损伤，且人体所受的长期慢性照射，剂量可以累加而产生累积效应。

2. NRPB（英国国家辐射保护局）将X线检查分为四个危险层次：

（1）胸部、四肢、牙科的X线检查，危险范围<1/1 000 000，危险伤害基本忽略。

（2）头部、颈部、关节的X线检查，危险范围1/1 000 000~1/100 000，危险伤害极微。

（3）脊柱、腹部、骨盆的X线的检查，危险范围1/100 000~1/10 000，危险伤害微小。

（4）CT、血管造影术、消化道、胆道、泌尿系统造影、介入治疗的X线的检查，危险范围1/10 000~1/1000，危险伤害小。

三、手术室气体的安全使用及防护

（一）概述

手术室是特殊的工作环境，其空气中存在低浓度挥发性化学消毒剂、残余吸入麻醉药、腹腔镜充入的二氧化碳（CO_2）气体、单极电刀使用时散发出的气味，气溶胶（aerosol）由固体或液体小质点分散并悬浮在气体介质中形成的胶体分散体系，又称气体分散体系。其分散相为固体或液体小质点，其大小为1~100nm，分散介质为气体。这些气体直接影响医务人员的身体健康。

腹腔镜手术具有创伤小、痛苦轻、恢复快、疗效可靠等微创治疗的优点，目前被越来越多运用于临床手术，但腹腔镜手术过程中需要充入二氧化碳（CO_2）来建立气腹，近年来CO_2气腹对机体的影响已引起众多学者的重视，但往往只重视了对患者机体的影响，而忽略了对医务工作者自身机体的影响。CO_2气体常温下是一种无色无味气体，密度比空气略大，在新鲜空气中含量约为0.03%。关于二氧化碳在室内空气中最大允许含量，各国尚无统一规定。如果以一般健康人群为根据，理想范围为900~1800mg/m³（0.046%~0.09%），世界卫生组织推荐CO_2浓度1800mg/m³作为室内人体可长期接触的理想浓度或可接触浓度，并被世界多数国家采纳为室内空气质量浓度限值。CO_2本身没有毒性，但当空气中的CO_2超过正常含量时，对人体会产生有害影响，最主要的是刺激人的呼吸中枢，导致呼吸急促、吸入量增加，并且会引起头痛、神志不清等症状。根据毒理学和流行病学研究结果表明，室内空气CO_2浓度在0.07%时，人体感觉良好，CO_2浓度达到0.01%，个别敏感者有不舒适感，长期处于这样的室内，就会感到难受、精神不振，甚至影响健康，CO_2浓度达到0.15%时不舒适感明显，至

0.20% 时室内卫生状况明显恶化。

（二）CO_2气体泄漏原因分析

1. 气腹管道与气体钢瓶接口处连接不紧密，导致气体慢性泄漏。

2. 气腹管与气腹机出口处连接不紧密导致气体泄漏。

3. 手术者与助手意识疏忽，操作时 Trocar 开关未关闭或腔镜器械的接孔未关闭导致 CO_2 自开口处释放。

4. Trocar 上的橡胶帽老化、破损，导致腔镜器械进入 Trocar 操作时 CO_2 气体慢性漏出。

5. 术中扩大 Trocar 切口取标本或者中转开腹手术时，未及时将腹腔内 CO_2 吸尽，任由其从切口处逸出至室内。

6. 术毕手术医生在取出 Trocar 时未及时吸尽腹腔内余气，导致残余 CO_2 自切口处逸出至手术间。

7. 术毕关闭气腹机和气体瓶总开关，而未将管道内残余 CO_2 吸尽，导致拆卸气体钢瓶时瞬间残余 CO_2 泄漏。

（三）防护措施

1. 手术前巡回护士检查连接管路紧密，无漏气。器械护士应将腔镜器械的接孔关闭，尤其应注意 Trocar 的开关是否关闭。检查橡胶帽有无破损或者变形，如有在术前及时更换。

2. 手术过程中，时刻提醒医生注意避免因操作导致的气体泄漏。术中若改开腹，及时关闭气腹，用吸引器吸尽腹腔内残气，以避免过多的气体泄漏于手术间内。若术中取标本导致 Trocar 穿刺口变大而气体易从边缘逸出，取完标本后用凡士林纱布在 Trocar 周围填塞并缝合。

3. 手术结束前，巡回护士时刻关注手术进程，在术毕及时关闭气腹机充气开关，并关闭气体瓶总开关，嘱医生吸引器吸尽腹腔残余 CO_2，后将吸引器皮条与气腹管连接后，重新打开充气开关，调大流量，通过中心负压将气腹机内及管腔内的余气吸尽，防止卸除气体瓶时造成的瞬间大量余气泄漏。手术结束后一定要关闭气体瓶总开关并放尽管道中的余气。

（四）气体接触的主要来源及危害

1. 手术室常用仪器 电切镜、单极电刀、血管结扎束、超声刀、电钻、电锯等医疗器械在使用过程中产生的烟雾及刺激性焦味，能够通过直接刺激眼结膜和呼吸道结膜，使人结膜充血、呼吸不畅。

2. 常用的挥发性消毒剂 戊二醛、过氧化氢、甲醛以及环氧乙烷气体灭菌后产生的残留排放于空气中，都会强烈的刺激接触者的眼睛、皮肤黏膜及呼吸道，甚至可以导致气喘、呼吸困难。其中甲醛的危害性较为严重，长期接触还会引起女性月经紊乱、妊娠综合征、慢性呼吸道疾病等。

3. 全麻手术中吸入性麻醉药 需要使用手法辅助呼吸，以排空贮气囊内的残余气体，往蒸发罐内进行加药操作时也会有部分药物的挥发，还有患者停用麻醉药后呼出的气溶胶也可以直接导致头晕、恶心呕吐、烦躁等。如果长期暴露于微量麻醉废气污染的环境中，还可能引起生育能力下降、胎儿畸形及流产的发生。

4. 手术室其他的有害气溶胶 在骨科关节置换手术中会经常使用能产生强烈的刺激性气味的骨水泥等填充材料，引起呼吸道的刺激症状。术中配制化疗药物时，注射器稀释药物、排气、换液、拔针等操作都会使医护人员吸入含有细胞毒性药物的气溶胶或是气雾，这些化疗药都有抑制骨髓造血功能的不良反应,同时还有致癌、致畸以及脏器损害等潜在危险。

(五)防护措施

1. 标准预防　在接触危害性气溶胶时要戴好口罩、护目镜和手套。接触甲醛等刺激性液体时要戴手套、护目镜,穿专用隔离衣术中配制化疗药物时要戴口罩、乳胶手套使用层流台进行操作,台面要覆盖一次性防护垫,减少药液污染稀释抽取粉剂药物时要插入双针头,以排出瓶内压力,防止药物颗粒从针栓处弥散造成污染。抽取药液后在瓶内排气再拔针,减少气溶胶的排出。在执行操作前后严格洗手,规范执行六步洗手法,避免人为的二次污染。

2. 正确使用单极电刀等仪器　手术过程中在使用电切镜、单极电刀等仪器时,正确选择最佳功率进行组织切割,有效控制弥漫性气体的产生。利用负压吸引来吸除烟雾,较为有效的控制烟雾在空气中的扩散。

3. 加强麻醉过程的管理　在使用密闭式麻醉机时,首先应该在麻醉开始前检查各连接口管道是否紧密,防止漏气。正确连接废气排放系统,将麻醉废气及时排放到室外。麻醉过程中也应该加强管理,正确合理用药以降低空气中麻醉气体的浓度。必须使用废气排污及二氧化碳吸附装置,降低有害气体的产生,提高自身安全。尽量使患者体内的气体麻醉剂交换完毕,再拔除气管导管,以便减少手术间的污染。

4. 合理设置工作流程　手术室应配备专用的消毒间和病理标本室,并要有良好的通风系统。缩短挥发性气体的暴露时间,延长消毒后残余消毒药物的散发时间,将毒性损害降到最低程度。

5. 定期监测手术间空气质量　应用空气净化装置进行室内的空气净化,改变空气中的尘埃粒子量,控制细菌浓度及微生物气溶胶的含量,定期进行空气监测。

6. 提高医护人员的防护意识　手术室工作人员对危害性气溶胶的防护意识十分薄弱,使得职业暴露和感染率增加。有研究中表明,接触气溶胶可引起一线医务人员感染率高达20%以上。管理部门应加强对医护人员的培训,采取不同的宣教形式提高手术室工作人员的防护依从性,使医护人员真正掌握并正确运用所学的知识,把标准预防的概念真正转变为医护人员日常工作中的一种理念,而不是单纯为了遵守制度或应付检查,从根本上促进医护人员职业防护行为依从性的提高门。管理者应制定相关的规章制度,同时在工作中加强督导,使医护人员深刻意识到危害性气溶胶对自身的伤害,最大程度的减少职业暴露和职业感染率。

知识拓展

腹腔镜手术排烟技巧

微创手术排烟系统随着腔镜技术的日益发展,腔镜手术的排烟系统也逐渐被应用。要排除烟雾中的一氧化碳、气化的肿瘤细胞和有害化学成分等需采取的方法有:在腔镜手术过程中部分打开腔镜套管的阀门,负压吸引烟雾,同时在阀门链接过滤器滤除有害物质,也可以在腔镜手术的过程中或手术完成后用高含氧量的空气对腹腔进行间歇或持续的换气,可降低一氧化碳的浓度,并避免切口的烟雾泄漏。

(刘　婷)

第三十一章 手术室信息化管理

学习目标

1. 复述手术室信息化建设的必要性。
2. 列出手术室管理信息化系统特点与功能。
3. 描述手术室信息化建设支持和保障体系。
4. 应用系统和模块的设计和开发提出需求。

第一节 手术室信息化概述

随着物联网技术的快速发展和应用领域的不断扩大,医院管理模式也在不断发生变化,传统人工管理模式已经不适应现代医院精细管理发展需要,医院信息化管理已经成为评价我国综合医院等级评审的重要标志之一。手术室是医院为手术患者提供手术诊疗的服务平台科室,也是患者实施手术抢救的重要场所,更是医院业务运营的核心部门,其管理品质直接影响整个医院手术科室和临床医技科室的质量和安全,医院手术室管理可辐射于全院相关业务部门或科室,包括行政职能部门、临床科室、医技科室、后勤物资等,因此,医院手术室信息系统管理模式,在手术室高效运营策略与安全管理决策制定起着至关重要的作用。

《全国医疗卫生服务体系规划纲要(2015—2020 年)》"十三五"规划纲要内容之一,通过云计算、物联网、大数据等信息化技术手段,推动医疗卫生服务模式和管理模式的深刻转变。医院手术室管理利用物联网技术来实现传统的医疗管理模式创新:从人员信息管理、流程信息控制、物品信息追踪、质量安全控制、教学信息考评、科研大数据收集等方面均可全面实现信息化。

知识拓展

信息化技术

信息技术(information technology):是主要用于管理和处理信息所采用的各种技术的总称。它主要是应用计算机科学和通信技术来设计、开发、安装和实施信息系统及应用软件。主要包括传感技术、计算机与智能技术、通信技术和控制技术。

物联网技术(the internetofthings technology):通过射频识别(RFID)、红外感应器、全球定位系统、激光扫描器等信息传感设备,按约定的协议,将任何物品与互联网相连接,进行信息交换和通讯,以实现智能化识别、定位、追踪、监控和管理的一种网络技术,基础于互联网技术。

云计算技术(cloudcomputing technology):是一种按使用量付费的模式,这种模式提供可用的、便捷的、按需的网络访问,进入可配置的计算资源共享池(资源包括网络,服务器,存储,应用软件,服务),这些资源能够被快速提供,只需投入很少的管理工作,或与服务供应商进行很少的交互。

目前,我国医院手术室信息化管理系统在临床应用中比较成熟的包括:医院信息系统(HIS)、电子病历系统(EMR)、检验检查系统(LIS)、医学影像管理系统(PACS)、无菌物品质量追踪系统、移动护理患者身份核查系统、病理标本刷码管理系统、高值耗材管理系统,移动护理系统(身份识别)、电子文件系统,手术衣物 FRID 管理追踪系统、医务人员行为管理系统、手术麻醉实时监测系统等,各级医院信息技术发展不平衡,多项文献显示:HIS、LIS 和 EMR 系统在医院应用广泛,因系统之间缺少统一的数据交换标准,医院内科室与科室之间,医院与医院之间医疗数据资源部分不能共享。

医院手术室作为医院高效运转的关键部门,具有业务流程复杂、人流物流量巨大、医疗护理安全要求高、质量控制难度大、专业发展速度快、数据源多等特点,对信息化技术依赖度高、需求量大,是现代化手术室管理必要的支撑和手段。与国内医疗护理信息化进程同步,手术室护理信息化发展走过了从单点、单项业务处理 – 部门业务联网处理 – 全院一体化系统 – 数字一体化手术室的路程。

数字化医疗技术的进步,现代数字化技术、医疗信息技术、先进手术室设备促进了医院手术室数字技术、3D 技术、VR 技术、图文处理与传输技术、机器人技术、人工智能技术、物联网技术的发展与应用,但因手术室护理信息化发展起步较晚,缺乏标准化数据资源,无法形成统一和规范的手术室管理信息体系,制约了手术室信息资源共享和推广。

第二节　手术室信息化特点与功能

医院手术室运营与管理,涉及多个职能部门、临床科室和后勤保障支持系统等,管理流程复杂、手术室信息化技术呈现出交叉性、专业性、实时性、重要性、多样性的显著特点。

(一)交叉性

手术室信息系统与所有发生联系的医院职能决策部门、临床科室、后勤物质保障部门的信息系统可双向或多向数据交互;同时利用互联网平台,可实现一定区域内信息交换和共享,如无菌物品追踪系统与 CSSD 之间数据共享,高值耗材管理与后勤物资信息系统共享等。

(二)专业性

手术室信息化专科属性体现在每个信息系统设计中,融合手术室管理理念、临床手术和信息技术三个方面。如医务人员行为管理信息系统中是将人文关怀管理、患者手术安全

（授权资质）、移动 IT 技术。

（三）实时性

患者实施手术过程中，生命体征会因手术、个体对手术反应出现变化，手术实时监测技术需要捕捉、传递、反馈和处理这些变化，通过信息系统智能提示得到预警、预防和控制。如手术麻醉信息系统可实时监测患者血压、心率、呼吸、氧饱和度等体现实时监测技术。

（四）重要性

手术室是手术科室的心脏，对医院而言具有泵血作用，手术室信息化建设是提高医院经济效益的必要条件。手术室是医院高收入和高成本科室，人力调配、物资设备监管、成本控制、资源效能分析等都需要信息技术支持才能实现，手术室信息化程度也体现医院整体信息建设级别。如高值耗材零库存管理系统应用可充分体现手术室信息化的重要性。

（五）形式多样性

依托材料学、工程学、人体力学、光学、制造学、计算机技术和数字信息处理技术的实质性进展，结合智能化技术、3D、VR 技术在手术中的广泛应用，医院手术室信息化系统呈现多样性：

1. 人力资源管理系统　包括医务人员行为管理系统、人员排班系统、绩效考核系统、培训考核系统等。

2. 临床质量安全管理系统　包括手术麻醉管理系统、手术排程系统、质量考评系统、无菌物品质量追踪系统、输血管理系统、标本管理系统、电子文件系统、手术室运营管理系统等。

3. 物资管理系统　包括手术室耗材管理系统、器材管理系统、收费信息系统等。

4. 教学科研系统　包括手术室视音频数据采集和传输系统（远程会诊系统）、各种信息系统统计汇总可为临床、教学、科研提供科学数据。

第三节　手术室信息化建设与应用

一、手术室信息化建设

（一）手术室信息化基础设施建设

硬件（hardware）是指计算机系统中由电子，机械和光电元件等组成的各种物理装置的总称。其功能是输入并存储程序和数据，以及执行程序把数据加工成可以利用的形式。是手术室信息系统建设坚实的物质基础，包括通信线路，网络信息点，网络速度、局域网覆盖情况、台式或笔记本式电脑，扫码枪（PDA），网络打印机，终端显示器等。

（二）软件系统建设

支撑手术室信息系统运行的医疗机构业务信息系统。应包括医院管理信息系统（HIS）、医院资源管理系统（ERP）、电子病历书写系统（EMR）、实验室系统（LIS）、影像传输系统（PACS）、放射影像报告系统（RIS）、办公自动化系统（OA）移动医护工作系统等。

软　件

软件（software）是一系列按照特定顺序组织的计算机数据和指令的集合。一般来讲软件被划分为系统性软件、应用软件和介于这两者之间的中间软件。系统软件（system software）是指控制和协调计算机及外部设备，支持应用软件开发和运行的系统；应用软件（application software）是和系统软件相对应的，是用户可以使用的各种程序设计语言，以及用各种程序设计语言编制的应用程序的集合，分为应用软件包和用户程序。

（三）手术室应用信息系统

根据手术室医务人员工作特点开发应用信息系统，如手术麻醉管理系统、无菌物品质量追踪系统、电子医嘱系统、PACS 系统、手术排程系统、手术标本管理系统、手术耗材管理系统等。

二、手术室信息化应用

（一）应用优点

手术室信息化在管理、临床、教学和科研上的全面应用，可实现医院经济效益和社会效益双赢。主要优点体现在以下几个方面：

1. 降低手术室运营成本　系统管理信息化可以实现全流程的无纸化和信息互通，节省大量人力物力，信息的准确性也间接为医院运行管理节约了成本。

2. 创新医院管理模式　为医院各级管理人员提供了丰富的资讯查询功能，可以方便快捷地查询到各种数据，能多方位的了解手术室运营状态。通过开发定制的业务数据报表，医院管理层随时都能查询动态的手术安排情况，为医院的管理创新提供丰富的数据基础。

3. 提高管理者应变能力　通过物联网实现了管理的网络化，在规范手术室内部操作流程的同时，使医院各级管理者都能实时、全面、准确地掌握手术相关信息，便于快速响应并采取应急措施。

4. 提高手术室工作效率　加强了患者及手术人员的管理，先进的权限管理机制能快速定位各种突发情况的位置及人员情况；机器人物流配送相关医用器械及物品，减轻了人员工作量，极大地提高了手术室的工作效率。

5. 增强管理的科学性　业务数据能够及时的被提取、统计及分析，准确性有很大的提高，不仅彻底改变了依靠手工和纸质传递的传统模式，简化了文档流转的途径。而且增强了管理工作的客观性和准确性。

6. 社会效益　提高医院手术室运营效率同时，降低使用成本，为更多患者实施手术治疗，缩短患者住院时间，降低医疗护理费用，提高患者住院满意度，赢得社会效益。

（二）常见应用方法和功能

1. 手术室管理系统的应用

（1）系统应用目标：①精准管理手术室人力资源；②提高临床手术质量与安全；③提高

临床教学和科研管理水平；④基于数据分析持续改进手术室质量项目。

（2）系统功能

项目	功能简介
档案管理	护理人员的姓名、学历、职称、职务、奖励、培训经历等基本信息，人员档案信息支持导入、导出和追踪功能
人员排班	每月排班、每周排班、每日排班； 包括排班组设置、排班班次设置、排班权限设置
制度建设	护理制度库建设 护理制度日志查询 护理制度修订流程
质量控制	科室护理质量检查 不良事件管理 上报表单查询 质量安全问题汇总
满意度调查	满意度录入 满意度统计分析
科研教育	①科研项目管理 ②科技论文管理 ③著作译著管理 ④发明专利管理 ⑤院内学习管理 ⑥继教学分管理 ⑦培训考核管理 ⑧教案课件管理 ⑨实习进修管理
专业技术	①护理专业技术档案上报 ②护理专业技术档案管理
绩效考核	①绩效分配 ②各种测评 ③项目上报与查询
统计分析	数据、图表等汇总 数据分析，改进项目 管理的科学化和智能化
数据维护	系统中数据变化 各类基础数据的维护功能

2. 手术室电子病历的应用　手术室电子病历以手术患者为中心，包括电子医嘱和电子护理文件书写，为手术医生提供快捷服务，为手术室护理人员提供患者精准信息，避免传统

手工文件书写内容不一致、错误信息等缺点，实现手术护理记录标准化、规范化、系统化、科学化、电子化目标。

（1）系统目标：①提高护理安全与护理质量：无菌物品追溯、手术标本送检、耗材使用、物品清点等各环节，实施数据实时采集与记录，保证环节质量可视、数据及时真实准确。②提高工作效率：借助移动医疗护理技术，操作简单，减少护士记录时间，使护士更好地投入到护理活动，提高工作效率。③规范电子病历书写：书写真实、客观、准确、及时，操作界面简洁，勾选栏目代替文字录入，书写内容规范。

（2）系统功能：①记录手术、麻醉全过程：采用人工录入和移动设备扫描两种方式，全程、实时、客观、准确记录手术护理过程，对关键项目未记录完善，系统自动提示。②质量可控、可追溯：通过程序控制每个记录环节，记录内容可追溯、查询和分析，可作为举证依据。③统计分析功能：可统计工作量、手术间效率、手术时长、准点时间、等待时间等。

3. 手术电子排程系统的应用　手术排程信息系统以提高手术间、人力资源、设备物资的使用效率为目的，实现加快手术患者周转，降低平均住院日，减轻患者住院费用目标。

（1）系统目标：①智能排程，人力资源合理调配；②降低手术室运营成本；③资源实时监控和优化配置。

（2）系统功能：①手术排程：根据医院手术室安排规范，智能排程，实时更新调节；②查询功能：手术人员均可在办公室终端或手机查询；③智能化手术调度功能：手术进展到预设时间节点，系统自动发送信息通知下一个环节，如接下台手术患者、通知医生上手术室等；④可视手术进程：手术间、家属等候区、医师终端、管理者终端均可看见；⑤绩效考核：根据工作时间、工作质量、手术风险等级等进行数据汇总和分析。考核医生、护士、麻醉医师绩效。

4. 手术耗材管理系统的应用　手术室在医院的物资和财务管理中占有重要的地位，使用信息化管理，可实现二级库房零库存目标，有效降低医院耗材库存成本。

知识拓展

SPD 模式

SPD（supply、processing、distribution）是供应、加工、配送的三个物流过程的缩略描述与代称。SPD 理念起源于美国医改，日本人结合二战之后最重要的生产方式之一 JIT 生产方式（准时制生产方式），使 SPD 在日本得到了快速高效的发展。其实质是，保持物质流和信息流在生产中的同步，实现以恰当数量的物料，在恰当的时候进入恰当的地方，生产出恰当质量的产品。这种方法可以减少库存，缩短工时，降低成本，提高生产效率。在医院就是通过定数卡片回收与配送补货同步，确保各使用科室医用物品，按使用消耗进行及时准确供应。SPD 手术耗材管理系统，即把手术耗材的日常采购、使用、回收和配送等过程进行一元化管理的体系，相关业务均由第三方运营。

（1）系统目标：①降低物流管理成本，提高物流管理效率；②手术材料定数管理，按实际消耗配送；③所有手术耗材均可全程信息化追溯，计费自动化；④实现医院手术耗材零库存及智能化结算。

（2）系统功能：①供应商证照资质合法性管理全面系统化；②手术材料按实际消耗全面实现智能配送；③手术耗材全程追溯管理；④智能化结算；⑤系统查询与统计功能可跟踪、查询耗材包装、配送、领出、使用者、被使用者、收费员信息；可查询耗材库存和使用量。按病种、按使用者、按手术量核算耗材成本；⑥数据自动存储、安全修复功能。

5. 手术病理管理系统的应用　手术病理标本对患者的疾病诊断、治疗及预后具有重要意义，病理标本管理也是等级医院评审中重要监测项目，体现了医院的医疗安全与手术室管理质量。

（1）系统目标：①手术病理标本全程信息化质量控制管理；②术中快速冰冻标本及时反馈，结果自动查询；③手术择期病理标本检验结果自动查询打印。

（2）系统功能：①实时自动记录病理标本状态和检验结果；②显示每日拟送病理标本及实送病理标本；③扫描电子条码或二维码进行交接；④远程可视病理标本，提供家属知晓；⑤病理检验结果报告影像化、电子化；⑥数据查询有权限限制，仅授权责任相关方人员使用；⑦系统自动存储；系统具有自动修复功能；保证数据安全。

6. 再生无菌物品质量追踪的管理系统　手术中使用的再生无菌物品从使用、清洗、检查、包装、灭菌、储存等十个环节全程可视化追溯，提高手术患者安全，降低手术部位感染发生率。

（1）系统目标：①全程质量监控；②状态查询；③预警提示。

（2）系统功能：①再生无菌物品全程监控：再生无菌物品从回收、分类、清洗、检查、包装、灭菌、储存、发放、使用等十个环节进行信息节点控制，器械清单数据与手术物品清点单关联，记录入手术护理电子记录单中，作为追溯证据。②查询功能：可查询每一循环节点责任人，物品所处状态，如清洗、包装、灭菌等，物品使用频率和使用对象，分析数据用于支持器械包配置决策依据。③预警功能：有效期、失效期、库存不足、错误发放和存储等。④数据统计功能：工作量表、成本核算、消毒供应中心人员绩效考核、设备、器械使用率和购置依据。

7. 数字一体化手术室的应用　数字化手术室是综合应用计算机、网络、通讯、自动控制、图像信号处理、多媒体及综合布线等技术与手术过程有的各个系统，如医疗设备、环境控制、医疗行为控制、医院信息系统（HIS）和影像数据传输和储存系统（PACS）、远程医学、手术示教、感染控制等进行有机整合，采用智能化综合控制系统进行集中管理，为医院外科手术提供了更加高效、舒适、安全的操作环境。

数字化手术室核心技术是信息技术，利用实时数据检测和远程医学影像技术的结合，医生可以实时、便捷地获取大量与患者有关的信息，并在精确导航系统的帮助下实施更为精确的手术，从而大大提高手术的效率和成功率。同时，实时的手术视音频录播和传输也为手术室内外的交流以及手术和远程教学提供了可靠的通道。术中大量临床资料也为科研和医疗举证提供了宝贵资源。随着数字化3D视频技术、VR技术、机器人手术系统技术的快速发展，数字一体化手术室将以更丰富多样的形式展现，也将为手术室提供更多的信息化解决方案。

（1）系统目标：①信息系统高度集成；将HIS与PACS/RIS以及LIS等多个系统间无缝链接。②控制手术相关感染：通过对人员行为、净化设备、无菌物品的信息化管理，实现手术室感染控制。③手术设备一体化集中控制；将手术、麻醉设备、音视频设备控制集成，并可兼容其他可视设备。

（2）系统功能：①病人信息调阅及手术数据管理：在手术间能够从医院现有的 PACS、HIS、LIS 系统中调阅 CT、MRI、超声等影像资料、基础资料、检验结果等；将视音频数据进行存储、剪辑、归档；手术数据存储，可调阅；其他科室的医生通过医院内部网络可以访问，多学科协作，提高诊断和治疗水平；通过与医院信息系统相集成，可实现手术科室事务全面数字化管理。②手术会议转播以及远程会诊：利用通信技术、计算机多媒体技术将不同的医疗机构、医生、患者联系起来。完成远程会诊、会议转播、专家远程指导、学习观摩。③医疗设备的集中控制：腔镜主机设备、气腹机、冷光源、电刀、麻醉机、空气层流、术中摄像、全景摄像、照相、刻录、音频等设备操控集中在一个操作平台；可连接任何带影像接口的设备：可视喉镜、B 超、心电图等。

手术室护理人员是手术室信息化建设的核心，他们在临床实际工作中能发现和提炼出贴近和符合手术室护理发展规律、精准契合手术室业务流程和管理标准、全程控制手术安全的信息化管理需求，并在信息化技术应用的基础上，要不断对其现有功能进一步开发，使其功能持续升级，并能够利用现有数据和平台，开展教学科研和数据分析，为科学化护理管理、询证护理、管理决策提供支持，丰富手术室临床护理和管理手段，促进学术交流和专业发展，使信息价值最大化。

（穆　燕　高兴莲　李　莉）

第三十二章 手术室专科护士培训

学习目标

1. 复述专科护士定义。
2. 列出国外手术室专科护士职业标准。
3. 描述国内外手术室专科护士资质要求。
4. 应用国际专科护士评价体系促进发展。

第一节　国际手术室专科护士培训与发展

一、美国手术室专科护士的职业标准

1976年美国护士协会（ANA）对专科护士的定义为：持有硕士或博士学位且在某专科领域有较高护理水平的注册护士，其主要工作在临床护理的特殊领域。其角色是以选择客户的需要、社会的需要和护士的临床专业知识来定义的。1980年ANA对专科护士的学历水平给予了明确规定，必须达到硕士或博士水平，并将其再次定义为：一个在硕士或博士水平上经过学习并受到实践监督的、在某一特定的知识领域和临床护理区域中已成为专家的护士。也就是说在美国专科护士必须具有硕士学位（也有一些是兼有学位课程和非学历教育的专科证书者），拥有某一特殊领域的护理相关知识和临床实践经验，并且有符合专业协会要求的执业证书。美国与国际其他国家的手术室专科护士资质要求见表32-1-1。

知识拓展

美国专科护士现况

美国是发明和应用"专科护士"制度最早的国家，1900年美国护理杂志中一篇题为"specialties in nursing"的论文，首次提出了专科护理的概念。1991年，美国成立了国家唯一许可的资格认证机构——美国专科护士认证委员会（the accreditation board for specialty nursing certification，ABSNC），它的职能是通过为专科护士制定统一的认证标准和提升公众对认证价值的认识，以提高专科护士的认证价值。目前美国至少有67家非政府认证机构，认证项目已达95种，涉及134个专科护理领域。专科护士分为初级专科

护士和高级专科护士两个层次,其认证机构都是各专业护理协会及其下属专科资格认证机构,认证资格在全国承认。从"专科护理"概念的萌芽至今已有100多年,并已形成了比较完善和系统的专科护士培养模式。据调查,美国纽约州的专科护士中硕士占75%,博士占16.5%。申请专科护士学习也有如下规定:一般为取得学士学位,完成护理基础理论课程的临床注册护士,有一定的临床经验;若申请者为无学士学位的注册护士,需在入学后第1年完成基础护理课程的积分,再进入正规专科护士的课程学习。目前美国大约有10万余名专科护士,占雇佣护士总数的7%。

表 32-1-1　国际手术室专科护士资质要求

资质要求 国家	认证机构	学历水平	认证有效期	临床工作年限	专科年限
美国	美国专科护士认证委员会	硕士或博士			
加拿大	专业护理协会		5年	5年以上	2年以上
英国	政府部门	硕士或博士			
德国		3年中专基础教育		2年	
日本		硕士以上	5年	5年	3年以上
荷兰		学士		5年	
新加坡		大专			

二、加拿大手术室专科护士的职业标准

加拿大各专业护理协会及其下属专科资格认证机构对具有5年以上临床工作经验(含2年以上专科护理经验)或具有1.5年以上专科护理经验且10年内完成300小时以上专科领域正规学习的护士进行认证。一次认证的有效期为5年,再认证条件为5年有效期内完成一年半的专科护理工作;通过再认证考试或5年内参加100小时的专科继续教育活动(如参会、书写论文、参加学校举办的正规课程等)。

三、英联邦国家手术室专科护士的职业标准

英国皇家护理学院认为,只有在临床护理、会诊、教育、管理、研究等所有这些方面都履行职责的护士才被称为专科护士,其在日常工作中具有4种不同的角色:护理实践者、顾问、教育者和研究者。这4个角色没有明显的分界,但学科带头人的作用是明显的。在英国专科护士必须具有硕士或博士水平,通过政府部门认可的课程学习,获得专家资格证书,并通过有关部门评估认证其工作能力。同时立法机构关于护士处方权问题的规定中明确指出,

专科护士在规定的协议内能够更改医生所开处方中的时间选择和剂量,但这种护理行为是有一定职权限度的。

四、德国手术室专科护士的职业标准

德国的手术室护理人员由手术技术助理(即手术室护士)、麻醉护士(或 ICU 护士)和普通护士组成。手术室护理人员工作前一般在校接受护士的 3 年中专基础教育,分成人、儿童、老年护理三个专业。若担任专科护士,必须由单位出具工作 2 年的证明,然后可接受专科职业培训,并经审核后获得专科护士执业资格。德国的护校曾于 1997 年开设过手术技术助理专业,可以直接为手术室培养专科人才。

五、日本手术室专科护士的职业标准

日本专科护士的认定条件是:具有护士注册资格;硕士以上学历并接受专科护士课程班培训,修满 60 学分者;有 5 年以上临床经验(在本专业工作至少 3 年以上),硕士课程班结束后在该专业继续工作 1 年以上;参加资格认定考试并合格者;办理注册手续;每 5 年接受 1 次资格复审。其延续注册制度为:5 年内完成 2000 小时的临床护理;5 年内科研成绩须达到 50 学分以上(学术会议、学会杂志上发表文章每篇 10 分、参加专科护理领域新知识或新技术的课程学习每次 5 分、参加专科护理领域的学术会议每次 3 分)。

六、法国手术室专科护士的职业标准

法国的护士分为 A、B、C 三个等级。C 类为最基础的助理护士;B 类为大学 3 年毕业后获得护士身份者;A 类为护士长和高级护士,是在护士中选拔的优秀者,手术室等特殊专科护士是高级护士,普通护士需通过专科培训后才能晋升为高级护士。

七、荷兰手术室专科护士的职业标准

荷兰规定:如取得学士学位的注册护士,具有 5 年临床工作经验,接受 2 年的专科护士课程教育,具备了超越一般护理知识、技能及专科护理技术之后,可被授予专科护士职称。

八、新加坡手术室专科护士的职业标准

新加坡要求专科护士必须是具有大专或大专以上学历的注册护士,在国内或国外其他医院的专科进修学习一段时间;或者是有多年工作经验的护士经过国内或国外的高等院校的进修学习之后方可从事专科护士的工作。

第二节　国内手术室专科护士培训与发展

专科护士(specialty nurse,SN)是指具备某一专科护理领域的实践经验,并接受专科继续教育培训,通过资格认定的注册护士。我国手术室专科护士资质认证工作起步较晚。1991 年我国香港特别行政区成立"香港医院管理局",在其规划下成立了 13 个护理专家组,

设立了21个专科的专科护士培训,要求专科护士具备注册护士水平和3年专科的工作经验。2005年香港医管局与中华护理学会合作,举办第一届手术室师资骨干培训班,这便是手术室专科护士培训的前身。

2007年卫生部办公厅印发《专科护理领域培训大纲》的通知,明确了专科护理准入条件及培训要求。

2008年,中华护理学会举办第一届手术室专科护士培训班,认证临床实践基地14所医院。经过10余年的探索与总结,在招生条件设置、招生规模、培训形式、考核方式等各方面逐渐成熟、规范,培训内容日趋完善,已形成国内专科护士培训的模式。培训方式以课堂授课和临床实践为主,配合以操作演示、技能练习等;结业考核采取闭卷考试、临床技能考核和授课评估相结合的方式。

2009年始,我国各省、自治区、直辖市也遵循《专科护理领域培训大纲》培训内容和中华护理学会的相关标准,开展省级专科护士的培训工作。

第三节　专科护士培训模式

一、专科护士培训资质要求

中华护理学会规定专科护士的招收需具备护士执业资质,大专以上学历,并具有5年以上临床护理实践经验,包括3年以上专科工作经验的护理骨干。

二、培训方式

专科护士培训为全日制脱产培训。

三、培训内容

专科护士的培训主要集中在中华护理学会、各省市护理学会。

卫生部办公厅颁布的《专科护理领域护士培训大纲》中规定,我国专科护士的培训时间为3个月(根据不同专业进行安排),其中1个月时间进行理论知识的集中学习(不少于160学时),2个月时间。

在具有示教能力和带教条件的三级甲等综合医院及专科医院进行临床实践技能的学习,并按照所规定的相应培训内容进行培训。

四、考核方法

专科护士培训结束,进行理论、操作、临床考核、结业报告及答辩。

五、资质认证

专科护士培训结束,理论考试及临床考核成绩合格者颁发中华护理学会"手术室专科护士培训合格证书"或各省"手术室专科护士证书"。

六、专科护士培训评价体系构建

目前,我国对于专科护士培训评价指标体系的研究尚处于起步阶段,有待于进一步的探索符合我国基本国情的、客观的、全面的专科护士培训评价体系。培训机构在注重专科护士培训的政策支持、制度建设、培训内容、准入条件、考评标准、资质认证等方面的同时,应逐步构建专科护士培训评价指标体系,建立专科护士长效培养机制,使专科护士培养走向系统化和标准化。

手术室专科护士培养目标是满足临床护理、患者管理和学科发展等方面的需要,专科护士临床工作胜任力体现培养效果,包括临床手术技术配合能力、专业沟通能力、应急处理能力、临床教学能力、科研能力、个人发展等方面是否得到提高,是评价专科护士培训指标体系之一。培训基地的管理、教学能力,临床教师师资能力,学员的自身学习能力等,也是评价专科护士培训指标体系内容之一。

因此,在借鉴国际专科护士评价体系基础上,对专科护士培训的评价指标可采用多维度、多指标进行,包含对培训基地评价、教师能力评价、临床实践医院评价、专科护士考评结果评价、专科护士临床使用效果评价(专科胜任力)等方面,评价方法可采取自我评价、上级和同行评议、现场评价等相结合的方式进行,并将评价结果与其临床使用和资格再认证挂钩,这样才能促进和约束专科护士培养机制的建立,保障专科护士培养质量。

知识拓展

美国专科护士培训评价的现状

美国护理教育评估经过 100 多年(1893 年至今)的不断发展,已成为当今世界上最为先进的护理教育评估体系。1952 年,美国护理联盟成立了正式的护理教育评估机构,标志着美国护理教育评估过程走向制度化和系统化,护理教育评估委员会的任务是建立符合当前社会需要和未来护理专业发展方向的护理教育评估标准与指标体系,负责对有资格提供护理文凭、执照、学位教育的护理院校进行评估。美国护理教育评估程序和方法分为以下五步:咨询、自我评估、实地评估、同行专家评估、委员会决议。2005 年最新修订的认证标准体系主体部分由 3 级指标组成,按照标准 – 细则 – 细则要求逐级展开,此外,每条标准还对应相应参考项目,用以辅证标准的达标情况。整个指标体系共有标准 7 条,细则 23 条,细则要求若干。对于不同护理教育层次的认证标准,一级指标和二级指标是相同的,不同之处在于三级指标细则要求。标准体系仅对专业发展作框架性的、定性的规定,这就给各州、各学校的护理专业以很大的自主性和自我发展的空间。

(孟红梅)

第三十三章　手术室管理新进展

> ### 学 习 目 标
>
> 1. 复述日间手术定义。
> 2. 列出日间手术模式。
> 3. 描述日间手术入院前健康教育、术前评估和用药选择、术中护理及术后注意事项。
> 4. 应用标准化护理模式完善日间手术管理。

第一节　快速康复外科

一、快速康复外科概述

快速康复外科（fast track surgery, FTS）也称加速康复外科（enhanced recovery after surgery, ERAS），其定义是采取具有循证医学证据的一系列围手术处理的优化措施，以减少手术患者的生理及心理的创伤应激，促进患者尽快康复。快速康复外科的理念使病人住院时间明显缩短，显著改善了病人术后康复速度，使得许多疾病的临床治疗模式发生了很大的变化。快速康复外科的概念是指在术前、术中及术后应用各种已证实有效的方法以减少手术应激及并发症，加速病人术后的康复。它是一系列有效措施的组合而产生的协同结果，许多措施已在临床应用，如围术期营养支持、重视供氧、不常规应用鼻胃管减压、早期进食、应用生长激素、微创手术等。快速康复外科早期的倡导者及实践者是丹麦外科医生 Kehlet，他早在 2001 年就率先提出了此概念，并在许多种的手术病人中积极探索其临床可行性及优越性，取得了很大的成功。

快速康复外科一般包括以下几个重要内容：

1. 术前病人教育。
2. 更好的麻醉、止痛及外科技术以减少手术应激反应、疼痛及不适反应。
3. 强化术后康复治疗，包括早期下床活动及早期肠内营养。良好而完善的组织实施是保证其成功的重要前提。

快速康复外科必须是一个多学科协作的过程，不仅包括外科医生、麻醉医师、康复治疗师、护士，也包括病人及家属的积极参与。同样，快速康复外科也依赖于下列一些重要围术期治疗方法的综合与良好整合。

二、快速康复外科组成内容

ERAS 方案的有效实施需要依靠外科、麻醉和护理等多学科的有效协作，为了进一步规范和推进 ERAS 在日间手术领域的应用,制订"日间手术的 ERAS 共识"以指导具体临床工作的开展。

（一）入院前健康教育

1. 简介手术方式、麻醉方式以及术后镇痛方案。

2. 向患者告知手术中可能出现的并发症及解决方案。

3. 有服药史的患者 如利血平或抗凝药应停药 1 周,吸烟患者劝其术前 4 周戒烟。

4. 禁食禁饮时间 术前清淡饮食,麻醉前 6 小时停止进食固体食物,麻醉前 2 小时鼓励患者饮碳水化合物饮料或能量合剂(以不超过 400ml 为宜)。

5. 患者和(或)家属参与日间手术加速康复的工作。

（二）术前再评估和用药选择

1. 入院后再次评估患者情况。

2. 术前用药

（1）避免常规使用长效或短效镇静剂作为术前药。

（2）根据手术类型,决定是否使用预防性镇痛;如需要则选择快速通过血脑屏障的 NSAIDS 药物抑制外周和中枢敏化,降低术中应激和炎症反应。

（3）根据手术切开类型判断是否预防性使用抗生素,如需要应在手术切皮前 30~60 分钟给予。

3. 术前无需使用尿管、胃管等。

（三）术中

1. 麻醉方式 根据手术类型,合理选择麻醉方式,在没有禁忌情况下尽量使用广义局麻联合全身麻醉。广义局麻包括切口局部浸润,外周神经阻滞,腹横肌平面阻滞,椎旁阻滞,蛛网膜下腔阻滞和硬膜外阻滞等。局麻药物选择运动阻滞作用弱、长效、副作用少的药物,如罗哌卡因。

全身麻醉尽量选用丙泊酚或吸入麻醉药物地氟烷/七氟醚联合短效阿片类药物、中短效肌松药物等,有利于术后尽早清醒并拔出气管插管。

2. 麻醉监测 常规检测心电图、血压、心率、脉搏血氧饱和度、呼气末二氧化碳分压和体温,有条件可联合使用麻醉深度监测和肌松监测,最大限度预防术中知晓,同时避免麻醉过深。

3. 优化液体管理 优先选择平衡液进行液体治疗,必要时联合容量监测,如每搏量变异度(SVV),动脉脉压变异度(PPV)等进行目标靶向液体管理。

4. 术中保温 积极采取保温措施,维持中心体温 36~37℃,保温措施包括提高室温、加温毯、加热床垫、静脉输入液体加温、体腔冲洗液加温等。

5. 控制血糖 糖尿病患者应控制血糖范围在 7.8~10.0mmol/L。

6. 无需常规放置引流管和胃管,如果术中放置了胃管,麻醉苏醒前将胃管拔除。

（四）术后

1. 无恶心呕吐,应尽早恢复经口进饮进食,进食后停止输液。

2. 根据手术类型,选择是否采用预防性多模式镇痛。

3. 根据发生术后发生恶心呕吐的风险,选择采用多模式方案预防术后恶心呕吐。

4. 术后早期下床活动。

5. 术后康复指导。

6. 患者达到以下标准即可出麻醉恢复室（表 33-1-1）。

表 33-1-1　改良 Aldrete 评分系统

改良 Aldrete 评分		入室	出室
活动	自主或遵嘱活动四肢和抬头	2	
	自主或遵嘱活动二肢和有限制的抬头	1	
	不能活动肢体或抬头	0	
呼吸	能深呼吸和有效咳嗽,呼吸频率和幅度正常	2	
	呼吸困难或受限,但有浅而慢的自主呼吸,可能用口咽通气道	1	
	呼吸暂停或微弱呼吸,需呼吸器治疗或辅助呼吸	0	
血压	麻醉前 ±20% 以内	2	
	麻醉前 ±20%~49%	1	
	麻醉前 ±50% 以上	0	
意识	完全清醒（准备回答）	2	
	可唤醒,嗜睡	1	
	无反应	0	
SpO_2	呼吸空气 $SpO_2 \geqslant 92\%$	2	
	呼吸氧气 $SpO_2 \geqslant 92\%$	1	
	呼吸氧气 $SpO_2 < 92\%$	0	

7. 出院时,患者必须达到如下标准（表 33-1-2）,才可出院（供参考）。

表 33-1-2　改良麻醉后离院评分系统 PADS

标准	分数
1. 血压（BP）/ 脉率（PR）	
大于术前基准 20% 以内	2
大于术前基准 20%~40% 以内	1
大于术前基准 40%	0
2. 活动能力	
步态平稳,无头晕或接近术前	2
需要帮助	1
不能走动	0
3. 恶心呕吐	
轻度：口服药可以控制	2

标准	分数
中度:注射药物可以控制	1
重度:需反复用药	0
4. 出血	
轻度:无需换药	2
中度:需换药 2~3 次	1
重度:需换药 3 次以上	0
5. 疼痛耐受	
可以耐受	2
不可耐受	1
总分	

注:最大分数为 10 分,患者达到 9 分或以上并有成年人(家属)陪同的情况下可以出院

第二节　日间手术

一、日间手术概述

日间手术在欧美国家开展已有 20 多年的历史,其优点:能提供高质量医疗技术,保障手术安全,减少病人在医院的住院时间、缩短病人手术等待时间、及时为病人进行手术治疗、降低医疗费用、减轻病人的经济负担、充分利用医院床位,为更多病人进行治疗。目前许多欧美国家日间手术占择期手术比例已达到 60% 以上,英国和美国甚至高达 70% 和 80%。

日间手术(ambulatory surgery)指病人在一日(24 小时)内入、出院完成的手术或操作,不包括在诊所或医院开展的门诊手术,最早由英国儿科医生 James H. Nicoll 提出。

1. 日间手术室对病人有计划进行的手术和操作,不含门诊手术。

2. 关于日间手术住院延期病人,指特殊病例由于病情需要延期住院的病人,住院最长时间不超过 48 小时。

二、国际日间手术发展现状

(一)国际日间手术组织

IAAS 成立于 1995 年,在比利时注册,是目前世界上唯一致力于日间手术管理和技术推广的全球性学术组织。IAAS 每两年举办一次国际会议,在欧洲、美洲、大洋洲、亚洲和非洲的许多国家进行日间手术政策管理、技术操作以及支撑系统的研究与交流,并积极向欧盟、世界卫生组织、经合组织等宣传、推广日间手术的益处和管理。现今 IAAS 成员包括 24 个国家和地区,主要以欧美国家为主。中国于 2013 年 5 月正式加入该组织,成为第 22 个成员国。

（二）国际日间手术发展现状

1. 日间手术使用量不断增加　从 20 世纪 80 年代开始,日间手术模式在欧美发达国家发展迅速,现已得到广泛应用。根据 IAAS 统计,在过去 25 年中,许多地区日间手术使用率稳步上升。2014 年,英格兰日间手术占择期手术的比例达到 85%,苏格兰为 72%,威尔士为50%;美国日间手术为 80% 左右;葡萄牙为 70%;瑞典、西班牙为 65%;荷兰在 50%~55%;匈牙利为 37%;法国从 2007 年的 32% 增加到 2014 年的 47%。

2. 日间手术服务模式　国际上日间手术服务模式主要有 5 种:一是独立的日间手术中心;二是诊所内手术;三是医院内设独立的日间手术中心,属于医院的整体设置;四是医院内有独立的日间手术病房,主手术室内配置专用手术室;五是医院内有独立的日间手术病房,但与住院病人统一安排手术。医院内设独立的日间手术中心以及配置专用手术室的日间手术病房是欧洲最常见的日间手术服务模式,在美国独立的日间手术中心所占比例最高。1962 年,在美国洛杉矶加州大学建立了第一家日间手术中心,独立的日间手术中心从 1976年的 67 个增加至 2004 年的 4000 个。

3. 日间手术的支付方式和补偿比例　各国对日间手术的支付方式主要有 3 种:一是按疾病诊断相关组（DRG）付费,绝大多数欧美国家采用 DRG 模式,如美国、德国、法国、瑞典、澳大利亚等;二是按单病种付费,如挪威;三是按项目付费,少数国家采用这种方式。各国医疗保险模式不同,补偿比例也存在差异。部分国家日间手术与住院手术按照同一比例补偿,如法国、丹麦、意大利等。少部分国家日间手术补偿比例低于住院手术,如德国、荷兰、葡萄牙等。

三、国内日间手术发展现状

（一）我国日间手术组织

国家卫生计生委卫生发展研究中心是国家卫生计生委所属研究机构,2010 年在进行按病种收（付）费规范的研制期间,组织了上海申康医院发展中心、四川大学华西医院、北京同仁医院、武汉儿童医院、中南大学湘雅医院、上海市第一人民医院、上海交通大学医学院附属仁济医院等单位成立了日间手术协作组。2012 年 3 月,在此基础上扩大成立了中国日间手术合作联盟,并于 2013 年 3 月正式向 IAAS 提交中国作为成员国加入的申请,于同年 5 月正式通过。继而,于 2015 年 5 月,中国日间手术合作联盟主席、国家卫生计生委卫生发展研究中心名誉主任张振忠教授当选为 IAAS 12 名新一届执委会成员之一,成为 IAAS 执委会第一位来自欧洲之外的成员,标志着中国日间手术的发展正式步入国际组织。中国日间手术合作联盟自成立以来,致力于中国日间手术学术与技术交流及推广,促进国际交流,协助国家制定国家日间手术技术、管理及支付规范。

（二）我国日间手术发展的几个阶段

1. 医疗机构自发开展阶段（2013 年以前）　我国日间手术起步较晚,初期开展日间手术的医院大多是为了在现有规模下有效提高自身医疗效率、降低平均住院日,在学习国际经验的基础上自发开展日间手术。目前部分日间手术开展较成熟的医院日间手术占择期手术比例已达 25% 左右。自 2005 年以来,部分医院也陆续开始修建独立的日间手术中心,最大的能容纳 50 张床位、8 张手术间。

2. 有组织地快速发展时期（2013 年 1 月至 2015 年 4 月）　CASA 自 2013 年起开始举

办全国学术年会,年会主题从"普及日间手术,推进医改进程"到"加强规范化建设,促进日间手术健康发展",每年都会邀请 IAAS 主席到会进行专题演讲,并积极组织国内医疗机构参加 IAAS 国际会议,国际影响力日渐增强。在 IAAS 的支持下,联盟组织成员单位翻译了 IAAS 出版的《日间手术手册》,于 2015 年 10 月正式由人民卫生出版社出版发行,为中国医疗机构发展日间手术提供参考,并创建"中国日间手术"网站和"中国日间手术合作联盟"微官网,用于日间手术的传播与交流,加快了日间手术在中国的发展。因日间手术在我国尚属初步发展阶段,没有全国层面统一的标准,如日间手术医生、患者及术式的准入标准,诊疗流程,建筑标准,病历书写标准等。联盟自 2014 年起,借鉴国际经验并结合我国实际,组织部分医院对我国日间手术系列规范进行研究与制定,于 2015 年 10 月第三届全国日间手术学术年会上,正式推出了中国日间手术的定义和 56 个首批推荐的日间手术术式,规范化地引领全国日间手术发展。

3. 列入国家医改重点内容,全面铺开(2015 年 5 月至今)　2015 年 5 月 6 日,国家卫生计生委、国家中医药管理局《关于印发进一步改善医疗服务行动计划的通知》(国卫医发〔2015〕2 号)中,特别提出要"推行日间手术"。当日,国务院办公厅《关于城市公立医院综合改革试点的指导意见》(国办发〔2015〕38 号)也提出,在规范日间手术和中医非药物诊疗技术的基础上,逐步扩大纳入医保支付的日间手术。上述政策文件的出台,为我国日间手术未来的发展指明了方向。日间手术被列入 2016—2018 年医改重点工作内容之一,将在全国大力推行。

(三)我国日间手术开展的主要模式

1. 我国日间手术发展模式按主导方来分,主要有两种模式,即医院自主开展和政府主导发展。

(1)医院自主开展主要是以提高效率、降低平均住院日为目的,结合医院硬件条件自主发展。

(2)政府主导开展主要是为加强市级医院质量和效率管理。

2. 按医疗机构运行模式来分,主要分为集中收、集中治模式;分散收、分散治模式;集中收、分散治模式。

(1)集中收、集中治模式:设立有独立的病房、独立的手术室的日间手术中心,多科病人汇集到中心,以集中收入院、集中安排手术及集中随访的模式进行管理。

(2)分散收、分散治模式:临床各专科根据具体情况安排一定的床位作为日间手术病床,按日间手术流程运行,共用医院手术室,预约排程及随访由科室自行完成。

(3)集中收、分散治模式:临床各专科根据具体情况安排一定的床位作为日间手术病床,共用医院手术室,住院期间的病人管理由专科医护人员完成,日间手术的预约排程及随访由日间手术管理部门统一完成。

(四)我国日间手术的支付方式

1. 将日间手术视为门诊手术,在门诊按项目收费。

2. 将日间手术视为住院手术,仅将手术当天费用列入住院费用进行报销,前期在门诊进行的检查按门诊费用支付。

3. 将手术日之前在门诊所作的检查一并列入住院费用,按住院费用比例进行报销。

知识拓展

中国日间手术合作联盟首批推荐 56 个适宜日间手术

为保证日间手术在全国范围内统一进行推广,推荐的手术名称都是来自于国家发改委、国家卫计委(原卫生部)、国家中医药管理局,即三部委发的关于 2012 版的《全国医疗服务价格项目规范》中所使用的名称。

序号	名称	序号	名称
1	甲状腺腺瘤摘除术	29	脐窦切除术
2	甲状腺部分切除术	30	腹股沟疝修补术
3	甲状腺次全切除术	31	无张力腹股沟疝修补术
4	甲状腺全切除术	32	经皮肾镜超声碎石取石术
5	翼状胬肉切除组织移植术	33	经尿道输尿管镜激光碎石取石术
6	外路经巩膜激光睫状体光凝术	34	经尿道输尿管镜气压弹道碎石取石术
7	睫状体冷凝术	35	经尿道输尿管镜超声碎石取石术
8	白内障超声乳化吸除+人工晶状体植入术	36	经尿道膀胱肿瘤电切治疗
9	小瞳孔白内障超声乳化吸除+人工晶状体植入术	37	睾丸鞘膜翻转术
10	白内障超声乳化摘除术	38	隐睾下降固定术
11	耳前瘘管切除术	39	经腹腔镜隐睾下降固定术
12	Ⅰ型鼓室成形术	40	精索静脉曲张高位结扎术
13	经耳内镜Ⅰ型鼓室成形术	41	经腹腔镜精索静脉曲张高位结扎术
14	经支撑喉镜会厌良性肿瘤切除术	42	经尿道前列腺激光气化切除术
15	经支撑喉镜激光辅助声带肿物切除术	43	经尿道膀胱经前列腺电切术
16	颌面皮肤瘘管病灶切除术	44	经腹腔镜单侧卵巢囊肿剥除术
17	鳃裂瘘管切除术	45	经椎间盘镜髓核摘除术
18	普通室上性心动过速射频消融术	46	多指/趾切除矫形术
19	经皮冠状动脉支架置入术	47	肱骨干骨折切开复位钢板螺丝钉内固定术
20	大隐静脉腔内激光闭合术	48	尺骨鹰嘴骨折切开复位内固定术
21	大隐静脉高危结扎+剥脱术	49	尺骨干骨折闭合复位钢板螺丝钉内固定术
22	经腹腔镜阑尾切除术	50	肌肉松解术
23	经电子内镜结肠息肉微波切除术	51	腱鞘囊肿切除术
24	经电子内镜结肠息肉激光切除术	52	髌骨骨折闭合复位内固定术
25	经内镜直肠良性肿物切除术	53	腘窝囊肿切除术
26	肛裂切除术	54	关节镜下膝关节清理术
27	脐茸烧灼术	55	乳腺肿物切除术
28	脐茸手术切除术	56	高危复杂肛瘘挂线治疗

四、日间手术医师准入要求

1. 日间手术医师基本标准

（1）主刀医生应具有主治医师及以上职称。

（2）能独立完成相应手术类别或级别的手术，不得越级手术。

（3）具有良好的医德和较强的医患沟通能力。

2. 医院建立日间手术医师备案制度、日间手术医师管理制度，严格审核医师的资质。开展日间手术的临床专科，应根据此原则标准遴选相关医师，报请医务部审核备案，经医院医疗质量与安全管理委员会讨论通过。

五、日间手术患者准入制度

进行日间手术的患者需要满足以下条件，经过专科医师同意后，方可进行日间手术：

1. ASA 评级 Ⅰ～Ⅱ级，无严重的全身性疾病；ASA Ⅲ级，并存疾病稳定在 3 个月以上，在密切监测下也可实施日间手术。

2. 1 岁 < 年龄 <75 岁，在具体执行中可视情况适当放开。

3. 意识清晰，思维正常，有自主能力。

4. 各项化验检查及其他辅助检查结果基本正常范围。

5. 患者了解手术性质及有关程序，同意 24 小时内出院。

6. 有基本护理能力的家庭陪护人员。

7. 有畅通的通讯方式和方便的交通。

六、日间手术管理流程及内容

日间手术管理主要包括入院前环节、住院环节及出院后环节（图 33-2-1）。

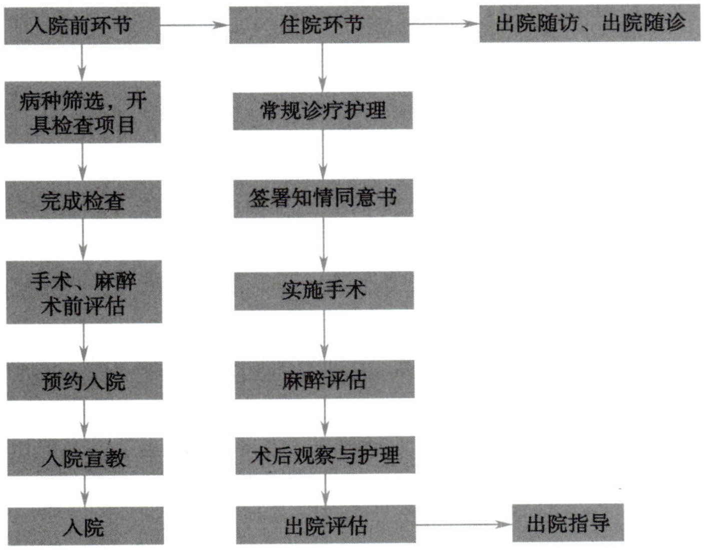

图 33-2-1 日间手术患者管理流程

（一）入院前环节

1. 医生进行病种筛选，开具相应检查项目。

2. 患者完成相关检查。

3. 完成手术、麻醉术前评估，符合条件的患者预约入院。

4. 入院前宣教　通识教育、健康教育、心理疏导、饮食指导、用药指导及手术注意事项的强化。

5. 确认手术日期，并通知患者入院。

（二）住院环节

1. 常规诊疗护理。

2. 手术前签署知情同意书等相关医疗文书。

3. 实施手术。

4. 麻醉医师决定是否送麻醉恢复室，达到麻醉恢复标准后送回病房。

5. 术后病情观察与护理。

6. 出院评估　医生依据 PADS 评分量表，结合患者实际情况完成出院评估，符合出院条件者方可出院。

7. 出院指导　对患者进行出院指导及宣教。对出院后尚需治疗者，医生应开具治疗方案，以出院医嘱形式明确告知患者，患者理解并签字确认。

（三）出院后环节

1. 出院随访

（1）随访频次：出院后第一天务必随访，第一周内不少于 2 次，第二周不少于 1 次，2 周后根据患者情况确定。

（2）随访内容：按疾病专科要求随访，医疗服务满意度调查随访。

2. 出院随诊　确保随诊电话 24 小时开通，开启随诊、转诊绿色通道，鼓励患者到就近社区医疗机构随诊。

（米湘琦　郭　莉）

第三节　手术室时间管理

一、时间管理概述

时间是物质存在的一种客观形式，由过去、现在、将来构成的连绵不断的系统；是物质的运动变化的持续性和连续性的表现。高尔基说："世界上最快而又最慢，最长而又最短，最平凡而又最珍贵，最易被忽视而又最令人后悔的就是时间。"时间是宝贵的资源，在当今竞争激烈、信息飞速发展的时代，时间的价值更进一步体现在管理活动中。

（一）时间管理的定义

时间管理是指在同样的时间消耗下，为提高时间的利用率和有效率而进行的一系列活动，它包括对时间进行的计划和分配，以保证重要工作的顺利完成，并留出足够的余地处理那些突发事件或紧急变化。时间管理的对象不是"时间",它是指面对时间而进行的"自管理者的管理"。

（二）学习时间管理的理由

时间是一种无形的、客观存在的资源,但这种资源是不能储存的,它不会停止,也不可能增加,它以一定方向、一定规律运动,一旦过去将永远失去。有效的时间管理让我们有的放矢地组织管理好自己生活的方方面面,最有意义、最大限度地利用自己所拥有的时间。

（三）时间管理的目的

时间管理的目的就是将时间投入与你的目标相关的工作,达到"三效",即效果、效率、效能。通过研究时间的消耗规律,认识时间的特征,探索时间科学安排合理使用的方法,可以达到我们确定期待的结果,同时提高工作效率;通过有效管理时间,以最小的资源投入获得最大的效益,在有限的工作时间内通过合理安排,提高时间的使用效率,从而获得更多的成功和业绩,激发成就感和事业心。

二、时间管理的过程

（一）评估时间使用情况

了解自己工作时间的具体使用情况是有效时间管理的第一步,通过日志或者记事本按时间如实记录自己所从事的活动情况,评估时间消耗情况,计算每一类活动消耗时间所占的百分比,依据自己的管理目标修正工作的计划,达到提高效率的成效。

（二）了解时间浪费原因

浪费时间是指所花费的时间对实现个人或者组织目标毫无意义的现象。造成时间浪费的原因有客观因素和主观因素两个方面,客观因素如电话干扰、不速之客来访、沟通不良、文件复杂或资料不全等;主观因素如计划欠妥或无计划、处理问题犹豫不决、随时接待来访者不懂拒绝、工作缺乏自律有拖延习惯、条理不清缺乏决策力等。

（三）确认个人最佳工作时间段

充分认识自己的最佳工作时间是提高工作效率的基础,充分了解自己精力最旺盛和处于低潮的时间段,依照个人内在生物钟来安排工作内容,充分利用时间,以最大可能提高工作效率。

三、有效时间管理的方法

时间对每一个人都是平等的,每个人都拥有相同的时间,但是时间在每个人手上的价值却不同。运用一些提高时间管理成效的方法,可以使时间运用的更有效率、效果和效能。下面介绍几种常用的时间管理方法:

（一）ABC 时间管理法

ABC 时间管理法是美国管理学家莱金（Lakein）提出的一种管理方式,其核心是抓住主要问题解决主要矛盾,保证重点工作同时兼顾全面。他建议为了有效管理及利用时间,每个人都需要将自己的目标分为三个阶段:长期目标、中期目标、短期目标。各阶段的目标又分为 ABC 三个等级,A 级为最优先（必须完成）目标,B 级为较重要（很想完成的）目标,C 级为不重要（可暂时搁置的）目标。

ABC 时间管理法的步骤:

1. 列清单　每天工作开始时列出全天工作日程清单。

2. 工作分类 对清单上的工作进行归类,常规工作按程序办理。

3. 工作排序 根据事件的特征、重要性、紧急程度确定 ABC 顺序。

4. 划出分类表 按 ABC 类别分配工作项目、各项工作预计的时间安排、实际完成的时间记录。

5. 实施 首先全力投入 A 类工作,直到完成,取得效果再转入 B 类工作,若有人催问 C 类工作时,可以将其纳入 B 类,大胆减少 C 类工作,以避免浪费时间。

6. 总结 每日进行自我训练,并不断总结评价,提高时间管理效率。

(二)时间"四象限"法

时间"四象限"法是美国的管理学家科维提出的一个时间管理的理论,把工作按照重要和紧急两个不同的程度进行了划分,基本上可以分为四个"象限":既紧急又重要、重要但不紧急、紧急但不重要、既不紧急也不重要(图 33-3-1)。

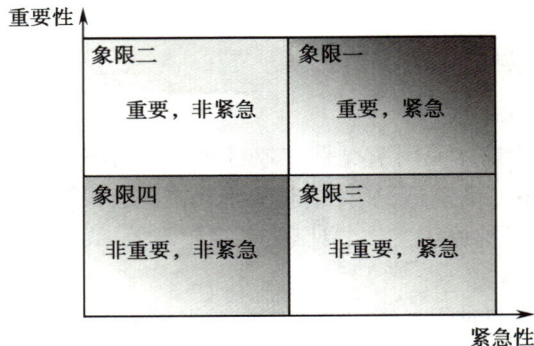

图 33-3-1 时间"四象限"法

第一象限包含的是一些紧急而重要的事情,具有时间的紧迫性和影响的重要性,必须首先处理优先解决;这二象限的事件不具有时间上的紧迫性,但是,它具有重大的影响,需要在事件出现之前未雨绸缪制订好计划,按部就班地高效完成;第三象限包含的事件很紧急但并不重要,往往因为它紧急,具有很大的欺骗性,就会占据人们的很多宝贵时间,必须想方设法走出第三象限;第四象限的事件大多是些琐碎的杂事,没有时间的紧迫性,没有任何的重要性,这种事件与时间的结合纯粹是在扼杀时间,是在浪费生命。

按处理顺序划分:先是既紧急又重要的,接着是重要但不紧急的,再到紧急但不重要的,最后才是既不紧急也不重要的。

(三)统筹法

统筹法又称优选法、网络计划法,是通过网络图的形式对整个系统全面规划,并按照先后顺序、轻重缓急进行协调,使系统对资源进行合理安排、有效利用,达到以最少的时间和资源消耗来完成整个系统的预定计划目标,取得最好的管理效益。其基本思想是"统筹兼顾",此方法非常适用于常规性工作安排。

(四)帕累托法则

帕累托法则又称 80/20 法则,是由英国经济学家和社会学家帕累托发现的,是指在任何大系统中,约 80% 的结果是由该系统中约 20% 的变量产生的。具体到时间管理领域是指大约 20% 的重要项目能带来整个工作成果的 80%,因此工作中应该将时间花于重要的少数问题上,因为掌握了这些重要的少数问题,我们可以只花 20% 的时间,即可取得 80% 的成效。

（五）黄金三小时法则

黄金三小时法则认为,早晨 5~8 点是人一天中效率最高的三小时。在这一时段工作一小时相当于其他时段工作三个小时。因此建议,利用一天中效率最高的时段去完成一天中最重要的工作,以达到事半功倍的效果。当然,由于生物钟的不同,黄金三小时的具体时段可能因人而异,但这并不影响此法则作用的发挥。

四、有效时间管理的技巧

（一）学会授权

管理者可以通过适当授权使自己的工作时间更加有价值,同时也为下属的锻炼成长提供了机会。管理者计划授权的工作内容包括该项工作要分配给何人,如何使这些下属有权利和动力做好所授予的工作,并以书面通知的形式向其他相关人员说明该员工已获授权。授权应该是一种法定合约行为,管理者和下属都应该了解和同意授权行为以及附加的条件。

（二）学会拒绝

护理管理者掌握拒绝的艺术也是合理使用时间的有效手段之一。管理者面临各项工作要有取舍,做到有所为有所不为。在下列情况下管理者应该合理拒绝承担不属于自己工作范围的责任:当请求的事项不符合个人的专业或职务目标;当请求的事项非力所能及,且需花费很多时间;当请求的事项是自身感到很无聊或不感兴趣;承担该请求后会阻碍个人做另一件更吸引人且有益于自己的工作时。为了避免内疚以及预防因拒绝同事的请求而人缘尽失的后果,管理者一定要学会如何巧妙而果断地说"不",最好不要解释为什么"不要",因为对方会将这些解释作为条件性的拒绝,而会想出理由来反驳。拒绝时要注意时间、地点及场合,避免伤害他人。

（三）养成良好的工作习惯

护理管理者处理的问题应该讲求节约时间和工作效率。养成良好的工作习惯:

1. 减少电话的干扰,打电话要尽量抓住要点,电话边上放置纸张、笔,便于即时记录重要事项,避免打社交型的电话,以减少不必要的。

2. 办公室以外的走廊或过道谈话,以节约时间。如谈话内容重要再请到办公室细谈。

3. 控制谈话时间,如交谈中觉察内容不重要,可站起来或看看表,或向门口走去或礼貌地直接解释手中正在处理一件紧急文件,表示谈话可以结束。

4. 鼓励预约谈话,对护理人员可安排在每日工作不忙的下午时间段会谈。

5. 对护理有关档案资料要进行分档管理,按照重要程度或使用频率程度而分类放置,并及时处理阅读,抓住要领。

6. 减少会议,缩短会议时间,提高会议效率,做到准时开始、明确会议目的、始终围绕主题。

（四）保持心理健康

情绪状态不同,工作效率也会不同。作为护理管理者一方面要有积极主动的心态,对自己的工作始终保持积极负责的态度。一个成功的管理者一定是一个情绪控制高手,避免因情绪因素影响自己的工作效率,造成时间浪费。

五、手术室的时间管理

（一）手术室时间管理的意义

手术室是医院大部分资源交叉融汇的工作平台，是外科病人流动的关键节点，也是医院集中优势医疗资源救治伤病员的重要场所。手术室的工作效率不仅影响外科患者的周转及住院时间，而且还会加重病患的经济负担，直接影响医院的经济及社会效益，形成限制住院病人流转的手术瓶颈。欧美和我国台湾、香港等发达国家和地区医院对手术室的时间管理十分重视，工作效率高，同等数量的手术间，完成的手术量往往是国内同行的一倍甚至更多。如何适应当今医疗市场上的激烈竞争，在确保医疗质量的前提下，提高服务质量、提升医疗效率、降低医疗成本成为了医院管理者将面临的问题，因此，进行合理、科学、高效的时间管理是十分必要的。

（二）手术室时间管理的内容

手术室时间管理涉及手术室工作效率，更多强调的是与手术相关的时间管理。包括手术间开台时间、标准手术时间、手术间接台时间。手术间开台时间指的是每日手术间首台手术是否准时开台，手术开台时间涉及手术科室、麻醉科和手术室三方行为主体，在日常运转中，导致手术开台时间延误的因素较为复杂。手术开台时间是手术室管理水平的重要体现，是手术室效率管理的重要评价指标，是提高手术间利用率和手术室工作效率的重要保证；标准手术时间是指患者入手术间至出手术间的时间，分为以下功能时间段：入手术间到静脉开放、静脉开放到麻醉开始、麻醉时间、麻醉结束到切皮、手术医生操作时间、缝合皮肤结束到患者出手术间；手术接台时间是指第一台手术患者敷贴贴好切口手术结束时间到第二台手术切皮开始手术的时间，其时间长短可直接影响手术间和医师的工作效率。缩短手术接台时间，提高手术台使用率，是医院创造效益、降低成本的重要举措。

（三）手术室时间管理分析

1. 手术室时间管理的影响因素　研究表明：首台手术未能准时开台、接台时间延迟，从医务科、麻醉科、手术室三方进行原因分析来看，主要因素有：制度不完善、监管及奖惩制度不分明；病人术前准备不充分、相关检查未完善而延迟入室时间；器械、物品、仪器准备不齐、巡回护士流程繁忙无序延误手术；医护人员交班、查房时间过长、不重视而延迟入手术室等；手术结束后患者麻醉复苏时间长，下一台手术患者未能及时接入手术室，手术室清洁整理占用大量时间等。

标准手术时间受多方面因素影响，具有多维性及不确定性的特点。医生的专业水平、技术能力、年资、行为、手术难度、术前准备工作等；患者的依从性、病情变化、社会家庭、家庭经济；医院的手术间配置、麻醉医生、手术室护士队伍、医疗器械、库血、ICU/PACU 等均影响着手术时间。

2. 手术室时间管理的方法　手术室时间管理重点在于关键时间节点及流程的控制，医院管理部门根据医院整体规划在综合考虑的基础上，构建出多层次、多元化、多手段的全流程环节管控措施，规范并量化关键时间节点，如针对首台手术准时开台的时间管理规定：8：30 为完成第 1 台手术麻醉和手术医生到达手术室的时间，9：00 为第 1 台手术的切皮时间，规定第 1 台手术医生当天可以不参加术晨病房交班查房有效地对工作流程细节进行规范，使第 1 台手术 9：00 前开始的管理制度形成常规。同时，建立手术医生、麻醉医生、护士到位时间管理制度及绩效评价制度,保证手术医生准时到位,确实因有事应事先通知手术室,将手术时间调整。

通过引进"手术麻醉信息系统"实时监控,实时获取手术操作每个步骤的开始时间,信息获取更准确有效,及时介入手术延迟原因分析,敦促相关科室及时整改;巡回护士根据ABC 时间法设计程序,完善接台手术衔接制度及流程,优化手术器械包配置,制订管理评价各项指标,运用 FOCUS-PDCA 程序或品管圈工具对接台手术衔接时间进行持续改进,在满足手术间自净时间的基础上尽可能加快接台周转效率;合理使用电梯,手术室设有专用电梯,由专人管理,增加运送手术患者推车,避免转运不畅而导致影响手术时间管理;术前准备间与麻醉复苏室的建立极大地缩短了手术周转时间,保障对术前患者进行抗生素及时规范给药、缓解手术患者心理问题;对术后患者进行麻醉苏醒护理和适当的处理,手术间的周转起到十分重要的作用。

从分析手术时间各功能时间段的影响因素角度出发,构建手术时间指标并形成标准模型,计算各科室每种手术的标准时间,作为管理人员手术排程的依据,使得手术排程更科学、合理,更好地做到手术室精益管理。工作中可能会因手术患者、病情存在个体差异,以及手术医生技术水平的差异,导致手术进程不一定能按标准时间完成,提高手术时间的预测准确性可以提高手术资源使用效率并节约成本,从而尽量使所有的手术间均能同时负荷运转,手术室利用不足和利用过度都是一种浪费。因此,手术当天手术间的随时调整对手术效率的提高也起到十分重要的作用。

（曾　玉　何　丽）

第四节　运　营　管　理

运营管理是现代企业管理科学中最活跃的一个分支,其涵盖范围已从传统的制造业企业扩大到医疗市场等非制造业领域,研究内容从生产过程的计划、组织与控制,扩大到包括运营战略的制定、运营系统设计以及运营系统运行等多个层次的内容。随着医疗科学技术的迅速发展和老龄化社会的到来,外科手术患者数量逐年增加,手术种类、结构日趋向高、精、尖、微创、危重、高龄方向发展,同时,手术室占有医院大量人力、仪器设备等资源,手术室的工作质量、效率、效益,直接关系到外科病人的周转,如果医院手术室的工作效率不高,不仅影响医院的经济和社会效益,而且会延长病人无效住院时间,直接影响医院的运营管理水平。因此,学习现代运营管理知识,可以帮助管理者最大限度地降低手术室运行成本,提升手术室效益。

一、运营管理概述

运营管理是对运营过程的计划、组织、实施和控制,是与产品生产和服务创造密切相关的各项管理工作的总称。从另一个角度来讲,运营管理也可以指为对生产和提供公司主要的产品和服务的系统进行设计、运行、评价和改进。运营管理的对象包括运营过程和运营系统。运营过程是运营的第一大对象,指投入、转换、产出的过程,是劳动过程或价值增值的过程,运营必须考虑如何对这样的生产运营活动进行计划、组织和控制。运营系统是指运营活动过程得以实现的手段,包括一个物质系统和一个管理系统。运营管理控制的主要目标是质量、成本、时间和柔性,它们是企业竞争力的根本源泉。飞速发展的信息技术使运营学的研究进入了一个新阶段,为其增添了新的有力手段,运营体系更加完整。

二、运营管理在手术室管理中的应用

医疗服务运营管理是指运用运营管理的理论和方法,使医疗系统的投入(人、财、物、信息、时间等资源)以最有效地方式转化为医疗服务输出。运营管理作为优化资源配置、提高组织管理效率的重要理论体系,在生产企业已经非常成熟。

伴随国内医疗卫生体制改革的发展,将其应用于医疗服务行业也越来越广泛。手术室运营管理的目的是通过制订手术室发展目标、工作计划、规章制度、工作流程、岗位职责和应急预案,通过科学设置岗位、人员分层级管理、绩效考核量化等手段,保证手术实施过程顺利和手术患者安全,达成提升手术台周转率,降低运行成本,提升手术室护理技术水平和服务能力的目标。手术室运营管理水平对提高医院社会和经济效益起着至关重要的作用。

(一)制订手术室运营战略,降低运营成本

手术室位置、环境布局设计、资源配置是手术室运营战略的重要内容。手术室距离手术科室、重症监护病房(ICU)、消毒供应室、血库、病理科、放射科等邻近的地方,有直接的患者通道、工作人员通道、物流通道,设置与手术科室床位数相匹配的手术台数量,满足手术室规模运转的人力、物力、仪器设备等资源的配置,是保证外科手术高效运转、高质量完成的前提。运用5S精益管理工具,即SEIRI(整理)、SEITON(整顿)、SEISO(清扫)、SEIKETSU(清洁)和SHITUKE(素养),进行手术室工作现场管理,做到各类仪器设备固定位置存放,有地标线明示;耗材与药品定量、定点储备,标识清晰明确;所有区域和工作内容专人管理,账物相符,减少护理人员花费在寻找物品上的时间,把更多的时间运用在手术室直接护理工作上,提升工作效率,减少差错及改善工作品质。

(二)运用信息系统结合手术室运营管理,提升手术室运营效益

信息技术的飞速发展,引起一系列管理模式和管理方法的变革,成为运营管理工作的重要内容。开发医院信息系统应用于手术室收费管理、手术室高值耗材管理、手术室门禁管理、手术室衣物追踪管理、手术器械物品追踪管理,连台手术患者衔接管理等工作中,可以降低运行成本、提升手术室运行效率,而且可以进行数据统计分析,更客观的展现各个工作流程环节中存在的问题,真正落实管理制度化,工作流程化、质量标准化、绩效可量化的科学运营管理。

(三)运用流程管理提高手术室医疗服务效率

科学的流程设计是保证手术工作正常进行和持续发展的重要因素。手术室与手术科室、消毒供应中心、病理科、血库等部门合作密切,科学的流程设计应包括多部门协作下的服务流程需求分析、流程环节调研、流程实施和评价,从集成化和合理化的角度评价流程效率、成本、质量及病人满意度,找出问题节点,持续优化流程。手术室药品、物品、耗材供应管理流程、术中输血、病理标本交接、手术患者转运等流程设计可以节约手术室成本管理、时间管理,缩短手术运营过程,提升医疗服务收益。

1. 择期手术科学排程,急诊手术准时开台,保证手术间高效、安全运转。每个手术间的

每一台择期手术是否能够准点开始,直接影响到整个手术间的利用率,而急诊手术是否能及时开台,又直接影响到患者安全和手术室的工作品质。制定择期手术排程和急诊手术临时调度管理规定,必须考虑到各个手术科室的手术特点、手术医生的工作需求、手术医生的操作特点、手术室仪器设备和物品储备、手术室护理人力资源状况等,处理好手术间满符合运转和急诊手术及时开台的矛盾等问题。手术医生、手术室护士和麻醉科工作人员都必须遵守管理规定、工作职责和工作流程,按照约定的时间进入工作状态,避免因手术延迟而造成人力资源浪费,人力成本增高。手术排程人员每日排程次日择期手术时,应全面考虑手术数量、手术种类、手术级别、手术医生操作特点等因素,准确预计手术时间,尽可能充分利用手术室人力、时间和空间资源。

2. 量化工作细节,设计科学严谨的手术患者转运流程,提升手术间的利用率。手术间的利用率直接影响到手术室的经济效益和社会效益,手术间的利用率与第一台手术的准点开刀,连台手术的有效衔接及手术间的临时调度安排有关。在设计手术患者转运流程时,必须设计好安全、简洁、符合规范要求的转运步骤,测算每个步骤所需时间;明确转运患者所行路线,考虑到途中可能耽搁时间的环节以及解决方法;还需要考虑与麻醉室、病房、ICU 等科室沟通转运患者的时机以及下一台手术开始时间和上一台手术结束时间之差等问题。通过严谨的流程设计,更快、更好、更安全地把各个环节串联起来,减少不必要的时间和人员浪费。

3. 再造手术室药品、物品、耗材供应管理流程,降低手术室耗损。药品、物品、耗材供应管理中进货、发货、补货、使用记录、各班次交接等关键环节的有效控制,是流程再造的重点工作内容,必须做到专人管理、痕迹管理、交接管理,以期达到管理过程可追溯,力求实现零耗损的管理目标。

(四)运用柔性战略思想构建手术室文化,提高运营系统管理效益

柔性化生产是"以顾客为中心"的理念在生产上的应用和延伸,由此带来时间和成本优势,使产品更具竞争力。人是第一生产力,既是管理的主体,又是管理的客体。对人的管理既可以凭借制度约束、纪律监督、惩处、强迫等手段进行刚性管理;也可以依靠激励、感召、启发等方法进行柔性管理。柔性管理的本质是以人为中心的人性化管理,柔性管理具有以下特征:管理的内在驱动性、管理影响的持久性和管理激励的有效性。

手术室运营系统的柔性化主要表现在管理者在追求高效率的同时,还应激发手术室护理人员的主观能动性和工作创新性,提高手术室工作中易变性与复杂性问题的能力。实施手术室岗位设置、层级培训、职级上岗、绩效考核等岗位管理模式,提供护理人才专科化发展平台,能激发护理人员的工作动机和热情,有利于学习型组织的建立,使其不仅自觉遵守规章制度,执行工作标准,而且能自愿挖掘潜能,发挥天赋,作出超常的工作成就;运用品管圈等质量管理工具,群策群力发现工作中存在的问题,相关护理人员独立自主地发表意见和建议,在集思广益的基础上调研分析、持续提升护理质量,有利于发挥护理人员创造性思维,增强主人翁责任感;定期组织读书报告会、员工生日祝福,文体活动、手术室护士畅谈会,以及手术医生、麻醉医生和手术患者满意度调查等,有利于提升团队凝聚力和协作精神,有利于安全隐患防范机制的建立,确保手术室工作人员及手术患者的安全。

(魏民　何丽)

参考文献

1. 郭莉．手术室护理实践指南［M］．北京：人民卫生出版社，2018．
2. 魏革，刘苏君，王方．手术室护理学．3版［M］．北京：人民军医出版社，2014．
3. 任伍爱，张青．硬式内镜清洗消毒及灭菌技术操作指南［M］．北京：科学技术出版社，2012．
4. 中华医学会麻醉学分会．中国麻醉学指南与专家共识［M］．北京：人民卫生出版社，2014．
5. 郭曲练，姚尚龙．临床麻醉学．4版［M］．北京：人民卫生出版社，2016．
6. 刘保江，晁储璋．麻醉护理学［M］．北京：人民卫生出版社，2015．
7. 高长青．机器人外科学［M］．北京：人民卫生出版社，2015．
8. 彭承宏，沈柏用，邓家兴．腹腔镜手术图谱［M］．沈阳：辽宁科学技术出版社，2012．
9. 沈柏用，彭承宏．机器人胰腺外科手术学［M］．上海：上海科学技术出版社，2014．
10. 中国医院协会．三级综合医院评审标准实施指南（2011年版）［M］．北京：人民卫生出版社，2011．
11. 杨名经．医学信息学概论［M］．北京：科学技术出版社，2015．
12. 吴水才．医院信息学概论［M］．北京：北京工业大学出版社，2015．
13. 国际日间手术学会．日间手术手册［M］．北京：人民卫生出版社，2015．
14. 李继平，刘义兰．护理管理黄金法则［M］．北京：人民卫生出版社，2015．
15. 黄小红，胡家墙，刘俊．手术室护士分层培训手册［M］．北京：人民卫生出版社，2016．
16. 吴欣娟，徐梅．手术室护理工作指南［M］．北京：人民卫生出版社，2016．
17. 高兴莲，郭莉．手术专科护理学［M］．北京：科学出版社，2014．
18. 巫向前．手术室护理学．2版［M］．北京：人民卫生出版社，2014．
19. 丰俊功译．组织领导学．7版［M］．北京：中国人民大学出版社，2015．
20. 吴欣娟，张俊华．护士长必读［M］．北京：人民卫生出版社，2013．
21. Perioperative Standards and Recommended Practices.Denver，CO：AORN，Inc，2016.
22. 中华人民共和国卫生行业标准．WS/T 367—2012，医疗机构消毒技术规范［S］．
23. 中华人民共和国卫生行业标准．WS 310—2016，医院消毒供应中心［S］
24. 中华人民共和国卫生行业标准．GB 50333—2013，医院洁净手术部建筑技术规范［S］
25. 中华人民共和国卫生行业标准．WS/T 512—2016，医疗机构环境表面清洁与消毒管理规范［S］．

08